중앙아시아계 이주여성의 삶:

이상과 현실 사이

사회통합 총서 7

중앙아시아계 이주여성의 삶:
이상과 현실 사이

2020년 12월 25일 초판 인쇄
2020년 12월 30일 초판 발행

지은이 | 김영순 · 황해영 · 권도영 · 김정은 · 임지혜
교정교열 | 정난진
펴낸이 | 이찬규
펴낸곳 | 북코리아
등록번호 | 제03-01240호
주소 | 13209 경기도 성남시 중원구 사기막골로 45번길 14
우림2차 A동 1007호
전화 | 02-704-7840
팩스 | 02-704-7848
이메일 | sunhaksa@korea.com
홈페이지 | www.북코리아.kr
ISBN | 978-89-6324-713-7(94300)
978-89-6324-636-9(세트)

값 25,000원

* 이 저서는 2017년 정부(교육부)의 재원으로 한국연구재단의 지원을 받아 수행된 연구임(NRF-2017S1A5B4055802).

사회통합 총서 7

중앙아시아계 이주여성의 삶: 이상과 현실 사이

김영순 · 황해영 · 권도영 · 김정은 · 임지혜

북코리아

서문:
이주여성의 이상과 현실 사이에 있는 유감

인간에게 결혼은 어떤 의미인가? 인류학에서 결혼은 생애 과정의 전환점으로 간주하며, 소위 '통과의례(passing ritual)'라고 부른다. 결혼은 출생만큼이나 한 인간의 생애에 중요한 모멘트이며, 누구에게나 축하를 받을 만한 아름다운 행위다.

우리는 이 책 사회통합 총서 7권《중앙아시아계 이주여성의 삶: 이상과 현실 사이》에서 중앙아시아 출신 결혼이주여성의 이주생애담을 읽게 된다. 그런데 이들의 결혼은 아름답기만 하진 않다. 결혼을 계기로 꿈을 안고 시도한 초국적 이동이 이들에게는 불행의 시작인 셈이다. 이들의 지난한 삶이 여느 여성들의 삶과 같다면 이 책에 그녀들의 이야기를 적지 않았을 것이다. 이들은 결혼을 '이상'으로 선택했지만, 펼쳐진 현실은 매우 잔인했다.

이들 중앙아시아 출신 이주여성들은 결혼을 통해 초국적 이동을 경험했고, 어쨌든 지금 여기 이 땅 한국에서 삶의 둥지를 틀고 꿈을 만들어 나간다. 이들의 이야기를 듣고 있노라면 우리 사회가 얼마나 비상식적이고, 문화 다양성에 무지한지 답답할 따름이다. 저자들은 이들의 이주생애담이 지속 가능한 다문화 사회에 분명히 공존의 꽃씨가 될 것이고, 머지않은 미래에 공존이 활짝 꽃필 것으로 기대한다.

이 책은 인하대학교 부설 다문화융합연구소가 한국연구재단의 인문사회 토대연구지원사업의 3차년도 연구과제 수행을 통해 얻어낸 자료를 생애사적 내러티브로 구성한 것이다. 3차년도 연구과제는 중앙아시아계 이주민과 재외교포의 다문화 생활세계를 탐색한다. 특히 이주여성들의 문화적응과 정체성 협상을 중심으로 생애담을 기술하는 것이 연구의 핵심이다.

이 책에서는 중앙아시아에 흩어져 살고 있었던 고려인 출신의 이주여성과 고려인이 아닌 중앙아시아 출신 이주여성 10인을 연구참여자로 선정했다. 이들과의 심층면담을 통해 생애사를 중심으로 한 문화적응과 정체성 협상의 이야기를 내러티브로 정리했다.

이 책은 연구서 형태로 '연구개요', 1부 '중앙아시아 결혼이주여성의 이해', 2부 '중앙아시아 결혼이주여성의 삶 이야기', '맺음말' 이렇게 네 부분으로 구성된다. 1부는 중앙아시아의 사회문화적 맥락을 이해하기 위해 1장 '중앙아시아와 여성'과 2장 '결혼이주여성과 다문화가족지원정책'으로 구성했다. 1부에서는 중앙아시아의 특징과 중앙아시아 여성에 대해 알아보고, 중앙아시아계 결혼이주여성을 포함한 다문화가족지원정책은 물론 중앙아시아계 이주여성과 관련한 연구 동향을 살펴본다.

2부 '중앙아시아 결혼이주여성의 삶 이야기'는 3개의 장으로 구성된다. 3장 '고려인 출신 결혼이주여성의 삶', 4장 '중앙아시아 출신 결혼이주여성의 삶', 그리고 이들 이주여성의 사례 간 분석이라고 할 수 있는 5장 '문화적응과 정체성의 변화들'이 위치한다.

이 책에서 다룬 중앙아시아 결혼이주여성은 다양한 국가 출신이고,

한국에서 10년 이상 생활했다. 이들이 국제결혼을 결심했을 때는 아름다운 이상을 가지고 있었다. 하지만 한국 사회에 적응하는 일은 양국 문화의 차이만큼이나 힘들고 고통스러웠다. 결혼 이후 이어지는 출산과 양육, 자기계발을 위한 노력이나 취업 활동 등 다양한 생애경험 속에서 자기 편이 아무도 없다는 것에 기인한 좌절을 겪기도 했다.

그들의 경험을 접하면서 한편으로는 마음속 깊은 연민을, 다른 한편으로는 미안함을 느끼며 불면의 밤을 보냈다. 우리가 무엇이기에 그들의 꿈을 짓밟고 있을까. 상식적으로 이해하기 힘든 일들이 우리와 그들 사이에 존재한다. 마치 그들의 이상과 현실 사이처럼 말이다. 그들에게 기댈 곳은 남편이나 시댁이 아니었다. 다문화가족지원센터나 종교 모임이 그들의 본국 가족과 고향을 대신했다. 이주생애담을 듣는 내내 연구진들은 우리 사회의 한 구성원으로서 다른 구성원들을 이해하기 힘든 일들이 있음을 알게 되었다. 이 '이해할 수 없는 일'에 대해 사과하고 싶다. 그리고 그들의 꿈을 응원하고 싶다.

이 책에서 이주여성들은 주체적 삶의 주인공이며, 현실에서 이상을 구현하고자 하는 멋진 도전자들이다. 우리는 진정으로 바란다. 한국 생활에 대한 꿈을 안고 결혼을 결심하고 이주해온 여성들의 그 꿈이 아름다운 현실이 되기를 말이다. 우리가 그녀들을 기록할 것이며 지킬 것이다. 이들의 슬픈 이야기들이 모두 꽃씨가 되고, 가까운 미래에 공존의 꽃길을 만들 것이라는 믿음을 갖는다.

2020년 가을 인하대학교 교정에서

연구책임자 김영순

CONTENTS

CONTENTS

연구개요

1.
연구의 필요성 및 목적

인하대학교 부설 다문화융합연구소 사회통합 총서 7권은 한국연구재단의 인문사회 토대연구지원사업의 일환으로 작성되었다. 이 책은 본 사업의 연구주제인 이주민의 다문화 생활세계에 관한 연구 중 중앙아시아계 결혼이주여성의 삶에 대한 이야기를 그들의 문화적응과 정체성 협상이라는 이론적 관점을 기반으로 기술한 저서다. 본 저서는 현장 조사 자료에 기초하여 작성되었으며 중국계 결혼이주여성, 동남아시아 출신 결혼이주여성 연구에 이어 중앙아시아 지역 출신 결혼이주여성의 생활세계에 대한 이해의 폭을 넓히고자 진행되었다.

최근 아시아 지역에서 나타나는 이주 현상 중 두드러진 것은 '이주의 여성화'* 경향이다. 특히 1980~1990년대 이후 아시아 내 결혼이주 증

---

* 이주의 여성화란 1980년대 이후 여성의 빈곤화와 선진경제국을 중심으로 돌봄 서비스 노동에 대한 수요가 많아지면서 이주노동자가 늘어난 것을 의미한다. 노동시장의 변화와 돌봄의 공백, 성 역할에 대한 기대 등은 여성과 남성의 서로 다른 이주 요구와 기회를 만들어내고, 이주 기회와 정착, 그리고 귀환과 연속된 이주의 경험에서 성별은 중요한 체계로 작동한다(Ball & Piper, 2002).

가는 성별화된 이주의 한 측면임과 동시에 인종, 계급, 그리고 국제정치적 특징을 보여준다(이은아, 2012). 인간은 항상 새로운 기회를 찾기 위해, 불만족스러운 현실을 탈피하기 위해 이동해왔다. 사회적 이동은 원인을 기준으로 개인적 이동과 구조적 이동으로 구분한다. 개인적 이동은 한 개인의 능력이나 노력에 의한 사회적 지위의 변화를 가리키고, 구조적 이동은 전쟁, 혁명, 산업화, 도시화 등 급격한 사회 변동으로 기존의 계층구조가 변화해서 일어나는 이동이다. 중앙아시아 지역 여성의 이동은 아시아 지역 이주의 여성화 특성을 나타내며, 중앙아시아 지역의 독립으로 인한 급진적인 변화로 발생한 필연적 결과물이다.

오늘날 국제이주의 규모는 더욱더 확장되었고, 한국 사회도 다문화 사회를 맞이했다. 다문화 사회는 다양성이 극대화되는 현실로, 다른 문화로의 진입에 의한 다양한 갈등 상황을 야기한다. 이러한 갈등 양상을 미연에 방지하고 완화하기 위해서는 자신 그리고 자신과는 다른 사람들에 대한 이해와 상호 소통이 필요하다. 다문화 사회에서의 이상적인 의사소통은 이주민과 정주민 모두의 동등한 관계와 합의를 전제로 이루어져야 한다. 결혼이주여성이 한국 사회에서 적응하며 살아가는 과정은 가족이나 사회라는 공간 안에서 일어나는 상호작용 과정이며, 끊임없는 협상 과정이다. 건강한 의사소통은 정주민과 이주민 간의 상호문화 이해를 바탕으로 한다. 이를 위해서는 이주민 당사자들의 생활세계 면면에 대한 천착이 필요하다. 따라서 이 책에서는 특히 중앙아시아계 결혼이주여성이 이주국과 정주국 사이에서 이중적 위치로 다양한 갈등적 상황 속에서 적극적으로 삶에 대응하는 행위에 대해 소개하고자 한다. 이를 통해 국내 다문화 구성원들의 근원적인 삶과 열정을 이해하고 상호 이해의 바탕에서 공존의 가능성을 모색하고자 했다.

일반적으로 규정되는 중앙아시아는 구소련의 5개 공화국을 지칭하며, 1992년 과거 구소련으로부터 독립한 카자흐스탄, 키르키스스탄, 타지키스탄, 투르크메니스탄, 우즈베키스탄이 중앙아시아에 포함된다. 하지만 이 책에서는 지역적 의미로 연구참여자 범위를 넓혀 CIS 지역* 출신 결혼이주여성 외에도 몽골 · 러시아 지역 출신 결혼이주여성까지 확장하여 총 20명의 중앙아시아 지역 출신 결혼이주여성을 만나 이주 전후 그들의 다양한 삶의 맥락에 대해 고찰했다. 연구진은 그들 중 국내 거주 경험이 10년 이상이고, 자녀 양육 경험이 있으며, 한국어 소통이 원활한 10인의 생애담을 집중적으로 조명하여 소개하고자 한다. 연구진이 만난 결혼이주여성은 한국에 유학 또는 취업해오거나 결혼이주 형태로 들어왔다. 그들 중에는 한국에서 살아가면서 한국인 남성과 결혼을 했거나 이혼한 여성도 있다. 이들 이주여성은 자연스럽게 다양한 학습 현장과 직업군을 경험하면서 단순히 결혼이주에 따른 현상뿐만 아니라 다층적인 경험을 했다.

한국 사회 내 체류 외국인 수는 2020년 1월 말 현재 243만 명으로, 이주민 비율이 전체 인구의 4.6%를 차지한다. 국적별 체류 외국인은 중국 44.2%(107만 3,554명), 베트남 9.3%(22만 6,157명), 태국 8.3%(20만 951명), 미국 6.3%(15만 2,993명), 우즈베키스탄 3.1%(7만 5,908명) 등의 순이고 러시아는 2.4%(6만 490명), 몽골은 2.0%(4만 9,765명)로 나타났다. 2013년 대비 증가율이 높은 국가는 러시아, 태국, 미얀마, 몽골, 홍콩, 네팔, 우즈베키스탄, 캄보디아 등의 순으로 이주민의 출신 국가는 계속 다양해지고 있다(법무부, 2020). 이중 중앙아시아 출신 이주민은 10%를 상회한다. 현재 국내 결혼이

* CIS(Commonwealth of Independent States) 지역: 1991년까지 소련연방의 일원이던 독립 국가들의 약칭. 현재 CIS 구성국은 러시아, 벨라루스, 몰도바, 카자흐스탄, 우즈베키스탄, 타지키스탄, 키르기스스탄, 아르메니아, 아제르바이잔의 9개국이다(최정희, 2012).

주민 숫자는 약 30만 명이고, 이들의 자녀도 20만 명에 이른다. 결혼이민자의 약 80%는 여성이며, 국내에 체류하는 외국인 여성 10만 명 시대를 맞이하고 있다. 결혼이주자 수가 증가하고 이에 대한 관심이 커짐에 따라 정부는 2000년대 초반부터 다양한 이주민 지원정책을 펴고 있고, 각 공공기관 및 시민단체가 경쟁적으로 다문화가족과 관련한 위탁사업을 유치할 만큼 정부와 민간영역으로부터 많은 지원이 있었다.

다양한 정책 가운데 정부의 다문화가족지원정책은 한국 사회의 결혼이주여성을 포함한 주민의 문제를 포괄적으로 다루고 해결하고자 노력하고 있다. 그럼에도 이주민의 다양성과 생활세계에 대한 이해 부족은 수요자 중심 정책을 실시하는 데 한계점을 드러내고 있다. 한국 사회의 결혼이주여성은 중국과 베트남 출신이 대다수를 차지하다 보니 다문화가족지원정책도 자연스럽게 그들의 수요 중심으로 구성되어 있었다. 더욱이 상대적으로 적은 숫자적 분포를 보이는 러시아를 비롯한 독립연합(CIS) 국가, 몽골 등에서 온 결혼이주여성의 경우는 사각지대에 놓이게 된다. 따라서 이 책은 이러한 사각지대에 놓여 있는 중앙아시아 지역 출신 결혼이주여성을 심층 면담하여 개별적 경험의 독특성에 주목했다. 즉 출신 사회의 맥락과 한국 사회의 맥락이 그들의 삶에 어떠한 영향을 주는지, 중앙아시아 지역 출신 결혼이주여성은 한국 사회에서 어떻게 문화적응 전략을 펼쳐나가며 자신의 정체성을 협상해나가는지에 대해 살펴보고자 했다.

2.
이론적 배경

1) 문화적응

적응은 주어진 환경조건에 맞추어 자신을 변용시켜나가는 일련의 과정으로, 개인의 주체적 의지와 능동성이 강조된 개념이다(김귀옥, 2000). 결과적으로 적응이란 “개인과 사회 간의 상호 과정에서 일정 기간 동안 문화변용을 경험한 사람들이 새롭게 접한 문화에 익숙해지는 것”을 의미한다(Berry & Sam, 1997).

문화란 믿음, 태도, 가치, 이상 등을 포함하는 한 특정 사회의 관념과 행동으로 구성된 집합체다(Carol & Melvin, 2012). 인간사회에서 다양한 모습으로 존재하는 문화는 특정 집단과 다른 집단을 분류하는 기준이 되기도 한다. 오늘날 현대사회에서는 교통통신의 발달, 이주민과 이민의 증대, 그리고 세계화의 흐름에 따라 각 문화 간의 만남이 일반화되었다. 이는 여러 가지 문화의 변형과 접촉을 야기하는데, 여기서 말하는 문화접촉은 사회 내 접촉과 사회 간 접촉으로 나눌 수 있다(Bochner, 1982). 사회 내 접촉이란 특정한 사회 구성원들 간의 접촉이고, 사회 간 접촉이란 특정한 사회 혹은 문화권에 속한 한 개인이나 집단이 다른 사회 혹은 문화권의 개인이나 집단과의 만남을 통해 이루어지는 접촉이다.

이처럼 다른 집단 간의 만남을 통해 이루어진 문화접촉은 문화적응(acculturation) 개념의 토대가 되었다. 문화적응 개념은 많은 학자에 의해 조금씩 다르게 제시되고 있다. 레드필드, 린턴 그리고 헤르스코비츠(Redfield, Linton & Herskovits, 1936)는 문화적응이란 "2개의 구별되는 문화집단 사이의 지속적이고 직접적인 접촉에서 비롯되는 문화변화"라고 정의했다. 이후 1980년대부터 이주국에서 이주민의 생활과 적응을 다루는 연구들이 양적으로 증가하면서 문화적응에 대한 논의들이 활발히 이루어지기 시작했다(정진경 · 양계민, 2004).

베리(Berry, 1988, 1991)는 문화적응을 "이미 가지고 있던 문화경험에 2차적으로 서로 다른 문화를 지닌 개인 집단이 지속적으로 직접적인 접촉을 통해 발생하는 현상들에 대해 이해하는 것"이라고 정의했다(박정하, 2014 재인용). 문화적응을 "새로운 문화를 접한 결과 나타난 집단의 문화적 변화"라고 정의한 정진경 · 양계민(2014)은 "심리적 문화적응과 적응은 개인의 심리에 일어나는 변화를 일컫는다"라고 주장했다. 같은 맥락으로 배선식(2016)은 문화적응은 "이미 집단들이 지니고 있던 원문화 경향에 새롭게 접하게 되는 다른 문화를 가진 개인과 집단과의 접촉을 통해 발생하는 현상"이라고 논의한 바 있다. 그리고 김현주 외(1997)는 문화적응을 "개인의 가치관 또는 신념, 행동 등을 주류사회 구성원들의 보편적인 방식과 일치시키려는 노력"이라고 정의했다. 문화적응에 대한 이 모든 정의의 공통점은 "집단적 차원이든 개인적 차원이든 서로 다른 문화적 배경을 가지는 주체들의 접촉 과정을 통해 새롭게 발생하는 현상"이라는 점이다.

대부분 기존 연구에서는 문화적응을 해석할 때 크게 집단적 차원에서의 변화와 개인적 차원에서의 적응으로 논의하고 있다. 베리(1988)에 따르면 두 문화권이 접촉할 때 문화적응 현상이 발생하는데, 집단적 차원에서는 생물학적 · 정치적 · 경제적 · 문화적 · 사회적 변화가 일어나고, 개인 적응 차원에서는 태도, 정체성, 문화적응 스트레스, 건강상태 등의 변화가 발생한다. 다음 [그림 1]은 베리(1988)가 제시한 문화적응의 집단적 차원과 개인적 차원의 관계다.

이주민을 대상으로 진행한 기존 연구들에서는 문화적응을 중요한 개념으로 여기면서 문화적응의 개인적 수준이나 문화적응의 단계, 핵심 개념, 유형 등 심층적인 논의들이 전개되었다. 편햄과 보크너(Furnham & Bochner, 1986)는 한 개인의 문화적응을 네 가지 수준으로 분류한 바 있는데, 여기에는 통과(passing), 국수주의(chauvinism), 주변화(marginalization), 그리고 조

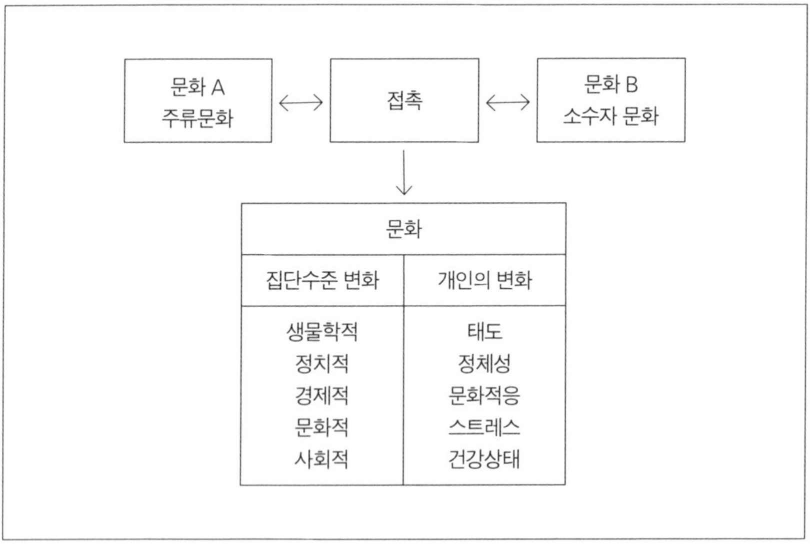

[그림 1] 베리(1988)가 제시한 문화적응의 집단적 차원과 개인적 차원

정(mediating)이 포함된다. 먼저, '통과'는 일반적으로 사회나 경제적 수준이 더 낮다고 여겨지는 사회에서 높다고 여겨지는 사회로 이주했을 때 개인이 자국의 문화를 거부하는 동시에 새로운 문화를 수용하는 태도다. 두 번째 문화적응의 개인적 수준은 '국수주의'인데, 이는 새로운 문화를 받아들이지 않고 원래 자신의 문화를 과장하는 것이다. 세 번째 수준인 '주변화'는 두 문화 사이에서 망설이다가 어느 것도 선택하지 못하는 형태로, 두 문화가 서로 양립할 수 없다고 느낄 때 나타나는 현상이다. 그리고 '조정'은 두 문화를 모두 수용하여 성공적으로 통합하는 것인데, 이는 개인의 성장뿐만 아니라 집단 간 조화에도 적극적인 영향을 미친다.

개인 차원에서의 문화적응에 대해 설과 워드(Searle & Ward, 1990)는 문화적응을 심리적 적응과 사회문화적 적응으로 분류한 바 있다. 심리적 적응은 내적 결과로서 개인적 문화정체성, 정신건강, 만족도의 성취 등을 의미하고 사회문화적 적응은 새로운 환경과 관련된 외적 결과로서 가족생활과 직장, 학교 등에서 일상의 문제를 처리할 수 있는 능력을 의미한다. 그리고 베리(1988)는 문화적응 과정에서 개인이 경험하게 되는 변화를 신체적, 생물학적, 사회적, 문화적 그리고 심리적이라는 다섯 가지 유형으로 분류했다. 첫째, 신체적 변화는 새로운 거주 지역, 낯선 사람들, 그리고 모국과 다른 기후를 만나게 되면서 일어나는 변화를 의미한다. 둘째, 생물학적 변화는 낯선 음식의 접촉에 따른 건강상태의 변화다. 셋째, 사회적 변화는 이주자가 이주국에서의 새로운 사회적 관계를 형성하는 과정에서 이루어진 변화를 뜻한다. 넷째, 문화적 변화는 정치적, 경제적, 종교적, 언어적, 기술적 그리고 사회적 제도 등 문화의 다양한 측면에서 발생하는 변화다. 그리고 마지막으로는 심리적인 변화인데, 이는 이주자 개인의 태도를 비롯한 가치, 신념, 그리고 정신건강 등의 변화를 말한다.

새로운 사회로의 환경적응에 관한 여러 연구 중에서 베리(1997)는 한 개인이 어느 정도의 개인적 만족감을 느끼며 생활하는가를 살펴보는 것도 심리적 적응 상태를 파악하는 한 가지 방법으로 사용했으며, 문화변용 과정과 새로운 환경에서 발생하는 스트레스의 상호작용이 심리적 적응에 영향을 주는 것으로 보고 성인을 대상으로 심리적 안녕감과 만족도를 연구의 적응 지표로 사용했다. 문화적응의 어려움으로 겪게 되는 스트레스는 불안이나 우울, 소외감, 정체성, 혼란 같은 많은 문제를 발생시키는데, 그 결과 이주자에게 새로운 사회로의 통합을 어렵게 하고 위기를 가져올 수 있다(Ward & Kennedy, 1999). 이주자에게 문화적응은 이주자의 개인적 특성과 이주 집단의 특수성, 그리고 이주자의 자국과 이주국의 사회경제적 · 문화적 · 정치적 상황의 상호작용 속에서 역동적으로 전개된다고 했다(김나래, 2012). 이주자에게 필수적인 사회적응 요소 중에서 가장 중요한 문화적응(acculturation)이란 문화적 근원이 다른 구성원들과의 지속적인 직접 접촉으로 변화되는 결과이며. 그 결과 구성원들에게 생기는 문화변화를 의미한다고 할 수 있다. 따라서 이주자에게 문화적응이란 "문화적으로 다른 배경을 지닌 이민 집단이 새로운 문화와 지속적인 접촉으로 발생하는 현상"을 포괄적 개념으로 지칭한다(Redfield, Linton & Herkovits, 1936).

베리(1980)는 문화적응 과정 및 그 양상에 작용하는 요소와 관련해서 자문화와 타문화의 성격, 그리고 이주자 개인의 열의와 희망에 따라 문화적응 양상이 다르게 나타날 수 있다고 주장했다(김영순 · 이미정, 2011). 한편, 문화적응 과정이 적극적인 영향을 미치는지, 또는 소극적인 영향을 미치는지는 개인적 요소 외에 주류 집단의 문화 성격이 중요하게 작용한다. 만약 주류문화가 개방적이지 못하다면, 이때 이주자는 주류사회에 순응해야 하는 압력에 직면하게 된다(Nwadiora & McAdoo, 1996). 문화적응의 정도는 원문화의 정체성을 유지하려는 의지와 새로운 문화에 대한 접촉과 받아들이려는 의지에 따라 달라지기도 한다. 따라서 이주자의 건강한 문화적응 과정을 위해서는 원문화의 정체성을 중요하게 여기면서도 새로운 문화를 긍정적으로 받아들이고 새로운 문화에 적극적으로 참여하는 것이 매우 중요하다(배선식, 2016).

국제결혼은 국적과 국민국가 정체성이 서로 다른 두 사람의 결합이며, 종족 간 혹은 인종 간 결합일 뿐 아니라 문화적 차이를 지닌 개인의 결합이다(이은아, 2012). 따라서 그들의 생활에 대한 보편성과 다양성에 대한 이해가 필요하다. 이 책에서는 중앙아시아 출신 결혼이주여성의 총체적 삶에 대해 기술하기 위해 생애사적 연구 방법을 활용했다. 즉 개별적인 생애사를 분석하여 시간적 흐름에 따라 그들의 문화적응 생애담을 재구성하고, 정체성 협상 형태와 과정을 중점적으로 살펴보기 위해 영역분석, 분류분석법을 활용했다. 따라서 이 책에서 다룬 결혼이주여성의 문화적응 생애담에서는 생애주기별 발달과정에 주목하여 결혼 준비기, 가족 형성기, 가족 확장기, 자기계발기로 구분하여 각 시기별 행위양상과 적응형태를 기술했다.

2) 정체성 협상

오늘날 사람의 이동과 이주가 빈번하고 편리해지면서 한 나라의 구성원들이 더욱 다양해지고 있다. 이로 인해 서로 다른 문화와 언어, 가치관이 혼합되면서 각 개인이 가진 정체성 협상이 요구된다. 교통과 통신의 발달, 그리고 글로벌기업의 영향력 등의 요인이 추동한 이주 현상의 다변화는 이주자에 대한 기존의 개념에 변화를 가져왔다. 기존의 이주자는 한 방향으로의 이동으로 묘사되었고, 나아가 이주한 나라의 문화와 언어, 가치관의 일방적 수용 또는 동화의 대상으로 여겨졌다. 그러나 현대사회의 이주자는 거주국과 모국을 연결하여 두 사회를 연결하거나 제3의 국가들을 연결하여 사회적 장을 형성하는 초국적 행위의 주체자로 부각하고 있다. 또한, 이주자는 정주하는 나라의 문화에 영향을 주고받는 존재가 되었으며 과학과 교통, 그리고 통신의 발달과 아울러 이주자의 초국적 행위와 주체적 행위는 지구촌의 문화와 가치관의 다양성을 확대한다.

그러나 다른 한편으로 하나의 공간에 이주민과 정주민의 뒤섞임은 다양한 갈등을 양산하거나 내포한다. 종교와 생활문화, 그리고 소통하지 못하는 언어 등은 이주민과 정주민 사이의 간극을 넓히는 이유가 된다. 이와 같은 다양한 현상을 야기하는 이주로 인해 정주민과 이주민 사이의 협력 또는 공존은 더욱 중요한 이슈가 되고 있으며, 각 개인의 정체성은 협상의 과정으로 이끌린다. 박이은실(2011: 84)은 정체성을 보는 관점에서 구성적 관점뿐만 아니라 협상적 관점의 필요성을 언급했다. 협상적 관점의 정체성은 개개인이 집단 소속감을 위해 특정 집단과 동일시하는 행위뿐만 아니라 그 집단의 정체성을 재구성하고 다른 집단과의 관계를 재설정하는 적극적 행위자라는 점에 주목하는 것이라고 했다. 이주가 용이하고 각 개인의 정체성이 경합하는 현대사회에서 이주자의 정체성 협상 행위는 정주민과 이주민 사이의 협력과 공존을 위한 중요한 의미가 된다. 그러므로 여기서는 정체성과 정체성 협상에 관해 살펴보고자 한다.

사회학의 관점에서 정체성(identity)은 '나는 누구이며, 무엇을 해야 하고, 어떻게 해야 하는지'에 대한 판단의 집합이다. 그것은 개인을 둘러싼 사회적 관계에서 자신의 지위와 역할에 관한 정의들로 구성된다. 정체성을 갖는다는 것은 그런 정의를 자신의 것으로 인정하고 동일시하는 것을 뜻한다. 이것은 사회적 관계에서 개인이 주체화된 것임을 나타낸다(이진경, 1997: 14). 정체성에 관한 사회학적 관점은 정체성이 자신에 관한 규정임과 동시에 사회적 기능으로 작동함을 보여준다. 테일러(Taylor, 1989, 1991)는 개인이 타인과의 대화를 통한 상호관계에서 자신의 정체성을 규정하며, 자신의 진실한 내면의 모습에서 스스로 결정하는 가운데 자아정체성이 확립된다고 했다. 즉 스스로에게 진실한 개인은 자신의 고유한 언어로 세상과 자기 자신을 해석하고 이해하며, 결국 그 과정을 통해 개인의 자아정체성이 형성된다(성지영, 2018: 30). 이와 같이 정체성은 자기 자신에 대한 스스로의 정의이며, 사회적이고 관계적인 특성을 가진다. 즉, 개인의 정체성은 타자와의 관계를 통해 더욱 분명하게 표현된다. 타즈펠(Tajfel, 1974)은 "개인의 정체성은 사회적 집단에 대한 소속감을 통해 형성되며, 다른 집단과 차별되는 특정 사회집단 속에서 개인이 자신의 위치를 찾고, 형성하고, 정의하는 과정"이라고 했다(김가연, 2018: 21).

개인이나 집단, 그리고 사회는 사회구조와 시공간의 틀 속에 뿌리를 둔 사회 결정과 문화 기획에 따라 재료들을 가공하여 의미를 재배열한다. 이런 과정은 집합 정체성을 구성하는데, 그것은 정당화 정체성, 저항적 정체성, 기획적 정체성으로 구분된다. 이러한 정의에서 이주와 관련하여 주목할 정체성은 기획 정체성이다. 기획 정체성은 "어떠한 사회행위자들이든 간에 사회 속에서 자신들의 지위를 재정의하는 새로운 정체성을 구축하고, 개인들은 자신의 경험을 통해 전체적인 의미에 도달한다"라는 것이다(Castells, 1997; 박신규, 2009: 18). 즉, 이주자는 새로운 언어와 문화적 환경에서 지속적으로 스스로의 정체성을 재정의하는 환경에 처한다. 그러므로 개인은 사회적 행위를 통해 자신의 정체성을 재정의하며 정체성 협상을 실행한다.

사람은 동시에 여러 개의 상호보완적이고 지속적으로 변화하는 다양한 정체성을 가진다(Norton, 2000). 또한, 사럽(Sarup, 1996: 15)은 정체성을 "계급, 국가, 인종, 민족, 성, 종교 같은 사회적 역학들의 영향력에 대한 선택 · 강조 · 고려하는 과정을 통해 구성되는 하나의 서사"로 정의했다. 즉, 사회적 관계와의 상호작용 가운데 일어난 사건이나 행위의 구체적 결과를 성찰을 통한 이야기로 나타내게 될 때 정체성이 구성된다는 것이다(조진경, 2016: 25-26). 이러한 정체성은 생애 동안 고정되는 것이 아니라 늘 해체되고 경쟁하는 것으로, 특히 지리적 · 심리적 경계를 넘어서 새로운 사회문화적 환경에 적응할 때 개인은 기존의 정체성과 새로운 정체성 사이의 투쟁을 통해 균형을 찾는 과정을 반복한다(Block, 2007). 여기에서 블록이 말한 투쟁을 통해 균형을 찾아가는 과정이 정체성 협상으로 이해될 수 있을 것이다. 패패스터지아디스(Papastergiadis, 2000)는 이러한 균형의 위치에서 과거와 현재가 만나 그들 사이의 간극과 모순을 발견하고, 그 차이에 대해 협상 과정을 통해 형성되는 것을 정체성이라고 보았다(김가연, 2018: 24 재인용). 스완(Swann, 1987)은 정체성 협상에 대해 사회적 행위의 주체가 사회적 상호작용을 하면서 합의를 이끌어내는 것으로 보았다. 다시 말해 스완은 정체성 협상 과정에서 '대상'이 중요한 역할을 한다고 가정한다. 여기에서 '대상'은 '나'와 '나', 또는 '나'와 '너', 그리고 '나'와 '우리'가 될 수 있다. 스완은 자기 인식과 대상의 인식이 상호작용하는 과정에서 정체성이 타협된다고 보았다.

이러한 정체성 협상을 위한 개인의 행동은 사회적 상호작용 속에서 일어나는데, 스완은 개인의 특성과 사회구조가 요인이 된다고 보았다. 개인적 특성에는 개인이 성취하고자 하는 목표(goal)나 개인이 추구하는 어젠다(agenda), 그리고 삶의 과정을 담고 있는 개인의 생애사(life histories)를 포함한다. 사회구조적 측면에서는 개인이 지닌 사회적 규범(norms)이나 사회적 지위와 역할(roles), 그리고 사회적 관습(conventions) 등이 상호작용의 본질과 결과에 영향을 미친다는 것이다.

다른 한편, 팅투미(Ting-Toomey, 2015)는 정체성을 기반으로 한 의사소통 역량에서 나타나는 열 가지 특성을 제시했다. ① 상징적 대화: 집단정체성(민족과 문화 집단)과 개인의 정체성(특성)의 핵심 역학은 다른 사람들과의 상징적인 대화를 통해 형성한다. ② 정체성 협상의 변증법: 집단과 개인의 정체성을 보면 상대방을 받아들이려고 하지만 그 상대방이 바꾸기를 원하는 경향이 있다. ③ 개인의 정체성: 개인은 문화적으로 친숙한 환경에서 정서적 안정감을 경험하는 반면, 생소한 환경에서 정서적 불안을 경험한다. ④ 집단정체성: 개인은 그들이 속하기를 원하는 집단 구성원들의 정체성이 긍정적으로 지지받을 때 그 집단에 소속되기를 원하지만, 반대일 경우에는 그 집단과 자신을 차별시켜 부각하려는 경향이 있다. ⑤ 상호작용 예측성: 문화적으로 친숙한 다른 사람들과 의사소통할 때 상호작용 예측가능성을 경험하지만, 그렇지 않을 경우 상호작용을 예측할 수 없는 경향이다. ⑥ 친밀한 대인관계: 사람들은 친밀한 관계를 통해 대인관계를 맺는 것을 선호하며 다른 문화 간 대인관계는 문화적 이방인에 대한 정서적 안정과 신뢰를 받는다. ⑦ 정체성 변화 경험: 익숙한 문화 환경과 반복되는 문화적 일상에서 정체성의 일관성을 경험하는 경향이 있으며, 새롭거나 익숙하지 않은 문화 환경에서 정체성 변화나 혼란을 경험하게 된다. ⑧ 상황 변동 규모: 문화적 · 민족적 · 개인적 상황의 변동 규모는 이러한 정체성과 관련한 주제의 의미, 해석 및 평가에 영향을 준다. ⑨ 정체성 협상 과

정: 정체성 협상 과정에서 다른 사람들과 적절하고 효율적인 의사소통을 위한 상호 문화적 정체성을 기반으로 지식이나 사고력 및 상호작용 기술을 통합하는 것이 중요하다. ⑩ 정체성 협상 결과: 정체성의 협상 결과에는 서로 이해하고, 존중하고, 긍정적인 평가에 대한 가치를 포함한다.

샤피로(Shapiro, 2016)는 먼저 '나는 누구인가'라는 핵심 정체성과 관계형 정체성이라는 정체성의 두 가지 측면을 설정하고, 이 측면들은 감정이 고조된 갈등 해소에 중요하다고 보았다. 즉, 존재에서 의미를 찾는 핵심 정체성과 다양한 집단에 속해 있는 사회적 정체성에서 개인이나 집단과의 관계를 모색하는 관계형 정체성에 주목했다. 관계형 정체성이란 특정 개인이나 집단과의 관계를 정의하는 영역을 가리킨다. 샤피로가 정체성 협상에서 갈등을 중요하게 간주하는 이유는 우리의 '관계'에서 우리의 '사이'에 존재하는 것이 갈등이며, 그 공간에는 협력을 방해하는 복잡한 감정적 역학이 존재한다고 보기 때문이다(Shapiro, 2016).

김희선(2006: 61)은 사회 안에서 '음악인'으로서 혹은 '가야금 연주인'으로서의 사회적 · 문화적 위치를 주장하는 주체와 연주자로서 지신만의 정체성을 주장하는 개개인에 비유하여 정체성 협상을 설명한다. 연주자들은 '음악인'과 '가야금 연주인'이라는 두 가지 층위의 정체성이 의미화 과정의 주체자로서 협상이 이루어지며, 이런 과정을 통해 새로운 가야금곡이 계속해서 생산되고 새로운 의미가 부여된다고 했다. 이를 이주자에 비교하여 살펴본다면 이주자는 이주자로서 거주국 사회에 사회적 · 문화적 위치가 있는 주체이며, 다른 한편으로 이주자 개인으로서의 정체성을 가진 주체다. 개인적 정체성과 사회적 · 문화적 존재로서의 정체성이 협상 과정을 거치면서 계속해서 이주자로서 그 개인의 새로운 의미가 부여될 수 있다. 그러므로 한 개인의 정체성 협상을 살펴보고자 할 때 개인이 그 자신과 협상하는 것을 살펴볼 필요가 있으며, 나아가 개인이 처한 사회적 · 문화적 위치를 고려할 필요가 있다.

홀(Hall, 1996)은 정체성 형성 과정을 설명하면서 여기에는 자아와 외부 구성요소와의 상호작용이 중요하다고 했다. 홀은 사회인 사실과 개인의 주관적인 인식이 어떻게 연결되는지에 대해 주목했고, 개인의 해석과 행위 의미에 강조점을 두었다. 이러한 점에서 정체성 형성 과정은 개인의 주체화 과정을 드러내는 것을 의미한다(박신규, 2009: 22). 이주자가 그들의 정체성을 협상하고 새로운 정체성을 형성하는 것은 홀(1996)이 말한 개인의 주체화를 드러내는 것이 된다.

앞서 제시한 정체성과 정체성 협상에 관한 연구들은 정체성을 "자기 자신에 대한 스스로의 규명이며, 개인은 사회적 상호작용에서 협상을 통해 지속적으로 자신을 형성해나가는 것"으로 보았다. 모국을 떠나 거주국에서 이주자로 살아가는 결혼이주여성 역시 그들의 삶에서 지속하여 그들의 정체성을 협상하고 새롭게 형성하거나 조정하는 과정을 거칠 것으로 예상한다. 그러므로 이들의 생애를 통해 나타내는 정체성 협상에서 누구와 무엇을 어떻게 협상하는지를 살펴보는 것은 다양한 정체성이 협상하는 현대사회를 살아가는 우리 모두에게 공존과 화합에 필요한 적절한 지혜를 안겨줄 수 있을 것이다.

이 책에서는 중앙아시아 출신 결혼이주여성의 문화적응 과정에서 드러나는 정체성 협상의 여러 양상을 기술하기 위해 분류분석과 영역분석을 진행했다. 즉 결혼이주여성의 개인적 · 사회적 · 초국적 영역에서의 관계 맺기와 행위양상을 살펴보고, 주요 키워드를 중심으로 재구성했다.

3.
연구 방법

1) 생애사적 내러티브 연구의 특성

이 책에서는 중앙아시아 출신 결혼이주여성의 다층적 삶과 변화하는 정체성을 생애사적 내러티브 방식으로 재구조화하여 드러내고자 한다. 인간은 태어나면서 많은 사람과 관계를 맺고 그 관계 속에서 다양한 경험을 하게 된다. 많은 사람과 다양한 경험을 쌓으면서 그 경험을 해석하는 방법 또한 다양한데, 같은 시간과 공간에서 경험한 사건임에도 그 경험에 대한 관점이나 해석을 어떻게 바라보느냐에 따라 삶이 달라질 수밖에 없다(강숙희, 2013). 이처럼 살아가면서 겪은 자기 삶의 경험을 타인의 관점에서 비추어보았을 때 또 다른 자신의 모습을 발견할 수 있을 것이다. 한 생애를 통해 살아온 시간과 역사는 같은 공간과 시간 속에 있지만, 그것을 바라보는 타인은 당시의 시대적 상황과 문화적 환경에 따라 다르게 해석할 수 있기 때문이다. 이렇듯 개인적 경험을 역사적 · 사회적 맥락에 위치시킴으로써 특정한 경험과 사건에 대한 의미를 해석하기에 유용한 방법이 생애사 연구다(김세은, 2012). 이로써 한 개인의 삶을 제도적 경험과 개인적 경험의 교차가 어떻게 일어나고 있는지를 이해할 수 있기 때문이다(Dhunpath, 2000).

생애사는 한 개인의 삶을 자신의 언어로 나열한 것을 연구자가 재해석한 것이다. 다시 말해 생애사는 구술자의 생활담을 연구자가 역사적·문화적 맥락 속에서 재구성한 것이다. 따라서 이 연구 방법은 내부자의 관점에서 개인의 경험이 갖는 문화적 의미를 이해하는 데 적합하다. 이처럼 생애사에서 드러나는 개인의 주관적 의미세계는 그 사람이 속한 문화를 이해하는 단서가 된다. 그러므로 생애사 연구에서 개인의 관점을 드러내는 것은 개인의 특수한 상황을 드러냄과 동시에 그가 속한 보편적 문화를 드러내는 것이 된다(최영신, 1999). 이러한 생애사 연구(life history research)는 질적 연구 방법 중 하나로 다양한 분야에서 활용되고 있다. 특히, 사회복지학에서 캠벨(Campbel, 1999), 하글룬트(Haglund, 2004), 강은신 · 김경신(2016), 여성학에서 베커슈미트(Becker-Schmidt, 1987), 디에징어(Diezinger, 1991), 크루에거(Krueger, 1991), 알헤이트와 다우지엔(Alheit & Dausien, 2002), 교육학에서 콜과 놀스(Cole & Knowles, 2001), 갓선과 사이크스(Godson & Sikes, 2001), 바이탈(Vithal, 2009), 하넷(Harnet, 2010) 등에 의해 활용되고 있다(민성은 외, 2017).

이러한 생애사 연구의 특징은 생애사가 사회 구성원의 행위와 동일하다고 보는 것이고, 동시대를 살아가는 개인이 자기 의지로 만들어가는 사회적인 규칙의 셰마, 지평, 미래를 보는 시각을 하나의 열린 삶의 계획으로 본다는 점이다(박성희, 2004). 또한 이동성(2015)은 맥락성, 내러티브, 관계성, 인간화의 특징을 가지고 있다고 했고, 조주희(2013)는 삶이 직면한 사회적 제약, 삶의 기회와 전환점 등 일련의 생애 사건 등에 반응하고 그러한 선택과 의사결정이 삶의 질에 연관되고 반영되는지 생애사를 통해 탐색할 수 있다고 했다. 박성희(2008)는 생애사 연구를 통해 생애사적 맥락을 통한 학습이 가능하고, 생애사를 통해 확인한 자기주도적 성장의 잠재력을 발견하며, 지나온 삶의 재구성을 통해 또 다른 시각으로 삶을 바라보게 되어 삶의 문제를 해결하고 미래를 설계할 수 있다는 데 생애사 연구의 의의가 있다고 했다.

김영천 · 한광웅(2012)은 생애사 연구 방법이 주체와 객체, 개인과 사회, 행위와 구조의 이분법적 경계를 넘어 개인이 경험한 삶의 이야기를 풍부하게 서술하기 때문에 교육연구에 유용하다고 했다. 왜냐하면 교육 연구를 위해 연구대상을 바라보는 교육현상은 대상이 아닌 주체들, 그리고 참여자들의 공간으로 그들의 삶을 듣고 이해하는 가장 좋은 방법이라고 했고, 질적 연구 방법으로 생애사 연구의 성격과 의의를 다음과 같이 제시했다. 첫째, 생애사 연구는 교사가 전문성을 갖출 수 있도록 교사교육의 체계화에 기여할 수 있다고 했다. 이는 전문성을 갖춘 생애사를 통해 교사의 전문성을 구성하는 요인을 체계적으로 밝힐 수 있기 때문이다. 둘째, 학습자의 입장에서 탁월한 학업성취와 학습부진의 원인을 탐구할 기회를 제공할 수 있다고 했다. 왜냐하면 학업성취와 학업부진의 원인은 양적 수치나 관계로 해명할 수 없기 때문이다. 이와 같은 측면에서 생애사 연구는 교육현상을 이해할 수 있고 실행방안 탐구에 기여할 수 있는 질적 연구 방법이라고 주장했다. 또한 생애사 접근은 한 사람의 사회적 · 문화적 유산을 말로 표현하는 방법이 될 수 있다. 교육적 전기를 제시함으로써 그들이 과거에 지녔고 미래에도 가져갈 다양한 사회적 · 문화적 세계와 가치들을 제시할 수 있다(강민수 · 문용린, 2007).

개별 주체의 생애사를 드러내는 방식에는 인터뷰, 자서전, 일기 등 여러 가지 방식이 있지만, 모두 주체에 의해 선택적으로 재구성된 사건과 사례에 기반한 이야기라는 공통점이 있다. 사람들은 개인적 · 사회적 · 문화적 측면에서 자신의 과거 경험과 기억을 선별하고 재구성하여 이야기함으로써 자신의 과거를 의미 있는 무엇으로 만들고, 이러한 방식으로 타인과 의사소통하기 때문이다(김대군, 2011: 63). 생애사 연구에서는 이러한 사례 · 사건들의 서술을 가리켜 '내러티브(narrative)'라고 하는데, 주로 '이야기'로 번역된다. 사람들은 자신이 이야기하고 있는 삶을 이끌어가는 주체로서 삶의 이야기를 말하는데, 주체의 행동들이 연결되어 사건을 이루고, 사건들은 인과성을 띠며 연결되어 스토리(story)를 형성한다. 내러티브는 논리적 질서를 가진 삶의 사건들로 채워지고, 과거, 현재와 아직 일어나지 않은 미래 간의 연속성을 형성하며, 인간의 경험을 의미로 바꾼다. 내러티브는 시간적 선후의 것들을 플롯에 따른 목적 행위로 바꾼 것으로, 시간성이 보존되고 있는 개념으로 쓰인다(김대군, 2011: 62). 인간의 경험을 드러내고 이를 재구성하는 내러티브의 특성은 중앙아시아 출신 결혼이주여성의 생애 경험을 연구하는 데 이론적 틀을 제공해준다.

생애사적 내러티브 연구는 개인이 경험한 사건을 둘러싼 의미들에 초점을 맞추고 있다. 또한 연구 방법에 있어 생애사적 내러티브 연구에서는 연구참여자와 연구자가 관계를 맺으면서 경험을 공유하거나 재구성하고, 함께 텍스트를 해석하고 재해석하는 과정이 이루어진다는 점에서 다른 질적 연구들과 차이가 있다. 이러한 과정을 통해 내러티브 연구에서는 연구참여자와 연구자가 어떤 이야기 속에 살아갈지에 대한 방향이 제시되고 삶의 변화를 기대할 수 있게 된다(김필성, 2014). 내러티브 분석방법은 생애사 연구의 주된 분석방법으로, 연구참여자가 진술한 내용을 발생한 시간 순서대로 나열하여 분석하는 것이다. 연구참여자가 경험한 특정 사건과 그 과정에서 겪은 일들이 주제와 어떤 상호관련성을 갖는지, 그리고 연구참여자의 과거 당시의 관점뿐만 아니라 현재의 본인 관점에서 어떻게 재인식하고 서술하는지에 대해서도 종합적으로 분석한다는 점에서 연구자 중심의 해석이 아닌 연구참여자 중심으로 해석된다는 점이 중요한 요지다.

이 책에서는 중앙아시아계 결혼이주여성의 총체적 삶을 조망하고 경험의 의미를 기술하고자 생애사적 내러티브 연구 방법으로 연구를 진행했다. 생애사 내러티브 연구는 인물이나 사건의 탐구, 특히 사회적으로 소외된 집단이나 왜곡된 모습으로 비치는 주변 계층을 탐구할 경우 활발하게 사용된다. 이 때문에 개인적 경험을 역사적 · 사회적 맥락에 위치시킴으로써 특정한 경험과 사건에 대한 의미를 해석하기에 생애사적 내러티브는 적합한 연구 방법이다. 이 연구 방법을 통해 중앙아시아계 결혼이주여성의 능동적이고 주체적인 행위 양상 및 그 의미를 자세히 파헤칠 수 있을 것이다.

2) 연구참여자

이 책에서는 중앙아시아 출신 결혼이주여성의 생애사적 내러티브 연구를 위해 심층인터뷰를 통해 자료를 수집했다. 연구참여자와의 인터뷰는 2019년 8월부터 2020년 2월까지 진행되었다. 연구에 참여한 연구참여자는 모두 20명이고 디아스포라연구소, 사할린센터, 다문화가족지원센터 소개, 그리고 이중언어강사들 중에서 직접 소개 또는 눈덩이 표집 방식으로 섭외했다. 연구참여자 선정이 끝난 후에는 전화로 연구의 목적을 설명하고 연구에 참여할 수 있는지 여부를 물어보았다. 이 책에서 주된 자료수집 방법은 연구참여자와의 면담이며, 반구조화된 질문지를 활용하여 시간의 흐름에 따라 본국에서의 삶, 이주 동기, 이주 후 삶의 모습에 대해 상세히 질문했다.

연구참여자들은 대부분 한국에서 10년 이상 생활했기에 한국어 소통에 무리가 없었으며 다양한 삶을 경험했다. 그들은 연구자와 적극적으로 소통했고, 자신의 힘들었던 경험들에 대해 스스럼없이 토로했으며, 면담 내용에 공감하는 연구진의 반응을 보면서 많은 위로를 받았다고 했다. 연구참여자들 중에는 자신들의 이야기에 관심을 가져주고, 들어주는 사람이 있다는 것만으로도 큰 힘이 된다며 고마움을 표시했다.

연구참여자들은 자녀를 양육하고 있었으며, 이혼경험을 한 여성도 있었다. 인터뷰는 연구참여자와 합의하여 일정을 정했고, 장소는 연구참여자의 집 근처 조용한 카페에서 주로 이루어졌으며, 경우에 따라서는 연구참여자의 집에서 진행하기도 했다. 면담은 1인당 2회 정도, 시간은 회당 120분 이상 진행했다. 면담 내용은 녹음했고, 녹음자료는 연구참여자들의 사생활 보호를 위해 기록할 때 영문과 숫자가 혼합된 코드를 부여하여 구별했다. 이 책에서는 사례의 중첩을 피하고, 문화적응과 정체성 협상에 대한 경험을 두드러지게 구술한 연구참여자 10명을 선정하여 집중적으로 기술했다. 이 책에 수록된 연구참여자들은 중앙아시아 출신 고려인 6명, 몽골 출신 3명, 우즈베키스탄 출신 1명이다. 고려인 연구참여자 정보를 간단하게 정리하면 다음 〈표 1〉과 같다.

연구참여자 1은 45세의 키르키스스탄 출신 고려인으로, 중학생 딸 1명을 키우고 있다. 한국에서 통번역대학원을 졸업한 수재다. 대학원과정을 마치고 통역에서 두각을 나타내어 대통령 통 · 번역까지 할 정도의 실

〈표 1〉 고려인 출신 연구참여자의 기본정보

연번	나이(출생연도)	체류자격	거주 기간	출신 국적
1	45세(1975년)	귀화	20년	키르키스스탄
2	34세(1986년)	귀화	11년	키르키스스탄
3	41세(1980년)	귀화	19년	러시아
4	42세(1979년)	귀화	12년	우즈베키스탄
5	35세(1985년)	귀화	15년	우즈베키스탄
6	33세(1987년)	영주권	10년	우즈베키스탄

력자였다. 그러나 이국땅에서 혼자라는 외로움 때문에 한국 남자와 서둘러 결혼을 하게 되고, 아무에게도 도움을 받지 못한 채 경제적 어려움과 속칭 '독박' 육아로 장기간 가정에 갇혀 살아야 했다. 이런 경험들은 적응의 어려움을 낳았고, 극심한 우울증에 시달리며 자녀 양육을 강행한다. 남편의 무관심과 심지어 외도까지 경험하면서 극단적인 생각도 했지만, 종교의 힘을 빌리고 살아야겠다는 의지로 상담도 받고 하면서 조금씩 치유되어가고 있다.

연구참여자 2는 34세의 키르키스스탄 출신이며 고려인이다. 러시아에서 법학대학교를 졸업하고 2009년 국비유학생으로 한국에 와서 법학과 석사과정 중에 소개로 남편을 만나 연애를 하고 결혼했다. 2019년 현재 4세, 8세, 9세 딸을 두고 있으며 이중언어강사와 통역 일을 하고 있다. 시댁 형님들과의 갈등과 세 아이의 육아로 휴학과 복학을 반복하고 있어 석사과정을 졸업하지 못한 상태이지만, 반드시 졸업해서 법과 관련된 일을 하고 싶다는 의지가 있다.

연구참여자 3은 41세의 러시아 거주 고려인 출신인 결혼이주여성이다. 한국이 좋아서 국제무역회사 해외영업부에 근무하면서 한국 남자와 결혼했다. 본인이 스스로 선택하여 한국 남자와 결혼했으나 가치관의 차이로 남편과 이혼했다. 지금은 친정어머니가 한국에 들어와 세 살 된 아들을 돌봐주고, 자신은 직장에 다닌다. 오랜 기간 한국에서 직장생활을 하고 결혼생활을 했지만 귀화하지는 않고 F4 비자로 생활하고 있으며, 한국문화를 잘 이해하고 포용하지만 자신의 사고방식은 여전히 러시아 사람이라고 생각하고 있다. 아이가 있는 연구참여자는 결혼이주여성뿐 아니라 그 자녀들의 정체성과 성장 과정에 정책적으로 도움을 줄 방안이 있으면 좋겠다고 생각하고 있으며, 자신도 교육을 받아 다문화가정의 자녀를 돕고 싶어 한다.

연구참여자 4는 우즈베키스탄 고려인 출신으로 올해 42세다. 현재 이중언어강사로 일한다. 한국을 좋아했던 그녀는 한국에 일하러 왔다가 한국에서 살고 싶어서 지인의 소개로 지금의 남편을 만났다. 고려인 출신이라는 배경 때문에 우즈베키스탄에서는 차별을 받았지만, 한국에서는 외모적으로 차이가 나지 않았기에 친근하고 좋았다. 연구참여자는 결혼하고 1년 만에 어렵게 쌍둥이를 출산하게 됐다. 아이들을 출산하고 나서 1년 동안은 너무 힘들어서 우울증을 심하게 앓았다. 지금은 자녀가 초등학교 3학년이어서 육아 부담에서 벗어나 이중언어강사로 활동 중이다.

연구참여자 5는 우즈베키스탄 출신 결혼이주여성으로 35세이며 슬하에 딸 셋을 키우고 있다. 우즈베키스탄에서 자신의 현실에 불만을 갖고 더 나은 삶에 대한 도전으로 한국행을 주도적으로 선택했다. 남편은 지인 소개로 만났다. 결혼 이후 시댁에서 경영하는 음식점에서 일을 도왔고, 한국 방식을 강요하는 시어머니 때문에 많은 불편을 겪었다. 한국에서의 성공적인 삶을 위해 적극적으로 자기계발을 하고 있으며, 대부분 다문화가족지원센터를 통해 배움을 얻는다. 한국에 친구가 없어서 외로운 편이지만, 언어를 익히기 위해서는 한국 사람들과 좀 더 적극적으로 잘 지내야 한다고 생각한다. 연구참여자의 꿈은 집 사느라 대출받은 돈을 빨리 갚고, 아이들을 빨리 키워서 내보낸 후 자신만의 자유로운 시간을 갖는 것이다. 그러려면 돈을 많이 벌어야 한다는 것과 그러기 위해 사이버대학교에서 공부도 더 하고 싶고, 앞으로 무엇을 하며 살 것인지 차근차근 고민하며 계획을 세워볼 것이다.

연구참여자 6은 33세 우즈베키스탄 고려인 출신의 결혼이주여성이다. 연구참여자의 시부모는 러시아에서 온 며느리라고 해서 싫어하지는 않았지만, 아들에 대한 집착이 큰 편이었다. 첫딸을 낳았을 때 아들이 꼭 필요하다는 말을 했다. 다행히 둘째가 아들이어서 시부모님의 사랑을 많이 받으며 자라고 있다. 연구참여자는 다문화가족지원센터를 다니면서 한국어를 배웠지만 1단계를 마치고 2단계에 올라갔는데 한 달도 안 되어 첫 아이를 임신하면서 그만두었다. 임신했을 때 입덧이 너무 심해서 우울증이 함께 오기도 했는데, 집에서 텔레비전을 보거나 다문화가족지원센터에서 알게 된 친구들을 만나면서 극복했다. 그리고 둘째로 아들을 낳은 후 다시 다문화가족지원센터에 다니기 시작해서 4급까지 마쳤다. 결혼할 때만 해도 한국어를 전혀 할 줄 몰랐는데, 지금은 이중언어강사로 일하면서 아이들을 가르치고 있다는 데 만족감을 크게 느낀다. 지금은 첫째 아이가 학교에 갈 나이가 되어 당분간 공부나 일을 하기는 힘들겠지만, 언젠가 자격증을 하나 따고 싶다는 생각을 하고 있다. 다음 〈표 2〉는 고려인 이외의 중앙아시아 출신 연구참여자 정보다.

〈표 2〉 중앙아시아 출신 연구참여자의 기본정보

연번	나이(출생연도)	체류자격	거주 기간	출신 국적
7	44세(1976년)	귀화	18년	우즈베키스탄
8	54세(1966년)	귀화	13년	몽골
9	40세(1980년)	영주권	15년	몽골
10	43세(1977년)	귀화	16년	몽골

연구참여자 7은 44세의 우즈베키스탄 출신 결혼이주여성이다. 그녀는 한국에서 연수하면서 한국을 좋아하게 되었고, 한국에서 살기 위해 결혼중개업소를 통해 한국 남자와 결혼했다. 그러나 딸을 낳고 나서 남편과 시댁의 무시를 참을 수 없어 이혼을 강행한다. 이혼 후 딸과 생계를 위해 다양한 일용직 일을 전전하다가 무역회사에 취직하면서 현재의 우즈베키스탄 출신 남편과 가정을 이룬다. 재혼 후 두 아들을 낳고, 지금은 남편과 함께 우즈베키스탄 음식점을 운영하고 있다. 한국이 좋아서 주도적으로 이주를 선택했고, 한국 사회의 구성원으로 인정받기를 원한다.

연구참여자 8은 54세의 몽골 출신 결혼이주여성이다. 본국에서 가수였고 이혼경험이 있으며, 이혼 후 자녀를 위한 최선의 선택이 국제결혼을 통한 이주였다. 현재 재혼한 남편과 좋은 관계를 맺고 있으며, 남편의 자녀들과 잘 지내는 편이다. 여성문화회관에서 한국어를 배웠고, 외로움에서 벗어나기 위해 직장을 알아보는 과정에서 외국 출신 배경으로 차별과 어려움을 경험했으나 지금은 이중언어강사라는 직업을 통해 자신감을 얻고 있다고 한다. 자신의 전직을 살려 한국 거주 몽골인에게 노래를 가르치는 봉사활동을 통해 이국 타향에서의 외로움을 달래고 있다.

연구참여자 9는 40세의 몽골 출신 결혼이주여성이다. 지인의 소개로 성실한 남편의 모습에 반해 결혼했지만, 결혼 이후의 생활은 만만치 않았다. 결혼 초기에 시댁에서 살면서 남편의 잦은 출장으로 많은 구속을 받았다. 세 자녀를 양육하면서 우울증도 경험했지만, 다행히 착한 남편이 그녀의 편이어서 자녀가 어느 정도 성장하자 시댁에서 분가하면서 조금 편해졌다. 지금은 다문화가족지원센터를 통해 열심히 학습하고, 일할 기회를 찾아 여러 가지 활동을 하고 있다.

연구참여자 10은 43세의 몽골 결혼이주여성이다. 몽골에서 결혼 이력이 있고, 아들을 양육하고 있었다. 우연한 기회에 한국에서 온 지금의 남편을 만났고, 남편도 이혼남으로 딸 하나를 키우고 있었다. 외로웠던 두 사람은 좋은 관계로 발전했고, 결혼 이후 남편을 따라 한국으로 왔으며, 아들도 한국에서 함께 양육한다. 한국에서 대학교에 진학한 후 다문화가족지원센터 소개로 비례대표 정치인 생활도 하고, 다양한 사회적 참여경험을 했다. 이러한 경험을 통해 한국 사회의 다문화 현상에 관심을 갖게 되었고, 지금은 다문화학과 박사과정에 재학 중이다. 남편 회사에서 웹디자이너로 일하기도 하고 시의원 등 다양한 경험을 했으며, 지금은 다문화협동조합을 운영하고 있다.

연구참여자들은 한국에서 10년 이상 거주했고 자녀를 양육하고 있었으며, 한국 남성과 결혼했고 그중 이혼경험을 한 연구참여자는 2명이다. 연구참여자들의 이주 후 삶의 과정에는 노동과 결혼이 중첩되어 드러나는 양상을 나타내고 있었다. 유학, 취업 등 다양한 경로로 한국에 이주한 후 한국인 남성과 결혼한 경우도 적지 않다. 경제적 이유, 사랑에 빠져서, 또는 현실에 대한 불만으로 주도적으로 한국을 선택했고, 한국에서의 삶 가운데 공통적으로 외로움을 경험하고 있었다. 특히 보편적으로 가장 어려운 시기는 임신, 출산 그리고 자녀 양육 기간이라고 밝혔다. 그들은 경제적 이유로 또는 외로워서 그리고 자기실현 등의 이유로 다양한 구직 활동을 하고 있었고, 그중에서도 다문화가족지원센터의 지지체계를 가장 많이 활용하고 있는 모습이 보였다.

4.
연구 내용

이 책은 총 6장으로 구성되어 있으며, 2부로 나뉘어 기술되었다. 1부는 '중앙아시아 결혼이주여성의 이해'로 '중앙아시아와 여성', '결혼이주여성과 다문화가족지원정책'이라는 2개 장으로 구성되었다. 2부는 '중앙아시아 결혼이주여성의 삶 이야기'로 3개 장으로 나누어져 있고 '고려인 출신 결혼이주여성의 삶', '중앙아시아 출신 결혼이주여성의 삶', '문화적응과 정체성의 변화들'이라는 주제로 구성되었다.

1장 '중앙아시아와 여성'에서는 이 책에서 다루는 중앙아시아 지역에 대한 지리적 범주에 대해 설명하고, 중앙아시아 지역 여성들과 고려인에 대한 특성을 소개함으로써 우리나라에 거주하고 있는 중앙아시아 출신 결혼이주여성에 대한 이해의 폭을 넓히고 그들의 문화에 대한 이해를 통해 그들과 친숙해지는 시간을 갖고자 했다.

2장 '결혼이주여성과 다문화가족지원정책'에서는 국내 중앙아시아 출신 결혼이주여성의 현황, 그리고 사회적 지지체계로서의 다문화가족지원정책 및 다문화가족지원센터의 역할에 대해 소개했다.

3장 '고려인 출신 결혼이주여성의 삶'에서는 국내 중앙아시아 출신 결혼이주여성 중에서 많은 수를 차지하는 고려인 결혼이주여성 6인의 삶 이야기에 대해 문화적응 생애담과 정체성 협상 과정을 살펴보았다.

4장 '기타 중앙아시아 출신 결혼이주여성의 삶'에서는 고려인 출신이 아닌 기타 중앙아시아 결혼이주여성 4인의 삶 이야기에 대해 문화적응 생애담과 정체성 협상 과정을 살펴보았다.

5장 '적응과 정체성의 변화들'에서는 변화하는 현실 속에서 그들의 능동적인 적응, 학습, 성장 과정의 보편성과 다양성에 대해 기술했다. 또한, 정체성 협상 과정에서 나타나는 다양한 갈등과 변화양상을 통합적으로 기술했다.

1부

중앙아시아 결혼이주여성의 이해

1 장

중앙아시아와 여성

1.
중앙아시아의 특징

중앙아시아는 아시아의 핵심 지역 중 하나로, 서쪽으로 카스피해부터 동쪽으로 중화인민공화국까지, 북쪽으로 러시아부터 남쪽으로 아프가니스탄에 이르는 지역이다. '스탄'이 붙는 여러 국가가 이곳에 산재해 있는데, 스탄은 페르시아어로 '~의 땅'이라는 의미를 지니고 있다. 중앙아시아의 범주에 대해서는 많은 논의가 진행되고 있다. 일반적으로 규정되는 중앙아시아는 1992년 과거 구소련으로부터 독립한 카자흐스탄, 우즈베키스탄, 키르기스스탄, 투르크메니스탄, 타지키스탄의 5개 공화국을 일컫는 경우도 있지만, 이 5개의 신생공화국과 중국 서부 신장(新疆)성을 중심으로 한 투르크계 위구르족 거주지역, 몽골리아 등을 광범위하게 포함한다(정세진, 2012: 15). '중앙아시아'라는 명칭이 등장한 것은 그리 오래되지 않았다. 19세기 중 · 후반 독일의 지리학자 훔볼트(A. von Humboldt)가 '중앙아시아'라는 용어를 제일 먼저 지리적 개념으로 사용했다. 그는 동쪽으로 만주 지역 홍안령산맥에서 서쪽으로 카스피해까지, 남쪽으로 히말라야산맥에서 북쪽으로 알타이산맥까지를 중앙아시아로 보았다. 이것이 전통적인 지리적 개념으로 정립되어 있는 중앙아시아의 범주다(장준희, 2004). 따라서 이 책에서는 CIS 5개국과 러시아, 몽골까지를 중앙아시아 지역으로 포괄하여 공간적 범주를 정했다.

중앙아시아 지역은 과거 오랜 세월 동안 동양과 서양의 문명이 교차하는 곳으로, 지정학적으로 매우 중요한 위치를 차지해왔다. 이 지역은 역사적으로 구대륙 세계 교통의 요지로 동양과 서양을 잇는 '실크로드'라는 문명의 이동로가 있었으며, 이 길은 페르시아 문명, 그리스 문명, 중국 문명, 이슬람 문명이 결합하는 장소로 풍부한 자연자원과 발달한 문명을 자랑하고 있다. 지형장벽이 드물고 사통팔달로 트여 있는 지역이어서 동·남·서아시아 및 유럽과 역사·문화적으로 밀접한 관계를 맺었다. 사마르칸트 아프라시압궁전지 벽화에서 이미 고구려와의 교류를 확인할 수 있는바, 학자들은 이 벽화에서 새의 깃털로 장식한 조우관을 쓴 두 인물을 고구려 사신으로 보고 있다. 사마르칸트는 우즈베키스탄 사마르칸트주의 주도로서, 중앙아시아에서 가장 오래된 도시로서 고대에는 동서무역의 중개자 소그드인의 나라 소그디아나의 중심지였다.

오늘날 중앙아시아에 거주하는 대부분의 사람은 투르크와 몽골 혈통의 혼혈이다(임형백, 2014). 중앙아시아 지역에서 생활하는 민족들은 유목민적인 공간에서 이동생활을 하며 제한된 범위에서 농경에 종사하지만, 대부분 목축을 생활수단으로 하는 집단생활을 했다. 중앙아시아의 중요한 민족으로는 투르크, 페르시아, 몽골, 러시아 민족도 있다.

중앙아시아 지역의 국가 상황은 서로 다른 양상을 드러내고 있다. 소수 그룹으로 타지크족 토착민들을 들 수 있는데, 타지크인은 이란계 민족의 후예다. 또한 이들 외에 다수의 러시아어계 민족들과 슬라브인, 게르만인, 1930년대 고려인(한인)이 중앙아시아로 유입되어 이 지역에는 매우 다양한 인종군이 살고 있다(임형백, 2014). CIS 고려인의 러시아 이주는 1863년 60여 명의 조선인이 러시아 극동 연해주 지역으로 이민하면서 시작되어 이주 역사가 150여 년에 이른다. 연해주에 이주한 조선인(고려인)은 민족적 차별과 핍박 등을 극복하며 집단농장 '콜호스(Колхóз)'를 중심으로 정착했다(김현주 · 전광희 · 이혜경, 1997). 그러나 1937년 스탈린 정권의 소수민족 분리정책에 따라 중앙아시아로 강제이주를 당하게 되는데, 공민권이 박탈되고 민족어 사용마저 금지된 채 온갖 탄압에 시달리면서도 다시 콜호스를 건설하며 적응해나갔다. 고려인은 중앙아시아로의 강제이주 후 귀향의 꿈을 완전히 상실했고, 연해주, 즉 원동(遠東)을 새로운 정신적 고향으로 삼게 되었다(장덕준 · 신동혁, 2008). 동구권과 소련이 해체되기 전까지 70년간 몽골은 '작은 소련'이라 불릴 정도로 러시아와 긴밀한 관계를 맺어왔다(김홍진, 2007). 1988년 12월 단행된 몽골판 페레스트로이카인 신칠렐(Shinechlelt) 정책이 등장하고 1989년 몽골민주화동맹이 결성되면서 사회주의 정권이 종식되었다(조은경, 2004). 1990년 집권정당인 몽골인민혁명당(Mongolian People's Revolutionary Party)이 시장경제와 자유민주주의로의 개혁-개방 정책을 표방하면서 급격한 변화를 겪게 된다(이일청, 2006). 몽골에서 '이주'가 급증하게 된 것은 시장경제 체제로의 전환기의 사회 혼란과 깊은 관련이 있다(김현미 · 김민정 · 김정선, 2008).

중앙아시아는 1991년 12월 구소련이 해체됨으로써 국제사회 무대에 등장할 수 있었다. 카자흐스탄, 투르크메니스탄, 우즈베키스탄과 아제르바이잔 등은 자원 강국으로 이 지역은 주변 열강과 서구 강대국이 영향력을 행사하려는 의도가 복잡하게 얽혀 있는 곳이기도 하다. 중앙아시아 민족의 기본적 의식의 틀은 유목생활로서, 그들은 진정한 유목민의 생각을 이렇게 표현한다. "우리는 황야에 사는 사람들이어서 부자들이 차려야 할 복잡한 예의가 없다. 우리가 값지게 여기는 것은 말이고, 가장 즐기는 음식은 말고기, 가장 맛있어하는 술은 마유주다."(김대성, 2001)

2. 중앙아시아의 여성

사회주의 국가들은 소련이 해체되면서 정치적으로 민주화를 추진하고 경제적으로 시장개방을 해서 세계화에 합류한다. 소련의 개혁 및 개방 정책으로 냉전에 기초한 일국주의 시대가 무너져 내려 국가 간 경계가 느슨해졌고, 이주를 대폭적으로 허용하게 만든다. 신자유주의 체제하에서는 '남성 중심의 급여체계'라는 전통적 개념이 무너지고 여성들도 이러한 경쟁체제 속으로 급속도로 진입하고 있어 과거와 같이 고정된 여성 차별적 제도가 더는 무의미하다는 견해가 대두되고 있다. 신자유주의 체제는 여성들에게 가부장적 사고방식에 대한 도전과 홀로서기 등을 적극적으로 생각할 수 있는 가능성을 열어놓았다.

다양한 시대적 격변 속에서 나라별 중앙아시아 지역 여성들의 지위는 상이하게 나타난다. 중앙아시아 각국에서 일반적으로 관찰되는 이슬람의 진보 또는 보수 성향의 정도와 한 국가 내의 다민족 구성 비율에 따라 무슬림 여성의 지위는 상이하게 나타난다(김대성, 2001: 68). 이는 여성과 관련된 코란의 구절을 적용하는 사회적 분위기와 비무슬림 가운데 절대

다수인 러시아인의 영향력 정도가 무슬림 여성에 대한 사회의 의식형성과 직결되기 때문이다. 중도적 이슬람 성향을 나타내는 우즈베키스탄의 무슬림 여성과 명목적 이슬람 성향을 가진 카자흐스탄의 무슬림 여성의 사회적 지위는 결코 동일할 수 없다(김대성, 2001: 68). 각 국가 내 민족들은 자신들의 관습과 종교적 관행에 따라 생활하며, 여성들도 자신이 속한 민족의 전통을 의식하며 사회생활을 영위해가고 있다. 예를 들어, 고려인의 경우는 여성의 활동을 자유롭게 인정하므로 여성의 학력 수준이 높은 편에 속하고, 사회 참여도 거의 제약을 받지 않는다. 고려인 여성들이 사회 엘리트에 속하는 교수와 교사직 등 전문직에 다수 진출해 있다는 사실이 그들의 지위를 잘 반영한다. 고려인 여성들은 사회활동에 참여하면서도 그들의 관습에 따라 가정에서의 역할도 원만하게 유지하는 편이다(임영상 · 김상철, 2000).

러시아 여성들은 대부분 러시아 정교도로서의 전통을 지키며 살아간다. 러시아 여성들의 사회활동은 제약을 받지 않으며, 학력 수준이 높아 전문직으로의 진출이 용이하다. 그러나 전문직 진출이 충분한 보수를 보장하는 것은 아니어서 서구 물질주의의 영향을 받은 소수의 여성들은 도덕적 혼란에 빠져 타민족 여성들에 비해 비교적 쉽게 이혼을 결정한다. 고등교육을 받고 자유로운 사고방식을 소유한 여성들은 홀로서기를 할 가능성은 많으나 이로 인한 독신주의의 확산, 이혼율 증가와 조기 단산 선호 등이 증가하여 사회문제로 대두되고 있다(정세진, 2012).

중앙아시아 무슬림 여성의 생활과 지위에 대해서는 중앙아시아 국가 가운데 인구가 가장 많고, 전체 인구 가운데 다수민족이 투르크계이며 중도적 이슬람 성향을 추구하는 우즈베키스탄 여성과 카자흐스탄의 전체 여성을 통해 이해하는 것이 바람직하다고 본다(정세진, 2012). 우즈베키스탄

여성들 가운데 고등교육을 받고 대도시에 거주하는 소수 여성을 제외하면 다수의 여성은 이슬람 관행을 의식하면서 살아가야 하는 환경에 놓여 있다. 카자흐스탄은 우즈베키스탄에 비해 러시아의 영향을 많이 받았고, 여성들의 교육수준이 높아 의식이 진보적이며 개방적이다(김대성, 2009). 무슬림은 혼인 전에 여성의 순결을 유지해야 함을 강조한다. 여성의 처녀성을 확인하는 관습을 지킬 뿐만 아니라 코란을 통해 여성의 순결을 가르치기 때문이다. 미혼여성이 혼인할 경우에는 본인과 보호자의 승낙이 있어야 하되 처녀성을 잃은 여성, 과부나 이혼녀의 경우는 보호자의 동의가 필요하지 않고 본인의 승낙만 있으면 된다(최영길, 1995: 141).

몽골 여성들은 자유시장경제체제를 받아들이기 전에 일부분 사회주의적 전통의 젠더 이해를 갖고 있다. 왜냐하면 전통적인 몽골사회는 사회주의적인 방식의 젠더 평등을 추구했기 때문이다. 개방 이전 몽골의 사회주의 전통은 구소련에서 유입된 마르크스 및 엥겔스의 젠더 평등 관점이 그 중심을 이루고 있었다. 마르크스주의는 자본주의적 여성 착취를 혁파하고, 여성이 수행하는 가사노동의 사회적 가치를 인정함으로써 여성을 사회의 평등한 주체로 이해한다. 몽골사회는 이와 같은 사회주의 전통을 오랫동안 가지고 있었다는 점에서 사회주의적 남녀평등의 관념을 일정 부분 가지고 있다고 볼 수 있다(오종진, 2019).

'중앙아시아 여성들의 지위는 어떤 수준에 있는가?'라는 질문은 매우 광범위하기에 쉽게 답할 수 없다. 이곳 여성들의 사회적 지위는 이 지역에서 지금까지 형성되어온 융합된 문화 속에서 규정될 수 있다. 중앙아시아 여성조차 자신의 가치관에 따라 그 지위와 정체성을 다양하게 평가하고 있다(김대성, 2009). 러시아인 중심으로 운영되어온 사회주의체제하에서 러시아 문화 및 언어에 대한 편중성을 보여주었음에도 고려인은 현재 체제하에서 토착민족인 카자흐인을 포함한 여타 다른 민족들과의 관계에서 갈등 양상을 표출한 적이 없다. 이들은 같은 피부색의 아시아계 인종이며, 가부장제 중심의 공동체 구조를 가지고 있고, 또 역사적으로 조금씩 밝혀지고 있는 상호 연결고리를 고려해보면 우호적인 관계가 설정되는 것은 당연하다고 할 수 있다(김대성, 2009).

중앙아시아 지역 출신 이주민 현황을 살펴보면 고려인의 이주가 많음을 알 수 있다. 이는 민족적 동질성으로 한국을 고국으로 갈망하고 동경하는 데서 비롯된 것이다. 현재 구소련에 살고 있는 한인은 50만 명을 넘어섰으며, 그중 3분의 2는 중앙아시아에 거주한다. 2019년 외교부의 재외동포 현황을 살펴보면, 카자흐스탄 10만 9,923명, 우즈베키스탄 17만 7,270명, 키르기즈공화국 1만 8,515명이며, 러시아 16만 9,933명, 우크라이나 1만 3,070명으로 추산된다. 그리고 소규모 무리가 구소련 내 다른 공화국에 분산되어 살고 있다(외교부, 2019).

CIS 고려인은 여러 민족과 끊임없이 접촉 · 교류하면서 유연한 사고를 지니게 되었고, 그리하여 한국과 러시아, 중앙아시아, 그리고 유럽 문화를 통합하는 그들 고유의 '유라시안 코리안 문화'(한발레리, 2011)를 형성한다. 고려인은 1937년 강제이주를 거쳐 소비에트연방 시기를 보내고, 자민족중심주의화되어가는 중앙아시아에서 살아남기 위해 한민족으로서의 정체성에 굳이 연연하지 않았다. 그 결과 여러 분야에서 '모범적 소수민족(model minority)'으로 인정받고 있으며, 최근에는 고려인의 놀라운 적응력(모방)과 붙임성을 두고 '아시아의 유대인'이라는 별칭이 생기기도 했다. 특별히 고려인을 유대인에 빗대어 설명한 이유는 빠른 변화 속에서 소원했던 타민족 사이의 중재자 역할(middleman minority)을 자처하여 살아남았기 때문이다(김게르만, 2009). 즉, 고려인은 중앙아시아로의 강제이주 후 다양한 인종과 문화에 급속도로 노출되며 '문화 혼성화'를 겪는다. 그들은 여러 민족과의 끊임없는 접촉을 통해 유연한 사고와 함께 동서양 문화를 통합하는 '유라시안 코리안 문화'를 창조하는데, 이로 인해 고려인을 비롯한 재외한인에 관한 연구는 대부분 '정착하지 못하고 소수자로 부유하다'라는 개념의 디아스포라(diaspora)를 다루고 있다(한발레리, 2011). 고려인의 중앙아시아 정착 과정에서 드러난 가장 큰 특징은 높은 교육열이며, 항상 교육에 1차적 의의를 부여해왔다. 이는 러시아 이주, 식민 지배 등의 민족적 고통이 부강하지 못한 국가적 상황에서 기인했기 때문에 교육을 통해 타향에서나마 부단히 지식을 연마하며 민족적 특성과 강인함을 기르기 위해 노력한 것으로 분석된다(김영순 외, 2018).

중앙아시아 지역의 많은 고려인은 독립국가연합 출범 이후 새로운 국가에 적응하여 소수민족으로서의 정체성 유지, 연해주 재이주 등 국제 정세 및 시대 상황에 기인한 변화의 흐름에 또다시 적응해야 하는 과제를 안고 있다(김영순 외, 2018). 2000년대 후반부터 고려인은 한국으로의 이주 흐름을 형성하기 시작하여 현재 4만 명가량 국내에 체류하고 있다. 고려인의 한국행에서 가장 우선적이고 직접적인 동기는 경제적 요인으로 분석된다(김영순 외, 2018). 중앙아시아 지역 고려인에 대한 이해는 고려인 결혼이주여성을 좀 더 깊이 있게 이해할 수 있는 발판이 되어줄 것이다.

2장

결혼이주여성과 다문화가족 지원정책

1.
중앙아시아계 결혼이주여성 현황

인류는 문명이 시작된 이래 안전하고 안정적인 의식주를 영위할 수 있는 정주적(定住的) 환경을 찾기 위해 지속적으로 이주해왔다. 인구의 국가 간 이동, 특히 결혼이주여성의 증가 현상은 20세기의 주요한 특징 중 하나로 아시아 지역의 경우 이주노동자 가운데 여성의 비중이 높아지는 특징이 나타나고 있다(김현미, 2003). 국제이주기구(IMO)에 의하면, 매년 아시아 여성 80만 명 정도가 이주자의 대열에 합류하고 있다. 2000년을 기준으로 해서 아시아 지역에서의 결혼이주여성 수는 480만 명으로 집계되고, 이는 남성의 규모를 넘어서 500만 명에 이르는 것으로 추산되고 있다(이금연, 2003a; 이혜경, 2005a).

한국은 지금 외국인 200만 시대를 맞이했다. 2019년 국내 거주 외국인은 248만 1,565명으로 전체 인구의 4.7%를 웃돌고 있고, 국민의 배우자(결혼이민자)는 16만 5,205명이 체류하고 있다(출입국 · 외국인정책 통계월보, 2019년 10월호). 통계청 자료에 의하면 2008년 우리나라 결혼이주여성 수는 12만 2,552명이었으나, 꾸준히 증가했다. 이들의 국적은 중국 36.4%, 베트남 26.7%, 태국 3%, 미국 6.7%, 우즈베키스탄 3.0% 등의 순이고 러시아는 2.5%, 몽골 1.9%로 나타났다(여성가족부, 2019). 2013년 대비 증가율이 높은 국가는 러시아, 태국, 미얀마, 몽골, 홍콩, 네팔, 우즈베키스탄, 캄보디아 등의 순으로 이주민의 출신 국가는 계속 다양해지고 있다. 이 중 중앙아시아 출신 결혼이민자의 국적별 · 지역별 현황을 살펴보면 다음 〈표 3〉과 같다.

〈표 3〉 결혼이민자의 국적별 · 지역별 현황(2019. 9. 30) 재구성

	총계	우즈베키스탄	몽골	러시아(연방)	키르기스스탄	카자흐스탄
총계	162,392	2,468	2,446	1,462	502	343
경기도	47,527	728	888	401	155	107
서울	27,927	291	473	336	67	57
인천	10,795	201	189	135	39	35

* 이 표는 중앙아시아 지역 출신 결혼이주여성 통계자료임

이 밖에도 한국 국적으로 귀화한 혼인귀화자는 2019년 10월 현재 13만 3,815명으로 국내 거주 결혼이주민 숫자는 약 30만 명에 달하고 이들의 자녀도 20만 명에 이른다. 여성가족부(2019)의 조사에 의하면 결혼이민자 · 귀화자의 일반적 특성으로는 남성 17.3%, 결혼이민자 · 귀화자 85.2%, 기타 귀화자 14.8%이며, 연령대별로는 29세 이하 19.7%, 30대 35.1%, 40대 23.7%, 50대 15%, 60세 이상 6.5%로, 2015년에 비해 29세 이하 연령층은 감소한 반면 30대 연령층은 증가 추세를 보였다. 또한, 체류 기간별로 10~15년 미만 3%, 15년 이상 27.6%로 10년 이상 거주 비율이 절반을 상회하는 것으로 나타나 국내 체류 장기화 현상이 두드러지게 나타났다. 이들의 이주가 자발적 의사에 기반한 독립적인 동기에서 출발

한다 하더라도 개인의 의사나 능력과 상관없이 이주 과정에서 이미 국가 간의 위계적 관계와 불평등한 젠더 관계에서 이주를 선택하게 되는 부분에 주목해야 한다. 이 과정에서 결혼이주여성의 위치는 국가 또는 출신 지역의 지위에서 비롯되고, 이주자와 여성이라는 사회적 지위로 인해 이중으로 불리해질 수도 있는 조건에 처하게 된다. 여성이 처한 사회적 조건은 사회경제적 배경에서부터 이주자를 차별하는 사회적 인식과 관행, 그리고 국가에서 합법적으로 부여하는 법적 권한까지 다양한 스펙트럼에 위치한다.

결혼이민자 · 귀화자 등의 혼인 상태를 보면, 73.5%가 배우자가 있으며, 이혼 · 별거 16.4%, 사별 4.8%, 미혼 5.2%의 순으로 드러났다. 교육수준별로도 중학교 이하 학력자에서 사별, 이혼 · 별거 비율이 더 높게 나타났다. 전반적인 인구 고령화의 영향이 관찰되며, 배우자 없이 생활하는 고령 이민자 및 귀화자가 빈곤 위험에 노출되는 것으로 보인다. 결혼경로로는 친구나 동료의 소개(31.5%)가 가장 많고, 스스로(24.6%), 결혼중개업체(21.1%), 가족 또는 친척 소개(19.0%)의 순으로 나타났다. 2015년 조사에 비해 친구나 동료의 소개가 약간 늘어났지만(27.4% → 31.5%), 그와 동시에 중개업체를 통한 만남도 소폭 증가한 것으로 나타났다. 그리고 초혼 · 재혼 여부를 조사한 결과, 78.5%는 초혼, 21.5%는 재혼이었다(여성가족부, 2019).

이혼가정의 조사에서 이혼 · 별거의 사유로는 성격 차이(52.0%)가 가장 많고, 경제적 문제(12.6%), 학대 · 폭력(8.6%), 외도 등 애정 문제(8.4%) 등의 순이다. 특히 이전 조사에 비해 학대 · 폭력 때문에 이혼이나 별거에 이르렀다는 응답이 3.0%p 증가했다. 이혼 · 별거 후 직접 자녀를 양육하고 있는 비율은 94.9%로 2015년 65.3%에 비해 크게 증가했고, 이혼이나 별거 후 자녀 양육비를 받고 있다는 비율은 23.5%로 2012년(9.5%), 2015년(18.6%)에 비해 높아졌으나, 여전히 다수인 76.5%는 양육비를 받지 못하고 있었다. 한편, 자녀를 직접 양육하지 않는 사람 중에서 자녀와 정기적으로 만나는 비율은 절반(50.1%)에 그치는 것으로 나타났다(여성가족부, 2019).

이성희 외(2016)의 연구에서는 '외국인이 한국에서 생활하려면 자기 문화를 버리고 한국문화나 관습을 따라야 한다'라고 생각하는 타문화 수용성에서 평균 결혼이주여성은 3.12점으로 보통 수준에서 수용성을 보였다. 결혼이주여성 배우자의 다문화수용성도 보통 수준으로 드러났으나, 배우자가 결혼이주여성의 출신국 언어를 배우거나 언어를 습득하는 경험은 보통 수준보다 낮은 것으로 나타났다. 이러한 결과는 배우자 나라 결혼이주여성의 수용성은 정서적인 측면보다 실제 배우자 나라 결혼이주여성을 이해하기 위한 구체적인 행동수준들은 낮게 나타나고 있는 점을 나타낸다. 이 밖에도 결혼이주여성의 일반적인 특성과 결혼생활 정착 관련 연구에서는 자녀 수가 많을수록 그리고 소득수준이 높을수록 결혼이주여성의 결혼생활 정착 욕구가 높게 나타난다는 결과도 있었다(박정숙 외, 2007).

다문화수용성에 대해 조사한 결과에 따르면 일반국민의 다문화수용성 중 세계시민 행동의 의지가 증가한 경향성은 20대를 제외한 모든 집단에서 나타났고, 더욱 적극적인 태도인 교류행동의지*는 전반적으로 모든 집단에서 낮아졌음을 알 수 있다. 즉, 일반국민의 다문화수용성은 인식수준에서는 많이 개선되었으나 실질적으로 이주민 집단과 교류하는 좀 더

* 다른 문화 출신의 집단 구성원과 상호관계를 형성하는 과정에서 차별하지 않는 것뿐만 아니라 적극적으로 상호 원만한 교류관계를 형성하고 실천하려는 의도, 혹은 행동의지를 의미한다(홍유진, 2014).

적극적인 수용 태도는 오히려 감소된 경향성이 모든 연령층에서 일관되게 나타나고 있다고 밝혔다(여성가족부, 2018a). 이러한 통계자료를 보면 국내 다문화가정 숫자는 해가 거듭될수록 늘어나지만 그들을 향한 국민의 부정적인 인식은 여전히 제자리걸음을 하고 있다.

2.
결혼이주여성과 다문화가족지원정책

국제결혼의 증가는 한국 사회에서 결혼이민자와 그 자녀라는 새로운 인구구성을 가져왔으며, 이들에 대한 한국 정부의 정책이나 사회의 인식이 근본적으로 변하기 시작했다. 그리고 이들을 한국 사회로 순조롭게 통합하는 것이 시급한 정책과제가 되었다(설동훈, 2014). 1990년대 중반 이후 체류 외국인이 지속적으로 증가하고 있으며, 무엇보다 결혼이민자 등 국내 정착이민자가 많아지고 있는 상황에서 출산율 저하 및 평균수명의 연장으로 저출산 · 고령화 사회로 진입하게 됨으로써 외국인에 대한 국가정책이 더욱 포괄적인 차원에서 이뤄져야 할 필요성이 제기되었다. 그리하여 통제 · 관리 위주의 외국인 정책은 참여정부 들어 처우 개선과 인권보호에 무게를 둔 사회통합정책으로 전환됐다. 한국에서 공식적으로 '다문화'라는 용어가 사용되기 시작한 것은 2005년 가정문화운동단체인 '하이패밀리'가 인권 침해적인 표현인 '혼혈아' 대신 '다문화가족 2세'라는 표현을 국가인권위원회에 제시하면서부터다(김현미, 2008: 65).

'다문화가족'이라는 카테고리는 2006년 정부에서 결혼이민자에 대한 지원정책을 실시하는 등 「다문화가족지원법」의 초안을 만들면서부터 생겼다. 2006년 여성가족부는 결혼이민자 문제를 총괄 조정하는 부처로 지정되었으며, 그해 4월 '제3차 여성결혼이민자 가족의 사회통합 지원대책'을 확정했다. 이는 다문화가족지원정책의 초석이 되었다. 그리고 이것은 여성 결혼이민자에 대한 차별과 복지 사각지대 해소를 통한 사회통합과 열린 다문화 사회 실현에 주안점을 둔 대책이었다(김선희 · 전영평, 2008).

2008년 3월 다문화가족의 삶의 질 향상과 사회통합에 이바지함을 목적으로 다문화가족을 위한 별도 법률이자 다문화가족 정책을 위한 법적 기반인 「다문화가족지원법」을 제정하면서 다문화가족 서비스 전달체계를 제도화했다. 또한, 2009년 6월 9일 「사회복지사업법」 개정(제2조 제1호)으로 다문화가족지원센터는 사회복지시설로 변경되었다. 즉, 다문화가족지원센터를 통해 이루어지던 다문화가족 서비스가 사회복지서비스로 인정받게 되었다.

정부의 적극적인 대응으로 다문화가족 정책은 비교적 짧은 기간에 주목할 만한 성장을 이루었다. 다문화가족지원센터는 다문화가족 정책을 프로그램으로 전환시키는 기관으로 다문화가족 서비스의 핵심 전달체계이며, 지역사회의 다문화가족 구성원을 대상으로 다문화가족의 안정적인 정착과 가족생활을 지원하기 위해 가족 및 자녀교육 · 상담, 통 · 번역 및 정보제공, 역량강화 지원 등 종합적인 서비스를 제공하여 다문화가족의 한국 사회 조기적응 및 사회 · 경제적 자립 지원을 도모한다(여성가족부, 2018). 2019년 현재 다문화가족지원센터는 전국 218개소로 시 · 도 및 시 · 군 · 구 중심으로 설치 · 운영되고 있고, 서비스 대상은 점차 확대되고 있다.

2014년 여성가족부는 "통합적 가족정책 전달체계 마련으로 새로운 정책환경에 능동적으로 대응하기 위해 첫째, 다문화가족지원센터를 가족통합지원센터(가칭)로 개편. 둘째, 한부모 · 조손가구, 북한이탈주민 등 다양한 가족에 대한 포괄적 지원. 셋째, 지역사회 다양한 가족의 수요에 효과적으로 대응하고 생애주기별 통합서비스를 제공하기로 했다(여성가족부 보도자료, 2014. 1. 15). 한국의 다문화가정 지원정책과 함께 만들어져서 확장되고 성장해온 다문화가족지원센터는 이제 다양한 유형의 가족을 서비스하는 가족정책 전달체계로서 기능하는 건강가정지원센터 · 다문화가족지원센터 통합서비스 운영기관으로 변화하고 있다. 건강가정지원센터와 다문화가족지원센터의 통합은 다문화 사업 현장에서 한 지붕 두 가족 형태로 일컫는다. 통합기관의 사업 목적은 건강가정 서비스의 특성과 다문화가족 서비스의 특성으로 분리되어 있다. 첫째, 가족 유형별로 이원화되어 있는 가족지원서비스를 가족의 유형에 상관없이 한 곳에서 다양한 가족에 대한 보편적이고 포괄적 서비스를 제공하는 것이다. 수혜자 중심의 서비스 확대 및 접근성 제고, 지역 여건 및 정책 수혜자 특성에 맞는 맞춤형 서비스 강화, 모든 가족에 대한 가족의 안정성 강화 및 가족관계 증진에 기여 등이다. 둘째, 다문화가족의 안정적인 정착과 가족생활 적응을 지원하기 위해 가족 및 자녀 교육 · 상담, 통 · 번역 및 정보제공, 역량강화 지원 등 종합적인 서비스를 제공하여 다문화가족의 한국 사회 조기적응 및 사회 · 경제적 자립지원 도모다. 다문화가족의 정착단계 및 생애주기에 따른 맞춤형 서비스 제공, 다문화가족 대상 통합교육 및 부모교육, 사회참여 지원 확대, 다문화가족 자녀의 건강한 성장지원 및 글로벌 인재 육성, 결혼이민자 맞춤형 일자리 참여 확대 등 사회경제적 자립지원 등이다(여성가족부, 2019).

이 센터의 사업 방향은 가족 유형과 상관없이 다양한 가족에 대한 보편적이고 포괄적 서비스 제공과 다문화가족을 위한 종합적 서비스를 제공하여 다문화가족의 한국 사회 조기적응 및 사회 · 경제적 자립지원 등이다(여성가족부, 2019). 일반 · 다문화가족 중심에서 일반, 다문화, 한부모, 조손가족, 맞벌이가정, 1인 가구, 북한이탈가족 등으로 지원 대상을 확대하고, 주간 · 주중, 야간 · 주말까지 지원시간을 확대한다. 그리고 지역 여건 및 정책 수혜자 특성에 맞는 맞춤형 서비스를 제공한다. 먼저 기본사업으로 가족관계, 가족돌봄, 가족생활, 가족과 함께하는 지역공동체의 4개 영역으로 구성되어 있다. 이를 구체적으로 살펴보면 다음 〈표 4〉와 같다.

다문화가족지원센터는 결혼이민자를 지원하며, 그들이 한국에 안정적으로 정착하는 데 기여했다. 다문화가족지원센터가 없었을 때의 결혼

〈표 4〉 건강가정 · 다문화가족지원(가족센터) 기본사업

사업영역	기본사업	비고
가족관계	보모 역할 지원(부모)자원, 영유아기 부모 지원, 학부모 지원, 혼례가치교육, 아버지 역할 지원, 부부 역할 지원(부부갈등 예방 · 해결 지원), 다문화가족 이중언어환경 조성, 다문화가족 자녀성장 지원, 가족상담	교육, 상담(정보제공 및 초기상담), 문화 프로그램 등
가족돌봄	가족 역량강화 지원, 다문화가족 방문서비스	교육, 상담(정보제공, 초기상담, 전문상담), 돌보미 파견, 사례관리 등
가족생활	맞벌이가정 일 · 가정 양립 지원, 다문화가족 초기 정착 지원, 결혼이민자 통 · 번역 지원, 결혼이민자 취업 지원	교육, 상담, 정보제공, 문화 프로그램 등
가족과 함께하는 지역공동체	가족봉사단(다문화가족 나눔봉사단), 공동육아 나눔터(가족 품앗이), 다문화가족 교류 · 소통 공간 운영, 가족사랑의 날, 결혼이민자 정착 단계별 지원 패키지, 인식 개선 및 공동체 의식, 가족친화 문화 프로그램	모임, 활동, 문화 프로그램 등

출처: 여성가족부(2019)

이민자는 한국 정착을 위해 홀로 고군분투했어야 했다. 많은 연구물에서 결혼이민자가 한국 생활에 적응하고 정착하는 데 다문화가족지원센터의 역할이 컸음을 보여주고 있다. 다문화가족지원센터는 결혼이민자뿐 아니라 그 가족 구성원들 또한 출입국 관련 서류, 법률 등 각종 상담, 자녀 이해, 의사소통 등 어려운 문제가 있을 때 즉시 문의할 수 있는 기관이었다. 가정폭력 · 성폭력 · 성매매 · 가족갈등 · 체류 · 법률 등에 대해 자국어로 365일 24시간 무료상담을 하고 있으며, 상담 후 보호시설 · 경찰 · 병원 · 법률사무소 등 유관기관과의 연계활동 및 네트워크 구축, 현장방문을 통한 결혼이주여성의 인권보호 및 한국 사회 적응 지원, 가정해체 예방을 위한 지원을 하고 있다.

또 다른 보호시설인 쉼터 같은 유관기관에서는 가정폭력 등으로 인해 가출을 시도한 결혼이주여성 및 동반 아동의 일시보호를 맡고 있다. 이곳에서 신체적 · 정서적 안정과 사회적응을 위한 상담 및 치료, 의료 · 법률 · 출국 지원, 정서적 치료회복 등의 일시적 지원을 받을 수 있으나 퇴소 후에는 다시 사각지대에 놓이게 된다. 따라서 퇴소하기 전에 자립기반을 마련할 수 있도록 시스템의 필요성도 지적되고 있다. 물론 정부가 지원하는 결혼이주여성의 자립과 자활을 위한 자활지원센터는 이들의 직업훈련 교육 및 취업 알선, 결혼이주여성과 동반 자녀에 대한 주거 및 기초생활 지원, 동반 자녀의 육아 및 학령기 아동을 위한 방과 후 프로그램을 운영하고 있다. 그러나 그 수가 많지 않아 양적으로 턱없이 부족할 뿐만 아니라 이곳을 이용하는 정보 부족으로 활용도가 낮은 실정이다. 결혼이주여성에 대한 배우자의 가정폭력 사건이 빈번하게 보도되면서 국가적으로 결혼이주여성의 인권에 대한 관심이 증폭되었다. 법무부는 2018년 3월부터 국제결혼 안내 프로그램에 우즈베키스탄, 몽골을 포함한 7개 국가 외국인과 이미 결혼했거나 결혼하려는 국민을 대상으로 인권교육을 1시간 추가했다(여성가족부, 2019).

지원서비스 이용 경험 및 요구조사 결과를 살펴보면 결혼이주여성 이민자의 적응과 정착, 자녀 성장과 부모 역할 등 가족생활과 관련된 각종 지원서비스를 이용해본 경험이 있는 사람은 60.9%로 2015년에 비해 6.0%p 증가했다. 그중 한국어 및 한국 사회 적응 교육(51.8%)에 참여한 이들이 가장 많았으며, 다음으로 임신 · 출산 지원(45.5%), 가정방문을 통한 각종 교육(4.0%), 일자리 교육과 일자리 소개(32.9%) 순으로 드러났다. 지원서비스에서 일자리 교육과 일자리 소개(3.51점)에 대한 요구가 가상 높았고, 다음으로 한국어 및 한국 사회 적응교육(3.2점), 가정방문을 통한 각종 교육(3.17점), 각종 상담(3.14점) 순이었다(여성가족부, 2019). 결혼이주여성의 서비스 기관 · 단체에 대한 인지율은 주민센터 · 행정복지센터(91.5%)를 알고 있는 이들이 가장 많았으며, 다음으로는 다문화가족지원센터(건강가정 · 다문화가족지원센터 포함, 80.3%)를 알고 있는 이들이 많았다. 이 밖에 고용센터 · 고용복지플러스센터, 사회복지관을 알고 있는 이들도 60%가량으로 드러났고, 기관 · 단체별 이용 경험률은 주민센터 이용(7.0%)이 가장 많았고 다음으로는 다문화가족지원센터(47.6%)를 이용한 이들이 많았다. 이는 2015년과 비교하면 다문화가족지원센터를 이용한 이들은 5.3%, 주민센터를 이용한 이들은 3.1% 증가하는 등 이 두 기관은 이용자 수가 많을 뿐 아니라 최근 들어 이용자 수가 눈에 띄게 증가한 것으로 나타났다. 이는 결혼이주여성이 사회적 지원서비스를 적극적으로 이용하여 주체적으로 한국 사회 적응을 시도해나가고 있다는 긍정적인 신호로 볼 수 있다.

중앙아시아 이주여성을 비롯한 결혼이주여성을 위한 다문화가족지원정책은 국가별 · 민족별 · 이주동기별로 구분되지 않는 경향을 보인다.

본 연구팀은 결혼이주여성이 지닌 문화적 특징을 반영한 지원정책을 제안하고자 이들의 생활세계를 기초로 한 문화적응과 정체성 협상에 관한 생애담을 연구했다. 이러한 생애담에서 나타난 경험을 바탕으로 이주집단의 특수성을 기반으로 한 특성화된 사회통합정책을 제안하는 데 기초자료로 활용하고자 한다.

3.
중앙아시아계 결혼이주여성의 연구 동향

2006년부터 한국 사회의 다문화 현상에 대한 관심이 증가하면서 관련 논문들도 많아졌다. 2010년부터는 해마다 100여 편의 논문이 쏟아져 나왔다. 하지만 중앙아시아 결혼이주여성에 대한 연구논문은 많지 않다. 결혼이주여성의 문화적응에 대한 논문으로는 채옥희 · 홍달아기 · 송복희(2009), 반즈락츠 난딩쩨쩨그(2010), 김성진(2014), 김현미(2014), 아지조바 피루자 · 정지현 · 오영섭(2016), 윤승주 · 원재연(2016), 서승현(2019)의 연구가 있다. 중앙아시아 결혼이주여성의 자녀교육에 관련된 연구로는 갈라노바 딜노자 · 박미숙 · 김영순(2016)의 논문이 있고 결혼이주여성을 대상으로 한 문화교육, 언어 교육, 진로경험에 대한 논문으로 문석우(2010), 알기르마 · 김영순 · 박미숙(2015), 김형복 · 이행선(2017)의 연구가 있다.

첫째, 결혼이주여성의 이주 과정 그리고 적응을 주제로 한 논문들을 볼 수 있다. 채옥희 · 홍달아기 · 송복희(2009)는 결혼에 기반을 둔 이민자의 경우 한국어에 대한 많은 지원과 그들의 초기 정착기간 동안 새로운 생활 방식에 대한 적응이 필요하다고 제안한다. 한편 국내에 3년 이상 거주한 이민자는 경력 강화 프로그램이나 권한 부여 프로그램 등 차별화된 형태의 지원을 받을 수 있다. 또한 자녀들에게는 적절한 교육과 지원 시스템을 갖추어 어머니의 모국어로 2개 국어를 할 수 있도록 장려해야 하며, 이는 앞으로 우리 사회에 큰 자산이 될 수 있을 것이라고 밝혔다.

서승현(2019)은 러시아, CIS 국가 결혼이주여성(몽골 사례 포함) 연구에서 해당 국가 출신 결혼이주여성은 유학 또는 취업 등의 목적으로 이주해왔다가 결혼한 경우가 많다고 했다. 또한 한국 사회에 적응하는 과정에서 아시아권 결혼이주여성보다 상대적인 사회문화적 배경의 상이함으로 인해 갈등을 겪고 있으며, 한국인 선주민이 혈통주의에 기반한 동화주의적 관점을 가지고 자신들을 대하는 것에 대한 어려움을 토로했다고 한다. 또 인권 실태와 관련하여 한국 사회에서 살아가는 결혼이주여성은 잠재적 피해자라고 할 수 있다고 주장했다. 그들은 체류 문제에 묶여 폭력을 당해도, 혹은 당할 줄 알면서도 침묵한다고 했다. 또한 해당 국가 결혼이주여성이 아시아권 결혼이주여성에 비해 다문화가정 지원정책에 대해 접근성이 떨어지는 것은 상대적으로 독립성이 강하고 결혼에 대해 자유로운 도덕관을 가졌기 때문이라고 주장하며, 일례로 다문화가족지원센터가 아닌 러시아센터를 통해 자녀들에게 출신국 언어를 가르치자 분리 혹은 능동적인 행위성을 나타낸다고 했다.

아지조바피루자 · 정지현 · 오영섭(2016)은 구술생애사를 통해 우즈베키스탄 결혼이주여성의 한국 생활 적응 과정을 파악하고자 했다. 이를 위해 우즈베키스탄 출신 여성 2명을 연구참여자로 선정하여 심층인터뷰를 진행했다. 우즈베키스탄 결혼이주여성의 성장 과정과 결혼 과정을 통해 결혼 후 한국 생활 적응 과정의 의미를 살펴보았다. 연구참여자 유진과 페라는 성장 과정과 결혼 과정이 달랐음에도 한국 생활 적응 과정에는 많은 공통점이 나타났다. 첫째, 연구참여자들은 언어적 어려움을 경험하고 있었으며 이를 해결하기 위해 남편을 통해 소통방법을 모색하고 있었다. 둘째, 연구참여자들은 문화적 어려움을 경험하고 있었으며 그에 대한 해결방법으로 다문화가족지원센터나 지역공동체의 네트워크를 통해 한국 문화적응 방법을 모색하고 있다고 했다.

선행연구 중에는 몽골 결혼이주여성에 대한 연구가 많은 편인데, 한국 사회에서 몽골 이주민은 외모로 구분되지 않는 같은 황인종이자 몽골 인종에 속하며, 다른 문화권 이주민에 비해 한국어 능력이 뛰어나다고 여겨진다. 이러한 언어적 · 인종적 유사성에 더해 한국의 기후가 몽골에 비해 따뜻하기 때문인데, 이는 몽골 여성들이 한국인과 결혼하여 한국에서 살아가는 것을 거부감 없이 결정하는 데 영향을 미친다. 이러한 유사성에도 불구하고 몽골 결혼이주여성에 대한 그간의 연구들은 그들이 겪는 차별성 · 폭력성에 대해 지적해왔다. 김현미 외(2008)는 몽골 결혼이주여성의 한국으로의 이주 과정과 경험에 대한 연구를 통해 국제이주의 특성상 결혼이주자가 한국에서 처하는 어려움 중 많은 부분이 출신국으로부터 이주 과정에서 기인한다고 했다. 몽골 여성들은 사회주의 교육의 영향으로 양성평등의식이 강하고 한국 남편보다 고학력인 경우가 많지만, 중개업자가 제공한 허위정보를 믿고 한국에 오는 경우가 많다고 했다. 여성들이 결혼이주를 고려하는 데 결정적인 영향을 미치는 것은 이런 허위정보이지만, 한국인과의 결혼을 통해 얻을 수 있는 다양한 혜택을 구체적으로 실현하기 위해 결혼 중개 시스템에 큰 저항 없이 참여하게 된다고 하면서 한국 정부가 여성들의 안전한 이주를 가능하게 하기 위해서는 중개업을 통해 여성들이 한국으로 유입되는 과정에 관심을 기울여야 한다고 밝혔다. 반즈락츠 난딩쩨쩨그(2010)는 몽골 결혼이주여성을 폭력적인 남편으로부터 보호하려다가 그 여성의 남편에게 살해당한 고(故) 간체첵 사망 사건을 다루었다. 채옥희 외(2009)는 연애와 중개를 통해 결혼한 몽골 결혼이주여성 18명을 심층면접하여 한국 생활에 적응하는 과정에서 겪는 문화적 어려움 등을 살펴보았다. 잉흐볼드 차츠랄(2001)은 대구 · 경북에 거주하는 몽골 여성 9명을 심층면접하여 결혼이주여성의 생애사를 탐구했는데, 몽골에서의 빈곤한 삶을 벗어나기 위해 국제결혼을 선택한 시골 출신 여성들이 선진국에서의 행복한 삶을 기대했으나 한국에서 그 기대를 성취하지 못했다는 점을 보여준다.

둘째, 결혼이주여성의 자녀교육에 대한 연구들이 있다. 윤희중(2013)은 무슬림 결혼이주여성의 이중문화 스트레스가 자녀와의 의사소통에 미치는 영향에 대해 연구했다. 연구 결과에서는 무슬림 결혼이주여성의 외국인 차별에 대한 인식, 문화적 차이에 대한 인식도 핵가족 중에서 더 높이 나타났다. 또한 외국인 차별이나 문화적 차이에 대한 무슬림 결혼이주여성의 인식이 높으면 자녀와의 의사소통이 낮게 나타난다고 했다. 또한 인구사회학적 특성 중 학력이 높은 경우에는 자녀와의 의사소통이 높게 나타났다고 했다. 이러한 연구 결과를 바탕으로 결혼이주여성이 이중문화 스트레스에서 벗어나 사회통합의 구심점 역할을 할 수 있도록 정부 차원에서 다양한 사회적응 전략을 마련해야 한다고 했다. 정창근 · 김홍배(2013)는 무슬림 결혼이주여성의 자녀교육에서 '경제수준'과 '이슬람 문화몰입'이 유의미한 요인으로 분석되었다. 이슬람 문화몰입이 높은 무슬림 결혼이주여성은 문화적 정체성에 대해 긍정적으로 접근하기 때문에 자녀교육 과정에서 균형적 조절이 가능하다. 즉, 무슬림 결혼이주여성은 축적된 내면의 성숙한 가치를 토대로 안정된 심리상태에서 자녀들에게 이슬람과 한국적 가치행태를 균형적으로 수용하도록 교육하는 것으로 추정되며, 긍정적인 태도를 통해 자녀교육을 실행할 수 있을 것으로 분석했다. 갈라노바 딜노자 · 박미숙 · 김영순(2016) 연구에서는 고려인 결혼이주여성의 언어교육 방식과 문제점을 사례연구 방법을 활용하여 분석했다. 연구 결과, 고려인 결혼이민자는 주로 영상 매체 및 인쇄 매체 또는 베이비시터를 통한 언어교육을 하고 있다고 밝혔다. 그리고 다문화가정 언어교육의 문제점은 주로 언어적 혼합 사용, 음성적 결손임을 지적했다.

셋째, 결혼이주여성을 대상으로 한국문화교육 또는 한국어교육에 대한 연구다. 문석우(2010)는 광주 전라도 지역의 러시아 및 CIS 국가 결혼이주여성을 중심으로 설문조사를 진행하여 한국어교육 실태 및 한국문화적응에 대해 조사했는데, 한국어교육 실태조사 결과로는 한국어교육 수업을 오전 시간대(10~12시)에 가장 많이 받고 싶어 했고, 학력수준이 높을수록 수업횟수를 늘려주기를 원했다. 한국어 구사능력에서는 결혼 후 소통능력에 크게 어려움을 느끼지 않는 편이었다. 그러나 한국어 학습능력에서 여전히 쓰기 능력, 말하기 능력 순으로 어려움을 겪고 있었다. 한국문화적응에 관한 실태조사 결과를 보면, 결혼 전에는 한국문화에 대한 충분한 사전지식이 없었으나 결혼 후 한국문화에 대한 인지도와 적응도는 대체로 높은 편으로 드러났다고 밝혔다. 알기르마 · 김영순 · 박미숙(2015)은 몽골 출신 결혼이주여성의 진로경험에 관한 연구에서 몽골인은 한국인과 외모가 비슷하고 동양적인 사고를 가지고 있는 것과 몽골인의 특성인 진취적이고 빠른 적응이 한국 사회에서 진로를 선택하는 데 많은 도움이 되었다. 둘째, 다문화 사회로 접어든 한국 사회의 다양한 다문화정책과 다문화 관련 프로그램 덕분에 다문화 관련 직업을 선택할 수 있게 되었다. 그러나 다문화 관련 직업이 장기적으로 비전을 가질 수 없는 현실이 안타깝다고 했다. 셋째, 몽골 출신 결혼이주여성은 한국어 능력과 모국에서의 학습경험이 진로를 결정하는 데 영향을 주었다. 그러나 모국에서의 경험이나 자격을 인정받지 못할 때는 다른 직업을 선택할 수밖에 없다고 했다. 넷째, 다양한 교육 프로그램에 참여하고 서비스를 제공받으면서 미래에 대처할 수 있는 자신의 능력을 향상시키고 있었으며 자원봉사 등 사회활동이 진로개발에 도움이 되었다고 한다. 이를 바탕으로 결혼이주여성의 진로개발 방안을 제시했다.

선행연구 고찰을 통해 중앙아시아 출신 결혼이주여성을 대상으로 한 연구는 수적으로 많지 않음을 확인할 수 있었고, 실태조사 그리고 질적 연구도 일부 있음을 발견했다. 양적 연구는 대부분 실태조사에 머물러 결혼이주여성을 심도 있게 이해하는 데 부족함이 있었다. 그리고 대부분의 질적 연구들도 그들이 경험하는 어려움과 갈등을 적응하는 데만 초점을 맞추었고, 삶을 향한 열정과 주체적인 삶에 대한 조명이 부족했다. 따라서 이 책에서는 그들의 다양한 삶의 이야기에 초점을 맞추고, 생애담의 연대기적 흐름에 따라 행위주체로서 자율성과 다양성을 보이는 삶의 궤적을 살펴보고자 한다.

2부

중앙아시아 결혼이주여성의 삶 이야기

3장

중앙아시아 고려인 결혼이주여성의 삶

1.
연구참여자 1:
꿈과 기대의 배신

1) 생애 개요

연구참여자는 구소련 시절이던 1975년 우즈베키스탄 타슈켄트에서 출생한 여성(45세)으로, 부모는 모두 재외동포다. 12세 때 키르기스스탄으로 이주했으며, 13세 때 부모님이 이혼해서 어머니와 여동생과 함께 살았다. 러시아에서 동양어과 한국어를 전공했고 대학 졸업 후 한국으로 유학을 와서 통번역대학원을 졸업했으며, 직장생활을 하던 중 현재의 남편과 연애결혼해 중학생 딸을 두고 있다.

어린 시절에는 학교에서 인종차별을 경험하기도 했고, 유대인 친구와 친하게 지냈기 때문에 유대인의 생활 방식에 영향을 많이 받았다. 할아버지는 교장선생님이셨고 부모님이 모두 대학을 나왔으며, 자신 또한 어린 시절부터 공부를 잘해 정부 초청 장학생 1등 자격으로 한국에 유학을 왔다. 이처럼 엘리트 코스를 밟으며 부유한 어린 시절을 보냈으나 한국에서의 결혼 이후에는 경제적 어려움을 겪었다. 한국의 통번역대학원에서도 우수한 성적으로 졸업하여 대통령 통역을 하는 등 커리어를 쌓았으나 고등학교를 졸업한 포크레인 기사와 결혼한 이후부터 육아로 인해 경력이 단절되었다. 남편은 전라도 섬 출신으로 유난히 가부장적이다. 시댁과의 갈등이 깊어져서 우울증을 앓았고, 그로 인해 자살 충동을 느끼기도 했으며, 아이를 학대하기도 했다. 아이는 어릴 적의 학대로 인한 트라우마로 정신적으로 문제를 겪기도 했으나 이제는 문제가 해결되었다. 종교(개신교)와 부부상담으로 가정불화를 극복했으며, 현재는 아이가 중학생이어서 엄마 손을 덜 필요로 하기 때문에 일거리를 찾고 싶으나 통역 쪽에서는 젊은 사람을 선호해 일자리를 얻기 어려운 상황이다.

2) 문화적응 생애담

(1) 최고가 되겠다는 승부욕으로 결심한 한국행

① 한국 정부 초청 1등 장학생

연구참여자의 할아버지는 교장선생님이셨다. 아버지는 대학에서 토목과를 나왔고 어머니는 경제학과를 나와 구소련에서 직장생활을 하셨다. 소련 시절 시범사업으로 도입된 신도시 지역의 한복판에 새로 지은 아파트에서 살았는데 그 지역은 돈 있는 사람들이 많이 사는 곳이어서 연구참여자 역시 경제적으로 풍요롭게 자랐다. 이러한 풍요로운 성장 과정은 한국의 외딴 섬 출신인 남편과는 너무나 대조적이었기에 그로 인한 갈등을 겪게 된다.

연구참여자는 어린 시절부터 항상 공부를 잘했고 다른 아이들에 비해서도 공부에 대한 집념이 강한 학생이었다. 이는 본인의 타고난 성격이나 의지 때문이기도 했지만 유난히 교육열이 높은 부모의 영향이기도 했다.

> "우리 사촌언니가 얼마 전에 이야기를 하더라구요. 너 어렸을 때 니가 만약 학교에서 80점인가 맞고 오면 아빠가 너 죽이겠다고 해서 울었던 거 기억나냐고. 맨날 올백 올백 하다가 어쩌다 90점 맞으면 부모님이 너 어떻게 하겠다고 해서 울고불고 난리였잖아."

공부를 잘하는 것을 당연한 것으로 알고 자란 연구참여자는 은연중에 본인의 아이 또한 공부를 잘해야 한다는 생각을 가지고 있다. 아이가 어렸을 때 여러 가지 가정 문제로 힘든 일이 있었음에도 교육에는 소홀하지 않았다. 이는 자신의 부모가 자신에게 했던 행동에서 영향을 받은 것이라고 볼 수 있다.

항상 좋은 성적을 유지하며 대학에서 한국어를 전공한 연구참여자는 졸업 후 카자흐스탄의 교육원에서 한국어를 가르쳤다. 그러던 중 연구참여자에게 한국 전자회사의 티베트공장 준공식에서 대통령의 통역을 맡아달라는 제의가 들어왔다. '학부를 막 졸업한 병아리'인 자신에게 그런 제의가 들어오자 두려운 마음에 자신감이 없어 거절한다.

> "내가 제대로 교육을 받은 것도 아니고. 대통령이 막말을 하는 걸

로 유명해요. 아무 준비도 없는데 시켜서 제가 도망갔어요. (중략) 그런데 다른 번역이나 그런 건 다 했는데 대통령 통역을 못한 것이 한이 됐어요. 나는 실력이 이거밖에 안 되는구나. 나는 아직까지 갈 길이 멀구나. 그래서 그때부터 전문통역의 목표가 생겼어요. 완벽하게 대통령 통역을 할 수 있을 때까지."

나름대로 한국어 통역을 잘한다고 자부했으나 막상 대통령 통역의 기회가 왔을 때 주저하고 거절한 것이 승부욕을 자극한 계기가 되었다. 그래서 이때부터 연구참여자는 '완벽하게 대통령 통역을 할 수 있을 때까지' 자신의 능력을 향상시켜야겠다는 결심을 하게 된다. 그래서 1년 정도 직장생활을 한 후 한국어를 제대로 배우기 위해 한국으로 유학을 결정하게 되었다. 당시 한국 정부 초청 장학생 지원 공고를 보고 신청한 결과 전체에서 1등의 성적으로 1998년 한국에 오게 된다.

② 외로움 때문에 성급하게 결정한 결혼

한국에서 대학원을 졸업한 후 모스크바에서 1년 파견 근무를 한 다음에 한국 회사에 취직한다. 그 당시 연구참여자는 통역가로 회사에서도 인정받고 좋은 성과를 낸다. 그러나 가족 없이 혼자서 외국 생활을 하다 보니 많이 외로웠다.

"해외로 나가면 많이 외롭잖아요. 기댈 곳이 없고. 엄마가 멀리 계시니까 의지할 곳이 없는 거예요. 학생 때는 공부를 하느라 모르는데 회사생활 하면 혼자서 사는 게 힘들고 외로워서. 저는 그걸 너무 느꼈어요."

연구참여자는 '회장 눈에 들어' 청와대로 가서 대통령 통역을 하고 회사에서 좋은 대우를 받았지만 공허함이 있었다. 대학원 시절에는 해야 할 공부가 많았고 시험에 통과해야 한다는 당장의 과제가 있어서 외로움을 느낄 겨를도 없었으나 회사생활에서 인정받고 자리를 잡아갈수록 외로움이 깊숙이 다가왔다.

"열심히 일을 하고 저녁 먹고 아침에 또 출근하는 반복되는 삶이었어요. (중략) 김대중 대통령 통역을 하고 회사에서도 잘해주셨어요. 대통령이야 내가 한 번 보고 마는 사람인데. 집에 오면 너무 힘든 거예요."

본인의 목표였던 대통령 통역의 꿈을 이루었음에도 홀로 타국생활에서 느끼는 외로움은 어쩔 수 없었다. 그동안 오로지 목표지향적 삶을 살았던 연구참여자는 목표가 이루어지고 나자 편안함과 위안이 필요했다.

그러던 중 지인의 결혼식 피로연에서 남편을 처음 만나게 되었는데, 남편이 먼저 연구참여자에게 관심을 보였다. 남편에 대해 자세하게 알아볼 충분한 시간을 가지지 않은 채 몇 개월의 연애 후 2004년 결혼하게 된다.

"그때 우리 남편이 운이 좋았던 거지요. 내가 직장생활이 하도 외롭고 그래서. 남편은 덩치가 크고 착하게 보였어요. 호인처럼. 멋있어 보여서."

러시아에서 대학을 졸업하고 한국에서 동시통역대학원을 졸업한 뒤 통역사로 활동하고 있던 연구참여자는 두 살 많은 고등학교를 졸업한 포크레인 기사인 현재 남편이 '착해 보여서' 결혼해야겠다고 결심했다고 한다. 연구참여자의 성장배경이나 학벌, 능력, 지향점에서 볼 때 세속적인 조건에서 많은 차이가 있는 남자와 결혼을 결심하게 된 것은 의외의 선택이었다. 이는 당시 연구참여자가 홀로 한국 사회에서 직장생활을 하며 느꼈던 감정 상태를 고려할 때, 이성적인 판단이었다기보다는 자신에게 위안과 안식을 주는 가정을 꾸리고 싶은 마음에서 내린 성급한 판단이었다고 볼 수 있다. "남편이 운이 좋았던 거지요"라는 말은 그때의 판단에 대한 뒤늦은 후회의 표현이기도 하고, 이제는 어쩔 수 없다는 약간의 자조 섞인 표현이기도 하다.

(2) 소 몰고 자란 남편과 도시에서 자란 아내

① '완전 조선시대' 남편과의 갈등

연구참여자의 부모는 모두 대학을 나왔고, 어릴 때부터 도시에서 아파트 생활을 했다. 도시 생활을 했기 때문에 특별히 어려움을 모르고 살았고, 부유층은 아니었지만 그래도 중산층 이상으로 살아왔다. 그런데 남편은 전혀 다른 환경에서 자란 사람이었다.

"남편은 섬에서 자랐어요. 어렸을 때는 장난감도 모르고 소를 몰고 키웠대요. 저는 도시 생활을 해서 장난감도 많았고 사탕, 과자도 먹었는데. 남편은 어렸을 때 우유도 못 먹어봤대요. 저는 이해가 안 갔어요."

이러한 성장 과정의 차이로 인해 연구참여자는 결혼 후 남편과의 문화 차이 때문에 많이 힘들어했다. 도시에서 자란 연구참여자와 시골 섬마을에서 자란 남편은 생각도 다르고 식생활도 많이 달랐다. 특히 음식 때문에 남편과 어려움이 있었다. 남편이 '그냥 한국 사람이 아니라 전라도 사람'이었기 때문이라고 생각했다. 러시아 음식은 고칼로리에 느끼한 편이어서 남편은 연구참여자가 만든 음식에는 아예 손도 대지 않았다. 그런데 한국 음식도 웬만한 것은 안 먹는 사람이었다. 김치도 시어머니가 담근 것만 먹었다. 남편의 식습관은 '이혼 충동이 생길 정도'로 까다롭고 연구참여자를 힘들게 했다.

성격 차이도 많이 났다. 연구참여자는 섬세한 편인데, 남편은 자기를 건드리지만 않으면 아무에게도 신경을 안 쓰는 '완전 조선시대 남자'였다. 처음에는 한국과 러시아의 문화 차이인 줄 알았으나 나중에 알고 보니 순전히 개인적인 차이였다. '자기를 건드리지만 않으면 아무에게도 신경을 안 쓰는' 성격이란 가정에 전혀 무관심하다는 의미로 해석할 수 있다. 그래서 결혼 이후 부부관계는 원만하지 못했다.

"저는 남편이랑 학벌 차이가 좀 많이 나요. 그런 데는 연연하지 않아요. (중략) 근데 술을 너무 좋아해요. 결혼하고 보니까 남편은 알코올 중독 상태였어요. 제가 몇 년 동안 악몽 같은 삶을 살았어요."

연구참여자는 학벌 차이에는 연연해하지 않는다고 말했다. 그러나 결혼 이후 연구참여자의 삶을 보면 남편과 학벌 차이로 갈등을 일으킬 여유가 없었다. 술 문제, 여자 문제 같은 갈등 상황이 연달아 일어났기 때문이다. 심리학자 매슬로(Abraham Harold Maslow, 1943)는 인간의 욕구는 끝이 없는데, 거기에는 우선순위가 있어 단계가 구분된다고 했다. 인간의 가장 기본적인 욕구 단계는 먹고 입고 자는 것에 해당하는 생리적 욕구다. 다음으로는 신체적 · 감정적 · 경제적 위험으로부터 보호받고 싶은 안전 욕구가 있다. 연구참여자의 경우 결혼생활을 하면서 인간 욕구의 첫 번째 단계인 생리적 욕구, 두 번째 단계인 안전의 욕구가 해결되지 못했다. 그러므로 사회적 욕구, 자기존중의 욕구, 자아실현의 욕구에 관심을 돌릴 여유가 없었을지도 모른다.

연구참여자는 남편이 몇 년 동안 외상으로 먹은 술값을 대느라 빚을 져야 했다. 결혼 후에 그동안 남편이 룸살롱을 '자기 집 드나들 듯' 다닌 사실을 알게 됐는데, 남편은 그것을 '아무것도 아닌' 일로 치부하고 남자는 원래 그렇다는 의식을 가진 사람이었다. 게다가 남편은 한동안 외도를 하고 부동산 사기를 당해서 가진 재산을 날리기도 했다. 그때 연구참여자는 '자살 충동에 많이 힘들었고' 우울증에 빠지기도 했다.

'가사분담이 기본적으로 사람들의 머릿속에 박혀 있어 여기서처럼 애걸복걸할 필요'가 없는 러시아에서 살았던 연구참여자는 가사와 육아를 혼자서 해결해야 했다. '시장갈 시간도 없고 누가 옆에서 도와줄 사람도 없어 하루 24시간 내내 손빨래하고 쓸고 닦다 보니' 빈혈이 왔다. 남편은 전라도 중에서도 진도에서 배를 타고 들어가는 조도라는 섬 출신인데, 나이가 많지 않음에도 생각은 조선시대 남자였다. 연구참여자가 표현한 '조선시대 남자'는 남편의 가부장적 성향을 말한다. 가부장제는 여성의 희생으로 남성에게 특권을 주는 구조다. 어린 시절 유대인 가족과 친해 그들의 영향을 많이 받은 연구참여자로서는 남편의 그런 태도를 받아들이기 힘들었다. 이후에 부부 문제로 인해 상담을 받을 때 상담사가 남편에게 왜 부인이 전화하면 끊어버리냐고 물은 적이 있었다고 한다. 그러자 남편은 "여자가 간섭을 많이 해서"라고 대답했다. 남편의 가부장적 성향을 보여주는 단면이다.

기본적인 반찬거리도 없는 데다가 할 줄 아는 것도 없고 가르쳐줄 사람도 없는 상황에서 그녀는 '완전히 사면초가'라고 느꼈다. 시댁에서도 아무런 도움을 주지 않고 경제적 빈곤으로 끼니를 제대로 해결할 수도 없었다.

"결혼을 너무 후회를 했어요. 내가 이렇게 생활을 해야 하나 하고. 학벌 차이도 문제지만 대화가 안 됐어요."

결국 연구참여자가 결혼을 후회하게 된 것은 결혼으로 인해 이전까지 자신의 삶과는 너무나 달라져버린 상황 때문이었다. 이는 기본적으로 두 사람 간의 간극이 컸기 때문이다. 이 간극이란 문화적 차이라고 볼 수도 있다. 개인은 자신이 생활하는 환경에 영향을 받기 마련인데 남편은 지리적으로나 자라온 가정환경, 사회생활에서 연구참여자와 판이하게 달라서 간극이 컸다.

이렇게 극한의 상황으로까지 갔지만 부부상담과 종교를 통해 이제는 많이 좋아졌다. 현재는 남편이 술도 끊고 충실한 가정생활을 하려고 노력하고 있지만 아직도 가장으로서의 책임감은 부족한 것으로 보인다. 무협지를 못 읽게 한다고 불평하거나 '세금을 얼마나 내는지, 대출이 얼마인지, 학원비가 얼마인지, 전기세고 뭐고 하나도' 모른다. 심각한 문제는 해결되었을지 모르나 좀 더 건강한 가정으로 나아가기 위해서는 남편의 노력이 더 필요한 것으로 보인다.

일반적으로 중앙아시아 여성과 결혼한 한국 다문화가정의 경우 여성 쪽의 경제적 형편이 기우는 경우가 많다. 그러나 이들 부부는 반대에 해당한다. 그리고 연구참여자가 겪은 문제는 단지 결혼이주여성이어서 겪은 문제라고 보기 어렵다. 그러므로 다문화 정책은 '외국에서 왔다'라는 특수성만 부각시키기보다 '인간생활에서 드러나는 문제'라는 보편성의 측면에서 고려해야 할 것이다.

② 외국에서 왔다는 이유만으로 당한 시댁의 멸시

남편뿐 아니라 시댁과도 문제가 있었다. 결혼 후 처음에는 시어머니와 같이 살다가 한 달 만에 시어머니가 밥해주기 귀찮다고 전세 얻어 나가 살라고 하면서 '결국에는 틀어졌다'.

시어머니는 가사뿐 아니라 모든 일을 연구참여자에게만 시켰다. 집에 전구가 나가서 남편에게 교체해달라고 부탁하자, "그런 걸 왜 우리 아들한테 시키냐"며 야단을 치고, 집을 구하러 부동산에 가야 할 때도 "우리 아들은 그런 거 못 한다"며 "한국 여자들은 부동산 찾아다니면서 다 알아서 하고 남자들이 하는 게 아니라"고 했다. 아이를 낳은 지 얼마 되지 않았을 때 가사와 육아 등의 육체적 피로로 인해 연구참여자가 담석으로 수술하고 병원에 입원하게 되었을 때야 비로소 처음으로 시어머니에게 아이를 맡길 수 있었다.

"시댁에서는 저를 투명인간 취급했어요. 외국에서 왔다고. 어머니가 저를 인정을 안 했어요. 처음 보는 날 이런 말을 했어요. 어제 TV를 봤는데 한국으로 시집온 중국 여자가 자기 남편 전 재산을 갖고 튀었더라고."

인격적으로 대놓고 무시하거나 함부로 대하는 것은 시어머니뿐 아니라 다른 시댁 식구들도 마찬가지여서 연구참여자는 '많이 당했다'라고 표현했다.

"결혼하고 처음에 큰형수가 그러더라고. 우리 도련님 결혼 안 해서 내가 누구 소개시켜줬는데 뚱뚱해서 싫다더니 동서가 더 뚱뚱하구만."

위의 시어머니와 형님의 발언은 매우 무례하고 비상식적이다. 그러므로 연구참여자로서는 시댁 식구들의 기본적인 인격에 문제가 있는 것인지, 아니면 자신을 무시하는 것인지 의심할 수밖에 없다. 이와 같이 시댁 전 가족의 멸시와 천대는 결혼생활 내내 이어졌다. 객관적이고 세속적인 기준으로 봤을 때 연구참여자에 비해 남편의 결혼조건이 처지는 것은 사실이다. 그러나 연구참여자가 외국에서 왔다는 이유 하나만으로 시댁 식구들은 함부로 대했다. 특히 외국 중에서도 중앙아시아에서 왔다는 것이 업신여김의 이유였다. 이는 연구참여자를 하나의 인격체로 본 것이 아니라 못사는 나라에서 온 결혼이주여성으로 보았기 때문이다. 일종의 우월감이다. '우리'를 문명이라 생각하고 '저들'을 미개라고 생각하는 것과 다름없다. 문화제국주의적 사고와 문화사대주의의 뒤틀린 발현이다. 문화는 발전하는 것이 아니라 변화하는 것이라는 인식의 부족으로 인한 폭력의 한 형태라고도 볼 수 있다.

결혼이주여성이 이같이 부당한 대우를 받는 이유 중 하나는 한국 내에서의 사회자본이 없기 때문이다. 가족이라는 이름으로 뭉친 시댁 식구들에게 받는 멸시를 방어하거나 완충할 수 있는 자신의 사회자본이 구축되지 못한 경우 오롯이 개인이 부조리를 감당해야 하는 상황이다.

> "저희 시어머니도 섬 출신이고 대학을 안 나오셨는데 저한테 호되게 얘기하시고, 외국 신부라고 뭐라고 하시고. 우리 남편이나 시어머니나 무언중에 열등의식 같은 게 있는 거 같아요. 그래서 어떻게든 아프게 말하려고 해요. 너무 사람 잘나면 꼴 보기 싫잖아요. 동서들한테 제가 홀대를 당한 것도 그래요."

시댁 식구들의 부당한 대우에도 불구하고 연구참여자의 자존감이 높아서 어느 정도 감내할 수 있었던 것으로 보인다. 연구참여자의 학벌이나 능력이 뛰어나 시댁의 그러한 태도를 '열등의식'이나 '너무 사람 잘나면 꼴 보기 싫은' 것으로 해석한 것이다.

연구참여자로 인해 시댁 식구들 사이에서도 분란이 일었다고 한다. 이를 연구참여자는 "집안에서 동서나 시누이나 어머니나 얼마나 전쟁이 일어나는지, 저 하나 들어와가지고"라고 했다. 시누이는 자기 편이어서 그나마 위안을 얻을 수 있었지만, 남편의 외도와 시댁의 정서적 학대는 결혼생활에서 매우 힘든 일이었다.

③ 인내와 희생으로 극복한 부부생활의 위기

이러한 환경으로 인해 연구참여자는 '18층에서 뛰어내리고 싶은 충동'이 들 정도로 심각한 상황이 되어 이를 극복하기 위해 부부상담을 받았다. 그러나 남편은 자신에게는 원인이 없다고 생각해서인지 부부상담에도 소홀했다.

> "부부상담 세 번 했어요. 한 번 하는데 12회예요. 36번 중에서 34번은 저 혼자 갔어요. 남편은 딱 2번 갔어요. 본인은 아쉬울 것도 없고 자기가 뭘 잘못했는지도 모르고."

다문화가족지원센터의 정신건강지원센터에서 부부상담을 받았는데 이때 많은 도움을 받았다. '상담사가 내 편이 되어주니까 속 시원하게 얘기'했다. 상담사가 연구참여자의 상황을 '한국 사람 같으면 못 살았을' 상황이라고 이해해준 데서 위로와 힘을 얻었다.

결혼이주여성이 어려움에 처했을 때 자기 스스로 문제를 타개해나갈 수 있는 방법을 찾거나 문제해결에 도움을 줄 사람 또는 단체를 찾을 수 있는 경우는 많지 않다. 만약 스스로 문제를 해결하지 못했을 경우 우울증이나 자살로 이어질 수도 있다. 연구참여자의 경우는 언어와 문화적 간극이 심하지 않은 상태여서 그나마 수월하게 자신에게 도움을 줄 곳을 찾아 나설 수 있었다.

두 번밖에 받지 않기는 했지만, 남편도 제3자인 상담사가 문제를 지적해주자 그제야 조금씩 변하기 시작했다. 항상 새벽에 들어오던 남편이 부부상담 이후 점점 일찍 들어오려고 노력하고 못 들어오게 되면 연락을 해주는 등 다문화가족지원센터의 부부상담은 '정말 성공'이었다. '제대로 된' 상담사를 만났을 경우에는 효과를 보았는데 그렇지 않은 상담사는 별로 효과가 없다고 했다. 부부상담과 시누이 남편의 술로 인한 사망 이후 연구참여자의 남편도 술을 끊었고 ‘다른 사람들이 술을 마셔도 혼자서 콜라를 홀짝홀짝’ 마실 정도로 건강관리를 하고 있다.

연구참여자의 부부관계는 부부상담을 통해 많이 좋아졌으며 우울증도 종교를 통해 극복했다.

> “그전에 사실 저는 남편이 죽기를 바랬어요. 남편이 저를 너무 못 살게 해가지고. 그런데 유명한 목사님 집회에서 통역을 하다가 거기서 기적을 봤어요. 은혜를 입은 거죠.”

그 이후 연구참여자는 남편이 갑자기 불쌍하게 느껴졌다. 그전까지는 전혀 모르던 감정이었다. “그 사람은 바뀌지 않았지만 제가 바뀐 거죠” 라며 남편을 미워하는 마음이 없어지고 불쌍한 마음이 생겼다고 한다. 옛날에는 뭘 해도 미운 마음이었는데, 그 뒤로는 ‘아이를 챙겨주는 엄마’ 같은 마음이 들었다. 그래서 예전에는 모든 일이 아이 위주였다면 지금은 남편 위주로 하려고 한다. 남편의 의견을 묻고, 남편이 좋아하는 것을 사오고, 남편이 좋아하는 음식을 하고 있다.

그동안 가정의 평화를 찾기 위해 한 행동을 보면 순전히 연구참여자가 주도적으로 노력한 것을 볼 수 있다. 남편은 ‘아쉬울 것도 없고 뭘 잘못했는지도’ 몰랐기 때문에 그 상황을 타개하기 위한 노력이 전혀 없었다. 결과적으로는 연구참여자의 노력으로 남편의 변화를 이끌어내기는 했지만, 그 과정에서 종교가 결정적으로 작용했다. 남편과 시댁으로부터 받는 충격이 ‘종교’라는 완충지대를 통해 한 번 걸러졌다고도 볼 수 있다. 그러나 이러한 방법은 근본적인 해결책이라고 보기는 어렵다. 알튀세르(Althusser, 2006)가 말한 이데올로기적 국가기구에 종교를 포함한 것은 종교가 그만큼 이데올로기적 기능을 가지고 있다고 보았기 때문이다. 종교라는 신화를 통해 현실을 직시하기보다는 회피하는 용도로 사용될 수도 있다. 이는 곧 이데올로기의 규범과 지식을 따르게 되는 것으로 가부장적 가족체제 유지에 복무하는 것이다. 결혼이주여성이 겪는 불합리하고 부조리한 문제들은 '기적과 은혜' 같은 종교를 통해 해결할 것이 아니라 다문화 정책의 시스템을 통해 궁극적으로 해결할 수 있어야 한다.

부부상담을 통해 남편이 달라지고 종교를 통해 연구참여자가 변하자 가정의 분위기도 변했다. 예전에는 딸하고 아빠가 전혀 대화가 없었고 엄마한테는 아빠와 이혼하라고까지 했는데 이제는 "아빠가 많이 달라졌잖아. 그러니까 데리고 살아"라고 말한다.

> "그래도 저는 성공한 거죠. 인간승리죠. 친구들처럼 래미안인가 뭔가 좋은 아파트에 안 살아도 사람 하나를 살렸죠. 남편을 살렸죠. 저도 살고, 애도 살고, 남편도 살리고. 인간승리죠."

남편의 알코올중독, 외도, 사기 피해, 시댁 식구들의 무시 속에서 연구참여자 본인의 우울증 극복은 말 그대로 '인간승리'다. 남편이 술을 끊게 된 진짜 이유는 간경화가 왔기 때문이다. 그런데 연구참여자는 자신의 노력과 하느님의 은혜 때문이라고 생각한다. 이것이 허구적인 믿음이거나 스스로를 위안하기 위한 방편이라 할지라도 온전히 자신의 힘만으로 그런 고통스러운 과정을 극복했다는 것은 인간승리로 표현할 수 있다. 갈등의 봉합은 오로지 인내와 희생을 통해 이루어낸 것이다.

(3) 그래도 아이 때문에 버틴 세월

① 우울증으로 자녀 학대

연구참여자는 결혼 이후 남편과 시댁으로 인해 경제적 · 심리적 어려움을 겪었다. 아이가 태어나고 나서도 이러한 어려움으로 인해 육체적으로 힘든 상황이었다. 결국 연구참여자는 우울증에 빠지게 되었고 그로 인해 아이에게 많은 신경을 쓸 수 없었다. 근본적인 원인은 경제적 궁핍 때문이었다.

> "집에서 혼자 있으면서 아는 사람도 없고. 애가 우유를 달라고 하고, 기저귀를 갈아 달라고 하고. 기저귀 하기스가 한 장에 636원이었나. 애가 하루에 적어도 10개를 써요. 그러면 6, 7천 원이 그냥 날아가요. 애한테 기본적으로 들어가는 게 있고. (중략) 아이가 뭘 먹어야잖아요. 먹으려면 장을 봐야 하는데. 잠에 취해가지고 결국에는 나가지를 못하는 거예요. 애가 자꾸 울고. 애는 이유식을 못했어요. 시판되는 가루 같은 걸 그냥 물에 타서 먹였어요. 애가 굶으니까 영양실조가 왔어요."

아기를 돌봐야 하는 상황임에도 우울증으로 인해 제대로 돌볼 수 없게 되어 아이가 영양실조에 걸렸다. 그러나 연구참여자는 경제적인 여유도 없었고 육아경험이 없었기 때문에 대처할 방법을 몰랐다. 시댁이나 주변의 도움을 전혀 받지 못한 상황에서 어쩔 수 없이 러시아에 있는 친정엄마에게 전화를 걸어 도움을 구하고 토종닭을 삶아 먹였다. 이때의 경험에 대해 연구참여자는 스스로 '내가 얼마나 못난 엄마인지'라고 자책한다. 결혼이주여성이 다른 사람의 조력이나 정보가 없는 상태에서, 특히나 연구참여자와 같이 정신적 · 육체적 · 경제적으로 문제에 처한 상황에서는 육아에 어려움을 겪을 수밖에 없다. 결국 연구참여자는 시댁과 주변에서 조력자를 찾지 못해 모국의 친정엄마에게 의존하며 '자책'이라는 개인적 책임으로 돌렸다.

그러나 그 이후로도 연구참여자는 아이를 돌볼 수 있는 몸 상태가 아니어서 아이는 계속 방치되고 결국 학대까지 당하게 된다.

"서너 살 때 놀이터도 못 데리고 나갔어요. 우울증이 심해서 제가 못 데리고 나갈 정도였어요. 어린이집에서 선생님이 와서 문을 두드리고 애를 데리고 나갔어요. 그런데 제가 잠에 빠져서 문 두드리는 소리를 못 들으면 그날은 그냥 가고. 그럼 애가 하루 종일 쫄쫄 굶고. 그러다가 제가 너무 상태가 안 좋아서 애한테 손대기 시작했어요. 엄청 때리고."

엄마로 인해 아이가 밖에 나가지 못하고 폐쇄적인 곳에만 있다 보니 아이의 정서에도 문제가 생겼다.

"전철을 타면 애가 고양이마냥 저를 타고 올라가서 목을 졸라요. 사람을 보면 패닉 상태가 와요. 밤에 잘 때는 저를 꽉 껴안고 목을 졸라요. 그래서 내가 애를 때리고 할퀴고 피가 날 정도로 그랬어요."

"겨울에 밖에 내보내야 해서 옷을 입히는데 (중략) 마지막에 목도리를 하는데 내가 애 목을 꽉 졸랐어요. 그 뒤로 틱(장애)이 생긴 거예요."

엄마의 우울증과 학대로 인해 아이는 초등학교 1학년 때 ADHD 진단을 받게 된다. 정신과에 가라고 나라에서 40만 원짜리 쿠폰이 나왔는데 아이를 약물로 죽이고 싶지 않다는 생각에 건강관리지원센터로 데리고 가서 1년 동안 미술치료, 놀이치료, 상담 등을 받기 시작했고 점점 나아져 지금은 완치된 상태다.

② 아이는 남편과 나를 연결하는 본드

연구참여자는 남편 문제와 자신의 우울증으로 힘들었고 아이를 학대하기까지 했지만 아이 때문에 가정을 지킬 수 있었다고 생각한다. 남편이 '그렇게 망나니짓을 해도' 아이를 지키기 위해 이혼하지 않았다. 아이가 남편과 자신의 '본드 역할'이라고 했다. 본인이 부모의 이혼으로 아픔을 겪었기 때문에 그 아픔을 물려주기 싫었고, 혈통을 중시하는 생각 때문이기도 했다.

"애가 없었으면 못 살았을 텐데. 애는 아무리 못나도 자기 아버지잖아요. 저는 혈통을 중요하게 생각하기 때문에. (중략) 애 때문에 쉽게 헤어질 수가 없는 거예요. 우리 부모님이 이혼을 했잖아요. 그걸 겪은 아이들은 어떻게 해서든지 같이 살려고 노력을 하는 거죠. 왜냐하면 그 아픔을 알기 때문에. 제가 끝까지 포기 안 할려고 했죠."

힘든 결혼생활이었지만 연구참여자가 부모의 이혼으로 인한 트라우마를 가지고 있었기에 그것을 자식에게 물려주지 않기 위해 어떻게든 참고 견뎌야 했다. 그 외에 경제적인 이유도 있었다.

> "남편이 한동안 외도하고 술에 빠지고, 부동산 사기를 당해서 제가 한동안 우울증에 빠졌어요. 그때는 자살 충동에 많이 힘들었어요. 애가 어리고 기댈 데가 없으니까. 이혼을 해도 생활이 안 되잖아요. 애가 어리니까. 경제력이 없다 보니까. 물론 혼자면 살지만 애가 어리니까 직장생활을 못하잖아요. 그러니까 참을 수밖에 없는 거예요."

일반적으로 여성에게 있어 이혼을 결정할 때 가장 현실적으로 작용하는 것이 이혼 이후의 경제적 문제다. 육아로 인한 경력단절을 경험하는 여성이 많기 때문에 이혼하고 자녀를 양육하기는 쉽지 않다. 한국에서 계속 살아온 한국 여성의 경우도 그러한데 결혼이주여성에게 이혼 이후의 경제활동이 더더욱 어려운 것은 명백하다. 이러한 여러 가지 이유 때문에 아이를 위해 이혼만은 하지 않았는데 다행히 시간이 지나면서 점점 모든 것이 나아졌다.

아이와 가정 문제가 봉합된 현재 연구참여자의 가장 큰 고민거리는 교육문제다. 연구참여자는 공부에 대해서만은 어릴 때부터 욕심이 많았다. 그래서 결혼 전에는 열한 살 차이 나는 동생에게 공부를 많이 강요한 언니였으며, 결혼 후에는 딸의 공부에 욕심을 부리고 있다. 경제적으로 어려워도 아기 때부터 '사교육을 한 번도 놓친 적이 없는' 엄마였고 그 돈을 '헛되지 않게' 하고 싶지 않은 마음이다. 힘든 상황에서도 왜 학원을 계속 보냈느냐는 질문에 "딸은 대학을 나와야 하기 때문"이라고 했다.

"요즘 제일 고민거리는 아이가 중 3인데 인서울 하기도 힘든 거요. 아기나라 때부터 다달이 몇만 원씩 내고, 초등학교 때는 학원 보내고. 사교육에는 제가 한 번도 놓치고 한 적이 없어요. 그런데 성적이 그렇게 좋지도 않아요. 그래서 허무감이 들어요. (중략) 초등학교 때 학원을 뺑뺑이를 돌리다가 애가 쌍코피가 나가지고 더 이상 혹사시키면 애가 죽겠구나 싶어서 하나씩 끊기 시작했어요. 피아노, 미술, 영어, 수학 끊으면서 완전히 놀렸어요. 그러다가 나중에 슬슬 그림 잘 그리니까 미술이라도 보내야겠다 싶어 보내고, 이 동네로 이사 오니까 영어는 기본으로 보내야겠다 싶어서 영어를 보내고. 50만 원짜리 비싼 학원인데도 애가 실력은 늘지 않고 왕따로 상처만 받아서. (중략) 돈이 행복순위가 아니잖아요. 성적도 그렇지만 아직까지 딸에 대한 책임 때문에 그건 못 놓겠어요."

돈과 성적이 전부가 아니라는 것을 알면서도 딸을 서울권 대학에 보내고 싶은 마음은 포기할 수 없다. 본인은 엘리트로 자라 좋은 대학과 대학원을 나왔지만 남편은 그렇지 못하다. 남편의 학벌에 연연해하지 않는다고 말은 했지만 딸은 대학을 나와야 하고 그것도 서울권이라야 한다. 연구참여자의 경우 결혼 전까지 엘리트 코스를 밟다가 결혼 후 완전히 뒤바뀐 삶을 살고 있다. 결혼 전에 같이 공부했던 사람들 중에는 사회적으로 높은 위치에 있는 사람들이 많이 있는데, 자신은 그렇지 못하다는 자괴감이 들 수도 있다. 연구참여자는 대학과 대학원에서 특출나게 공부를 잘했기 때문에 자신의 현실을 아이를 통해 보상받고 싶을 수도 있다. 지난날 우울증, 자살 충동, 틱장애 등의 처지에 봉착했을 때는 당장의 문제해결에 급급했지만 이제 어느 정도 안정되고 나니 아이에 대한 욕심이 생긴다.

③ 교육에 대한 남다른 열정

연구참여자는 어릴 때부터 공부에 많은 열정을 보였고 자식 교육에 관심이 많다. 그래서 결혼 이후 다른 외부적인 활동은 거의 없지만 아이의 교육과 관련해서는 적극적으로 정보를 수집하려고 노력했다. 부동산 사기를 당한 후 '주저앉은 동네'는 '못살고 모텔들이 쫙 널려 있는' 동네라서 아이가 학교에 갈 때마다 모텔 골목을 지나쳐야 했다. 그래서 매일 아이 손을 잡고 학교까지 데려다주었다. 자녀 교육에 대해 전혀 아는 것이 없어서 초등학교 엄마들과 어울리기 시작했다. 그런데 '못사는 동네이다 보니까 남편들은 새벽에야 들어오고 엄마들은 애들 업고 술 마시러 3차, 4차까지 노래방과 식당을 전전하는' 곳이었다. 연구참여자의 성격상 그런 분위기와 어울릴 사람이 아니었지만 오로지 아이 교육을 위해 어쩔 수 없이 어울렸다.

> "애 교육에 대해서 아무것도 모르니까 그 엄마들하고 어울렸는데 너무 술을 먹어서 간에 무리가 왔어요. 입원한 적도 있어요. 그 엄마들하고 어울리려면 술 먹어야 하니까. 그런데 그 엄마들이 정보를 잘 주지도 않아요. 굉장히 폐쇄적이고. 남 흉만 보지."

결국 연구참여자는 정보는 얻지 못하고 소모적인 모임만 가지는 그들과의 관계를 끊었다. 아이가 학교를 옮긴 이후에도 그들에게 전화가 왔지만 받지 않았다. 그들과 어울리면 술만 마실 뿐 교육적인 정보는 전혀 얻을 수 없었기 때문이다. '그 엄마들한테 당하고 나서'는 아이에게 도움이 되는 것이 있을까 해서 선생님을 찾아갔다. "나는 외국에서 왔고 거기서 학교를 다녀서 여기 교육과정을 전혀 모른다. 내가 집에서 애를 공부시키기에는 정보도 없고 힘들고 방향도 모르겠으니 도움을 요청한다"라고 했더니 선생님이 "뭘 걱정하냐. 그냥 학원 보내라"라고 했다. 그래서 학원을 어떻게 찾아야 하냐고 물어보니까 "나가면 널린 게 학원이다"라고 말해 충격을 받고 지금은 학교에도 발을 끊은 상태다.

"그래서 맹모삼천지교라고 하나 봐요"라며 연구참여자는 교육환경을 중요하게 생각했다. 현재 이사 온 동네는 환경이 조금 괜찮아서 딸 친구의 엄마와 친하게 지내려고 다가갔지만 그 엄마가 바빠서 그런지 기회를 잡지 못했다고 한다. '여기는 조금 괜찮은 동네라서 괜찮은 아이들이' 있다고 했다. 아이도 예전 동네보다는 마음이 열리고 어려운 일을 혼자서도 잘 헤쳐나가 연구참여자가 '엄마들 모임에 가서 잘 보일 필요'도 없어져서 만족해하고 있다.

선생님이나 동네 엄마들이 왜 그랬던 것 같냐는 질문에 "동네가 좀 못살아서 그런 거 같아요. 여기 있는 엄마들은 안 그러거든요"라고 대답했다. 연구참여자는 자신이 의식하든 아니든 교육문제에 대해서는 일정 정도의 우월감이 있는 것으로 보인다. 많이 배우고 풍요로운 조부모와 부모 밑에서 자신 또한 공부를 잘하고 좋은 대학과 좋은 직장을 다닌 경험을 가지고 있다. 태어나면서부터 결혼 이전까지 선민의식을 가질 만한 삶을 살았다는 것을 고려해볼 때 어쩌면 자연스러울 수 있다. 그러므로 아이 때문에 어쩔 수 없이 다른 엄마들에게 잘 보이기 위한 행동을 하는 것이 비위에 맞지 않았을 것이다. 하지만 연구참여자의 바람과 달리 딸은 공부에 그다지 관심이 없다.

"저는 딸에게 요구를 했는데 이제는 포기했어요. 딸은 욕심이 없어.

(중략) 저는 딸이나 동생에게도 많은 걸 요구했어요. 동생은 그나마 똑똑했어요. 제가 볼 때는 법률 쪽으로 가면 좋겠다 해서 좋은 대학 법학과를 보냈어요."

동생은 똑똑했기 때문에 연구참여자의 요구에 부응했으나 딸은 그러지 못하고 있는 것이 못내 아쉽다. 그러나 "딸이 욕심이 없다"라고 한 것은 순전히 연구참여자의 기준에서 그렇게 해석한 것이다. 그리고 "이제는 포기했다"라는 것도 아직은 딸이 중학생이기 때문에 조금의 여유를 가질 수 있어 하는 말이다. 연구참여자는 학부모로서 지속적으로 딸의 교육에 남다른 관심과 기대를 가질 가능성이 높다.

(4) 나를 위한 투자를 못하고 있어

① 노력만으로 이룬 성공, 결혼으로 인한 좌절

연구참여자는 '너무 외교관이 되고 싶고 통역을 전문적으로 배우고 싶어서' 한국으로 와서 통번역대학원에 들어갔다.

"제가 정부 초청 장학생으로 나왔기 때문에 ○○대(일류 대학이라는 의미)를 지원할 줄 아는데 저는 죽어도 ○○대학을 고집했어요. 그게 꿈이라서. 다른 데는 특별전형으로 그냥 들어가지만 ○○대학은 시험을 봐야 하는데도. 다른 지원자들은 좋은 옷 입고 왔는데 저는 선교사님들이 빌려준 이상한 옷을 입고 갔어요. (중략) 그런 애가 결국 끝까지 혼자 남아서 졸업했잖아요."

위의 진술은 힘들게 공부해서 좋은 결과를 얻었다는 단순한 사실을 말한 것으로 보일 수도 있다. 그러나 이 말에는 자신의 능력을 자랑스러워하는 자부심이 내포되어 있다. '다른 지원자들은 좋은 옷'을 입었지만 본인은 '선교사님들이 빌려준 이상한 옷을 입고' 갔음에도 결국에는 '끝까지 혼자 남아서 졸업'했다는 자부심이 있다. 부모들의 경제적 지원을 받아 편하게 공부하는 사람들보다 자신이 얼마나 더 뛰어났는지를 당당히 전하고 싶은 마음이다. 실제로 연구참여자는 자신이 원하던 대학의 통번역대학원을 졸업하고 마침내 고르바초프 대통령, 푸틴 대통령이 참석한 행사를 통역하고 방송국에서 생방송 통역까지 하게 되었다. 그 외에도 대기업 회장이나 장관, 총리 등의 통역사 역할도 했다.

"꿈을 이룬 거죠. 어렸을 때 한이 맺힌 대통령 통역까지 해보고. (중략) 제가 성공을 했다고 생각하는 이유가 ○○대학 통번역대학원은 제 성격 아니면 졸업하기 어려웠기 때문이에요. 목표의식이 없으면 안 된다는 거. 열 명 중 두 명밖에 졸업 못했거든요."

연구참여자는 자신이 성공했다고 생각했다. 그리고 그 성공의 근원이 스스로의 힘으로 일구어낸 것이기 때문에 더욱 자랑스럽게 느껴졌다. 10명 중 2명밖에 졸업하지 못했을 정도로 어려운 통번역대학원 과정이었다. 너무 힘들어서 러시아에 있는 엄마에게 전화해서 시험에 떨어지면 죽겠다고 말했을 정도였다. 그 힘든 과정을 마치고 통역사로서도 능력을 인정받았으나 결혼과 함께 모든 것이 달라졌다.

"요즘 젊은 애들은 자기 스펙 쌓는 데 투자도 많이 하는데. 저는 지금까지 공부하면서 한 푼도 돈을 쓴 적이 없어요. 여기 와서 대학원도 장학금으로 다니고. 애한테는 쓰는데 저한테는 20만 원도 아까워서 못 쓰겠어요. 애한테는 50만 원을 들여서 영어학원을 보내는데. 제가 영어 시험을 좀 더 잘 보기 위해서 학원을 다니고 싶은데 아까워요. 컴퓨터 활용능력이나 그런 거에 관심은 많은데 못 쓰겠어요. 저를 위해서는 아까워서."

결혼 전 연구참여자는 왕성한 학습 활동을 했으나 모두 장학금을 받았기 때문에 돈이 투자되지는 않았다. 그러나 경력이 단절된 후 자기계발을 위해 투자해야 하는 상황임에도 자신에게는 아까워서 쓰지 못하고 있다. 통역사로서는 나이가 많아 다른 취업 자리를 위해 박사학위를 따고 싶어 한다. 주변에서 박사학위를 딴 사람을 보면 대학에 출강하거나 연구소 등 좋은 자리를 얻을 기회가 있다는 것을 알고 있기 때문이다.

"박사도 몇백 하니까 못쓰겠어요. 등록금이. 애를 위해서는 어떻게든 아껴서 대출을 내서라도 하는데 저를 위해서는 엄두도 못 내겠어요. 내가 스펙을 쌓기 위해서는 시도를 해야 하는데 그걸 못 하겠어요."

현재 연구참여자는 결혼 후 남편과 아이 때문에 자신을 위한 투자는 모든 것을 놓아버린 상태다. 이는 결혼이주여성만의 문제가 아니라 우리나라 기혼 여성 대부분이 겪는 문제다. 재능과 열정을 가진 여성들이 결혼과 임신, 출산, 육아로 인해 경력단절을 경험하고 다시 이전의 영역으로 돌아가기 힘든 사회 여건이다. 사회자본이 없는 결혼이주여성의 경우는 이 문제를 해결하기 더욱 힘든 것이 현실이다.

② 냉혹한 한국 사회현실 앞에서 잃어가는 자신감

연구참여자는 20년 이상 한국에서 살고 있지만 가장 불편한 점으로 '한국에서는 어디 출신이냐를 많이 따지는 것'이었다.

> "우리 남편도 그렇더라구요. 은연중에. 저한테도 보이는 걸 보면요. 그런 걸 무시를 못 하겠더라구요. 출신, 배경 이런 것을. 한국에서는 차별이 심하죠. 뭔가 조금만 잘못해도 어디 출신이라서 그렇다고."

사실 연구참여자는 일반적인 한국 사람에 비해 학벌이나 경력이 좋은 편에 속한다. '그런데 중앙아시아, 카자흐스탄 이런 말이 나오기만 하면 일단 사람들이 깔아뭉개려고' 한다고 생각한다.

> "재미교포, 재일교포 다 똑같은 교포인데 너무 차별을 많이 해요. 어떤 나라냐에 따라서. 그 사람도 똑같은 인간인데. 나보다 잘난 것도 없는데. 말도 나보다 못하는데(통역을 못한다는 의미). 단지 자기가 어디서 외국물 먹고 왔다는 것 때문에 더 많은 혜택을 받는다는 것은 좀."

결혼 전 연구참여자가 직장생활을 할 때 담당 차장이 2년 만에 '상무'인가 '이사'로 승진한 일이 있었다. 나중에 알고 보니 연구참여자가 성사시킨 일 때문에 그 사람은 승진했지만 정작 연구참여자에게는 아무런 혜택이 주어지지 않았다. 연구참여자의 전임으로 있던 일본 사람은 320만

원을 받았는데, 이는 2001년 당시로는 많은 금액이었다. 그 사람은 통역이 매끄럽지 않고 업무도 많지 않았는데 많은 돈을 받았고, 연구참여자는 절반밖에 되지 않는 월급으로 더 많은 일을 하고 있다는 사실을 알게 되었다. 그래서 연구참여자는 괘씸한 생각도 들었고 마침 결혼을 하게 되어 회사를 그만뒀다.

결혼 후 육아로 인해 경력이 단절되었지만 이제는 아이도 크고 엄마 손을 덜 타기 때문에 '슬슬 운동도 하고 취직도 해야겠다'라는 생각이 든다. 그러나 마흔을 넘기니 자꾸 '나이에서 짤리게' 된다.

> "○○대학에서 7년 동안 강의하면서 제가 오히려 자신감을 잃었어요. 애들이 어리고 날씬하고 영어도 원어민같이 하면서 중국어, 러시아어도 줄줄줄 하는데. 이렇게 잘하는 애들도 취직을 못하고 주저앉고. 한국 사회가 얼마나 호락호락하지 않은지. 나는 언어 하나에다가 뚱뚱하고 나이도 많이 먹어서."

다른 구직자들은 예쁜 복장에 어리고 몸매도 좋지만, 자기는 40대이고 '완전 아줌마 같아서' 한두 번 떨어지니까 자꾸 기가 죽는다고 했다. 그러나 취직하고 싶다는 꿈은 아직 가지고 있다. 대출도 갚아야 하고, 아이 학원비, 대학등록금 등을 생각하면 어떡하든 직장을 구해야 해서 열심히 노력하고 있다.

처음 연구참여자가 한국에 왔을 때는 외교관, 대통령 통역이라는 명확한 목표가 있었고 그 목표를 향해 열심히 노력했다. 그러나 현재 연구참여자가 구직하려는 이유는 아이와 가정경제에 보탬이 되는 것뿐이다. 그동안 쌓아온 자신의 커리어를 확장시키는 일은 이제 생각하지도 못하고 있다. 특히 연구참여자가 해온 통역의 경우는 나이가 많은 사람을 선호하지 않는 분야여서 본인의 나이와 외모 때문에 점점 자신감을 잃어가고 있다.

3) 정체성 협상

(1) 인종차별에서 살아남기 위한 치열했던 과거

"저는 너무 승부욕이 강했던 거 같아요. (중략) 제가 유대인들 영향을 많이 받은 거 같아요. 그 사람들은 공부를 1등이 아니면 안 된다는 식으로 해요. 무조건 1등을 해야 되는 거예요. (중략) 이런 친구들하고 공부를 할 때 정말 힘들었던 게 인간성은 정말 쓰레기예요. 왜냐하면 내가 1등을 하기 위해서는 모든 인간관계를 버리는 한이 있어도 내가 그 친구를 밟고 올라가야 하기 때문에 그게 조금 마음이 아팠어요. 근데 거기에 영향을 받았는지 저도 그런가 봐요."

연구참여자는 타고난 성격과 어릴 때 친하게 지낸 유대인의 영향으로 동생이 "언니가 우리 핏줄 맞냐"라고 말할 정도로 승부욕이 강했다. 여기서 '우리 핏줄'이란 한국 핏줄이라는 뜻이다. 연구참여자는 고려인 민족이어서 당연히 자신을 한국인으로 생각하고 있다.

"우리가 민족이 다르다 보니까 인종차별 같은 거는 좀 겪었죠. 우리는 소수민족으로 살았기 때문에 아무래도 차별대우를 받을 수밖에 없었죠. 인종차별이라든지 그런 것들 때문에 조금 불편했던 거죠. 내가 노력한 만큼 대우를 받지 못하는 게 학교, 유치원 때부터 있었어요. 아무래도 선생님들이 백인이고 우리는 동양인이다 보니까 학대라든지 인종차별 같은 것을 많이 겪어왔어요."

연구참여자는 구소련 시기에 어린 시절을 보냈기 때문에 인종차별을 많이 당했다. 소수민족으로서 차별대우를 받았고 노력한 만큼의 대우를 받지 못했다. 전학 간 학교에서는 왕따를 당한 적도 있었다. 아이들에게 머리채를 뽑히기도 했는데, '당하지 않으려고 발버둥을 치니까 더 많이 뽑혔다'. 그 이유는 전학 온 동양 아이가 공부를 잘했기 때문이다. 그런데 학교에서는 소문이 날까 봐 선생님들이 묵인했다. 이러한 환경 속에서 살아남기 위해 친하게 지낸 유대인처럼 자신도 변했다.

"많이 당하면서 살아서 유대인들의 영향을 받기도 했어요. 어릴 때는 외롭기도 했어요. 그런 싸움에서 살아남아야 하니까. 제 승부욕이 거기서 나온 거 같아요."

고집이 세고 자기주장이 너무 강해서 어린 시절에는 아빠에게 혼나기도 많이 했다. 연구참여자의 이러한 성향은 인정투쟁이라고 볼 수도 있다. 소수민족으로서 상대에게 자신을 확인시키고 인정받기 위한 명예를 건 싸움이다. 살아남기 위한 인정욕구는 자신이 누구인지 끊임없이 고민하는 정체성 투쟁일 수도 있었을 것이다. 이러한 어린 시절을 보낸 연구참여자는 자신의 정체성을 한국인이라고 생각했기 때문에 한국으로의 이주와 한국인과의 결혼으로 정체성의 안정을 찾을 수 있으리라 기대했을지도 모른다.

(2) 정체성 혼란에 따른 심리적 위축

연구참여자는 러시아에 살면서 소수민족으로서 차별을 받았다. 그러나 선교사가 가져온 한국산 화장품과 88올림픽 장면을 텔레비전에서 보면서 자신이 한국 사람임이 자랑스럽다는 생각이 들었다. 대학 시절에는 카자흐스탄의 한국어교육원에서 주최한 웅변대회에 참가해서 러시아 사람들로부터 못생겼다고 놀림 받고 차별당한 이야기를 하던 중 울컥하다가 결국에는 마치지 못할 정도로 통곡한 경험도 있다. 그 이유를 '한이 맺혀서'라고 표현했다. 그때 한 웅변 내용이 '우리의 정체성'이었다.

> "어렸을 때 편하게 살았지만 생활수준이란 건 무시를 못해요. 선교사님이 갖고 오신 한국 화장품 처음 봤는데 너무 좋았어요. 또 88년 올림픽 때. 그때까지 남한에 대해서는 전혀 몰랐는데 컬러TV로 여자들이 하얀 한복 입고 머리를 쪽진 걸 보고 좀 울컥한 거예요. 너무 예뻤고. 내가 그동안 그렇게 무시했던 나의 민족이 (중략) 그래서 TV 앞에서 펑펑 울고."

그러나 정작 한국에 온 이후에는 한국 사람이 아닌 카자흐스탄 사람으로 대우를 받게 된다. 외모나 말투에서 한국 사람과 다르다는 걸 잘 모르겠다고 하자 "그래도 티가 난다"라고 대답했다.

"저는 어딜 가면 많이 위축이 되요. 새로운 사람을 사귈 때 숨겨야 되고. 예를 들어 요가를 지금 2년 정도 다니는데도 사람들하고 말을 못해요. 눈치를 많이 보고. 조금이라도 비교를 당할까 봐 그런 것이 깔려 있기 때문에. 저는 웬만하면 말을 많이 하거나 하지 않고, 친해지려고 하면 오히려 역효과가 나죠. 그래서 말을 많이 아끼려고 해요. 숨기고 그런 게 좀 있어요."

러시아에서는 한국인이라서 차별을 당했는데, 한국에 와보니 자신은 한국인이 아닌 것으로 받아들여졌다. 아주 약간의 다른 말투도 자신이 외국에서 왔다는 것을 들킬까 봐 말을 아끼고 숨기게 되었다. 결국 이런 점 때문에 한국에서 20년 이상을 살아도 사회자본이 형성되지 않는 것으로 보인다. 처음에는 자신이 외국인이라고 생각하지 않았으나 자신을 외국인으로 여기고, 특히 중앙아시아에서 왔다고 무시하는 태도를 당한 이후에는 비교 당할까 봐 스스로를 드러내지 않으려고 했다. 자기 정체성의 혼란이 올 수밖에 없었다. 한국에 오기 전까지 자신이 생각했던 자신의 민족적 정체성과 정작 한국에 오고 나서 한국인으로부터 받는 시선의 차이를 통해 정체성 혼란을 겪고 그것이 자신을 위축시키고 있었다.

(3) 가정 문제로 놓쳐버린 사회활동의 기회

연구참여자는 어릴 때부터 언어에 관심이 있어 대학을 영문과로 진학하려다가 선교사가 쓰는 한국어가 좋아서 한국어를 전공했고, 다니는 교회에서는 선교통역을 했다. 그러다 보니 언어가 늘었고 결국에는 통역사로서 승승장구했다.

> "이명박 대통령 원탁 테이블 KBS 생방송 통역을 하고 푸틴 대통령 한국에 왔을 때 동시통역 했거든요. 꿈을 이룬 거죠. 어렸을 때 한이 맺힌 부분인 대통령 통역까지 해보고. LG 같은 대기업 회장이나 장관, 총리 같은 사람들도 통역을 했었고. 근데 그게 다가 아니더라구요, 사는 게."

연구참여자가 말한 "근데 그게 다가 아니더라구요, 사는 게"라는 뜻은 대외적인 성공만이 중요한 것은 아니라는 의미다. 결혼 전에 이미 자신이 성공했다고 여긴 상태에서 결혼으로 인해 이전에 이룬 모든 것이 사라지고 시댁과 남편으로 인한 고통을 받은 그가 생각한 '진정으로 사는 것'은 무엇일까.

연구참여자는 인터뷰 동안 '성공', '승리'라는 단어를 여러 번 썼다. 결혼 전에는 통번역대학교를 졸업하고 대통령 동시통역을 했기 때문에 스스로 성공했다고 평가했다. 그러나 결혼하고 나서는 술과 외도를 일삼던 남편이 부부상담 이후 집에 일찍 들어오는 것을 '성공', '인간승리'라고 표현했다. '좋은 아파트에 안 살아도' 사람을 살렸기 때문에 성공이라고 생각한 것이다. 이러한 생각의 변화를 추동한 것은 종교였다. 고등학교 때부터 교회를 다니긴 했지만, 남편과의 불화 이후 신앙이 깊어진 것이다.

> "하나님을 잘 알게 된 거죠. 예전에는 그냥 다녔던 거고 지금은 깊

은 관계에 빠진 거죠. (중략) 지금은 우리 딸이나 남편이 종교인 생활을 한다고 말할 정도예요. 1년에 5번 이상 해외로 선교여행을 다녀요."

고국에서 공부를 잘하고 한국으로 와서 능력을 인정받으며 커리어를 쌓아가던 전문여성이 결혼 후 '악몽 같은 삶을' 살다가 찾은 것이 결국 종교였다. 결혼 이후의 삶은 나 하나 돌보기에도 급급한 시간들이어서 주변을 살피거나 사회참여를 할 여유가 없었다. '숨통을 트여준' 곳은 오로지 교회였다. 홀로 타국에서 지내다가 불안한 결혼생활을 이어가던 여성에게 기댈 곳이라고는 종교시설밖에 없었다.

연구참여자는 결혼을 목적으로 한국으로 이주한 결혼이주여성과 달리 정부 초청 장학생으로 한국에 와서 대학원을 다니고 직장생활도 한 여성이다. 그렇기 때문에 학교와 직장을 통해 알게 된 사람들이 많다. 그러나 결혼 이후 그 관계가 끊겼다.

"친구들은 결혼하기 전에는 정말 많았어요. 근데 결혼을 하고 나서 여자들은 아이들 있고 하니까. 어떻게 결혼했냐에 따라서 차이가 나더라구요. 정말 별 볼 일 없는 친구들, 결혼정보업체 통해서 한 친구들, 말도 더듬더듬 잘 못했는데. 근데 결혼 잘한 친구들은 좋은 동네, 좋은 아파트에서 살고. 너무 잘사는데. 저는 못사니까 저는 안 만나게 되더라구요. 제가 ○○동에 살았거든요. 부동산 사기를 당하고 나서 거기서 주저앉았는데. 거기가 제일 못사는 동네예요."

사회적 관계를 생성하거나 유지할 수 있는 조건을 갖추었던 연구참여자이지만 결국 상대적 박탈감과 열등감으로 스스로 관계를 끊었다. 연구참여자 정도의 능력을 갖춘 여성이 가정 문제로 인해 자기 안에만 매몰되어 있다가 사회활동 기회를 놓치는 것은 개인적으로나 사회적으로 손실이다. 이러한 손실을 막기 위해 결혼이주여성의 사회참여 기회와 활동 영역을 확장해주어야 할 것이다.

2.
연구참여자 2: 부당함에 당당히 저항한 여성

1) 생애 개요

연구참여자는 1986년(34세) 우즈베키스탄에서 출생하여 두 살 때 키르기스스탄으로 이주한 재외동포다. 키르기스스탄으로 이주할 당시 부모님이 이혼해서 어머니와 열한 살 터울이 나는 언니와 함께 살았다. 부모님은 모두 대학까지 나와 직장을 다니고 있었기 때문에 경제적으로는 부유한 편에 속했다. 그러나 아버지의 폭력으로 인해 부모님이 이혼하게 되었다. 한국말을 쓰고 한국 음식을 직접 만들어 먹는 할머니와의 교류가 많아 어릴 때부터 한국문화에 익숙했다. 그러나 할머니가 돌아가시고 난 후에는 한국말도 거의 쓰지 않고 한국문화를 자주 접하지는 못했다.

소련이 무너지고 나서 몇 년 후부터 중앙아시아와 러시아 지역으로 한국의 선교사들이 들어왔는데 이때 어머니가 목사님의 통역을 맡았다. 그때부터 어머니와 언니, 연구참여자는 기독교를 믿기 시작했다. 어머니와 언니가 직장으로 인해 모스크바로 발령을 받으면서 연구참여자도 모스크바에서 오래 생활했다. 원래 외과의사가 되고 싶어 고등학교 때 생리화학 분야 학교에 갔으나 피를 보고 기절하는 바람에 마음을 바꾸어 법학대학으로 진학했다. 변호사도 의사처럼 사람을 치료하는 치료사라는 생각으로 희망직종을 바꾼 것이다.

대학졸업반 때인 2009년 한국대사관에서 1명만 선발하는 국비유학생에 뽑히면서 러시아에서 한국으로 오게 됐다. 원래 졸업장이 있어야 선발되는데 연구참여자는 뛰어난 능력을 인정받아 이례적으로 합격이 되었다. 한국에 와서 법학과 석사과정에서 국제법을 공부하던 중 지인의 소개로 현재의 남편을 만났다. 그러다가 예상치 못하게 임신이 되는 바람에 학교를 휴학하고 결혼하게 되었으며, 2019년 현재 4세, 8세, 9세 딸을 두고 있다.

남편은 막내인데 결혼 후 형님과 형수님이 연구참여자의 가정생활에 간섭이 심해 갈등이 많았다. 연구참여자는 자기주장이 강한 편이어서 시댁 식구들에게 맞서면서 갈등이 더욱 심화되기도 했다. 이 과정에서 남편은 문제해결에 나서지 않는 등 남편으로서의 역할을 제대로 하지 못했다. 이러한 갈등을 극복하기 위해 연구참여자가 주도하여 부부상담을 받아보기도 했다. 이혼을 생각하기도 했으나 아이가 3명이라 그럴 수도 없었다.

연구참여자는 한국에 온 지 10년이 될 때까지도 한국 국적을 취득하지 않을 정도로 자기정체성이 강한 편이다. 그러나 아이가 학교에 다니게 되면서 행정서류상의 필요에 의해 2019년 국적을 취득했으나 이름만은 한국식으로 바꾸지 않고 원래 쓰던 이름을 고집해서 쓰고 있다. 재외동포로서 스스로 한국 사람이라 생각했으나 한국에 와서 생활하다 보니 자신은 한국 사람으로 취급받지 못하고 있어 러시아에서도 이방인, 한국에서도 이방인이라는 느낌을 받고 있다.

세 아이의 육아로 휴학과 복학을 반복하고 있어 석사과정을 졸업하지 못한 상태이지만 반드시 졸업해서 법과 관련된 일을 하고 싶다는 의지가 있다. 특히 법과 제도를 몰라 자신의 권리를 찾지 못하는 결혼이주여성의 인권을 위해 일하고 싶어 한다. 현재는 이중언어강사와 상담 통역을 하며 다문화가정 아이와 이주민을 보듬는 역할을 하고 있다.

2) 문화적응 생애담

(1) 형님들의 지나친 간섭과 남편의 무관심

소련 시절인 1986년 우즈베키스탄에서 태어난 연구참여자는 두 살 때 부모님이 이혼하면서 키르기스스탄으로 이주한 재외동포 3세다. 부모님의 이혼으로 어머니와 언니와 함께 생활했다. 언니는 연구참여자보다 열한 살이 많아 거의 어머니 같은 존재였다. 가정형편이 부유한 편이어서 경제적으로 어려움 없이 자랐다. 어머니와 언니가 직장을 모스크바로 옮기면서 여러 곳으로 이전 발령을 받았기 때문에 연구참여자는 학교를 자주 옮겨 다녀야 했다. 당시는 인종차별이 있던 시절이었지만 그나마 연구참여자는 공부를 잘하고 러시아어도 잘했기 때문에 무시당하지는 않았다.

“여러 가지 사람들도 만나보고. 그때는 백인주의가 심해가지고 당해보고. 아무래도 황인이다 보니까 차별을 당하기도 했었어요. 거기서는 황인이면 다 차이나다 해서 흉도 보고. 그런데 그나마 제가 러시아어를 잘했어요. 그래서 아이들에게 따돌림이나 선생님들한테 무시를 당하는 건 없었어요.”

자주 전학을 다니기는 했지만 러시아어를 잘해 친구들과 큰 문제 없이 ‘재미있게 잘’ 지냈다. 어릴 때 꿈은 외과의사라서 고등학교는 생리화학 분야의 학교로 진학했다. 그러나 외과의사는 ‘칼을 갖고 피를 보는 것이라’ 2년 만에 꿈이 바뀌어 법대로 진학했다. 변호사도 ‘어떻게 보면 의사들처럼 사람을 치료하는 치료사’라고 생각했기 때문이다. 자신이 관심있고 끌리는 분야가 ‘사회, 인간사회, 국제사회’ 쪽이라 대학에서는 국제법을 공부했다.

대학졸업반 때 정부 초청 장학생으로 한국에 와서 법학과 석사과정을 다니던 중 지인의 소개로 남자를 만났는데, 그 남자와 사귀다가 예기치 못한 임신을 하게 되었다. 공부를 계속 하기 위해 한국에 왔기 때문에 결혼을 구체적으로 계획하고 있지는 않았다. 그러나 뜻하지 않은 임신으로 인해 대학원을 휴학하고 결혼하게 되었다. 공부를 워낙 잘하기도 했고 국제법과 관련한 자신의 미래계획이 확고했음에도 불구하고 독실한 기독교인인 연구참여자는 ‘모든 일은 하느님이 자신을 인도하는 대로 가야 한다’라는 것이 삶 전반을 지배하고 있는 믿음이어서 당시의 상황에서 어쩔 수 없이 결혼을 선택했을 수도 있다.

남편은 어떤 성격이냐고 묻자 대답을 피하며 웃음으로 대신했다. 그러면 어떤 점에 끌려 결혼하게 되었냐고 돌려서 질문하니 “마음이 착한 것 같고 속이 깊어서"라고 말했다. 그러나 이 대답은 인터뷰의 전반적인 내용을 통해 볼 때 진짜 '착하고 속이 깊은 사람'이라서가 아니라 보편적으로 의미 없이 사람의 장점을 말할 때 던지는 무미건조한 답변이었다. 그만큼 남편의 좋은 점이 없다고 여기고 있는 듯하다. 남편은 자영업을 하고 있으며 연구참여자보다 나이가 열한 살이나 더 많은 사람이지만 나이 차이는 전혀 느껴지지 않는다고 했다.

"(오히려 남편보다) 제가 더 아줌마 같아요. 막내다 보니까 형들이랑 형수들 많이 챙겨줬어요. 나이 차이가 거꾸로 된 것 같아요. 그런 느낌을 받았어요."

남편에게는 형님 두 명, 형수 두 명이 있다. 남편을 설명하며 "막내다 보니까 형들이랑 형수들이 많이 챙겨줬다"라고 하며 시댁 분위기를 표현했으나 결혼 이후의 생활에 대해 질문하자 '챙겨줬다'라는 것이 긍정적 의미가 아님을 알 수 있었다. 연구참여자에 비해 열한 살이나 나이를 많이 먹었지만 나이가 거꾸로 됐다거나 나이 차이가 느껴지지 않는다는 것은 그만큼 나잇값을 못한다는 뜻이기도 했다. 그러나 시부모님은 연구참여자를 좋아했다.

"어머님, 아버님은 잘 받아주셨어요. 문제가 없었어요. 아버님은 되게 이뻐해주시고. 돌아가실 때까지. 시골에 가시면 약주 드시고 제 칭찬을 많이 해주셨나 봐요. 나중에 제가 알았어요. 돌아가신 다음에. 그러니까 다른 며느리들이 심술 나서. 왜냐하면 어머니도 연세 드셔서 저한테 시집살이나 그런 걸 안 시키시니까 형님들이 시킨 거죠. 시누도 있는데 시누는 안 그래요. 오히려 형들이랑 형수들이."

시부모님이 며느리 시집살이를 시키지 않자 이에 심술 난 형님들이 동서 시집살이를 시킨 것이다.

"내가 막내라고 무조건 시키는 대로 하라고 하고, 대답도 못하게 하고, 허락도 받아야 하고, 매사에 다 보고해야 했어요. 그것을 한 명한테만 하는 게 아니라 모두 다한테. 요구사항이 이런 거였어요. 무조건 윗사람들에게 다 보고를 해라. 뭘 하는지. 무엇을 했는지. 그러고는 마침내 우리 집 비밀번호까지 알고 들어오시더라구요. 우리 없는 사이에. 살림을 어떻게 하는지 다 뒤져보고, 냉장고도 열고, 옷장 문도 열고."

연구참여자 부부에 대한 시댁 식구들의 간섭은 상식을 넘어설 정도로 지나쳤다. 사생활에 대해서도 보고하고 허락받아야 했으며, 주인이 없는 집에 비밀번호를 알고 들어와 살림살이를 뒤지기도 했다. 그런데 문제는 시댁의 이러한 행동에 대해 남편은 전혀 제지하지 않았다는 것이다. 비밀번호를 알았다는 것 자체가 이미 남편이 다른 형제들에게 알려줬다는 의미일 것이다. 그래서 연구참여자는 "한 사람과 결혼했는데 한 사람과 결혼한 게 아니었고", "형제들 전부 다와 결혼했다"라고 표현했다. 그만큼 남편은 독립된 가정의 가장 모습을 보이지 못했다.

"누군가 한 명이 '이거 마음에 들어' 그러면 '어, 가져가' 그래요. 자기들 마음에 드는 대로 다 가져가고. (우리 집에 와서는) '먹을 것 있어?'

그러기도 하고. 이런 거는 좀 이해를 못 하겠더라구요."

시댁 식구들의 행동에 문제가 있기도 했지만 남편의 대응을 보면 결혼 전부터 그런 관계였음을 알 수 있다. 이미 결혼해서 분가한 동생 집에 함부로 드나들고 그 집에서 마음에 드는 것이 있으면 원하는 대로 가져가는 것은 연구참여자 입장에서는 매우 무례하게 느껴졌을 것이다. 남편과 나이 차이가 느껴지지 않았다고 한 것이 바로 이러한 상황에서 남편이 가장으로서의 역할을 하지 못하고 형들에게 종속된 행동을 했기 때문으로 보인다.

결혼하고 나서의 생활을 묻자 연구참여자는 단호하게 안 좋았다고 말했다.

"좋지 않았어요. 안 좋았어요. 솔직히 말하면. 녹취 중이죠? (잠시 고민 후) 힘들었어요. 보통 집안이 아니에요. 유별난 집안이에요."

막내며느리로서 힘들었고 많은 부분에서 서로 부딪쳤고 아직도 여전히 부딪히는 상황이라고 한다. 아주버니가 전화 메시지로 '쌍욕'을 보낼 정도로 몰지각한 행태를 보이기도 했다. 지나치게 간섭하는 시댁의 태도에 대해 자신이 외국에서 왔기 때문에 더 심하게 느껴질 수 있다고 생각해 주변 한국인에게 물어보기도 했다. 그러나 한국 사람들의 반응 역시 그것은 한국문화라고 치부할 수는 없는 문제라는 견해였다. 그래서 연구참여자는 이것이 한국문화가 아닌 '소름 끼치고 못된 집안'의 특별한 사례라고 생각하게 되었다. 상식적으로 이해하기 힘든 상황에 처했을 때도 연구참여자는 자신이 한국문화를 몰라서 그런 것은 아닐까 하여 자아성찰을 하고, 그 상황을 객관적으로 평가하기 위해 노력한 것으로 보인다.

도저히 용납하기 힘든 상황이 계속되자 연구참여자는 굉장히 날카롭게 받아들여 '이건 아니다'라고 생각하고 남편과 시댁 식구들에게 문제를 제기했다. 결혼한 여자들은 그런 불합리한 상황에서도 어쩔 수 없이 받아들이거나 상황을 회피하는 경우가 있지 않느냐고 물었더니 "저는 절대 그렇게 못 하겠어요"라고 답했다. 자신은 법대를 나와서 그런지 인권에 대한 부분은 절대 양보할 수 없다며 "절대 못 받아줬어요. 절대 못 견디겠어요"라고 했다. 그래서 부당한 지시와 간섭을 받아주지 않고 계속적으로 반항했다.

> "끝내는 제가 외톨이가 됐어요. 한 1년 반 정도 참았어요. 딱 1년 반이요. 더 이상 못 참겠더라구요. 이혼하든가 뭐하든가 그런 생각도 많이 들었어요. (중략) 그래서 지금은 잘 연락을 안 해요. 그래도 명절 때는 가요."

형들의 무례한 행동이 있을 때마다 저항하고 반항하자 갈등이 매우 고조되었다. 그러나 이제는 시아버지가 돌아가시고 제사도 많이 줄었기 때문에 서로 만날 일이 많이 없어져 그나마 시끄러운 일이 줄어들었다. 연구참여자의 지속적인 항의 때문에 남편과도 갈등이 많았지만 오랜 시간 지속되다 보니 어느 정도 무뎌진 부분도 있다. 그럼에도 여전히 '견해 차이, 나이 차이, 문화 차이' 등이 남아 있고, 남편을 "고지식해요. 가부장적이에요"라고 평가했다.

> "항상 뭔 일이 생기면 남편은 방에서 나가고 제 편 안 들어줬어요.

항상 혼자서 다 감당해야 했어요. 그런 것 때문에 얄미웠어요. 되게 얄미웠어요."

연구참여자가 시댁 형제들의 지나친 간섭과 행동에 대항하여 갈등이 생겼을 때 남편은 아무런 역할도 하지 않았다. 애초에 이런 사태가 생긴 것도 어찌 보면 남편의 사고와 태도에 문제가 있었기 때문이다. 그러나 남편은 그것을 문제로 인식하지 않았으므로 그대로 받아들였거나 동조하거나 방치했다. 그러한 남편과는 대조적으로 연구참여자는 혼자서 시댁 식구들과 맞섰다. 시댁 식구와의 갈등상황에서 남편이 배우자의 편을 들지 않거나 방으로 들어가버리는 행동에 대해 일이 너 커질까 봐 그랬을 수도 있지 않냐고 물었을 때 연구참여자는 "그렇게 생각하지 않는다"라고 했다. 결혼했다면 부부와 자녀를 중심으로 가정이 구성된다고 생각했고 다른 형제들의 집안과는 별개로 독립된 가정을 원했다. 연구참여자와 남편은 결혼과 가정에 대한 기본적인 개념이 달랐다. 남편이 자신의 가정과 다른 형제의 가정을 분리하지 못하는 태도와 연구참여자의 독립적인 생각은 많은 갈등을 낳았다. 이러한 갈등을 극복하기 위해 결국 부부상담을 받기로 했다.

부부상담 역시 남편이 아닌 연구참여자가 주도하여 시작했고 남편은 적극적으로 참여하지 않았다. 상담에서 검사를 받아본 결과 남편과 연구참여자는 '결과가 너무 안 좋게' 나왔다. 그러자 상담사가 "상담사로서는 둘이 헤어지라고 하고 싶은데 교회 다니니까 기도하세요"라는 말을 했다. 검사를 통해 이들 부부는 성격상 서로 맞지 않은 관계라는 것을 다시 한번 객관적으로 확인한 셈이다.

상담사가 가족의 개념을 물으니 남편은 부부 중심이 아닌 자기 형제들을 모두 아우르는 것이라고 대답했다. 이에 대해 상담사는 현대의 가족은 핵가족이고 점점 한국 사회가 그 방향으로 가고 있다고 설명했지만 남편은 받아들이지 못했다.

> "그런데 전혀 안 통했어요. 우리 가족은 (두 팔로 크게 범위를 그리며) 이거다, 문이 없는 가족이다."

연구참여자가 받아들이기 힘들었던 시댁 식구들의 행동은 결국 남편의 사고방식에서 비롯된 것임을 알 수 있다. 남편의 가족 범위는 형제들을 포함한 것이고 '문이 없는 가족'을 이상적으로 생각했다. 이처럼 남편은 전통시대 대가족 중심의 사고를 가진 반면, 아내인 연구참여자는 자라온 환경으로 인해 개인적이고 독립적인 가정을 원했다. 연구참여자의 부모는 두 살 때 이혼했기 때문에 어머니, 언니, 연구참여자 세 명이 한 가족이었다. 그나마 언니도 열한 살이나 나이 차이가 나서 연구참여자가 어릴 때부터 독립해서 생활했으므로 실제로 어머니와 연구참여자 두 사람으로 이루어진 가정에 살고 있었다. 친척들이 가까이 사는 것도 아니고 어머니와 언니가 직장생활로 인해 항상 바빠서 혼자나 다름없는 환경에서 자란 것이다. 이러한 환경 차이가 가정의 범위를 다르게 설정한 원인으로 보인다.

남편은 또래(45세)의 요즘 한국 사람치고도 고지식한 사고를 가진 편이다. 그런데 남편은 자신이 가부장적이라서가 아니라 연구참여자가 한국문화를 몰라서 그런 것이라고 상대에게 책임을 떠넘겼다. 자신의 특수성을 한국문화로 일반화시켜 연구참여자를 이해시키려 했다. 이는 자신의 잘못을 인정하지 않기 위한 면피성 변명으로밖에 보이지 않는다.

남편은 자영업을 하는데 외식이 많고 술자리가 잦았다. 게다가 '옛날 스타일'이라 집안일은 거의 도와주지 않았다. 어울리는 친구들도 술을 많이 먹고 욕을 하는 등 그렇게 '좋은 친구들'은 아니었다. 독실한 기독교 신자인 연구참여자는 이러한 남편의 생활태도가 불손하다고 느꼈을 것이다. 그래서 남편을 전도하기 위해 교회 야구단에 가입시켰다. 야구를 좋아하는 남편은 어릴 때부터 야구를 해보고 싶었으나 기회가 없었다. 그래서 연구참여자가 교회 야구단을 권유하니 남편도 이를 매개로 교회에 나가기 시작했다.

> "교회 야구단 남자들은 다르잖아요. 믿음이 있는 남자들은. 카톡 채팅방 대화를 보니 '나는 오늘 쓰레기 분리수거하고 간다', '나는 오늘 설거지하고 간다', '나는 어제 아이들하고 놀아주었다' 등등 남자들이 교회 야구단에 나오기 전에 가사 역할을 하고 가는 거예요."

가부장적이고 집안일을 하지 않는 남편이었지만 야구단 활동을 하기 위해 다른 신자들의 생활 모습을 보며 조금씩 바뀌었다고 한다. 연구참여자의 신앙은 거의 맹목에 가까울 정도다. 그래서 "교회 야구단 남자들은 다르잖아요. 믿음이 있는 남자들은"이라고 하는 것에서 알 수 있듯 교회가 사람을 변화시킨다는 확고한 믿음을 가지고 있다. 그래서 남편도 기독교 신자가 되면 달라질 것이라 생각했다.

남편은 원래 연구참여자가 교회에 다니는 것을 싫어했다. 남편의 큰 형수가 '교회에 빠져서' 가정에 문제가 생긴 적이 있었기 때문이다. 그로 인해 남편이 교회를 싫어해 결혼 초기에는 교회를 다니지 않았다. 이 시기를 연구참여자는 '실수, 암흑의 시간'으로 표현했고 그 시간이 너무 힘들었다고 했다. 그러나 야구단을 매개로 남편이 교회에 다니기 시작하면서 남편도 조금은 바뀌었다.

기본적인 사고방식의 차이와 시댁 식구들로 인한 갈등을 극복해보고자 연구참여자는 부부상담과 종교를 활용했다. 이 모든 과정은 연구참여자가 적극적으로 주도하고 남편은 겨우 참여하는 정도였지만 그래도 결과는 조금씩 나아졌다.

> "부부상담 받은 다음에 많이 좋아졌어요. 왜냐하면 제3자, 중립 입장에서 이렇게 하면 안 된다고 이야기해주니까. 그런데 남편은 끝까지 못 버텼어요. 상담시간을 끝까지 못 채웠어요. 듣기 싫은 말이 나오니까."

남편은 부부 사이의 관계를 개선할 의지가 크게 없었기 때문에 처음 몇 번만 상담에 참석하고 그다음에는 '듣기 싫은 말이 나오니까' 참석하지 않았다. 교회 역시 독실한 신자가 된 것은 아니다. 상담과 종교 활동 이후 어느 정도의 성과가 있기는 했지만 연구참여자는 "그래도 그 문화가 어디 가겠어요?"라고 말한다.

(2) 독박육아와 학업의 병행

연구참여자는 남편을 표현할 때 '옛날 사람, 가부장적, 고지식'이라는 단어를 썼다. 그러한 이유 중 하나가 가사노동에 대한 분담이 전혀 없었기 때문이다. 대학원을 다니던 중 임신하여 휴학을 하고 출산과 육아를 했으나 남편은 전혀 도움을 주지 않아 '독박육아'를 해야 했다. 복학했을 때도 아이돌봄서비스를 이용하거나 24시간 어린이집을 이용했다. 대학원 학생 중에는 직장인이 많아 오후 7시 반부터 수업을 시작하기 때문에 학교에 가기 위해서는 어쩔 수 없는 선택이었다. 학교와 집이 멀었기 때문에 수업을 마치고 집에 오면 거의 밤 12시가 되었다. 그로 인해 아이를 잘 돌볼 수 없게 되자 시댁에서는 학교를 그만두라고 강요했다.

> "저한테 공부를 그만두라고 했어요. 등록금을 내주는 것도 아니면서. 그래서 저는 제가 알아서 하겠다고 했어요. 그 대신 제가 제삿날은 피해서 과목을 선택한 거예요. 그런데 그건 잘못한 거예요. 지금 큰 후회가 돼요. 그냥 나는 내 스케줄대로 그냥 갈 걸 하고. 불필요한 과목을 신청해서."

육아와 가사에 소홀할 수밖에 없으니 공부를 포기하라는 시댁의 강요는 받아들이지 않았으나 그래도 집안에 행사가 있는 날은 피해서 과목을 선택했다. 그나마 연구참여자로서는 나름의 고민 끝에 내린 절충안이었다. 그러나 지금 와서 생각하면 그것도 후회스러운 일이다. 자신의 결정으로 인해 가족들과의 갈등이 완화되었다는 측면보다는 자신의 목표와 목적을 위해 효과적으로 공부하지 못한 것에 대한 후회가 더 크다. 당장의 문제인 발등에 떨어진 불을 끄는 것보다는 장기적인 안목에서 선택하는 것이 합리적이었다는 생각이 들기 때문이다. 당시에는 모성과 자아실현의 갈림길에서 모성을 선택했지만 올바른 선택이 아니었다고 후회한다.

출산으로 인해 계속 휴학한 것에 대한 후회도 크다. '너무 생각이 짧아서, 부부관계도 좋지 않은데 아이를 3명이나 낳아서' 본인의 학업이 어려워졌기 때문이다.

"스트레스 받아요. 휴학을 했다가 출산을 했다가 또 휴학을 했다가 출산을 했다가. 반복적으로 그렇게 되니까 잠이 안 오는 거예요. 놓친 것 같아요. 타이밍을. 그래서 후회가 몇 번 왔어요. 너무 생각이 짧았다고. 부부관계도 좋지도 않은데 왜 이렇게 애를 많이 낳았는지. 왜 싸우면서 애를 3명까지 낳았냐고. 사실은 부부관계가 좋아서 그렇게 낳은 건 아니에요. 셋째도 태어날 아이가 아니었어요."

부부 사이가 좋지 않았음에도 아이는 계획에도 없이 셋이나 낳았다. 셋째의 경우는 병원에서 조직검사를 받다가 일종의 의료적 실수로 인해 생겼다. 그런데 연구참여자는 '하나님 믿으니까 하나님이 주신 것'으로 알고 출산했다. 그러나 셋이나 되는 아이를 혼자서 감당하기에는 어려움이 많았다. 취업하고 싶어도 역시 육아가 가장 걸림돌이 되었다. 남편은 연구참여자가 취업하면 좋겠다고 말하지만 가사와 육아를 전혀 분담하지 않으면서 말로만 하는 것이어서 현실적으로는 불가능에 가까운 일이다.

(3) 갈등 속에서도 안정을 향한 미세한 변화

연구참여자는 결혼 초기부터 시댁의 간섭과 남편의 무관심에 이리저리 부딪치며 외톨이가 되어갔다. 시아버지가 돌아가시고 사십구제를 지내는 과정에서도 갈등을 겪었다.

"사십구제날 제가 학교에서 시험을 봐야 했어요. 기말고사를. 그래서 그 전날에 와서 차리고 다 준비를 해놓고는 갈려고 했어요. 그런데 형님이 '너 어디 가니?' 그러는 거예요. 크게 부딪쳤어요. 나는 시험을 봐야 하는데."

연구참여자 입장에서는 사십구제 당일에는 시험을 봐야 하기 때문에 전날 열심히 준비해놓는 것이 자신이 할 수 있는 최선이라 생각했다. 그리고 다른 가족들의 경우도 개인적인 용무가 있을 때는 가족 행사에 빠지는 일이 종종 있었으므로 자신 역시 그렇게 했다. 그러나 형님이 시험 보러 가지 말고 사십구제에 참석하라고 강요하는 바람에 그럴 수 없다고 맞서며 큰 싸움이 났다. 이처럼 다른 가족에게는 허용되는 일이 연구참여자에게는 용납하지 않는 '불공평한 일'이 많이 벌어졌다. 이날 연구참여자는 가족과의 다툼이 있었지만, 결국 자신의 용무를 처리했다.

"시험 봤어요. 그냥 갔어요. 그냥 나가버렸어요. 그날. 싸워가지고."

이 일을 계기로 '이혼이 답'이라고 생각했으나 그래도 문제를 해결할 방안이 있을까 해서 부부상담을 했다. 그런데 남편은 "옛날에는 며느리들이 다 그렇게 살았다"라는 식으로 반응했다. 연구참여자는 "그렇다고 저까지 그렇게 살아야 되냐고요?"라고 응수했고, 그로 인해 가족들과의 갈등도 깊어졌다. '너무 자꾸 눈치를 보면서 살아야 하면 내 인생이 어떻게 되겠나 싶어서' 자신의 권리를 찾기 위한 저항이 계속되었다. 그런데 이 과정에서 시댁 식구들이 차츰 연구참여자의 행동에 익숙해지면서 집안 분위기도 조금씩 바뀌게 되었다. 이에 대해 연구참여자는 "그래도 저 덕분에 많이 바뀌었어요. 저한테 고마워해야 돼요"라고 말했다.

상대적으로 약자의 위치에 처한 외국 며느리나 아랫동서는 시댁이라는 지배문화에서는 타자로 취급되며 자신의 존재나 행위가 무시되거나 제외될 수 있다. 연구참여자의 경우도 결혼 이후 줄곧 그런 취급을 당했다. 그러나 시댁의 호명(interpellation)에 응답하지 않음으로써 그들이 원하는 형태의 주체형성을 하지 않았다. 오히려 연구참여자가 지속적으로 절대적 주체(absolute subject)의 호명에 반동일시(counter-identification)함으로써 절대적 주체인 시댁 식구들의 변화를 이끌어냈다. 통상적으로 각 개인은 호명의 방식에 따라 사회적 관계가 규정되고 자연스럽게 그 사회구조 안으로 편입된다. 이렇게 형성된 주체는 그 사회에 맞는 역할을 수행하게 된다. 연구참여자의 경우는 갈등이 심화되더라도 시댁에서 호명하는 형태의 며느리 역할을 거부했다. 지속적인 거부의 결과 시댁 식구들은 연구참여자의 행위와 정체성을 인정하고 적응하는 단계에 이르게 되었다. 물론 아직도 연구참여자가 만족할 정도에 이르지는 못했지만 미세한 변화가 감지되며 안정적인 가정의 틀이 마련되고 있는 것으로 보인다.

(4) 능력을 발휘할 언젠가를 대비해

연구참여자는 키르기스스탄의 한국대사관에서 유학생 1명을 선발하는 프로그램에 선정되어 한국에 오게 되었다. 신문을 통해 공지를 읽고 응모를 결심했을 때 주변 사람들은 모두 말렸다.

"사실은 제가 여기에 가는 건 기적이에요. 대표민족도 아니잖아요. 그래서 다들 나보고 미련을 두지 말라고 했어요. 대표민족이 무조건 통과할 거라고 그랬어요. 저는 대표민족도 아닌데, 소수민족이잖아요. 신청을 하지 말라 그랬어요. (중략) 괜히 상처 입을까 봐. 그래도 저도 한 번 해보고 싶었어요. (중략) 대표민족들도 저한테 뭐라고 했어요. 대사관 갈 때도 눈치를 막 주더라구요."

일반적으로 이런 기회가 있을 때 대표민족 중 1명이나 고려인 단체에 소속된 사람이 통과하는 것이 관례였다. 그런데 연구참여자는 대표민족도, 고려인 단체에 소속되지도 않은 개인 자격이었다. 게다가 대학에서 추천서를 받기 위해서는 졸업장이 있어야 하는데 연구참여자는 아직 대학졸업반이어서 졸업장이 없었다. 그러나 너무나 좋은 기회였기 때문에 연구참여자는 놓치고 싶지 않았다. 그래서 교수님께 꼭 합격하겠다고 설득하여 추천서를 받아냈고 '기적적으로' 최종 1명에 선정되었다. 그 결과 거의 대학 졸업과 동시에 한국으로 오게 되었다.

이 사례를 통해 연구참여자가 자신의 목표를 위해 얼마나 적극적이고 저돌적인지 알 수 있다. 능력과 자신감, 추진력을 갖추었기 때문에 가능한 일이다. 한국에 와서 진학할 대학원을 선택할 때도 자기주도적으로 학교와 교수를 선택했다. 여러 학교의 홈페이지에 들어가서 교수들의 경력을 비교해서 자신이 배우고 싶은 교수를 선택한 후 이메일을 보내 면담을 통해 결정했다.

"정확한 목표가 있었어요. UN이었어요. UN에 들어가고 싶었어요. (중략) 아무래도 국제기구 그런데 관심이 많아서. 국제법이었으니까. (중략) 그런데 계획이 완전히 틀어진 거예요. 너무 많이 틀어진 거지요. 후회가 엄청 많았어요. 지금도 가끔."

키르기스스탄에서 뛰어난 재원이던 연구참여자가 어려운 선발 과정을 거쳐 한국으로 와 공부를 막 시작할 즈음 계획에 없던 결혼을 하게 되면서 모든 것이 틀어졌다. 결혼 이후 시댁 식구와의 갈등 속에서 세 명이나 되는 아이를 출산하고 양육하면서 학업을 지속하기란 쉽지 않았다. 게다가 '독박육아'였다. 이러한 환경에서 자신을 계발하고 능력을 발휘할 시간은 좀처럼 나지 않았다.

연구참여자는 누구보다 공부에 대한 집념이 강한 사람이다. 그래서 아이가 셋이지만 학교를 그만두지 않고 휴학과 복학을 거듭했다. 조금이라도 여유가 된다 싶으면 공부를 하기 위해 복학했다. 아이들이 자라고 집안의 갈등도 어느 정도 누그러들면서는 공무원을 대상으로 러시아어를 가르치는 전화 수업을 했다. 지금은 체력적으로 힘들어서 잠시 쉬는 중이지만 러시아어를 잊지 않기 위해 앞으로도 계속할 계획이다.

> "사실 돈은 얼마 안 되지만 능력을 늘리려고 하고 있어요. 앞을 내다보면서. 지금은 초등학교 러시아어 수업을 하고 있어요."

연구참여자는 러시아어와 영어, 한국어에 유창하며 법학적인 지식도 상당 수준 갖추고 있다. 러시아어와 관련된 재능은 가르치는 일을 통해 어느 정도 발휘하고 있지만, 정말 자신이 하고 싶은 일은 법학 지식을 활용하는 것이다. 그러나 아직 대학원을 졸업하지도 못했고 재능을 써먹을 기회도 갖지 못했다.

> "항상 그건 아쉬워요. 공고도 항상 많이 봐요. 러시아어 하는, 아니면 법대 나온 러시아 통역사 구하는 그런 거. 그런데 여건이 안 돼요.

용기가 안 나요. 아이들 때문에. 아직은 어리니까. 조금 더 기다리고. 그래도 계속 공부하고 있어요. 준비하고 있어요. 그거를 하기 위해서. 법과 관련된 일을 하려고."

항상 공고를 보며 기회를 노리고 있지만 현실적으로는 아이 때문에 불가능하다. 셋이나 되는 아이를 돌봐줄 다른 가족들이 없기 때문이다. 남편은 말로는 일을 하라고 하지만 가사분담을 전혀 하지 않는다. 이러한 상황 속에서도 언젠가 기회가 왔을 때 놓치지 않기 위해 나름대로 계속 공부하며 준비하고 있다.

졸업하겠다는 생각은 있는지 질문하자 "있으니까 자퇴를 안 한 거죠"라고 답했다. 객관적으로 보기에 공부할 만한 여건이 안 되는 상황에도 불구하고 자신이 처음 한국에 왔던 목표를 되새기며 대학원을 졸업하고 관련된 일을 하겠다는 생각을 버리지 않고 있다.

3) 정체성 협상

(1) 내가 다문화인지 아닌지

① 지금의 나를 만들어준 종교

연구참여자가 겪은 시댁과의 갈등 중에는 제사 문제가 있었다. 시댁은 장손 집안으로 제사를 4대까지 지냈다. 연구참여자는 고려인이어서 자신이 살던 키르기스스탄에서도 제사를 지냈다고 한다. 그래서 제사를 지내는 것에 대해 어색하거나 다르다는 인식을 하지는 않았다. 다만 고향에서는 한국과 달리 간소하게 지내고 사망 후 3년까지만 지내는데, 한국에서는 '자기가 죽을 때까지' 지내야 한다는 것이 어렵게 느껴졌다. 그러나 더 근본적인 이유는 기독교인이어서 제사문화에 대한 거부감이 있는 것으로 보인다.

"결혼하고 나서 교회 안 다녔어요. 제사문화도 그렇고 안 맞는 게 많아서. (중략) 우리 큰형님이 집사님이세요. 교회 다니는 분이 저보고 절을 하래요. 웃긴 거 같아요. (중략) 큰형님은 나만의 종교 이런 거 있잖아요. 참종교가 아니라 나만의 종교. 천주교처럼 술, 담배, 절 다 해도 되고 하나님 믿어도 되는 편한 종교. 우리 둘째 형님은 천주교. 그래서 잘 맞아요. 천주교는 다 해도 되니까 절해도 되고 하니까. 기독교는 그런 걸 안 하잖아요. 절대로."

연구참여자는 천주교나 다른 종교는 참된 종교가 아니고 오로지 기독교만 진리라고 생각한다. 연구참여자가 기독교를 믿기 시작한 것은 어머니가 소련이 해체되고 선교하러 온 목사님의 통역을 맡으면서부터였다. 당시 연구참여자는 열 살 무렵이었다. 어머니가 이혼하면서 힘들어진 연구참여자의 가족에게 교회가 정서적으로 안정감을 준 것으로 보인다. 어려운 상황에서 가정을 굳게 잡아준 것이 교회였으므로 믿음이 강할 수밖에 없을 것이다.

"소련이 무너진 다음에 91년이죠? 한 2년 뒤에 선교사들이나 사업가들이 탐색하러 오는 거죠. 중앙아시아에서 소련 지역 전체적으로. 목사님들도 많이 들어왔는데 그때 믿음이 생긴 거예요. 엄마가 고려인이시니까 한국말을 알기 때문에 많은 도움을 받았어요. 목사님한테."

어릴 때 어머니가 목사님과 교류가 있어서 연구참여자 역시 그 집 아이들과 자주 어울렸다. 그러다 보니 한국어를 많이 사용해서 당시에는 한국어가 능숙했다. 목사님 가족과 친하게 지낸 경험으로 연구참여자의 가치관 형성에 기독교가 많은 영향을 끼친 것으로 보인다. 결혼 이후에도 가족 내에서의 어려움을 해소해줄 곳은 교회였다. 교회 신자들과의 모임에서 가정생활에 대한 조언을 구하고 심리적 위안을 얻기도 했다. 이처럼 어린 시절부터 결혼 이후까지 연구참여자가 어려울 때 기댈 수 있는 곳이 교회였기 때문에 종교가 삶의 기준으로 작용하고 있다.

② 이주여성도 각자의 취향을 가진 개성적 존재

한국에서는 며느리라는 지위가 시댁으로부터 불합리한 대우를 받기도 한다. 많은 경우 며느리에게 감내를 요구하고 며느리 스스로 억누르기도 한다. 그러나 연구참여자는 시댁으로부터 받는 불합리한 대우에 대해 직접적으로 의사표현을 했다. "이런 것은 이해가 안 된다. 왜 그렇게 해야 하느냐?"라고 문제를 제기했을 때 시댁에서는 '그것이 한국문화'라고 답변하며 연구참여자를 이방인 취급했다. 사실은 그것이 시댁 식구들의 개별성이나 특수성에서 기인한 것임에도 불구하고 한국문화로 일반화시켜

연구참여자에게 이해와 순종을 강요했다.

"여기는 한국이야, 한국 사회가 이런 거야, 한국 사람들은 이렇게 살아. 그러는 거예요. 그러면 '나도 한국 사람이야'라고 했어요. 그런데 저는 한국 사람으로 취급을 못 받은 거 같아요."

연구참여자는 어릴 때 할머니의 영향으로 한국문화를 자연스럽게 접했다.

"할머니가 김치찌개 이런 거. 된장찌개도 잘 끓여주시고, 만두. 평양식으로. 순대도 평양순대. 그런 거 많이 먹었어요. 된장, 고추장 장 담그는 것까지 다 봤어요. 어떻게 하는지. 할머니 집에서. (중략) 어렸을 때부터 저는 교포다 보니까 한국에 관심이 많았어요. 할머니는 돌아가실 때까지 한국말을 쓰셨어요. 할머니는 러시아어를 '스파시바(감사합니다)'밖에 몰랐어요. 그래서 할머니 영향을 많이 받았어요."

할머니는 친구가 집으로 찾아오면 '문을 열어 생김새를 본 다음에' 손녀가 없다고 거짓말까지 했다. 외국인 남자를 사귈까 봐 남자에게서 온 전화는 바꿔주지도 않았다. 할머니는 우리에게 "무조건 한국 사람을 만나야 한다"라고 말씀하셨다. 그래서 연구참여자는 우즈베키스탄에서 태어나 키르기스스탄과 러시아에서 자랐지만 자신을 '한국 사람'이라고 생각한다. 그러나 남편과 시댁 식구는 여기가 한국임을 강조하며 연구참여자가 한국 사람이 아니어서 한국문화를 모른다고 치부했다. 이러한 반응은 남편뿐 아니라 다른 한국 사람들에게도 똑같이 나타났다.

"한국 오기 전에 저는 한국 사람이라고 생각했지요. 2002년에도 너무 열심히 응원했는데. 거기 있으면서. 터키 친구랑 싸울 뻔했어요. 그런데 여기 오니까, 아니구나. (중략) 여기 와서 보니까 내가 누굴까 정체성 혼란이 왔어요. 그래서 그 이후로 국적을 받을 생각이 없어졌어요. (중략) 그런데 지금은 그런 실망감조차 다 접었어요. 옛날에는 여기 말고 다른 데 가야겠다는 생각도 했었어요. 그래서 국적도 안 받고 싶었어요. '받아봤자 뭐해', '졸업해봤자 뭐해'라는 생각이 들어서요. 괜히 졸업장 가지고 있으면서 취업을 그쪽으로 못하면 더 속상할 거 같아서. 그래서 조금 두고 보자 하고. 될 때까지 복학하고 휴학하고, 또 복학하고 휴학하고."

한국에 와서 결혼하고 아이를 셋 낳을 동안 연구참여자는 국적을 취득하지 않았다. 한국에 오기 전까지 자신은 한국 사람이라고 생각했고 한국에 오면 좋은 환경에서 능력을 발휘할 수 있을 것이라 생각했는데, 막상 와보니 사회적으로 여성에게 불합리한 환경이 너무 많았다. 자신의 능력에 대한 자신감이 있었기 때문에 한국에서 안 되면 다른 나라로 가서 꿈을 펼쳐보겠다는 생각도 있었다. 국적을 취득한다고 달라질 것은 아무것도 없다고 생각했기 때문이다.

"국적은 올해 받았어요. 아이 학교에서 등본이나 서류 같은 거 내면 한부모가족인 줄 알아요. 내 이름이 아래에 나오니까. (중략) 그리고 이름도 왜곡됐어요. 고려 이름들이 다 간소화되잖아요. 러시아식으로 왜곡됐어요. 이게 무슨 동포 이름이에요? 절대로 아니잖아요. 저도 양씨인데 여기 오니까 '리안'으로 바뀌는 거예요. 그래서 사람들이 '리

안'이라고 부르면 되게 귀가 따가웠어요. 10년 동안. 저는 리안이 아니에요. 양 씨예요, 양 씨 하면서. 그래서 그냥 내 자신을 위해서 바꾼 거예요. 국적도 받고. 법원에 가서 신청을 했어요. 그래도 이름은 그대로 남겼어요. 이름은 아무래도 특별한 거잖아요."

국적을 취득한 것도 아이가 학교에 입학하면서 서류상 나타나는 오해를 피해야 할 것 같았고, 사람들이 왜곡해서 부르는 성씨를 바로잡기 위해서였다. 그러나 이름만은 부모님이 지어주신 고국에서의 이름 그대로 사용하고 있다. 연구참여자는 자신을 한국 사람이라고 생각하지만 그 정체성이 한국의 제도나 사람들에 의해 마음대로 규정되는 것이 싫었다. 그래서 오히려 정체성을 명확히 하기 위해 국적 취득을 선택했다. 그리고 법적 · 행정적 편의에 의해 자신의 이름이 왜곡되는 것에 대해서도 강력한 반감이 있었다.

"사실은 다문화가족지원센터 다니는 것도 좀 그랬어요. 내가 다문화인지 아닌지. 나는 다문화가 아닌데 갈 만한 데가 없으니까요. 동포재단이 있어요. 거기도 거의 재미교포나 재일교포처럼 잘사는 나라에서 온 교포들 받아주는 거더라구요. 냉정해요."

필요에 의해 다문화가족지원센터에 다니기도 하지만 자신이 과연 다문화인지 아닌지도 스스로 명확하지 않다. "나는 다문화가 아닌데"라고 한 데서 알 수 있듯 자신은 한국 사람과 다르지 않다고 생각하지만 현실적으로 한국 사람들은 자신을 다문화로 분류한다. 특히 자존감이 강하고 정체성에 대한 인식이 확고한 연구참여자로서는 한국에 온 이후로 계속 정체성 혼란을 겪고 있는 상태다.

학교를 휴학했을 때 연구참여자는 다문화가족지원센터에 나간 적이 있다. 그런데 막상 센터에 다녀보니 운영되는 방식이 생각과 달라 잘 다니지 않게 되었다. 그중에서 가장 마음에 들지 않았던 부분은 담당자의 다문화에 대한 시각이었다.

> "센터 직원들 생각은 '너희들은 모두 외국에서 왔으니까 서로 어울리겠지'라고. 그런데 그렇진 않아요. 다 취향도 다르고 사람마다 다 다르잖아요. 외국에서 왔다는 이유 하나만으로 모두 꼭 어울리는 것은 아니에요."

어떤 사람이나 문화에는 개별성과 보편성이 함께 존재한다. 만약 개별성을 무시하고 보편성만 강조하면 편견이 될 수 있다. '다문화'라는 단어가 이미 다양성에 기초한 것인데, 연구참여자가 경험한 다문화가족지원센터의 운영에서는 그러한 인식이 부족했다. 다문화가족지원센터의 프로그램이나 정책이 다양한 나라와 민족에서 온 취향이 다른 이주자를 일률적인 잣대로 보고 있는 것에 대해 불만이었다. 외국에서 이주해왔다는 공통점 하나로 취향과 요구가 같을 수 없다. 오히려 여러 나라에서 여러 민족이 왔기 때문에 그만큼 더 특수성이 강할 수 있다. 그런데 다문화가족지원센터에서는 이를 고려하지 않고 편의적으로 업무를 수행하고 있는 것처럼 보였다. 그리고 당시 다문화가족지원센터의 교육 프로그램이 실제로 연구참여자에게는 큰 도움이 못 되었기 때문에 '차라리 복학하는 것이 낫겠다'라는 생각이 들어 그만두게 되었다.

(2) 자신의 권리는 스스로 싸워서 쟁취하는 것

연구참여자는 한국에서 결혼생활을 하는 동안 자신이 생각하고 추구했던 삶과는 다른 방향으로 흘러가고 있다고 느꼈다. 그것은 자신이 외국에서 왔기 때문이기도 했고 여자이기 때문이기도 했다. 특히 시댁과의 관계에서 부당하고 불합리한 상황에 많이 부딪혔다. 그럴 때마다 타협하거나 복종하는 방식이 아닌 저항하고 부딪치는 방식을 택했다.

"우리가 뭔가를 행동하고 부딪혀야 법이 바뀐다는 걸 느껴요. 항상 법이 조금 늦잖아요. 현실에 안 맞고 못 따라가니까. 멀리 안 가도 돼요. 우리 가족만 해도. 남편과도 저는 자꾸 싸워요."

연구참여자는 순간의 상황 모면이 문제해결이라고 생각하지 않는다. 부당함에 대해서는 참는 것보다 싸워서 자신의 권리를 쟁취해야 한다고 생각한다. 시댁 형님이 집안일에 사사건건 간섭하거나 강요하는 일이 많아졌을 때 연구참여자는 그것에 대해 남편을 포함한 다른 시댁 식구들에게 직접적으로 문제 제기를 했다. "그건 안 돼요. 우리 일은 우리가 알아서 하겠습니다"라고 대응하자 처음에는 심각한 대립상태까지 갔지만 점차 다른 식구들의 태도가 조금씩 바뀌었다고 한다.

"제 안에는 그런 부딪침이 있어요. 기독교인, 인권주의자, 남녀평등주의자. 그것이 부딪쳐요. 성경대로 한다면 다 받아주고 참아야 해요. 그건 비인간적이에요. 성경은 남녀차별적인 내용이 많아요. 제가 기독교인만 아니었으면 아마 이혼했을 거예요. 백 번이라도. 기독교인이니까 많이 참고 반성해요. 그러나 모르겠어요. 언제까지 이렇게까지 할 수 있을지는."

연구참여자는 독실한 기독교 신자이지만 여성과 인권 문제에 대해서만은 기독교에 비판적이다. 인생의 거의 모든 면에서 기독교가 준거가 되는 그에게 기독교를 비판한다는 것은 다른 일반적인 사람들의 수준을 훨씬 뛰어넘는 일이다. 그래서 여성 인권과 기독교 사이에서 내적 갈등과 긴장이 끊임없이 일어나고 있다.

"그래도 이기적인 것은 아직까지 죽지 않았어요. 제가. 그리고 우리 엄마가 아빠한테 많이 맞았어요. 그런 기억들이 있기 때문에. 안 좋은 추억들이 저도 모르게 자기보호 그런 게 나와요. 본능인지 뭔지. 어렸을 때 봤던 건지. 아무리 기독교인이다. 아무리 이론적으로 이렇게 하면 안 되는 거 알면서도 갑자기 확 그런 거 있잖아요. 나를 보호하기 위해서. 자기보호죠."

여성에 대한 억압과 부당함에 예민할 만큼의 반응을 보인 이유는 어린 시절 아버지로부터 폭력을 당한 어머니에 대한 기억 때문이었다. 아무리 기독교인이고 이성적 지각이 있는 연구참여자라도 여성 인권 문제에 대해서는 자신도 어쩔 수 없이 격한 반응을 보인다. 어릴 적 트라우마로 인한 자기보호 본능일지도 모른다고 생각한다. 그러나 그것이 보호 본능이라 할지라도 여성으로서, 이주민으로서 당당하게 부당함에 맞설 수 있다는 것은 용기이며 정의다.

그의 이러한 당찬 성격은 학업에서도 드러난다. 출산과 육아로 바쁜 생활 속에서도 연구참여자는 반드시 졸업해야겠다는 생각에 자퇴하지 않고 있다.

> "지푸라기라도 잡아야죠. 사실은 마음만 먹으면 할 수 있었을 텐데 '내가 이걸 해서 뭐해?' 하는 생각이 걸림돌이에요. 한국 사회가 이렇게 냉정한데. 나를 다문화로 취급하는데."

현실적으로 힘들기는 하지만 그래도 마음만 먹으면 졸업장을 따는 것 정도는 할 수 있다. 하지만 문제는 한국 사회가 자신을 '다문화로 취급'하는 데 있다. 연구참여자는 한국에 온 이후 자신의 정체성 인식에 혼란이 왔고, '다문화 취급'으로 인한 미래의 불안함도 안고 있다. 그래서 한국의 냉혹함 앞에 좌절하면서도 혹시나 하는 기대로 지푸라기라도 잡는 심정이다. 이제 논문만 쓰면 졸업할 수 있기 때문이다. 지도교수는 졸업을 위해 어려운 주제를 고르지 말라고 권했다. 논문은 익숙하고 쉬운 주제를 골라 빨리 쓰면 되는 것이라고 말했다.

> "교수님들은 그냥 키르기스스탄에 대해 쓰라고 하시더라구요. 저는 그게 마음에 안 들었어요. 내가 하고 싶은 걸 하면 왜 안 되냐고. 그래도 뭔가 내가 재미있어해야 하잖아요. 제가 하고 싶은 쪽으로 서포트를 조금이라도 해주셨으면 방향이라든가 그런 걸 잡아주셨으면 좋았을 텐데 그런 것도 없어가지고."

연구참여자는 시간이 없고 마음껏 공부할 여건이 안 되지만 대충 통과될 정도의 무난한 논문을 쓰고 졸업할 생각이 없다. 그래서 교수님들의 도움이 필요한데 그러한 도움을 받을 수 없어 매우 안타깝다. 남들이 가는 쉬운 길을 가기보다는 자신에게 의미와 재미가 있는 길을 택하고 싶은데 주변에 조력자가 없다. 연구참여자의 이런 성격은 공부 방식에서도 나타난다. 연구참여자가 교육받은 키르기스스탄에서는 '뜨겁게 토론하는 분위기'인데, 한국에서는 '수업 중에 질문도 별로 없는' 것이 마음에 들지 않는다.

"우리는 자연스럽게 토론하고 뜨겁게 토론을 했어요. 싸울 정도로 크게 언성을 높이고 쉬는 시간인데도 '야, 너는 틀렸어' 그러면서. 그런데 여기는 너무 조용해요. 그게 되게 우울했어요. 멍~. 초등학교에 강사로 나가면서 느낀 건 거기도 거의 비슷한 분위기라는 거예요. 저는 질문을 좋아해요. 질문을 해야 내가 수업을 잘했다는 보람을 느끼죠. 그게 없으면 교사가 꽝이라고 해외에서는 그렇게 평가를 하거든요. 질문이 있어야 교사가 잘했다는 보람도 있고 결과가 나오거든요."

현재 이중언어강사를 하면서도 정해진 내용을 전달하는 것에서 만족하지 않는다. 그래서 학생들이 질문해주는 것을 좋아한다. 다른 강사들보다 더 많은 준비를 하고 새로운 것을 발굴하려고 노력한다. 남들과는 다른 연구참여자의 이러한 생각과 활동들이 자신을 힘들게 할 수도 있는데 오히려 도전을 통해 보람을 느끼고 있다.

(3) 침묵으로 사는 약자들을 위해 일하고파

연구참여자는 심리상담 통역을 하면서 결혼이주여성이 처해 있는 다양한 사례를 접하고 있다. 사연을 듣다 보면 같은 다문화 여성으로서 도와주고 싶을 때도 있다. 그래서 그런 여성들에게는 자신의 도움이 필요하면 언제든지 찾아오라고 한다.

> "그런 사람들한테 오라고 하는데도 안 와요. 전화는 해요. 이거는 뭐라고 하는 거예요? 저거는 뭐라고 하는 거예요? 하는 그런 단순한 것들에 대해 통역해달라고 전화는 와요. 우리 남편이 스트레스 받지요. 밤에 전화가 와서 가정통신문 못 알아듣는다고 하니까. 그런데 역지사지해야 해요. 제가 그 입장이었잖아요. 누가 뭘 알려줬으면 좋았었을 텐데 그러는 사람이 없었어요. (중략) 침묵으로 사는 사람들이 많아요. 암묵적으로 폭력당하고."

연구참여자는 자신이 이기적인 사람이라고 표현하기도 했지만 사실은 고통 받는 사람들을 도와주고 싶어 하고 역지사지를 할 줄 아는 사람이다. 과거를 돌이켜보면 가정 내에서 당했던 많은 일에 대해 누군가 조력자가 있었다면 조금이라도 덜 힘들었을 것이라고 생각한다. 자신이 그런 과정을 겪어봤기 때문에 지금 그러한 입장에 처한 사람들에게 도움을 주고자 한다. 단순한 상담 통역을 넘어 내담자의 고민에 직접 개입하여 해결해주고자 함이다. 어려움에 처한 많은 결혼이주여성이 '갈 데가 없다. 나는 보잘것없는 존재'라고 느낀다고 한다.

"몰라서 못하는 경우가 많아요. 뭐가 있긴 한데 그게 안 보여요. 도움을 못 받는 사람들이 너무 많아요. 자살하고, 이미 되돌릴 수가 없는 경우가 많아요. 돌아가거나 아니면 이혼하거나."

한국에는 결혼이주여성을 위한 다양한 지원체계가 존재함에도 여성들은 그것에 대해 모르기 때문에 도움도 받지 못하고 돌이킬 수 없는 상황에 처하는 경우를 많이 보았다. 그런 사례들을 볼 때마다 연구참여자는 안타까운 마음이 들어 자신의 능력이 닿는 대로 활동하려고 한다. 그래서 교회에서는 러시아어 예배 집사를 맡아 다문화가정 여성을 위한 활동을 하고 있고, 이중언어 교사모임을 통해서도 여러 활동을 하고 있다.

"거기서 더 큰 힘이 돼요. 왜냐하면 거기에 저 같은 다문화 여성들이 많아요."

연구참여자는 자신이 시혜를 베푸는 사람이 아니라 자신 또한 같은 처지에 있는 여성들과의 연대를 통해 수혜를 받는다고 생각하고 있다. 엘리트 의식에 기초한 하향적 시선이 아닌 같은 눈높이로 다른 여성들을 바라본다는 의미다. 이는 자신이 결혼 초기부터 다문화 여성으로서 어려움을 겪어봤기 때문에 가능하다. 처음에는 당장의 문제를 해결하기에 급급하여 주위를 살필 여유가 없었다. 그러나 시간이 조금 지나면서 자신과 같은 문제를 겪고 있는 또 다른 결혼이주여성을 위해 무엇을 할 수 있을까 생각하게 되었다.

"결혼 초에 내가 직접 겪은 경험 때문에 여성센터나 여성인권센터 같은 곳에 들어가서 일하고 싶다는 생각은 있었어요. 내 자신도 도와주고 남들도 도와주고. 왜냐하면 이대로 가면 안 되기 때문에. 우리의 권리에 대해서 알려주어야 한다고 생각했기 때문에."

결국 다문화 여성의 문제는 너와 나를 떠나 여성 공통의 문제이며, 남을 도와주는 것이 자신을 위한 일임을 알고 있다. 그래서 당장은 여건이 안 되어 할 수 없지만 앞으로 여성의 인권과 관련된 단체에서 여성들이 연대할 수 있는 활동에 기여하고 싶다는 생각을 하고 있다. 이러한 생각은 이중언어강사 활동을 하면서도 나타난다.

연구참여자는 고등학교 진학 때까지 외과의사를 꿈꾸다가 피를 보고 기절하는 바람에 대학전공을 법학으로 선택했다. 변호사도 '어떻게 보면 의사들처럼 사람을 치료하는 치료사'라고 생각했기 때문이다. 기본적으로 연구참여자는 사람들의 아픔을 치료하고 보듬고자 하는 마음이 있음을 알 수 있다. 특별히 관심이 있는 부분은 여성의 인권이고 한국에서 어려움에 처한 다문화 여성을 도와주고 싶어 하는데, 현재 자신이 하고 있는 이중언어강사도 일종의 치료사라는 생각을 갖고 있다.

"그런데 지금 제가 하고 있는 일도 그런 일인 것 같아요. 왜냐하면 여기도 다문화 아이들 가르쳐주는 것뿐만 아니라 감싸주는 것도 있어요. 아이들에게 한국어도 가르쳐줘야 하지만 인간적으로 대해줘야 해요. 누구 품에 안기고 싶은 아이들이 많아요. 자살 시도하는 아이들도 있고. 가정형편이나 환경이 좋지 않은 아이들도 있고, 폭력을 당하면서 사는 아이들도 있고."

연구참여자는 이중언어강사가 단순히 교과의 지식을 전해주는 사람에 그친다고 보지 않는다. 아이들을 감싸주고 심리적 위안을 주며 인권교육을 해주는 것이 다문화가정 아이들을 위한 교육이라고 본다. 여러 어려움에 처한 아이들이 마찬가지겠지만, 특히 다문화가정의 아이들은 누구의 품에 안기고 싶은 아이들이 많다. 그래서 공부보다도 그들을 잘 보호해주는 것이 중요한 활동이라고 생각한다. 이는 이중언어강사의 역할에 대한 연구참여자만의 새로운 시각이자 폭넓은 해석이다. 연구참여자가 이중언어강사에 대한 나름대로의 역할 설정을 하고 있는 부분이기도 하다. 한국 사회에서 다문화가정 아이들에게 중요한 것은 지식이 아니라 인간답게 살 수 있는 방법을 알려주고 심리적 안정을 주는 것이라고 보기 때문이다.

연구참여자는 자신의 가정에서 일어난 부당한 대우가 개인적 문제에 국한되지 않는다고 본다. 그렇기 때문에 단순히 나 하나 참는다고 끝날 문제가 아니다. 모든 개인적 문제는 사회적 제도나 정책, 환경과 무관하지 않기 때문이다.

> "한국 다문화 정책에 관심이 많아요. 제가 처음에 받은 것도 사실은 어떻게 보면 폭력이죠. 시댁에서부터 받은 폭력이죠. 남편으로부터 받은 언어폭력, 정신폭력 등 여러 가지. 오죽하면 제가 카톡에 올린 적도 있어요. 남녀평등에 대해서. 모든 인간은 평등하다고. 그다음에 인권선언 조항도 인용한 적도 있고."

가족이라는 울타리 안에서 벌어진 일련의 사건들이 시댁 식구들의 인식 부족과 무지에서 생겨난 것이라고 보았다. 그래서 연구참여자는 불합리함과 여러 형태의 폭력에 대해 적극적으로 대응했다. 그중 하나가 소셜미디어에 가족들을 향해 평등과 인권에 대한 의견을 피력한 것이다. 인권에 대해 무지하고 인식이 부족한 것은 비단 연구참여자 가족뿐 아니라 많은 사람에게서 나타나고 있다. 그렇기 때문에 제도적으로나 정책적으로 이를 개선하기 위한 노력이 필요하다고 본다. 그래서 연구참여자는 일상에서 불합리한 상황을 만났을 때 향후에는 개선될 수 있도록 직접 대응하기도 한다.

"제가 국적 받으러 갔을 때 무조건 남편이 출석해야 했어요. 그때도 저는 그게 이해가 안 갔어요. 이게 무슨 차별이냐. 이건 인권 위반이다. 남편이랑 같이 사는 게 사실인데 남편이 일이 있어 못 온다. 애들이 세 명이나 있는데 그럼 애들 다 데리고 와서 면접 봐야 하냐고 제가 따졌어요. 그런데 그걸 인정을 안 해주더라구요 그날. 그래서 남편이 개인적으로 사유서를 써야 했어요."

이것은 국적 취득을 위한 절차상의 불합리함을 지적하고 항의한 한 사례다. 제도적으로 문제가 있다면 빨리 고쳐서 다문화가정은 물론이고 모든 사람이 차별받지 않도록 해야 한다고 생각했기 때문이다. 또 다른 문제는 제도적 미비나 부재보다 이미 존재하는 제도이지만 이주민이 혜택을 받지 못하는 것도 있다.

"문제가 많아요. 상담 통역하면서 많은 걸 느꼈어요. 아, 내가 겪은 일은 아무것도 아니구나, 내가 어쩌면 배불러서 그런 거였구나 하고. 맞고 사는 사람들도 많아요. 사연을 들어보면 반성도 되고 도와주고 싶어요. 도움이 필요한 사람에게는 연락처 알려주고 언제라도 연락하라고 말해요. 폭력이 있으면 밤에라도 전화해서 우리 집으로 와서 피하라고 해요. (중략) 그 사람들은 쉼터가 있는 것도 잘 몰라요. 그리고 불법체류자들도 신고를 할 수 있는 데 그런 것도 몰라요. 자기 권한에 대해서 몰라요. 누가 안 알려주잖아요. 다문화가족지원센터에 가야지만. 하지만 거기도 그냥 안내하는 꽂이에만 있을 뿐이에요. 카톡으로 정보를 받기는 받아요. 차라리 그런 게 좋아요. 뭐가 있는지 수시로 알 수 있으니까. (중략) 그리고 바로 출입국관리사무소로부터 연결을 했으면 좋겠어요. 결혼비자도 두꺼운 책으로 만들어서 주고, 모국어로. 어떤 센터가 있는지 어떤 권리가 있는지, 위급한 상황에는 어디에서 도움을 받을 수 있는지 그런 것도 알려주면 좋겠는데."

이처럼 이주여성을 위해 마련된 제도가 있지만 그것을 몰라 자기 권한을 찾지 못하는 사람들을 볼 때는 그들을 도와주기 위해 연락처를 알려주기도 한다. 하지만 그러한 도움이 구석구석 미치지 못하기 때문에 제도적으로 보완되어야 할 필요를 느낀다. 이러한 문제를 해결하기 위해 연구참여자는 원칙적 수준을 넘어 구체적인 방안을 제시했다. 이것은 다문화정책과 관련된 고민을 평소에도 많이 했기 때문에 항상 머릿속에 가지고 있는 생각이다. 한국에 온 결혼이주여성이 겪는 문제를 남의 문제로만 여기지 않는 연구참여자의 마음이기도 하다.

"한국에 온 결혼이주여성들의 법적 지위가 좀 더 안전했으면 좋겠고, 조금 더 사회적으로 복지적으로도 안전했으면 좋겠어요. 4대 보험도 그렇고, 연수도 더 받고 싶고."

한국에서의 결혼생활에서 힘든 일을 많이 겪었지만 외롭고 긴 투쟁으로 이제는 어느 정도 자기 권리를 찾았다고 생각한 연구참여자는 앞으로 다른 결혼이주여성을 위한 활동을 하고 싶다는 계획을 밝혔다. 이제 시간이 좀 나면 그동안 배운 것도 활용할 수 있었으면 좋겠는데, '겁나고 용기가 나지' 않는 부분도 있다. 법조계와 한국 사회에서 '받아주지 않으면 어떻게 할지' 걱정되지만 '그래도 조금씩 준비하고' 있다.

3.
연구참여자 3: 더 나은 세상을 향한 홀로서기

1) 생애 개요

연구참여자는 1979년(41세) 러시아 사할린에서 출생했으며 고려인 재외동포 3세다. 부모님은 많이 배운 분들은 아니지만 자기 분야에서 성실히 일하시기 때문에 연구참여자가 항상 존경하고 자랑스러워한다. 두 살 많은 오빠가 어릴 때 문제아였기 때문에 연구참여자는 부모님의 마음을 상하지 않게 하기 위해 자기라도 더 열심히 공부하는 모습을 보였다.

한국어가 좋아서 러시아에서 한국어-영어과를 전공했고, 졸업하자마자 바로 한국으로 왔다. 처음에는 한국에서 대학원에 진학해 한국어를 더 배우려고 했으나 곧바로 무역회사에 취업이 되면서 계속 러시아와 한국을 오가며 해외 영업 일을 하게 되어 학업을 계속할 기회가 주어지지 않았다. 직장생활을 하던 중 지인의 소개로 남편을 만나 결혼했다. 성격이 내성적이고 외로움을 많이 타는 연구참여자는 퇴근해서 집에 있을 때나 주말에 혼자 있으면 많이 힘들었다. 게다가 러시아에서는 여자들이 대부분 서른이 되기 전에 결혼하는 편이라 연구참여자도 서른 살이 되던 해에 오래 사귀지도 못한 남자와 서둘러 결혼했다.

남편은 인테리어 사업을 했는데, 연구참여자 아버지가 하시는 건축 쪽 일과 비슷할 것이라고 생각해서 처음부터 호감이 갔다. 그러나 남편은 사업을 하면서 세금을 탈루하거나 임금을 체불하는 등 부도덕한 모습을 보였고, 빚이 쌓여도 갚지 않는 등 연구참여자의 가치관과는 너무나 다른 생활태도를 가진 사람이었다. 아이가 태어나면 달라질까 기대했지만 그렇지 못했다. 결국 결혼생활 10년을 채우지 못하고 최근 남편과 이혼하고 혼자서 세 살 난 아이를 키우고 있다.

친정어머니가 육아를 도와주기 위해 현재 연구참여자의 집에서 같이 거주하고 있어 아이와 함께 세 명의 가족이 생활하고 있다. 한국에서는 오랫동안 무역회사에서 해외 영업 업무를 했지만 결혼하고 아이가 생기고 나이가 많아지면서 더 이상 직장을 구하기가 쉽지 않았다. 그래서 이중언어강사 교육을 받고 초등학교와 고등학교에서 이중언어 보조강사로 일을 시작했다.

연구참여자는 고려인으로서 자신의 정체성이 한국과 러시아가 섞여 있다고 생각한다. 오랜 기간 한국에서 직장생활을 하고 결혼생활을 했지만 귀화하지는 않고 F4비자로 생활하고 있다. 그리고 자신은 한국문화를 잘 이해하고 포용하지만 사고방식은 여전히 러시아 사람이라고 생각한다. 러시아에서 태어나 성인이 될 때까지 거기서 생활했기에 당연한 일일지도 모른다. 아이가 있는 연구참여자는 결혼이주여성뿐 아니라 그 자녀들의 정체성과 성장 과정에 정책적으로 도움을 줄 수 있는 방안이 있으면 좋겠다고 생각하고 있으며, 자신도 교육을 받아 다문화가정의 자녀를 돕고 싶어 한다.

2) 문화적응 생애담

(1) 부모님을 실망시키고 싶지 않은 딸

연구참여자는 러시아 사할린의 도시에서 태어나고 자랐다. "잘살았던 것 같고, 배경도 괜찮았다"라고 회상했다. 부모님이 어떤 분이냐는 질문에 '많이 배우지 못한 분들'이라고 하다가 갑자기 울음을 터뜨렸다.

> "아, 내가 왜 울지? 내가 왜 이러지? 갑자기 엄마 얘기하니까 아쉬운 마음에. (중략) 엄마가 어렸을 때 수학을 잘하셨대요. 그런데 형편이 안 돼서 대학을 못 갔어요. 만약에 형편이 돼서 대학에 가서 공부를 더 했더라면 자식들한테도 더 잘해줄 수 있었을 텐데 그게 너무 아쉬웠대요 부모님이."

많이 배우지를 못해서 어머니는 '손으로 하는 그런 일'만 하셨다. 재봉일도 하시고, 매점에서 점원으로도 일하셨다. 어머니가 어렸을 때 공부를 잘했고 계속 공부를 하고 싶었지만 가정형편상 그러지 못했다는 것을 우연히 알게 되었을 때 안타까운 마음이 들었다. 그동안 어머니가 자식들을 위해 힘든 일을 하셨다는 것에 대한 죄송함도 있고, 현재 연구참여자가 이혼하고 혼자 아이를 키우고 있어 딸과 손자를 위해 한국으로 와서 육아를 담당하고 있는 것에 대한 미안함도 있을 것이다. 그래서인지 연구참여자는 인터뷰하는 동안 부모님에 대한 이야기가 나왔을 때 말을 이어나가지 못할 정도로 눈물을 여러 차례 보였다.

아버지는 한국으로 치면 전문대 같은 곳을 나와서 건축 쪽 일을 하고 계신다. 처음에는 '몸 쓰는 일'을 하시다가 사회주의가 무너지면서 소련에서 여러 나라가 분리됐을 때 지인이 설립한 회사에서 지금까지 '몸을 안 쓰고 관리만 하는 건축부 부장'으로 일을 하고 계신다. 그곳에서 아버지는 '인정도 받으시고' 오랫동안 같은 일을 하고 있어서 그 업계의 많은 사람을 알고 계신다. 아버지에 대한 묘사에서는 '성실, 인정, 존경, 모범' 등 긍정적 단어를 주로 사용함으로써 연구참여자가 아버지를 어떻게 생각하고 있는지를 명확히 느낄 수 있었다. 연구참여자에게 아버지는 '존경', 어머니는 '희생'이라는 단어로 대표되는 분들이다.

> "저한테는 아빠가 항상 모범이셨어요. 되게 열심히 살아오시고 아직까지 일을 하시고 계속 불러주는 데가 있는 거예요. 나이가 들었어도 필요하신 분이구나. 그래서 아직까지도 아빠가 존경스러워요. (중략) 그런데 만약에 엄마가 공부를 많이 하셨다면 다른 좋은 직장에 들어가셨을 테고 그러면 엄마 본인한테 좀 더 만족스러운 삶을 살지 않았을까? 우리 때문에 많이 희생하신 거 같아요. 엄마는. 그래서 그게 그냥."

부모님을 생각하면 마음이 아프기도 하지만 연구참여자에게 부모님, 특히 아버지는 '모범'의 전형이었다. 자신의 분야에서 묵묵히 열심히 일하는 부모님의 모습을 존경했기 때문에 연구참여자 자신도 그런 삶을 살아야겠다고 생각했으며 그렇게 살아왔다. 부모님을 실망시키고 싶지 않은 마음도 있었다. 연구참여자가 생각하는 모범적인 학생이란 공부를 열심히 하고 '늦게까지 놀러 다니지 않는' 사람이다. 늦게까지 놀러 다니지 않아야 하는 이유는 당시 러시아의 밤거리가 위험했기 때문에 부모님이 걱정하실까 봐 그랬던 것으로 보인다.

> "제가 태어났을 때는 구소련 시대여서 다 맞벌이부부였거든요. 그래서 우리 부모님도 다 직장생활을 하셨고, 우리는 그냥 학교에 다녔어요. 공부를 열심히 했던 거 같아요. 제가 똑똑하지는 않지만 열심히 부모님 말을 잘 들으면서 살았어요. 공부하라고 하면 제가 할 수 있는 선에서 하고. 성적은 평균이었지만 그래도 열심히 할려고 했었고. 늦게까지 놀러 다니지 않는 그런 스타일이었어요."

연구참여자는 '러시아 친구나 동포 친구 모두와 사이좋게 잘 지내는' 매우 평범한 학생이었다. 중학생 때 방과 후 과정으로 한국어를 배우면서 한국어에 관심이 생겼고, 고등학교는 한국어를 배울 수 있는 학교로 옮겼다. 대학에서 한국어-영어를 전공하며 '모범생'으로 살았다. 당시는 한류 붐이 일어나기 전이어서 많은 사람이 한국문화에 관심을 가진 시기가 아니었다. 그런데 연구참여자는 한국어가 참 예쁜 느낌이라서 한국어와 문화에 끌렸다고 한다. 이 과정에서 자신이 고려인이어서 특별히 한국에 관심을 가지게 된 것인지에 대한 인식은 없었다. 연구참여자가 한국으로 이주하기로 결심한 이유는 한국이라는 나라가 러시아보다 안전할 것이라고 생각했고, 한국어가 좋았기 때문이다. 특히 서울 말투가 너무 좋아서 그

말을 배우고 쓰고 싶어서 한국에 왔다.

> "한국은 러시아보다 평화롭다라는 생각, 안전하다라는 생각이 들어서요. (그래서 한국에 왔어요.) 그때 당시가 20년 전이었잖아요. 러시아는 아주 무섭기 때문에 밤에는 돌아다니지 말라고 어렸을 때 많이 들었었어요. 여기 와서는 밤에 돌아다녀도 사람도 많고 조명도 곳곳 다 비춰주니까 무섭지 않았어요. 더 자유롭다, 더 안전하다는 생각이 들어서 나는 여기에서 계속 살면 좋겠다는 생각에 여기 온 거예요. 결혼해야겠다는 그런 생각이 아니고."

연구참여자가 한국에 온 것은 20대 초반이어서 그 당시 결혼에 대한 생각은 전혀 없었고, 단지 한국이 안전하고 평화롭다는 생각에서 한국으로 이주했다. 돈을 많이 벌겠다거나 특별한 포부가 있었던 것은 아니다. 실제 연구참여자의 가정은 부유한 형편은 아니었음에도 "잘살았던 것 같고, 배경도 괜찮았다"라고 만족할 만큼 소박한 품성을 가지고 있다. 남에게 폐를 끼치지 않으면서 자신의 주어진 환경에서 최선을 다해 열심히 사는 것을 추구하는 평범한 사람으로, 안전한 나라에서 좋아하는 한국어를 더 배우겠다는 마음으로 한국에 오게 되었다.

대학원에서 공부해야겠다는 생각으로 한국에 왔으나 곧바로 취업이 되면서 연구참여자가 어울린 사람은 직장동료들이 전부였다. 직장의 규모도 작아서 실제로 한국에서 아는 사람이라고는 몇 명 없었다. 사할린에 있을 때는 친척 간의 모임도 많고 학교 친구들과의 교류도 잦아서 여러 사람과 어울리는 것에 익숙해 있었고 그것을 좋아했다. 한국에서 대학원이라도 다녔다면 친구가 있었을 텐데 작은 회사 내에서의 동료들 몇 명과만 어울리다 보니 외로웠다. 고국에 있을 때 유난히 가족과 친구들에 대한 애착이 강했기 때문에 그들과 떨어져 혼자 외국 땅에서 생활한다는 것이 더욱 힘들었다. 그러던 중 아는 사람의 소개로 만난 남자와 친해지게 되어 연인으로 발전했다. 누구라도 만나서 애착관계를 형성하고 싶었던 때라서 빨리 친해지게 된 것일 수도 있다.

> "친구도 멀리 있어서 자주 못 만나는데 그러면 누구를 만나냐? 직장 다녔을 때는 그냥 회사에 왔다 갔다만 했죠. 월요일부터 금요일까지 열심히 직장 다니면 주말밖에 안 남잖아요. 주말에 웬만하면 신랑이랑 만나서 지낼려고 그랬었죠. 신랑이 출장 가 있으면 그냥 집에 혼자 있거나 그랬던 거 같아요."

사람들과 어울리는 것을 좋아하지만 성격이 내성적이라 한국에서 적극적으로 모임에 참석한다든지 사교활동을 하지는 못했다. 그래서 소개로 만난 남자친구와의 만남을 제외하면 특별한 사회적 관계가 형성되지 못했다. 그러다 보니 남자친구가 출장을 갔을 때는 혼자 집에만 있게 되어 남자친구에 대한 의존도가 높아졌다.

> "2008년쯤에 여기 한국에 왔을 때, 남편이랑, 전남편이랑 만났는데 다시 러시아로 가게 됐어요. 모스크바로 갔다가 한국으로 돌아왔는데 또다시 제가 모스크바로 가야 하는 상황이 됐어요. 그래서 모스크바 갔다 오면 결혼하자고 해서 결혼을 했어요."

결혼 전 연구참여자가 맡은 일은 한국과 러시아를 자주 왔다 갔다 하는 일이었다. 그래서 더더욱 한국에서의 생활은 안정감이 없었을 것이다. 한국에서 공부하고 직장을 가지겠다고 생각하며 왔는데, 정착해서 살기에는 심리적으로 외로움이 컸다. 그래서 당시 남자친구였던 남자와 빨리 가정을 꾸려야겠다는 생각이 앞섰다. 집과 직장이 활동공간의 전부였던 연구참여자는 외로움을 많이 타는 성격이었던 것과 빨리 한국에서의 안정감을 추구하는 마음으로 인해 만난 지 얼마 되지 않은 남자와 결혼해야겠다는 결심을 한 것이다.

(2) 아버지가 나를 지탱해주었듯 남편도 그럴 것이라는 기대

연구참여자는 서른 살에 남편을 만났다. 당시 연구참여자는 한국에서 다시 러시아로 가야 하는 상황이어서 반 년 동안 떨어져 있다가 이듬해 한국에 오자마자 열 달가량 동거하고 나서 정식으로 결혼식을 올렸다. 남편과의 결혼에 대해 말해달라는 질문에 "그 얘기를 해야 하는지 모르겠어요"라며 망설이다가 당시를 후회스러워하는 답변을 했다.

> "우리가 솔직히 많이 못 만났어요. (중략) 많이 모르는 상태에서 제가 그냥 결혼을 해야겠다는 결정을 했던 거 같아요. 저는 그때 서른이 거의 되었을 때였거든요. 러시아는 서른 전에 결혼을 다 하는 편이어서 부모님들도 빨리 결혼을 해야 되지 않느냐 이야기를 하셔서. (중략) 조금 더 만났었으면 좋았을 거 같아요. 나중에 생각하니까."

연구참여자는 자신이 이혼하게 된 이유 중 하나가 결혼을 너무 성급하게 결정했기 때문이라고 생각했다. 나이에 쫓기고 타국에서의 외로움 때문에 신중하게 결정하지 못한 것이 결국 이혼으로 이어지게 된 원인이라고 본 것이다. 세 살 연상의 남편은 인테리어 업체를 운영하는 사람이었다.

> "제가 결혼을 하기 전에 환상이 있었던 거 같아요. 저희 아빠가 건축 쪽이라 했잖아요. 건축, 되게 괜찮다고 생각했는데 신랑은 인테리어를 했었어요. 그런데 인테리어라는 것이 제가 생각했던 거랑 여기서 하는 거랑은 다르더라구요."

연구참여자는 남편이 아버지와 비슷한 일을 하기 때문에 괜찮을 것이라는 '환상'을 가졌다고 했다. 이는 연구참여자가 자신의 아버지를 자랑스러워하고 아버지 같은 사람을 이상형으로 생각했기 때문일 것이다. 아버지는 항상 성실하셨고 책임감이 있었기 때문에 나이가 많아도 지금까지 그 분야에서 인정을 받아 계속 일하고 계신다. 그런 환경에서 자란 연구참여자 역시 어릴 때부터 '부모님 말씀 잘 들으며' 공부를 잘하지는 못했지만 '열심히 하려고 하는' 성격으로 살아왔다. 어릴 때부터 아버지와 아버지의 일에 대한 존경심이 컸기 때문에 남편의 직업을 아버지의 일과 같은 것으로 동일시했다. 결국 연구참여자가 남편을 선택하게 된 이유는 인테리어라는 일을 매개로 아버지에 대한 믿음과 사랑이 남편에게로 전이(transference)되었기 때문이다. 아버지가 가장으로서 책임감 있고 가족들을 잘 보살폈듯이 남편이 연구참여자의 한국 생활의 안정적인 정착에 도움을 줄 수 있을 것이라고 기대했을 것이다. 심리학적으로 전이는 상처와 결핍이 큰 사람에게 나타날 가능성이 많다. 결혼할 당시 연구참여자는 오랜 외국생활과 타고난 성격으로 인해 외로움을 많이 느끼고 있던 상태였음을 고려할 때 남편을 통해 아버지에게서 느낀 안정과 편안함을 추구하고자 했을 수 있다.

(3) 도덕적 불감증의 남편에게 느낀 실망

막상 결혼생활을 하면서 지켜본 남편은 자신의 아버지와는 전혀 다른 사람이었다. 남편은 '어떤 면에서 보면 괜찮은 사람'이었다. 남편은 '술도 안 먹고, 담배도 안 피우고' 시댁 식구들 역시 '교회를 다니는 분들이라 며느리에게 심하게 하지도' 않았다. 무엇보다 '다른 나라에서 왔다고 뭐라고' 하지 않은 부분을 생각하면 참 고마운 일이었다. 그리고 다른 다문화 이주여성과 비교했을 때도 연구참여자는 힘든 상황이 아니었다고 답변했다. 실제로 가정에서 어려움을 겪는 결혼이주여성 중에서 신체적 또는 정서적 폭력을 당하는 경우가 많다. 그러나 연구참여자의 경우 폭력적인 것은 아니었다고 하며, 만약 그런 일이 있었다면 그건 절대로 용납하지 못한다는 단호한 태도를 보였다.

> "폭력적인 거는 없었어요. 우리 가족도 그렇고 남편 가족도 그렇고 여자한테 손을 대거나 이런 건 절대로 안 되는 부분이다 생각을 해서. 서로 그런 것도 없었어요. 어떤 엄마들 얘기 들어보면 때리거나 그래도 참고. 만약에 그 지경까지 갔으면 저는 정말, 절대로."

그런데 결정적인 것은 '재정적인 문제'였다. 남편은 인테리어 공사를 하고 나서 돈을 못 받는 경우도 있었고, 고용한 인부에게 제대로 돈을 지급하지 않는 등 사업경영과 관련한 재정 관리를 잘하지 못했다. 받을 돈을 못 받기도 하고 줄 돈을 못 주기도 하는데, 이런 사태를 해결하지 못한 것이다.

> "돈을 못 받으면 못 받는 대로 빚으로 쌓이고. 사람들한테도 돈을 줘야 되는데 못 주고. 제가 대신 죄송스러운 거예요. 그래서 여러 번 집으로 누가 찾아오기도 하고. (중략) 돈을 안 줘서 누가 법원에다가 신고를 한 적도 있어요. 그래서 거기서 나와서 압류도 들어오고. (중략) 나는 모범생으로 살아왔다고 했잖아요. 저는 나라에 세금을 안 내게 되면 그것도 죄 지은 걸로 알아요."

연구참여자는 남편이 임금을 체불하고 법원에서 압류가 들어오는 상황에서도 적극적으로 해결하지 않는 데 대해 말하며 오랜 시간 울음을 멈추지 못할 정도로 도덕적으로 큰 죄책감을 느꼈다. 남편은 세금을 탈루하거나 대포차와 대포통장을 만들면서 "다른 사람들도 다 그렇게 살고 있다"라고 계속 강조했다. 그에 대해 연구참여자는 "당신은 그런 사회에서 살고 싶으냐? 나부터 바뀌어야 나아진 사회가 되는데 왜 그런 생각을 하느냐?"라고 남편과 많이 대립했다. 연구참여자가 남편에게 가장 참을 수 없었던 것은 돈을 못 벌어와서가 아니라 부도덕함이었다.

> "남편이 제 이름으로 통장을 만들고 보험도 제 이름으로 만들고 이렇게 하니까. 세금도 안 내면서. 그래도 된다고 생각을 해요. 우리 집 앞에 차량 번호판이 없는 차가 있어요. 만약에 그 차가 아빠 차라는

것을 아이가 알면 아이가 그걸 어떻게 받아들이겠어요. 그래서 저는 그런 것에 막 상처를 받아요. 그런데 남편은 신경도 안 써요."

남편이 '아이에게 떳떳한 아빠'가 될 수 없다는 것은 연구참여자뿐 아니라 아이에게도 상처를 주는 것이므로 견딜 수 없었다. 연구참여자는 건전하고 성실한 부모님 밑에서 부모님을 존경하는 마음으로 살아왔다. 그러나 연구참여자의 아들이 그렇게 떳떳하지 못한 아버지 밑에서 산다면 아이의 미래도 걱정이었다. 그래서 남편에게 차근차근 빚을 해결하자고 여러 번 말했다. 그러나 남편은 법망을 피하려고만 하고 빚을 갚을 생각을 하지 않았다. 그래서 연구참여자 혼자서 빚과 세금을 조금씩 갚아봤지만 '계속 우편물이 집으로 날아오는 상황'이었다.

"사업했을 때 잘 안 되가지고 거기에서 진 빚들이 몇 년째 쌓이고 있으니까 계속 이자가 날아와요. 그런데도 계속 안 갚으니까 필요 없는 이자들까지 쌓여서 그게 스트레스가 되는 거예요. 저도 직장 다니고 해서 둘이 합쳐서 500 이상을 받으면 하나하나씩 충분히 다 갚을 수 있어요. 그런데 남편하고는 안 통하는 거예요. 대화로는."

남편은 자기의 방식에 대해 잘살고 있는 삶이라고 생각한다. '남들도 다 그렇게' 살고 있기에 본인도 그런 사회에 맞게 적절히 대처하는 것이고 '생활도 즐기면서' 살고 있으니 큰 문제가 없다고 여기는 것이 연구참여자의 가치관과는 너무나 동떨어진 것이었다. '우리 부모님은 그렇게 안 살아왔기 때문에' 남편을 도저히 이해할 수 없었다.

남편의 행동은 도덕 불감증에 가까워 보인다. 남편은 결혼 전 연구참여자에게 대학을 나왔다고 했으나 거짓이었다. 연구참여자 말대로 술·담배도 안 하고 폭력적이지도 않은 남편이 어떻게 보면 괜찮을지도 모른다. 그러나 결혼할 여자를 속이고, 사업을 하면서 법을 어기면서도 죄책감을 전혀 느끼지 않는다. 만약 죄책감을 느낀다고 하면 사업적 문제를 해결하는 방식이 그와 같지는 않았을 것이다. 남편은 타인의 고통에 무감각하거나 타인을 이해하지 못하거나, 이해하기를 거부하거나 외면했다. 남편은 자신의 행동을 대수롭지 않은 것으로 여기는데, 이것은 바우만(Zygmunt Bauman)과 돈스키스(Leonidas Donskis)가 현대사회의 도덕적 불감증을 분석하기 위해 사용한 개념인 '아디아포라(adiaphora)'로 볼 수 있다.

바우만과 돈스키스(2013)에 의하면, 아디아포라는 "이 세계에서 일어나는 일에 대해 무관심한 태도, 즉 일종의 도덕적 마비 상태"를 말한다. 이는 인간의 특정 행위를 도덕적 의무가 아닌 개인의 판단이나 선택의 문제로 치부함으로써 선악의 영역이 아닌 것으로 보게 한다. 결국 스스로를 자신의 도덕적 감수성 지대에서 일시적으로 철수시키는 것이다. 그렇게 되면 어떤 사건이 인간에게 일어난 것이 아니라 마치 물체나 사물 등에게 일어난 것처럼 반응하게 된다. 남편은 명백한 법적 잘못이 있음에도 불구하고 이에 대한 법적·도덕적 책임을 회피했다. 세금을 탈루하고 노동자에게 임금체불을 하면서 자신이 즐길 것은 즐긴다. 그러면서 "남들도 다 그렇게 살고 있다"라고 말하는 것은 죄책감이 없기 때문이다.

(4) 아이와 부모님을 위해 선택한 이혼

남편은 사업체를 잘 운영하지 못했기 때문에 결혼 후에도 경제사정은 좋지 않았다. 그래서 친정 부모님이 경제적으로 도움을 주는 형편이었다.

"우리가 사는 아파트도 사실은 우리 부모님이 해준 거예요. 신랑이 한 게 아니라. 아이를 낳아야 하니까 돈도 덜 들어가고 독립적으로 편하게 살라고 부모님이 해주셨어요. 그런데 남편 빚이 쌓여서 법원에서 압류가 들어왔어요. 아파트가 아니라 살림에. 이러다가는 우리가 번 것도 아니고 우리 부모님이 힘들게 해준 것까지 빼앗기겠다 생각했어요."

연구참여자는 부모님을 살뜰히 여기고 그 희생에 조금이라도 보답하며 부모님께 누가 되지 않으려고 하는 생각을 어릴 때부터 항상 가지고 있던 사람이다. 그래서 결혼한 딸을 위해 아파트를 마련해준 것에 대해서도 미안하게 여기고 있었다. 그런데 남편의 잘못으로 그것마저 잃게 될 위기에 처했다. 살림에 대한 압류가 들어왔을 때 '이제 마지막'이라고 생각했다. 부모님이 그렇게 힘들게 벌어서 해준 것이어서 지켜야 했다.

"나뿐만 아니라 부모님 생각도 해야 하잖아요. 지금까지 우리는 거기(시댁)다가는 매달 생활비를 주는데 우리 부모님한테는 생활비도 안 줬어요. 친정엄마가 아이를 봐주시는데도 용돈도 못 드리고. 우리는 항상 우리 부모님에게 받기만 하는 입장이었어요."

연구참여자가 단순히 친정 부모님만 걱정하고 시댁 부모님을 모시는 것에 대해 무관심하거나 소홀했던 것은 아니다. 한국문화 중에서 가장 좋다고 생각하는 것이 무엇이냐는 질문에 "부모님 존중하는 마음, 어른을 존중하는 마음 그거는 좋았던 거 같아요"라고 할 정도로 자신의 부모님뿐 아니라 어른을 존중하는 마음을 중요하게 여겼다. 사할린에서 워낙 많은 친척들과 행사가 잦아서 어른들과의 생활에 익숙하고 그런 관계를 좋아한다고 했다. 그래서 결혼 후 시댁 친척들과도 가깝게 지내고 싶었는데 시댁 쪽의 문화가 그렇지 못해서 아쉬웠다고 말했을 정도다. 그러므로 연구참여자가 시댁에 드리는 생활비를 아까워했다기보다 상대적으로 친정 부모님께 딸로서 아무것도 못 해드리고 받기만 하는 것에 대한 미안한 마음이었을 것이다.

"저희 신랑 쪽 부모님들은 대책이 없는 거예요. 노후대책이. 그래서 우리가 도와줘야 하는 입장이었어요. 우리 부모님은 그렇게 안 살아왔어요. 아빠는 지금까지 일을 하시니까 계속 우리한테 도움을 줄라고 하는 입장이고. 거기(시댁)는 받아야 하는 입장이고 우리는 줘야 하는 입장이에요."

연구참여자의 부모님은 나이가 드셨음에도 지금까지 일하시면서 딸에게 경제적으로 도움을 주려고 하신다. 그런데 남편의 행동을 보면 연구참여자는 도저히 자기 삶에 미래가 없다고 생각되었다. 늙으신 부모님이 일하지 않고 편하게 살 수 있게 딸로서 도움을 주고 싶지만, 오히려 경제적으로도 정신적으로도 폐만 끼치게 된 것이다. 게다가 시댁 부모님은 노후대책이 없어 앞으로도 계속 연구참여자 쪽에서 도움을 주어야 한다. 아이의 미래를 생각해도, 자신의 노후를 생각해도, 부모님을 생각해도 도저히 남편과 더 이상 같이 살 수 없는 상황이 되었다.

"저희 부모님이 저한테 (돈을) 줘야 되는 입장이라고 생각하니까 제가 부모님한테 너무 죄송스럽고. (남편은) 스스로 독립적으로 도움을 안 받으면서 열심히 살아야 하는데 그런 모습도 안 보이고, 그냥 빚만 쌓이고. 남편에게 같이 해결을 하자고 해도 (중략) 이게 어느 순간부터 대화가 안 되는 거예요. 나는 같이 해결을 하고 싶었는데 그게 안 되니까 헤어지게 됐어요."

결혼 초기부터 남편의 경제 관념과 도덕 관념에 문제가 있었지만, 아이가 태어나면 나아지지 않을까 기대했다. 연구참여자는 결혼하자마자 갑자기 갑상선에 문제가 생겨 치료하느라 바로 아이를 낳을 수 없는 상황이었다. 갑상선 치료 때문에 결혼 후 거의 7년 만에 아이가 생겼다. 그러나 아이가 태어났는데도 남편의 행동에는 변화가 없었다. 결국 결혼생활 10년을 채우지 못하고 이혼하게 되었다.

"제가 착각을 한 거죠. 아이가 태어나면 조금 더 나아지겠지 하고. 남편이 아이는 좋아하죠. 저도 아이 좋아하고. 그런데 단지 우리만의 문제로 헤어지게 됐어요."

지금까지 모범생으로 살아온 연구참여자였지만 자신 때문에 부모님의 노후마저 불안해지고, 아이의 교육적 측면에서도 안 좋은 영향을 끼칠 남편과는 결국 이혼할 수밖에 없었다. 두 살 많은 오빠가 어릴 때부터 공부하기를 싫어하고 문제를 일으킨 사람이라 부모님의 걱정을 덜어드리고자 열심히 공부할 정도로 어릴 때부터 가족에 대한 배려가 남달라 심려를 끼치지 않기 위해 애쓰는 성격이다. 그런 성격을 가진 연구참여자가 한국에서 결혼하고 결국 이혼을 했다. 지금까지 살아오면서 정해진 규범에서 벗어나본 적이 없는 그가 이혼을 결심하게 된 것은 다른 사람들에 비해 더 힘들었고 어려운 선택이었다. 주어진 여건 속에서 성실히 최선을 다해 살아가는 것을 당연한 것으로 여기는 사람이 전형적인 가정의 틀을 깬다는 것은 그동안 자신이 지켜온 틀을 깨는 것과 같다. 그럼에도 불구하고 연구참여자가 이혼을 선택하게 된 것은 자신과 아이, 부모님을 위해서였다.

> "10년 채우진 못했지만 참았던 부분이 많았던 거 같아요. 결혼을 했으니까 참자, 나아지겠지라는 생각으로. 근데 아이를 낳고 많이 변하지 않아서 그냥 이혼을 해야겠다."

연구참여자가 그동안 살아온 생애행로나 가치관을 보면 이혼을 결심하기까지 많은 인내와 노력이 있었다는 것을 짐작할 수 있다. '결혼을 했으니까 참자'라는 것은 남편이 어떤 잘못을 하더라도 무조건 결혼생활을 유지하자는 스스로에 대한 다짐이었다. 만약 남편의 잘못에 대한 피해가 오직 연구참여자에게만 끼쳤다면 이혼하지 않았을지 모른다. 그 피해가 아이와 친정 부모님에게 미치는 것이 문제였다. 참고 참았지만 도저히 변화 가능성이 없어 결국 이혼하게 된 것이다.

남편과의 문제를 해결하고 이혼까지 가지 않기 위해 다문화가족지원센터에 상담을 받으러 가려고도 했다. 그러나 '무슨 이유 때문인지 기억나지는 않지만' 상황이 안 돼서 상담을 받지는 못했다. 한국에 아는 사람도 많지 않아 이혼이라는 중대한 문제를 결정하기까지 다른 사람들의 조언이나 도움을 받지 못하고 혼자 스스로 결정한 것이다.

살면서 한 번도 일탈적 행동을 한 적이 없는 연구참여자에게 이혼은 인생 최초이자 최대의 일탈적 사건이다. 사전적 의미로 '일탈'은 "사회적 규칙이나 규범을 벗어나는 것"으로 사회에서 불명예, 낙인, 비난을 감수해야 한다. 그전까지 규칙과 규범 속에서만 살아온 연구참여자가 남편의 잘못으로 아이와 부모님을 위해 사회적 불명예와 낙인, 비난을 감수하기로 한 것이다.

(5) 아이는 나보다 더 자유롭게 자랐으면

연구참여자가 살았던 사할린에는 한국문화가 많이 남아 있어서 한국 전통문화에 익숙한 편이었다. 제사나 환갑잔치도 하고 친척들이 많아서 대가족이 모이는 일이 잦았다. 그런데 남편 쪽은 친척들이 많지 않았고, 그마저 자주 만나는 사이가 아니었다.

> "아이가 생기기 전에도 이렇게 자주 안 만나는데 아이가 생기면 더 안 만나겠구나 그런 생각이 들었어요. 가까이 지내야 되는데. 가까이 지내는 문화가 저한테는 익숙한데 남편 쪽은 그렇지 않아서 그게 많이 아쉬웠어요."

연구참여자는 전통 한국의 대가족 형태를 이상적으로 생각하고 있었고 결혼하면 많은 친척과의 교류가 있었으면 했지만, 시댁은 현대 대부분의 한국 가족과 마찬가지로 친척들과의 교류가 거의 없었다. 그런 데다가 이혼하고 난 후에는 육아를 도와주기 위해 잠시 와 계시는 친정어머니와 아이와만 지내는 생활을 했다. 인터뷰 중 부모님에 대한 이야기를 하면서 죄송스러운 마음에 계속 울었지만, 이야기가 아이에게 옮겨가자 목소리가 밝아졌다.

> "지금 만 세 살인데 할머니가 봐주고 있어요. 어린이집 다녀요. 잘 크고 있어요. 씩씩하게. 성격은 활발해요. 호기심 많고. 말도 잘하고. 다른 사람들 이야기 들어보면 말도 잘한다고 해요. (중략) 그림, 노래. 그런 움직이는 건 좋아하죠. 노래 부르는 것도 좋아하는데 춤추는 것도. 근데 잘하지는 않는 것 같아요. 노래는 잘할 거 같아요. 신랑이, 전(前) 배우자가 노래를 잘했으니까. 근데 춤은 아직 잘 못 추고. 그림 그리는 거는 좋아하지만 그렇게 잘하진 않는 거 같아요. 그래도 어린이집에서 목소리가 크고 활발해서 적극적이라고 해요. 선생님이 그랬어요. 그러니까 그게 오히려 아이한테 상처가 되지 않을까 싶기도 하고."

재능이 뛰어난 아이는 아니지만 사람들 앞에서 적극적으로 살아가는 모습을 자랑스러워했다. 이러한 생각은 연구참여자 본인의 어린 시절 모습과 가치관이 반영된 것이다. 경쟁이나 성취를 추구하는 것이 아니라 열심히 최선을 다하는 과정 자체를 중요하게 생각한다. 아이가 몸과 마음이 건전하고 도덕적인 사람으로 자라기를 바라고 있다. 아이가 씩씩하게 자라주는 데 대한 고마움도 있지만 자신이 이혼한 것으로 인해 자라면서 상처를 받지 않을까 하는 두려움도 있다. 그래서 아이가 밝게 자랄 수 있도록 여러 사람과 어울리며 많은 경험을 할 수 있도록 노력하고 있다.

> "올해 여름에 사할린에서 인라인스케이트를 배우고 왔어요. 인라

인스케이트 자체가 무거우니까 아직 어려서 잘은 못했어요. 그런데 여기(한국)에 와서 스스로 하고 있더라구요."

요즘은 연구참여자가 이중언어 보조강사와 아르바이트를 하고 있어 평일에는 아이와 많은 시간을 보내기가 어렵다. 그래서 토요일 하루는 아이와 온종일 함께 보내며, 일요일에는 아빠와 같이 보낼 수 있도록 한다. 비록 이혼하기는 했지만 아이가 몸과 마음이 건강하게 자라려면 아빠의 빈자리를 느끼지 않도록 해주고 싶어서다.

"아이가 자유롭게 자랐으면 좋겠어요. 저는 아이에게 압박감을 안 주고 싶어요. 욕심이 있다면 제가 어렸을 때 못했던 책 읽기를 아이가 많이 했으면 좋겠어요. 얼마 전에 웅진북클럽 알게 돼가지고 지금 하고 있어요. 집에 책이랑 학습지를 갖다주는데 많이 압박을 주지는 않아요. 기분 좋은 날, 학습을 하고 싶은 날에 그냥 책도 같이 보고 공부도 같이 하고 그래요. 그렇지만 뭐가 됐으면 좋겠다 하는 건 없어요. 내가 살았던 것처럼 아이에게도 항상 모범생으로 살아라라는 것도 안 주고 싶어요. 그것도 아닌 것 같아요."

연구참여자는 항상 모범생으로 살았지만 아이에게는 그것을 강요하지 않겠다고 했다. 자기보다 좀 더 자유롭게 자랐으면 좋겠다는 것은 자신이 모범생으로 갇힌 틀 속에서만 살아온 것에 대한 약간의 아쉬움일 수 있다. 물론 그것이 그동안의 삶에 대한 후회는 아니다. 다만 아이가 자신처럼 틀 안에만 갇혀 사는 것보다 조금은 그 틀을 깰 수 있는 자유와 용기가 있었으면 좋겠다는 의미로 보인다.

(6) 단절된 경력을 극복할 수 있는 교육 받고 싶어

연구참여자는 사할린에서 대학을 졸업하고 '한국어를 더 향상시키고 싶어서' 한국 대학의 석사과정에 입학하려고 했다. 그런데 대학의 지도교수님이 사할린에서 몇 년 정도 한국어를 가르치고 나서 한국으로 갈 것을 권유했다. 하지만 연구참여자는 '아직 어리고 한국어를 5년간 전공했지만 제대로 하지도 못하는데 어떻게 남을 가르칠까' 생각해서 '자신감도 없고 용기가 나지 않아' 한국에 가서 공부를 더 하겠다고 하며 학교에서 지원을 받지 않은 상태로 한국으로 오게 되었다. 아무것도 결정되지 않은 상태에서 일단 서울에 있는 먼 친척집에서 기거하며 인터넷을 통해 직장을 구하게 되었다.

> "정말 우연히 알게 된 회사였는데 사장님도 되게 좋은 분이셨고 거기 직원분이 두 명이 있었는데 한 명은 저 같은 동포고 한 명은 한국분이셨는데 러시아어과 나왔어요. 회사가 개업한 지 얼마 안 되는 작은 곳이었는데 저도 배우면서 사장님 도움받고 하면서 6년 다녔던 거 같아요."

애초에 한국에 올 때는 공부를 하려고 왔으나 계획대로 되지 않은 것에 대해서는 약간의 아쉬움이 있다. 그러나 적성에 맞고 자신의 능력을 발휘할 수 있는 분야의 일을 찾아 직장생활을 한다는 것도 좋은 기회였다. 처음 한국에서는 서울에 있는 무역회사 해외영업부에서 일했다. 자신의 주특기인 러시아어를 활용해서 일할 수 있는 곳이어서 쉽게 적응할 수 있었다. 회사도 이제 막 개업한 곳이었고 직원도 2명밖에 없었으므로 사장과 직원들이 힘을 합쳐 회사를 일구어가는 기쁨도 있었다.

한국과 러시아를 오가며 일하던 중 결혼하고 이사하면서 하던 일을 그만두었으나 곧 다른 직장으로 옮기게 되었다. 이곳에서 만난 사장과 동료들도 모두 좋았고, 일하면서 만난 바이어들과도 잘 지내서 일을 잘할 수 있었다.

> "그 회사도 무역이었는데 거기도 되게 사장님이 좋았어요. 저는 운이 좋은 게 들어가는 회사마다 만나는 사람들이 괜찮았어요. 저한테도 잘해주시고 저도 되게 많이 도움을 받고 사장님도 직원분들도 괜찮았어요."

연구참여자는 자신이 '운이 좋게' 가는 곳마다 좋은 사람을 만났다고 했다. 이는 만난 사람들이 좋은 사람들이기도 했겠지만, 모든 사람과 무난하게 어울리고 어디에서나 잘 적응하는 연구참여자의 원만한 성격에 기인한다고 볼 수 있다. 고국에서 졸업 후 학생들을 가르치라는 교수님의 제안에 '자신감도 없고 용기가 나지 않아' 거절했다는 것을 보면 연구참여자에게는 소심한 면이 있다. 그런 점에서 볼 때 신생의 작은 회사는 직원들 간의 정서적 교감을 토대로 자신의 능력을 충분히 발휘할 수 있다는 점에서 연구참여자에게 적합한 직장이었을 것이다.

> "아이 낳고 나서 제가 조금 집에 있었죠. 그때까지 계속 직장을 다녔으니까 길게 쉬어본 적이 없어요. 그런데 아이를 낳고 나서 집에 있으니까 이러다가는 외로워서 안 되겠다 싶어서 직장에 다녔어요."

남편이 인테리어 작업을 하러 전국 곳곳에 돌아다니다 보면 전화통화도 제대로 못 할 때가 많았다. 아이는 아직 어리고 남편은 집에 없을 때가 종종 있다 보니 '외로움을 많이 타서' 직장을 구해 출퇴근하게 되었다. 그러나 육아를 하면서 멀리 출퇴근하려니 애로사항이 많아 그만두고 살고 있는 집근처에서 구직활동을 했으나 이력서를 아무리 보내도 피드백이 없었다.

"서울은 힘들겠다 싶어서 집 근처로 이력서를 냈는데 거기도 없더라구요. 불러주는 데가 없더라구요."

그러던 중 알고 지내는 결혼이주여성의 소개로 이중언어강사 교육을 받게 되었고, 올해부터 학교에 나가 보조강사로 활동하고 있다. 그에게는 '좋은 기회'였다. 임신과 육아로 인한 경력단절 여성이 기존에 자기가 경력을 쌓아온 분야에서 다시 일자리를 찾기는 쉽지 않다. 연구참여자 역시 자신의 전문분야가 아닌 결혼이주여성으로서 능력을 발휘할 수 있는 이중언어강사로 새롭게 일을 시작하게 되었다.

연구참여자가 한국에서 가장 아쉬운 것 중 하나는 계속 공부를 이어나가지 못한 점이다. 원래 한국어를 더 배우기 위해 한국으로 왔으나 바로 취업이 된 이후로는 공부할 기회 없이 직장생활과 결혼생활만 이어나갔다.

어린 시절에는 학교생활 이외에 특별한 취미활동도 없었다. 음악을 배우고 싶었지만 가정형편상 다닐 수 없었고, 몸이 약해 운동도 못 했으며, 춤을 조금 배웠지만 길게 하지 못했다. 그래서 학교생활 말고는 다른 것을 하지 못했다는 것이 지금 와서 생각하면 많이 아쉽게 느껴진다.

"어렸을 때는 늦게까지 노는 것도 없었어요. 낮에 부모님이 허락해 주는 선에서만. 낮에 같은 학교 다니는 친구 집에 가서 거기서 놀고 그쪽 친구의 부모님들이 볼 수 있는 곳에서만. 그리고 성격상 내향적이라서 적극적으로 나서고 하는 걸 별로 안 좋아했던 거 같아요."

이러한 어린 시절을 보낸 것이 아쉬워 한국 생활에서는 그동안 못해 본 다양한 학습을 해보고 싶은 마음이 있었다. 다문화가족지원센터에서 배우고 싶은 것은 파워포인트나 엑셀 같은 강좌이지만, 직장생활이나 육아를 해야 하는 연구참여자에게는 시간이 맞지 않았다. 결혼이주여성을 대상으로 하는 프로그램들이 대부분 오전에 많이 몰려 있기 때문이다. 직장을 가진 여성들은 퇴근 시간 이후에나 강좌를 들을 수 있는데, 그 시간에 열리는 프로그램이 거의 없어 현실적으로 다문화가족지원센터를 통해 취미나 학습을 하기는 쉽지 않다.

다문화가족지원센터에서 결혼이주여성을 위해 열고 있는 강좌는 연구참여자에게는 해당하지 않는 강좌가 많다. 이미 한국어가 능숙한 상태에서 한국에 들어와 바로 직장을 다닌 연구참여자는 입국 초기 여성들을 대상으로 한 프로그램에 해당하지 않았다. 연구참여자가 한국에 들어온 시기는 거의 20여 년 전이다. 당시 다문화 관련 프로그램은 한국어와 진로 관련 강의가 대부분이었다고 한다. 한국어를 배울 필요도 없었고 이미 취업한 상태였으므로 자신에게 적합한 프로그램이 없었다. 그런데 최근에는 다양한 프로그램이 생겨서 참여해보고 싶은 강좌가 많다.

"다른 여러 직업을 얻을 수 있는 교육 프로그램 같은 건 좋아요. 그래서 앞으로 계속 공부를 하고 싶은데 어떤 공부를 여기에서 할 수 있을지 잘 모르겠어요."

한국에 와서 계속 러시아와 연결하는 무역 업무를 했으나 육아로 인한 경력단절 이후에는 그동안 쌓은 능력을 발휘할 수 있는 직장을 구하기 어려웠다. 그래서 연구참여자는 '다른 여러 직업을 얻을 수 있는 교육 프로그램'을 통해 새로운 능력을 습득하고 그것을 활용할 수 있는 직업을 갖기 원한다.

3) 정체성 협상

(1) 하나의 범주로 규정되는 오류

연구참여자가 한국에 온 이유는 결혼하기 위함이 아니었다. 그래서 자신과 다른 결혼이주여성은 "입장이 다르다"라고 했다.

"저는 결혼하기 위해서 온 게 아니라 그냥 단지 살겠다고, 안전해서 살겠다고 그것 때문에 온 건데, 어떻게 하다 보니까 남편을 만나게 됐고 결혼하게 됐는데. (중략) 조금 문화 차이가 많이 나서 안 맞았죠. 성격 차이, 문화 차이 때문에 헤어지게 된 거 같아요."

연구참여자는 모국인 러시아 사할린에서 대학을 졸업하고 바로 한국에 와서 러시아를 오가며 무역 업무를 했다. 한국에서 결혼하겠다는 생각은 없었으나 나이가 차고 타국생활에 외로움을 느끼면서 자연스럽게 결혼하게 되었다. 그러나 남편과의 성격 차이와 가치관 차이로 헤어졌다. 연구참여자가 자신을 다른 결혼이주여성과 다르다고 한 것은 바로 이 지점이다. 만약 결혼을 목적으로 이주했다면 결혼생활에서의 성격 차이를 다르게 느끼고 다르게 대처했을지도 모른다는 것이다.

연구참여자는 한국인 남자와 결혼하고 아이를 낳았지만, 현재까지도 귀화하지 않고 재외동포 비자인 F4비자 소지자로 남아 있다. F4비자는 직업 선택의 자유가 보장되고 선거권과 피선거권을 제외하면 대한민국 국민에 준하는 생활을 하는 데 지장이 없다. 그리고 한국에서 하던 업무가 러시아를 자주 드나들어야 하는 일이었기 때문에 귀화를 고려할 필요도 없었다. 그러나 결혼한 지 거의 10년이 되었고 아이가 있음에도 귀화하지 않고 재외동포로 살고 있다. 이는 자신이 가지고 있는 모국의 정체성이 강하게 작용하고 있기 때문이다.

정체성은 동일성, 연속성, 소속감, 일체감을 의미한다. 연구참여자는 한국 내에서 작은 회사를 중심으로 사회적 관계를 유지해나갔다. 업무상 관련된 사람은 모국인 러시아 사람들이었으며, 한국인과의 특별한 연대나 활동은 없었다. 그러므로 비록 재외동포이기는 하지만 한국에서의 소속감과 일체감, 집단성에 대한 주관적 감각이 약했다. 그리고 본인 스스로 말했듯 다른 결혼이주여성과는 입장이 달랐기 때문에 굳이 귀화를 선택할 이유도 없었다.

사람들은 같은 범주에 속하는 무리를 일률적이고 획일화된 시각으로 재단할 때가 많다. 그러나 결혼이주여성이라는 범주에도 다양한 스펙트럼이 있다. 한국으로 이주하는 여성에게도 저마다의 이야기가 존재한다.

그러므로 결혼이주여성을 하나의 몰개성적이거나 정형화된 집단이 아니라 나름의 사연을 가진 개별적 인간으로 접근해야 한다. 그런 점에서 볼 때 연구참여자가 비록 결혼하고 아이가 있어도 한국으로 귀화하는 것보다는 모국의 정체성을 유지하고 싶어 하는 태도를 가졌다는 점을 이해할 필요가 있다.

(2) 한국 온 지 오래됐지만 아직도 러시아 사람

얼마 전 남편과 이혼한 연구참여자는 아들 하나를 혼자 키우고 있다. 현재 한국에서 살고 있지만 아이가 자연스럽게 러시아 문화를 접하게 되기를 희망하고 있다. 여름에는 한국의 날씨가 더워서 자신의 고향이자 부모님이 살고 계시는 사할린으로 아이를 보내고 있으며 집에서는 러시아어를 가르친다.

> "러시아어도 가르쳐주려고 하거든요. 그래서 여름에 러시아도 보내고. 집에서는 한국어를 더 많이 쓰긴 하지만, 그래도 러시아어로 대화도 하고 그러려고 해요. 집에 친정엄마도 계시니까 엄마하고 아이가 러시아어로 대화를 하면 아이가 러시아어로 대화를 더 잘할 수 있을 거 같아요. 대화할 때 러시아어로 할 수 있게끔 하고 있는데 앞으로도 러시아어를 조금 잘했으면 좋겠어요."

육아를 도와주기 위해 잠시 한국에 와 계시는 친정어머니가 한국어를 거의 못하시기 때문에 아이가 할머니와 대화를 더 잘했으면 하는 바람도 있고, 자신과 아이가 러시아의 정체성을 완전히 잃어버리지 않기를 바라는 마음도 있다. 연구참여자는 대학을 졸업하고 바로 한국으로 왔지만 러시아와 관련된 일을 하다 보니 고향인 러시아에서 완전히 멀어진 삶은 아니었다.

> "제가 2001년에 한국에 와서 벌써 18년이 지났지만 여기 완전히 정착한 지는 10년밖에 안 됐어요. 10년이란 시간도 어떻게 보면 기간은 길지만, 제가 봤을 때는 아직까지 제 생각은 반 이상이 한국말이 아니라 러시아어로 생각을 하고 러시아인처럼 멘탈이 사고방식이 그래요. 그래서 10년이 지났어도 아직도 저는 사고방식이 러시아 사람 같아요."

자신이 교포이고 한국어를 전공하고 한국에서 오래 살기는 했지만, 그래도 자신의 정체성은 아직 러시아인이라고 인식하고 있다. 그래서 자신이 태어나고 자란 러시아의 사고방식이 익숙하고 아이도 러시아의 정체성을 잃지 않았으면 한다. 대학에서 한국어를 전공한 것도 특별히 한국인의 정체성에 따른 것은 아니었다. 전공을 선택할 때 부모님은 일본어과에 들어가라고 하셨지만, 연구참여자는 한국어가 아름답고 더 배우고 싶어서 선택했다. 부모님 역시 특별히 정체성이나 뿌리로서의 한국을 염두에 두고 자녀교육을 시키지는 않았음을 알 수 있다.

연구참여자는 교포 3세로서 사할린으로 강제이주당했던 1세대와는 또 다른 정체성을 가지고 있다. 태어나서 대학 때까지 러시아에서 고려인으로 살았고, 현재는 한국으로 이주한 상태다. 연구참여자가 교포임에도 한국인으로서의 정체성이 약하다는 것에 옳고 그름을 따질 수 없다. 연구참여자는 러시아에서 생활하면서 분리와 차별을 경험하지도 않았다. 그들과 조화하고 화합하며 살았고, 러시아 친구들과 사람들에 대해 좋은 기억들이 많이 남아 있다. 디아스포라의 아픔을 경험한 1세대와는 다른 삶을 살았다.

"친구들은 러시아 친구들도 많았었고 저 같은 동포도 몇 명 있었던 거 같아요. 그렇게 크게 러시아 사람들에게서 우리가 압박을 받거나 그러지는 않았던 거 같아요. 그냥 사이좋게 잘 지내왔었던 거 같아요."

사할린으로 강제이주당해 한국을 그리워했던 조부모 세대인 1세대와 일제강점기라는 시대적 상황과 일본과 가까운 지리적 조건의 영향을 받은 부모님 세대인 2세대와 함께 살면서 러시아 친구들과 어울린 연구참여자는 그에 맞는 정체성이 만들어졌다.

"우리 엄마는 경상도고 아빠는 전라도인데 거기 사할린이라는 곳이 일본 위에 있다 보니까 저희 부모님들이 한국학교를 다녔다가 일본 사람들의 영향을 많이 받아서 일본어를 조금씩 쓰시거든요. 단어를. 그래서 저희가 러시아어는 모국어였는데 한국어 조금 단어만 쓰고 일본어 단어 몇 가지 쓰고 북한어 단어 몇 가지 쓰고. 그렇게 섞어서 썼거든요. 어렸을 때부터 한국어를 원활하게 하지는 않았어요. (중략) 엄마도 모국어가 러시아어세요. 한국어는 하세요. 엄마 같은 경우에는 태어났을 때 부모님들하고 한국어를 쓰고 우리하고는 러시아어를 쓰고. 학교도 러시아학교를 나왔으니까 모국어는 러시아언데 한국어가 사투리예요. 뒤섞인 일본어에 북한어에 한국어에 그것도 전라도 경상도 사투리 다 너무 짬뽕이 된."

정체성이란 사회적 상호작용을 통해 형성되므로 다양한 요인으로부터 영향을 받으며 구성된다. 정체성은 선천적인 것도 아니고 고정된 것도 아니고 객관적인 것도 아니다. 그러므로 연구참여자가 가진 정체성에는 다양한 요소가 혼합되어 있다. 서로 다른 문화가 뒤섞이면서 다중적인 정체성을 가진 문화적 혼종성을 띠고 있다. 이는 러시아에서 자란 재외교포 3세인 연구참여자에게는 자연스러운 현상이다.

한국에 처음 왔을 때는 이해되지 않는 부분도 많았으나 이제 오랜 시간 한국에서 살다 보니 문화적 차이에 대해서도 이해하고 포용하고 있는 입장이다.

"(생각이 달라도) 한국 사람들의 입장이 다 100프로 이해가 가요. 어떤 문제가 생겼을 때 이런 것은 문화적인 차이라는 것을 알아요. 저는 러시아에서 살았고 다른 문화 속에서 살았기 때문에 내 생각이 맞다고 생각할 때도 있지만 근데 한국도 다 이해가 가요. (중략) 저는 제 주위의 한국 사람들에게 되게 감사해요. 들어가는 직장마다 그렇고, 가는 데마다 되게 많은 경험을 얻은 거 같아요."

연구참여자는 직장생활을 포함해서 한국에서 좋은 사람을 많이 만났기 때문에 한국 사람들에게 고맙고 그들의 생각을 모두 이해한다고 했다. 이는 자신이 한국인의 정체성을 따라가는 것이 아니라 자신의 정체성을 유지하면서 한국인을 이해한다는 입장이다. 아무리 교포이고 한국 남성과 결혼했었고 한국에 살고 있지만, 모국의 정체성을 유지하고 있다.

(3) 정체성 혼란을 겪는 아이들 돕고 싶어

한국에 대한 선망으로 와서 오랫동안 한국에서 생활하고 있는 연구참여자는 주변에 좋은 사람들이 많이 있었다. 그러나 타고난 성격으로 인해 외로움을 자주 느꼈고 남편과의 문제로 이혼을 하게 되었다. 이 과정에서 연구참여자가 결혼이주여성을 위해 가장 필요하다고 느낀 것은 '마음치유'와 관련된 것이다. 단순히 자격증만 가지고 있는 사람이 아닌 전문적인 심리상담사로서 능력 있는 사람이 운영하는 프로그램의 필요성을 느꼈다. 이혼하기 전에 다문화가족지원센터에서 상담을 받아보려고 했지만 어떤 이유 때문인지 못 받았다. 연구참여자처럼 이혼하겠다고 마음먹은 사람들을 위한 상담도 필요하지만 '오랫동안 타국에서 살다 보면 외로움을 많이 타기 때문에' 그들이 '외로움을 타지 않게 전문가에게 교육이나 상담을 받았으면' 한다.

> "외로운 사람들이 많을 거 같아요. 외롭지 않으려고 어디론가 나가지만 나가도 외로움을 탈 거거든요. 선택할 수 있는 게 그것밖에 없으니까 어쩔 수 없이 거기라도 나가겠지만 그래도 외로울 거예요. 여기가 고향이 아니다 보니까. 그래도 저는 다른 나라에 비해서 가깝잖아요. 사할린은 3시간이면 갈 수 있는 곳이고 제가 계속 직장 다녔으니까 돈을 벌었고 1년에 최소한 한 번은 갈 수 있었던 상황이었어요. 근데 형편이 어려운 분들은 자주 못 가잖아요. 저보다 훨씬 더 어려운 상황일 테고 외로움을 더 많이 탔을 테고."

자신의 모국은 한국에서 가깝고 그동안 직장생활을 해서 수중에 돈이 있었기 때문에 오가는 비용이 그다지 부담되지는 않았다. 그러나 혈혈단신 한국에 와 있는 결혼이주여성 중에는 찾아가기에도 멀고 비행깃값이 없어서 못 가는 경우를 많이 보았다. 그러한 경우를 볼 때면 자신도 이렇게 외로운데 저들은 어떻게 견딜까 하는 마음이 생겼다. 그래서 선택의 여지가 없으니 어디 밖에라도 나가보지만 타향에서 느끼는 외로움을 달래기에는 한계가 있다고 생각한다. 그러므로 '어디론가 나가는 것 이외에 다른 방법'이 필요한 것이다. 외로움을 치유할 수 있게 전문가들이 이야기도 해주고 방법도 알려주면 '어려운 사람들끼리 서로서로 도울 수' 있을 것이라 생각했다.

"개인적인 성향도 있는 것 같아요. 제가 내향적인 성향이라서 사람들과 자주 연락을 안 하고 자주 안 만나고 그러니까. 저보다 외향적인 사람은 그렇게 외로움을 타지 않을 수도 있겠죠. 잘살 수 있겠죠. 저도 제 문제를 알고 있어요. 알고 있으니까 잘 헤쳐나가야죠."

연구참여자는 자신의 성격으로 인해 외로움을 많이 타는 것을 '문제'라고 인식하고 있다. 그래서 자신의 사태를 '잘 헤쳐나가야' 한다고 생각한다. 연구참여자가 한국에서 오래 살았지만 외롭다고 느끼는 것은 개인적인 성격이기도 하지만 사회적 관계가 형성되지 않아 한국 사회를 구성하는 일원으로서 자기 위치를 잡지 못했기 때문이기도 하다. 이주의 목적이 학업이든 취업이든 결혼이든 자신이 속한 세계 속에서 사회적 관계를 형성해야 한다. 연구참여자는 회사의 규모가 작아 사장과 직원 몇 명과만 친하게 지낸 것이 전부였다. 한국 사회 내에서 적극적인 사회적 자아를 형성하지 못한 것이다. 사회학자 쿨리(Charles H. Cooley)는 자아가 개인적이었다가 나중에 사회적으로 변하는 것이 아니라 처음부터 타인과 유기적 관계를 맺으며 성장하는 것이라고 했다. 한국에서 사회적 활동이 활발하지 않았기 때문에 자신에 대한 한국 내에서의 정체성을 찾지 못해 생긴 외로움일 수 있다. 이를 극복하고자 최근에는 이중언어강사와 봉사활동을 통해 점차 사회적 관계를 형성해나가려고 노력하고 있다.

연구참여자는 현재 다문화가족지원센터에 통번역 봉사를 하러 다니고 있다. 전화로 러시아어 통역을 해주거나 필요한 곳에 봉사를 다닌다. 하지만 지금보다 더 많은 봉사를 하고 싶은 마음이 있다. '돈 버는 것 말고 봉사'를 하고 싶어 한다.

> "통번역 봉사하러 한 달에 한 번은 가요. 거기 있는 엄마들이 직장 다니는 엄마도 있고, 여기(한국) 오신 지 오래된 엄마들도 있어요. 아이를 어느 정도 키우고 나서 그냥 무료로 통번역 해주고 있어요. 저도 봉사를 많이 하긴 하는데, 직접 어디 가서 해주는 봉사를 더 하고 싶어요. 봉사. 그냥 돈을 버는 거 그거 말고 봉사."

자신의 아이도 성장하고 있는 중이라 연구참여자는 성인보다 정체성 혼란을 겪는 아이들에게 도움을 줄 수 있는 환경을 만들어야 한다고 생각한다. 자신의 경우 다문화가정이면서 이혼을 했기 때문에 아이가 자라면서 혼란스러워하지 않을까 더 걱정이다.

> "다문화가족지원센터에서 엄마들 상대로 해주는 심리상담도 중요하지만 아이들도 도움이 필요할 거 같아요. 순수 외국학생들도 그렇고. 제가 지금 초등학교랑 고등학교 가르쳐주고 있거든요. 적응하기

가 너무 어려운 학생들이 많더라구요. 특히 내향적인 학생들. 외향적인 고등학생이라도 부모님 따라 그냥 와서 여기서 뭘 해야 될지 모르겠다는 아이들도 있어요. 어떤 프로그램을 보면 케이팝으로 인해서 한국을 사랑하게 된 외국인들이 많잖아요. 그런 학생들은 자기가 원해서 한국에 오지만, 제가 가르치는 학생들은 한국을 사랑하거나 많이 아는 상태가 아니라 그냥 부모님들 따라서 왔어요. 그러니까 본인들이 멘붕이 와 있고. 정체성에 혼란이 온 거예요. 그게 더 걱정스럽더라구요. 어른이야 자신이 어떻게든 해결을 하겠지만, 그런 아이들은 바른 어른이 되기 위해서는 많은 도움을 받아야 되는데 그게 아직 어렵더라구요."

도움이 필요한 학생들에게 도움을 주고 싶지만 자신이 그런 분야에 전문가가 아니어서 공부를 더 하고 싶다. 자신의 성격처럼 내성적인 아이들에 대한 걱정도 앞선다. 그러한 성격으로 인해 앞으로 어려움을 겪을 수 있다고 생각하기 때문이다.

"그런 학생들을 제가 아직 도와주지는 못해요. 누가 그런 방법을 알려주면 저도 하고 싶은데. 그래서 공부를 더 하고 싶어요. 근데 아직 어떤 쪽으로 해야 하는지는 모르겠어요. 일단 제가 제 문제도 해결해야 하고. 나중에 심리상담도 해보고 싶고."

이혼을 한 지 얼마 안 돼서 일단은 자신의 문제를 해결하는 것이 우선이다. 그리고 학생을 가르치는 것도 올해 처음이라 부족함이 많다고 느낀다. 향후 몇 년간 이중언어강사 경험을 좀 더 쌓고 다문화가정에 도움을 줄 수 있는 사람이 되고자 계획하고 있다. 이는 막연히 다른 사람을 돕는다는 차원을 넘어 연구참여자의 자녀가 앞으로 겪게 될 문제와도 맞닿아 있어 특별히 관심을 가지고 있다.

> "제가 아직 부족한 부분이 너무 많아요. 학교에 나가면서도 학생들에게 너무 미안하고, 그런데 앞으로 더 향상시키고 나서 나중에 다문화가정한테 도움을 줄 수 있는 그런 일을 했으면 좋겠어요. 그렇게 해야겠죠? 아직은 아이가 어려서. 저희 아이가 그런 문제를 안 겪었으면 좋겠어요."

지금까지는 직장 다니랴 남편과의 문제로 신경 쓰느라 사회적인 문제에 관심을 가질 만한 여유를 갖지 못하고 살아왔다. 그러나 남편과 이혼하고 아이가 세 살이 되어 어린이집에 다니면서 자신과 아이의 미래에 대해 고민하고 있으며, 다문화가정의 엄마로서 어떤 역할을 해야 하는지 실천적인 방법을 찾는 중이다. 한국에 온 지 20년 가까이 되었지만 그동안 자기에게만 매몰되다 보니 보이지 않는 것이 많았다. 그러나 어린 아들을 홀로 키우는 다문화 이혼 여성으로서 아이와 여성이 더 좋은 세상에서 살 수 있는 환경을 만들기 위해 자신이 할 수 있는 것을 찾아보고자 한다. 그러기 위해 필요한 것은 전문성이라고 생각한다. 앞으로 자신의 능력을 향상시키기 위해 공부도 더 해야겠다고 다짐하고 있다.

4.

연구참여자 4:
다문화의 굴레를 벗어나 꿈을 향한 도약

1) 생애 개요

연구참여자는 1978년(42세)에 우즈베키스탄 수도 타슈켄트에서 태어났다. 조부모님은 러시아에 계시다가 우즈베키스탄으로 이주해서 정착하셨고, 부모님은 우즈베키스탄에서 태어나셔서 지금까지 계속 거주하고 계신다. 아버지는 전기 운전기사(기술직)이고, 어머니는 병원에서 회계사(사무직) 일을 하셨다. 아버지와 어머니는 러시아에서 만났는데, 아버지는 러시아 대도시에 있는 군대에서 군인으로 복무하셨고, 어머니는 아버지가 계신 도시에서 대학교에 다니고 있었다고 한다. 그렇게 만난 어머니와 아버지는 러시아에서 연애했는데, 알고 보니 우즈베키스탄의 같은 시골에서 살았던 이웃이었다. 어머니와 아버지는 운명같이 만나 우즈베키스탄에서 결혼하셨고, 연구참여자는 그들의 첫딸로 태어났다.

연구참여자는 집에서 큰딸로, 아래로 동생이 2명 있다. 아버지는 밖에서는 엄격하셨지만, 집 안에서는 딸들을 정말 사랑하셨다. 지금도 세상에 당신 딸들밖에 없다고 하시며 매일 전화로 아침, 점심, 저녁마다 “아침 뭐 먹었어?”, “점심 뭐 먹었어?” “저녁엔 어디 갔다 왔어?” 하고 안부를 물어보신다. 반면 어머니는 딸들에게 매우 강한 모습을 보이셨다. 특히 학업에 대한 열정이 강하셨다. 어머니는 빵이나 케이크 등 요리를 잘 가르쳐주셨고, 큰딸인 연구참여자는 열 살 때부터 집에서 살림살이를 도왔다. 연구참여자는 맏딸로 살림도 잘하고, 동생들도 잘 돌보았다. 그래서인지 지금도 음식을 잘하고 손재주가 굉장히 좋다는 말을 많이 듣는다.

연구참여자의 여동생 둘 중 둘째는 2년의 나이 차이가 나고, 셋째는 7년 차이가 난다. 특히 막내 여동생은 태어나자마자 연구참여자가 엄마처럼 돌봐주었다. 당시에 어머니, 아버지께서는 맞벌이로 바쁘셨다. 집에 동생들이랑 연구참여자만 남겨지는 경우가 많았는데, 바로 옆집에 외조부모님이 계셔서 많이 의지할 수 있었다. 학교는 집에서 걸어서 15~20분 정도 되는 거리에 있었다. 연구참여자와 두 여동생은 같은 학교에 다녔다. 학교에는 고려인 학생들이 많았는데, 한 학급 인원이 30명이라면 절반 정도가 고려인이었다. 특히 고려인끼리 친해서 잘 뭉쳐서 다녔는데, 똑같은 음식을 먹고, 비슷한 생활양식이 많아서 통하는 게 많았기 때문이다. 연구참여자가 어렸을 때 어머니, 아버지는 주로 러시아어로 대화하셨고, 할머니와 할아버지는 고려말과 러시아어를 섞어서 사용하셨던 것으로 기억한다. 외조부모님 모두 고려인이셨는데 할아버지는 이 씨, 할머니는 김 씨였다. 그리고 연구참여자의 집 근처에는 친척들이 많이 살고 있었다고 한다. 연구참여자는 집에서 동생들의 언니라기보다 어머니의 자리를 대신하는 역할로, 지금도 한국에서 동생에게 여전히 어머니 역할을 하고 있다. 막내 여동생은 현재 한국 남자와 결혼해서 인천 ○○구에 살고 있다.

연구참여자는 2007년 한국으로 이주했다. 순수하게 한국에 일하러 왔는데 1년 동안 일하고 살다 보니 한국이 너무 마음에 들었다고 한다. "한국이, 사람들이 저랑 외모는 똑같고, 마음이 너무 편하고, 여기 계속 살아야겠다." 러시아에서 고려인은 외모 때문에 차별을 많이 받았지만, 한국에서는 마음이 편안하다고 말했다. 그래서 미리 한국에 들어와 결혼해서 살고 있는 여동생한테 신랑감을 찾아달라고 부탁했다. 당시 여동생은 남편 회사 동료인 현재 연구참여자의 배우자를 눈여겨보고 있다가 언니에게 소개해줬다. 연구참여자는 현재 남편을 처음 만났을 때 운전하는 뒷모습만 보고 호감을 갖지는 않았는데, 식사를 함께하면서 매우 마음에 들었다고 표현했다. 연구참여자의 남편도 아내가 첫인상은 자기가 원하는 스타일이 아니었지만, 만나다 보니 정말 착한 모습에 마음이 끌렸다고 한다. 이렇게 여동생의 소개로 2008년 남편을 만나 3개월 동안 연애하고 우즈베키스탄에 가서 부모님께 남편을 소개했다. 그리고 2009년 결혼하게 됐고, 올해로 결혼 10주년을 맞이했다.

연구참여자는 결혼하고 1년 만에 어렵게 쌍둥이 아이들을 출산했다. 아이들을 출산하고 1년 동안은 너무 힘들어서 우울증을 심하게 앓았다. 왜냐하면 남편이 일 때문에 격일로 집에 들어왔는데, 남편이 없는 동안 혼자 아이들을 돌보는 것이 너무 힘들었기 때문이다. 하지만 돌 지나서부터는 아이들이 잘 놀고, 혼자 밥을 먹을 수 있게 되면서 굉장히 좋아졌다. 지금은 초등학교 3학년인데, 태권도도 같이 다니고 싸워도 각자 방으로 가지 않고 같이 붙어 있으면서 우애가 좋아지는 것 같다. 연구참여자와 배우자는 아이들에게 큰 욕심을 부리고 싶지 않다고 했으며, 건강하게 자랐으면 하는 마음이 가장 크다고 했다.

연구참여자는 현재 이중언어강사 활동을 하면서 새로이 자신의 삶을 개척해가는 중이다. 본래 초등학교 선생님이 되고 싶었는데, 한국으로 이주해 결혼하고 자녀를 양육하는 데 집중하면서 꿈을 잊고 살았다. 하지만 자신을 믿고 지지하는 반려자의 적극적인 지원과 격려로 한국에서 다시 꿈을 꾸게 됐다. 연구참여자는 앞으로도 자신의 삶에 더욱 주체적이고 독립적이며, 사랑받는 아내로서, 존경받는 어머니로서, 그리고 이 사회의 당당한 한 구성원으로서 살아갈 것이다.

2) 문화적응 생애담

(1) 한국으로 이주, 마음에 쏙 들어온 그 사람과의 만남

연구참여자는 1978년 3녀 중 첫딸로 태어났다. 집에서 큰딸로, 아래로 동생이 2명 있다. 여동생 둘 중 둘째는 2년의 나이 차이가 나고, 셋째는 7년 차이가 난다. 특히 막내 여동생은 태어나자마자 연구참여자가 엄마처럼 돌봐주었다. 당시에 어머니, 아버지께서는 맞벌이로 바쁘셨다. 집에 동생들이랑 연구참여자만 남겨지는 경우가 많았는데, 바로 옆집에 외조부모님이 계셔서 많이 의지할 수 있었다.

"저는 어머니가 요리도 가르치시고, 빵 같은 거 케이크나. 엄마 아빠 일하는 거 보니까 제가 10살부터 살림살이 집에서 하게 됐어요. 살림도 하고, 동생도 돌보고. 제가 맏딸이에요. 음식도 잘하고 손재주가 굉장히 좋아요. (그러면 맏딸이시고, 여동생 두 분이 있는 거예요?) 네, 둘째는 2년 차이고, 셋째는 7년이요. 둘째랑 같이 지내지만 셋째는 태어나자마자 자기 애처럼 봐줬었어요. 제가 그때 1학년 들어갔는데 그때 태어났어요. 거의 언니라기보다는 어머니의 자리를 대신해주는 역할이었죠."

학교는 집에서 걸어서 15~20분 정도 되는 거리에 있었다. 연구참여자와 두 여동생은 같은 학교에 다녔다. 학교에는 고려인 학생들이 많았는데, 한 학급 인원이 30명이라면 절반 정도가 고려인이었다. 특히 고려인끼리 친해서 잘 뭉쳐서 다녔는데, 똑같은 음식을 먹고, 비슷한 생활양식이 많아서인지 통하는 게 많았기 때문이다. 고려인은 서로를 가족처럼, 형제처럼 가깝게 느꼈다.

"우리 반에 고려인 학생들이 많아서 한 교실에 30명인데, 15명 정도 고려인이었어요. 우리끼리 뭉쳐서 지내고. 반에 반이 고려인. 특히 고려인끼리 친했어요. 다른 나라 사람들도 많이 있어서 똑같이 친했어요. 특히 고려인들이랑 친하게 지냈어요. 음식도 똑같은 거 먹고. 비슷한 거 많이 있으니까. 아무래도 공통점이 많고, 통하는 게 많으니까."

연구참여자의 집에서는 러시아어와 '고려말'을 모두 사용했다. 사회생활을 주로 하시는 어머니, 아버지는 러시아어로 대화하셨다. 할아버지, 할머니는 고려말과 러시아어를 섞어서 사용하셨다. 외조부모님은 모두 고려인이신데, 할아버지는 '이 씨'였고, 할머니는 '김 씨'였던 것으로 기억한다.

"할아버지랑 할머니랑 고려말을 했어요. 러시아어도 했고요. (어머니, 아버지도 그러셨고요?) 옛날에는 사용했는데, 지금은 그냥 러시아어 사용해요. 보통 밖에서는 러시아 사람을 만나면 러시아말을 하고, 고려 사람을 만나면 고려말을 하고. (집에서는요?) 그 당시에는 어렸을 때 엄마 아빠는 러시아어로 하셨고, 할머니 할아버지는 섞어서 하셨어요. 할아버지 할머니는 고려말도 하시고 러시아말도 하시고 섞어서 하셨고. 그리고 할아버지 할머니 시골집에서 두부, 된장, 간장, 엿 이런 한국 음식들 가족이 다 모여서 직접 만들었어요. 두부나 된장, 엿이랑 시장에 가서 팔기도 하고요. 지금도 시장에서 두부 만드는 것 보면 할아버지, 할머니 생각이 많이 나요."

연구참여자가 처음부터 한국에 관심을 가지고 있었던 것은 아니다. 동생은 우즈베키스탄에서 살 때 아주 오래전부터 한국으로 시집가서 살 거라고 말하고 다녔다. 그리고 동생은 염원하던 대로 한국에 가서 결혼했고, 언니인 연구참여자에게도 한국으로의 이주를 권유했다. 이처럼 고려인이 한국으로의 이주를 원하는 이유 중에는 고려인 사회에 공유되는 한국의 특별한 의미가 있다. 강희영(2012)은 "고려인에게 한국은 연해주와 더불어 역사적으로 고려인의 선조가 살았던 곳으로서 국외이주의 목적지로 특별한 의미를 지닌다"라고 설명한다. 연해주와 한국은 1937년 강제이주 이전 고려인의 전통적 거주지였기 때문에 현재의 고려인에게 단순히 러시아의 영토가 아닌 선조의 고향으로서 가치 있는 장소이며, 고려인이 가지는 역사적 뿌리와 사회적 연고라는 의미가 부여되었다. 그래서 고려인이 한국으로 이주하는 것은 이산과 디아스포라의 관점에서 형성된 '고향 지향성'이 현실의 필요와 만나 이루어지는 것이라는 설명이 가능하다(오정은 외, 2015).

> "동생이 무조건 한국으로 가서 시집가서 한국에 살아야 된다고 목적이 있었어요. 중학교 때부터. 동생이 한국 노래를 불렀어요. 뭔 말인지 그때는 이해가 안 됐어요. 왜? 우즈베키스탄에서 사는 거 괜찮은데. 그런데 동생이 여기 먼저 결혼하고 3년 지나서 여기 와라, 언니 여기 꼭 와야 한다고 불렀어요."

연구참여자는 2007년 한국으로 이주했다. 순수하게 한국에 일하러 왔는데 1년 동안 일하고 살다 보니 한국이 너무 마음에 들었다고 한다. 한국에 와보니 한국인과 자신의 외모가 다르지 않았다. 러시아에서 고려인은 외모 때문에 차별을 많이 받았지만, 한국에서는 마음이 편안해졌다.

> "네, 이제 여기 1년 일하고 살다 보니까 너무 마음에 드는 거예요. 한국이. 사람들 저랑 외모는 똑같고, 마음이 너무 편하고, 아 여기 계속 살아야겠다. 동생한테 신랑감 좀 찾아줘라 부탁했어요."

연구참여자처럼 고려인의 이주 동기는 이민을 통한 정주라기보다는 방문을 통한 취업이라는 성격이 더 강하다고 알려져 있다. 실제로 고려인의 국내 유입이 급증하게 된 직접적 계기를 2007년 방문취업제 도입으로 보기도 한다. 고려인에게 한국은 취업을 통해 상대적으로 높은 소득을 획득할 수 있는 동기가 존재하는 곳이고, 여타 이주에 대한 다른 동기들에 비해 소득 획득에 대한 동기가 우세하다고 판단될 때 한국은 이동의 목적지가 된다(이은정, 2015). 실제로 한국으로 귀화한 고려인 동포를 대상으로 설문조사와 면담을 한 결과 우즈베키스탄 출신이 90% 이상이었으며, 경제적 이유로 인해 한국으로의 이주를 선택한 것으로 나타났다(김재기, 2014).

"우리 만나게 된 이유가 남편이랑 회사 같이 다니는 동생이 제 동생하고 결혼을 했어요. 먼저 해서 그 동생이 이제 남편하고 많이 겪다 보니까 나쁘지 않을 것 같아가지고 괜찮은 사람인 것 같아가지고 저를 소개시켜준 거죠. (처음에 만났을 때 마음에 드셨어요?) 왜냐면 차 운전해 가지고 뒤쪽으로 제가 타니까 그냥 '안녕하세요' 인사만 하고 첫 느낌은 '아 뭐야~' (웃음) 아저씨 같기도 하고 그냥 나중에 이제 같이 밥 먹으러 가가지고 대화 나눠가지고 자세히 대화로 얘기로 하니까 마음으로 쏙 들어갔었어요."

연구참여자는 여동생한테 신랑감을 찾아달라고 부탁했다. 당시 여동생은 남편 회사 동료인 현재 연구참여자의 배우자를 눈여겨보고 있다가 언니에게 소개해줬다. 현재 남편을 처음 만났을 때 운전하는 뒷모습만 보고 호감을 갖지는 않았는데, 식사를 함께하면서 매우 마음에 들었다고 표현했다. 연구참여자의 남편도 아내가 첫인상은 자기가 원하는 스타일이 아니었지만, 만나다 보니 정말 착한 모습에 마음이 끌렸다고 한다. 이렇게 여동생의 소개로 2008년 남편을 만나 3개월 동안 연애하고 우즈베키스탄에 가서 부모님께 남편을 소개했다. 그리고 2009년 결혼하게 됐고, 올해로 10주년을 맞이했다.

(2) 사랑하는 남편, 하지만 험난한 결혼생활

연구참여자의 결혼생활은 사랑하는 남편과 함께 행복했지만, 그 과정은 험난한 과정의 연속이었다. 연구참여자가 결혼할 당시 우즈베키스탄 여성과 한국인 남성 간 국제결혼은 인내와 노력이 필요한 일이었다. 국가 체제가 다르다 보니 양국 간 제출해야 하는 서류도 다르고, 또 그에 맞는 양식이 준비되어 있었던 것도 아니어서 남편이 양국을 오가며 여러모로 고생을 많이 했다고 한다.

> "저희하고는 이념의 차이가 다르잖아요. 러시아 쪽이다 보니까 사회주의. 그것 때문에 굉장히 까다로운 나라예요. 저희 처음에 결혼할 때도 국적 그 문제 때문에 제가 굉장히 많이 싸웠어요. 정부청사에 가서도 싸우고. 그때 당시 러시아에서 오는 사람들은 그렇게 많지가 않았어요. 우즈베키스탄은 더 없었고. 그러다 보니까 그 대신 중국이나 베트남에서 오는 사람들은 있었어요. 그러니까 행정 절차를 다 어느 정도 준비가 돼 있는데, 그쪽에서 오는 사람들은 전혀 준비가 돼 있지 않았어요. 그래가지고 저 같은 경우는 안 되가지고 계속 싸웠죠. 저희 같은 경우는 싸워서 된 케이스 중에 하나고. 서류상으로 너무 까다롭게 하니까. 그 서류를 쉽게 말해서 그 나라 가서 발급을 해야 되는데, 뗄 수가 없어요. 그런데 우리나라에서는 요구를 한단 말이에요. 그래서 많이 힘들었어요. 처음에. 지금도 마찬가지예요. 지금은 무비자로 우즈베키스탄에 들어갈 수 있어요. 30일 동안인가, 한 달 동안. 학교하고 거기 관광지하고 돌아다니는 것은 괜찮은데, 그 외에 다른 곳을 마음대로 다니지를 못해요. 그게 쉽게 이야기해서 우리나라로 치면

석남동인데 부평이나 나가려면 제한이 있어요."

연구참여자가 남편과 결혼하고 나서 어려웠던 일들이 여럿 있었지만, 그중에서 가장 힘들었던 것은 세금 등의 고지서를 이해하고 주민센터나 은행에 가서 처리해야 하는 업무를 보는 것이었다. 처음에는 남편이 다 해주니까 편하다고 생각했다. 하지만 남편이 밖에서 일하면서 집 안팎을 모두 돌보는 것이 어려웠을 것이다. 지금은 연구참여자에게 주민센터에서 서류를 떼는 것이나 은행 볼일 등은 어려운 일이 아니다.

"결혼해서 2~3년까지는 (어려운 점이) 조금씩 있었어요. 지금 생각났는데 밖에 나가서 활동을 전혀 안 하려고 했어요. 쉽게 말해서 고지서 가지고 세금 낼 때 이런 것도 모르니까. (그게 가장 까다로운 문제예요.) 은행 볼일이나 관공서 볼일 전혀 할 줄은 모르니까. 그거 내가 잘못이지. (남편이) 다 해줬으니까. 편하게. 지금도 다 해줘요. (웃음) 지금은 될 수 있으면 같이 가서 알려주려고 하죠. 지금은 은행 볼일도 혼자서 다 볼 수 있고. 동사무소 가서 서류 떼는 것도 다 할 수 있으니까. 처음에 그런 부분들. 저는 편하게 살고 싶어요. (웃음) 그리고 지금까지 저희가 이제 살면서 제가 돈 관리를 안 해요. 지금도 남편이 돈 관리를 해요. 처음부터 아예 안 한다고 했어요. 그 이유가 제가 씀씀이가 있어서 하면 안 될 것 같다고. 그래서 남편이 하는데. 그 부분에 대해서도 크게 그런 건 없었죠."

연구참여자는 결혼하고 1년 만에 어렵게 쌍둥이 아이들을 출산했다. 아이들을 출산하고 1년 동안은 너무 힘들어서 우울증을 심하게 앓았다.

왜냐하면 남편이 일 때문에 격일로 집에 들어왔는데, 남편이 없는 동안 혼자 아이들을 돌보는 것이 너무 힘들었기 때문이다. 하지만 돌 지나서부터는 아이들이 잘 놀고, 혼자 밥을 먹을 수 있게 되면서 굉장히 좋아졌다. 지금은 초등학교 3학년인데, 태권도도 같이 다니고 싸워도 각자 방으로 가지 않고 같이 붙어 있으면서 우애가 좋아지는 것 같다.

"아이는 태어났을 때 1년 동안 제가 힘들어서 우울증이 조금 심했어요. 왜냐면 혼자 키웠어요. 남편이 일 때문에 하루는 집에 있고, 하루는 일하고. 하루는 집에 있을 때는 너무 도와주셔서 괜찮고, 없을 때는 제가 혼자니까 애는 두 명인데 너무 힘들었어요. (그러면 누가 도와주시는 분 없이 혼자서요?) 네. 딱 1년 너무 힘들었어요. 돌 지나서 그때부터 훨씬 애들이 같이 놀고, 혼자 밥 먹고, 점점 가면 갈수록 쉬워졌고, 지금은 너무 좋아요."

연구참여자와 그녀의 남편은 자녀들에게 특별한 것을 바라지 않는다고 했다. 공부에 대한 것이나 다른 욕심을 부리는 것보다 건강하게 잘 자라주기만을 바라는 마음이라고 말했다. 특히 남편은 시간이 허락할 때마다 아이들과 함께 보내기 위해 노력하고 있다. 그녀의 남편은 어린 시절 부모님과 많은 시간을 함께 보내지 못한 것에 대한 아쉬움이 컸고, 그래서 자녀들에게만큼은 부모로서 충분한 사랑을 주고 싶은 마음이었다.

"저희 둘은 크게 욕심이 없어요. 공부에 대해서. 아이들에 대해서 큰 욕심이 없어요. 아이들한테 뭘 바란다든지 그런 건 아주 적고요. 일단은 건강하게 자라고. 서두르거나 아이들한테 조바심을 내거나 여태까지 아이들한테 그러지는 않았어요. 앞으로도 그렇게 하고 싶은 생각이 있고, 자율적으로 할 수 있게. 그래서 저희는 아이들을 많이 데리고 다니는 편이에요, 남편이."

연구참여자는 1년 동안 일하면서 업무에 사용하는 한국어는 많이 익혔지만, 결혼하고 나서는 생활에 필요한 다양한 어휘와 문장을 배워야 했다. 실제로 고려인은 한국 생활 적응에 있어서 한국어 습득의 어려움을 가장 크게 경험한다(지벡 비추이노바, 2017). 또한 가치관의 차이, 정체성의 갈등, 한국의 수직적인 조직문화와의 갈등, 음식의 차이 등 다양한 분야에서 문화적응에 어려움을 겪는다(남혜경 · 이미정, 2016). 그뿐만 아니라 고려인은 대부분 한국과 러시아, 중앙아시아 방식을 혼용한 형태의 관습과 의식주 문화를 가지고 있으며, 동양의 유교적 사유 방식과 함께 서양의 개인주의와 공중도덕, 사회주의적 평등의식을 동시에 갖고 있다는 특징이 있다(정진아, 2014). 그래서 연구참여자의 남편은 그녀가 한국 사회와 가족문화에 적응하는 데 도움을 주기 위해 가까운 다문화가족지원센터를 찾았다. 연구참여자와 결혼하기 전까지는 다문화가족지원센터가 있는 줄도 몰랐다. 연구참여자는 다문화가족지원센터에서 많은 도움을 받을 수 있었다. 한국어를 배우는 것도 중요했지만, 자신이 아이들에게 해줄 수 없는 다양한 프로그램을 제공해준 것이 가장 좋았다고 털어놓았다.

"센터가 도움이 많이 됐어요. 또 센터에서 나오는 프로그램에 참석하면 도움이 되고, 아이들한테 같이 지내고. (예를 들면 어떤 프로그램이 도움이 되는 것 같아요?) 우리 작년에 다녔던 체육 같은 프로그램. 활동. 그것도 있고, 만들기도 있고, 요리도 있고. 아이들하고 같이하니까. 캠핑도. 가족끼리 같이 가니까. 좋아요, 전부 다."

연구참여자의 가족은 다문화가족지원센터의 도움을 정말 많이 받았다. 다문화가족지원센터에서 하는 거의 모든 프로그램에 가장 적극적으로 참여하는 우수 고객이라고 표현해도 될 정도였다. 다문화가족지원센터에서 무슨 일이 있으면 연구참여자 가족에게 가장 먼저 전화를 걸어 도움을 요청했다고 한다. 게다가 연구참여자의 남편은 다문화가족지원센터에서 2년 정도 다문화가족 모임의 회장을 맡기도 했다. 서로 다른 국적의 다문화가족 모임이었는데, 같은 모국의 사람들끼리 모이는 성향이 강해서 2년 정도 모임을 하고 나서 무산됐다고 한다.

"2년 전까지는 저희가 최고 우수 고객이었죠. 무슨 일이 있으면 저희한테 전화가 오고 그러거든요. 한 달에도 몇 번. 주말마다 가고. 여기저기 다니고. 애들을 보내기 때문에도. 그래서 저희가 90프로 이상 참석을 하고. 그랬거든요. 인원이 부족하다든지 저희한테 먼저 연락이 오고. 센터 다문화 거기에서 남편이 처음 회장을 맡았었어요. 그때는 이제 8개 나라의 부부들이 해서 모임이 한 거였거든요. 그런데 그게 쉽지가 않더라고요. 한 나라는 괜찮은데 여러 나라가 섞여 있으니까 자기들끼리 모이는 성향이 있어가지고 그게 쉽지가 않더라고요."

하지만 현재 연구참여자는 이전처럼 다문화가족지원센터 프로그램에 적극적으로 참석하지는 않고 있다. 다문화가족지원센터를 계속 다녀야 할 만큼 한국어가 어색하거나 한국문화를 잘 모르는 것도 아니거니와 어느 순간부터는 다문화가족지원센터에서 하는 프로그램들이 연구참여자 가족에게 잘 맞지 않는다고 생각했기 때문이다. 연구참여자의 가족은 다문화가족지원센터 프로그램을 오랫동안 이용했는데, 아이들은 계속 성장하고 있지만 프로그램이 달라지는 것도 아니고, 그에 따라 필요한 배려가 없어 함께하는 것이 불편해졌다고 말했다.

"저희가 다문화가족지원센터 많이 활용하고 그랬는데 언제부터인가 참석을 많이 안 했어요. 일부러. 왜냐면 좀 배려라는 게 크게 없어요. 왜냐면 우리 애들이 태어나면서 6살 때까지 계속 다녔거든요. 그래서 선생님들이 우리 애들 이름도 알고 다 알아요. 저희도 친하고. 서로 팀장하고 개인적으로 전화도 하고. 그렇게 할 정도니까. 그런데 아이들이 커가는 과정인데 그 사실 거기에 맞춰서 프로그램이나 이런 게 돼야 하는데 너무 제한을 두는 거예요. 그러니까 아이들하고 맞지 않는 거예요."

연구참여자는 다문화가족지원센터가 결혼이주여성의 목소리를 듣기 위한 성의도 부족하다는 점을 지적했다. 매회 프로그램 진행이 끝난 후에는 설문조사를 하는데, 한국어가 미숙한 결혼이주여성에게 답을 요구하는 설문조사 문항이 이해하기 어려운 내용이라고 했다. 그래서 다문화가족지원센터에서 하는 설문조사는 옆의 동료가 하는 것을 보고 비슷하게 체크하는 의례적인 절차일 뿐이라는 것이다.

"갑자기 얘기하려니까 생각이 나는데. 조금 고쳐야 할 것도 있고. 그런데 사실 저희가 프로그램을 하면서 이러이러한 것을 써요. 쓰는데 막상 보면 반영이 크게 안 돼 있어요. 나 혼자만 그렇게 써서 그런지 몰라도. 또 하나 문제가 뭐냐면 결혼이주여성들이 와서 문제점을 쓰라고 한단 말이에요. 그런데 글을 잘 쓸 줄 몰라요. 그것이 무슨 내용인 줄 알고 어떻게 쓰겠어요. 만족도 조사를 해서 표시만 하는 거예요. (구체적인 내용에 대한 것은) 남들 옆에 사람 두고 괜찮아 하면 만족 만족 만족… 이렇게 해서 한 해가 끝나버리는 거죠."

실제로 다문화가족지원센터에 지역 다문화가족의 현실을 반영한 변화가 필요하다는 요구가 지속적으로 제기되고 있다. 사회가 변하고 다문화가족 이용자의 요구가 달라짐에 따라 다문화가족지원센터의 운영 방향, 수요 대상, 프로그램 등에 변화가 필요하다는 것이다. 하지만 다문화가족을 위한 정책이 현장을 적극적으로 반영하기는 쉽지 않다. 다문화가족지원센터의 많은 프로그램이 결혼 초기의 다문화가족을 지원하고 있다. 그런데 결혼 이후 이주민의 생활을 실제 가정에 대입해보면 임신과 출산, 자녀 양육 등에 더 많은 지원이 필요한 상황이다. 이제는 초기 정착에 대한 지원을 넘어 다문화가족, 그리고 결혼이주여성이 자립할 수 있는 역량 강화에 집중해야 할 필요가 있다. 또한 현대 가족의 형태가 굉장히 다양화하고 있는데, 이러한 변화를 감지하고 반영하는 노력 역시 부족하다. 다문화가정은 특수한 경우가 많다. 좀 더 자세히 관찰하여 다문화가족의 건강한 생활을 위해 깊은 이해가 필요하다. 다문화가족지원센터는 다문화가족이 사회 구성원으로서 잘 정착할 수 있도록 사회적 안전망 역할이 요구된다. 다문화가족에 대한 폭넓은 이해가 없다면 안전망에 구멍이 생기고, 더 큰 사회적 비용이 생길 위험이 있다.

"유치원부터 15년 정도. 같이 다니고 가족처럼 지냈어요. (오랜 기간

같이 학교를 다니셨으니까 굉장히 친하실 테고, 지금도 연락하고 그러세요? 그분들은 다 우즈베키스탄에 있어요?) 여기서 결혼하신 사람도 있고요. 한국에 오신 분도 계시고. 일하는 사람도 있고요. 형제, 언니처럼 동생처럼 지내고 있어요. (아무래도 한국에 같이 오신 분들은 자주 만나시고 그러세요?) 네. (남편분이랑도 같이 보시고 그러세요?) 네. 아는 친구들도 있어요. (얼굴도 알고요? 같이 보기도 하시고?) 그렇죠. 같이 행사할 때가 다문화가족지원센터에나. 그때 할 때 같이 시간 보내고. 또 따로 시간 보내기도 하고. 따로 보내는 시간도 있고. 아무래도 공통점이 있는 친구들이 좋지."

연구참여자는 한국에서 가장 따뜻한 이웃은 같은 고려인 자조모임이라고 느끼고 있었다. 우즈베키스탄에서 가족처럼 지낸 고려인 동료들이 한국에 이주해 거주하는 경우도 있고, 모르던 사람을 알게 됐는데 같은 고려인이라서 친하게 지내는 경우도 있었다. 어떤 경우든 고려인이라서 같은 문화적 경험을 공유하고 있다는 것에서부터 동질감이 생기고, 그래서 편하고 잘 이해하기 때문에 서로 정말 필요한 도움을 주고받을 수 있다는 것이다.

(3) 다시 사회로, 또 다른 꿈을 향해서

연구참여자는 남편에 대한 믿음과 사랑을 이야기했다. 근래에 들어서 아이들 양육 문제로 의견 차이가 생기고 있지만, 지금까지 살면서 크게 다툰 일은 없었다. 연구참여자는 서로 이야기를 잘 들어주면 이해하게 되고, 그러면 모든 일에 다툴 것이 없다고 설명했다. 그리고 부부 사이에 대화가 정말 중요하다고 강조했다. 애초에 서로 같은 생각을 할 수는 없지만, 이야기를 하고 대화를 통해 의견을 맞출 수는 있다는 것이다.

> "지금에 와서야 애들 양육 때문에 의견 차이가 생기고 있어요. 그 전에는 큰 소리 날 정도로 그런 게 없고. 우리 둘 다 지금까지도 좋아해요. (아직까지 신혼?) 제가 남편을 더 좋아하는 것 같애요. 저보다 더. 약간 트러블이 생기면 남편은 얘기를 해서 푸는 편이에요. 푸는 편인데 저는 그 얘기를 들어줘요. 거기서 반박을 하거나 그러면 언성이 높아지고 그러는데, 그렇지 않으면 남편이 얘기를 하면 제가 얘기를 듣고 그래 맞아 이런 식으로 수긍을 해주고 그리고 나서 시간이 지나면 그것에 대해 얘기를 해서 의견을 맞추는 거죠. (이해하려고 서로 노력하고요?) 네, 이야기를 많이 하는 편이에요."

연구참여자는 처음에는 이중언어강사가 되는 것에 소극적이었다. 낯선 타지에서 스스로 아직 한국어가 능숙하지 않다고 생각되어 자신이 없어졌다. 그런데 남편은 연구참여자를 격려하고 그녀에게 자신감을 불어넣어주었다. 사회활동을 하지 않고 집에만 있다 보면 고립될 수 있고, 아이들이 성장해갈수록 자기 시간이 많아지므로 그 시간을 자신을 위한 활동으로 채워야 한다고 생각했기 때문이다.

> "(처음에는) 제가 그거를 원하지 않았어요. 안 한다고 했었는데, (원래 원하지 않으셨어요?) 자신이 없어서 미뤘어요. 남편이 적극적으로 밀어가지고 그래서 하게 된 거예요. 제가 경제활동, 돈을 버는 건 둘째 치고, 일단 활동을 아이들이 어느 정도 크니까 자기 시간이나 자기 활동을

해야 될 것 같아가지고 그래서 남편이 밀어준 거죠."

소극적인 지원 대상에서 벗어나 능동적인 성장의 길을 찾아가는 결혼이주여성에게 가장 큰 힘이 될 수 있는 것은 정부나 기업이 아니라 비슷한 처지에 놓인 결혼이주여성 그리고 한국 선주민과의 연대다. 특히 배우자의 믿음과 지지는 특별하다. "멀리 가려면 함께 가라"라는 말이 있듯이 누가 먼저 손을 내밀든 함께 손을 맞잡는 것은 매우 중요하다. 이를 통해 신뢰가 생기고, 결혼이주여성의 자립 가능성은 더욱 커지게 된다. 그리고 이러한 과정은 진정한 다문화 사회를 위한 디딤돌이 될 수 있다.

"네. 왜냐면 어렸을 때 꿈이 초등학교 선생님이었거든요. (교편 잡는 것이 꿈이었군요?) 네, 아마 그런 것 같아요. 그런데 러시아에서 학교 그렇게 하려고 했는데 지금은 한국에서 왔으니까 지금 저도 한국말 서투르지만. 한국어 강사로 되가지고 그렇게까지 생각은 못했어요. 애들이랑 부딪히는 거 좋아요. (지금 초등학교에서 하세요? 중학교에서 하세요?) 초등학교요. 중학교는 조금 어려운 것 같아요. (초등학교에서 한국어를 가르치시는 거예요?) 네, 러시아 애들한테. (힘들지 않으세요?) 힘들지만 재미있어요. 힘든 부분도 있고, 재미있는 부분도 있고. (앞으로 계속 강사활동 하실 거예요?) 그렇게 하고 싶어요."

연구참여자는 초등학교 선생님이 되는 것이 꿈이었다고 했다. 한국에 와서 자신이 이방인이라는 생각에 교편을 잡는 것을 기대하지도 않았는데, 남편의 지지로 지금 이중언어강사를 하고 있다. 초등학교에서 러시아에서 중도 입국한 학생들에게 한국어를 가르치는 일은 연구참여자에게 여러모로 의미 있는 활동이다.

> "뭐랄까 원래 제가 많이 밝아요. 밝은데 그전보다 훨씬 더 밝아진 것 같고, 생각하는 폭이 넓어진 것 같아요. (좀 더 구체적으로 말씀해주신다면요?) 시야가 넓어졌다고 해야 하나? 보는 눈이 좋아진 것 같아요. 남편이 생각하기에는 제가 집에 있을 때는 남편이 저한테 애들 초등학교까지 졸업하기 전까지는 집에서 아이들 케어하고 있어 그랬었어요. 그런데 이제 그게 애들이 초등학교 들어가고 3학년 되고 아이들이 조금씩 커지잖아요. 아이들 생각도 틀리더라고요. 자기주장을 펴고 그러다 보니까. 그렇게 되면 제가 다른 가족들을 보면 아이들한테 져요. 언어로 져요. 그게 가장 큰 걱정으로 남았었어요. 지금 애들 3학년하고 저하고 말을 하게 되면 아이들이 월등하게 낫아요. 좋아진 거예요. 그래서 그거 때문에 트러블 생길까 봐 걱정했는데, 그래서 '될 수 있으면 밖에 나가서 활동을 하라' 이런 식으로 해서 남편이 밀어준 거죠. (사회생활을 남편이 응원해주셔서 할 수 있게 됐네요. 그렇게 스스로 많이 바뀌신 것 같아요?) 네. 하다 보니까 '괜찮네. 할 수 있네. 재미있네' 좋은 생각 들었어요. 그런데 잘하고 있을까 나한테 그런 일이 맞는가 그래도 헷갈리기도 했어요."

연구참여자는 한국에 와서 1년 정도 직장을 다니다가 결혼하고 나서는 집에서 가정을 돌보게 됐다. 워낙에 밝은 사람이라 잘 표시가 나지는 않았지만, 출산 후 우울증을 겪기도 하는 등 다문화가족지원센터를 제외하고는 사회생활 경험이 없던 연구참여자에게 이중언어강사 활동은 삶의 새로운 활력이 되었다. 이중언어강사로서 학생들을 가르치기 위해 자신의 한국어를 더욱 신경 쓰게 되었고, 이러한 노력이 쌓이면서 자존감이 높아지는 것을 느꼈다. 이제는 초등학교 3학년인 두 아이와 이야기를 할 때도 한국어가 부족해서, 혹은 잘 몰라서라는 생각을 전혀 하지 않을 정도로 스스로에 대한 자신감도 많이 붙었다. 연구참여자도, 그리고 그녀의 가족도 모두 밝아졌고 더 좋아지고 있었다.

> "제가 이렇게 걱정을 하면서도 어떤 교육을 듣다 보면 와서 얘기를 해요. 나 저거 해볼까? 이렇게 바뀌었어요. 진짜로. 욕심이 생기는 것 같아요. 그래서 대학교도 다니고 싶다. 이렇게 얘기를 했어요. 그러면 남편이 '가라~' 그래서 지금 거의 그 정도까지 왔어요."

이중언어강사 활동을 시작한 것은 연구참여자에게 단순한 경제활동이 아니었다. 아이들을 가르치기 위해 수업을 준비하는 시간, 그리고 사회에서 만난 동료들로 인해 접하게 되는 새로운 기회들이 그녀에게 다른 꿈을 꿀 수 있는 계기를 제공했고, 그래서 더욱 밝고 빛나는 시간이 계속됐다. 어느 날 이중언어강사로서 연수교육을 받는 가운데 우즈베키스탄에서 못다 한 대학 교육에 대한 기회를 알게 되었다. 그녀는 남편에게 넌지시 대학에 다니고 싶다는 말을 던졌다. 그러자 남편은 흔쾌히 대학에 가라고 했다.

3) 정체성 협상

(1) 차별에 대한 저항, "우린 다문화가 아니라고!"

연구참여자는 우즈베키스탄에서 러시아에 갔을 때 고려인이어서 받았던 차별에 대해 이야기했다. 이주민이 해당 정주국에서 차별을 경험하는 것은 문화적응에 치명적으로 작용하는 부정적 영향요인이다(Berry et al., 2006). 차별받았다는 인식은 이주자의 심리사회적 자원인 정체성을 위협함으로써 사회에서 거부당한다는 느낌을 받도록 만든다(김영순 외, 2019b: 85). 원래는 러시아에서 3년 정도 살면서 일도 하고 국적도 받을 생각을 가지고 있었지만, 피부색으로 드러나는 다른 민족에 대한 차별이 그녀를 러시아에서 한국으로의 이주를 부추겼다고 할 수 있다.

> "일 안 하고, 러시아에 일하러 갔어요. 우즈베키스탄에 할 일 없어서 러시아에 가게 됐어요. 한국에 오기 전에는 러시아에 있었고요. 러시아에서는 한 3년 정도 살고 돈 벌고 국적 받고 살 생각이 있었는데, 차별을 너무 많이 받아서 생각하다가 한국에 오게 됐어요."

연구참여자는 한국에 와서 같은 민족으로서의 따뜻함을 기대했다. 고려인이라서 받았던 차별로 인한 상처가 덧나지 않고 잘 아물 수 있을 것이라고 생각했다. 하지만 한국에서 고려인은 어디에 위치해 있을까? 가장 극명하게 나타나는 것은 행정 서류, 그리고 제도적 지원에서 드러났다. 고려인 또는 고려사람(러시아어로는 '카레이스키')은 구소련 붕괴 후 러시아, 우즈베키스탄, 카자흐스탄, 타지키스탄, 투르크메니스탄, 키르기스스탄, 우크라이나, 몰도바 등 독립국가연합에 살고 있는 한국인 동포를 일컫는 말이다. 중앙아시아를 중심으로 약 50만 명의 고려인이 거주하고 있으며, 남부 러시아의 코카서스, 볼고그라드 부근, 남부 우크라이나에도 많은 고려인 공동체가 있다(장동훈, 2013). 한국 사회에서 고려인은 한국과 구소련이라는 물리적 · 정치적 거리만큼이나 정서적으로 멀리 떨어진 존재였다. 그래서 재외동포 가운데서도 가장 늦게 한국 사회에 등장한 집단이다(이은정, 2015:243).

2000년대 후반 무렵부터 고려인들은 한국으로의 이주를 시작하여 2020년 현재 9만여 명 정도가 국내에 체류하고 있다. 그중에서도 고려인 결혼이주여성은 3~4세가 많다. 이들은 우즈베키스탄, 카자흐스탄 등의 중앙아시아나 러시아권 문화권에서 태어났고 자랐다. 따라서 러시아어나 중앙아시아의 언어를 배울 수밖에 없었고 중앙아시아계 문화를 배웠다. 그렇기 때문에 한국문화를 이해하는 정도는 다른 국가 출신 결혼이주여성과 다르지 않다. 하지만 한국인은 고려인을 '같은 핏줄'이라고 생각하는 인식이 강해 다른 국적의 결혼이주여성과는 달리 고려인 출신의 결혼이주여성을 우리와 동일시하는 경향이 있다. 이와 같은 인식으로 인해 고려인 결혼이주여성들이 한국생활의 적응에 더 큰 어려움을 겪는 경우도 볼 수 있다(이혜경, 2010).

"그런데 그 사람들이 여기 와서 생활하는데도 차별이 굉장히 많아요. 제가 봤을 때는. 그게 이제 쉽게 얘기해서 행정적인 거죠. 쉽게 예를 들자면 탈북민 있잖아요. 그 사람들은 하나원에서 다 나오거든요. 주민등록증을 준단 말이에요. 북한 사람들 우리랑 같은 동포라고. 그런데 다른 나라에서 우즈베키스탄이나 중국이나 고려인들이나 중국인(조선족)이 와서 했을 때는 외국인이랑 똑같이 취급을 해요. 그게 너무 잘못됐다고 보거든요. 물론 다 받아줄 수는 없겠지만, 어느 정도 기준이 있어야 되고 그게 전혀 없어요."

그런데 연구참여자는 탈북민과 비교했을 때 고려인이 같은 동포로서 인정받지 못하는 상황에 대해 비판했다. 실제로 고려인은 무상으로 주거지가 제공되는 사할린 동포나 북한이탈 주민과 비교했을 때 차별적인 대우를 받고 있다고 볼 수 있다. 또한 중국 동포에 비해서는 소규모이고 조직화 되지 못해서 사회적인 지위도 비교적 낮은 편에 속한다(윤인진 · 김희상, 2016). 이러한 상황으로 고려인 결혼이주여성들은 한국에 정착하는 데 더 어려움을 느낄 수밖에 없다. 또한 연구참여자는 한국에서 고려인으로서 '다문화'의 잣대로 차별받은 경험에 대해서도 털어놓았다. 고려인이면 같은 나라 사람인데, '다문화'라고 말하는 자체가 불편하다고 했다. 학교에서 다문화 실태조사를 하는데 다른 애들 보는 앞에서 그런 용지를 나눠준다는 것을 들었을 때, 연구참여자는 아이들한테 다문화 조사할 때 손들지 말라고 했다. "우리는 다문화가 아니라고!"

정진아(2014)는 고려인과 한국인 사이의 문화적 갈등 문제에 주목했는데, 고려인의 경우 원래의 거주국에서는 외모가 차별의 표식이었지만, 한국에 정주한 이후 민족 내에서는 능숙하지 못한 한국어와 상대적으로 화려한 의복문화가 오히려 차별의 표식이 되고 있다고 했다. 또한 박민철(2104)은 한국에 거주하는 고려인의 '좌절된 이중적 욕망'에 주목했다. 그에 의하면, 한국에 체류하고 있는 고려인은 모국 지향의 정체성과 거주국 지향의 정체성을 가진 채 이중적으로 좌절된 욕망을 가지고 살고 있다는 것이다. 다시 말해서 본래 거주했던 국가인 중앙아시아인으로 살고 싶었던 그들의 욕망은 구소련이 붕괴된 이후 민족적 차별과 국가적 배제로 좌절될 수밖에 없었다. 하지만 그에 대한 반작용으로 모국으로 생각하는 한국을 지향하는 욕망이 생겨나지만, 한국은 그들에게 민족적인 차별과 국가적 배제를 다시 보여주고 있다는 것이다. 그래서 고려인은 거주국이었던 중앙아시아와 모국으로 생각한 한국, 두 국가 사이에서 '같은 국민'으로도 '같은 민족'으로도 머물지 못하는 이중의 좌절된 욕망체계에 살고 있다.

> "그게 일종의 하나의 고려인이면 같은 나라 사람이잖아요. 다문화로 얘기하는 것 자체도. 학교에서도 그런 실태조사를 하더라고요. 다른 애들 보는 앞에서 그런 용지를 나눠준다는 거예요. 그러면 제가 전화해서 이러이러한데 왜 같이 나눠주냐? 따로 나눠주던지. 저희는 그 부분에 대해서 싫어해요. 다문화라고 조사할 때 우리는 '야, 손들지 말라고. 다문화 아니라고.' 기분이 안 좋아요."

한국에서는 '다문화'가 붙은 모든 사안에 대해 부정적인 의미로 받아들이는 경우가 많다. '다문화'라는 것 자체가 문제라는 관점부터 바뀔 필요가 있다. 결혼이주여성도, 그 가정에서 태어난 2세의 아이들도 똑같은 국민으로 생각하면 된다. 하지만 이것이 말처럼 쉬웠다면 문제로 제기되지 않았을 것이다. 그래서 많은 사람들이 '다문화 가정'이라는 표현 자체가 또 하나의 차별이라고 지적한다. 다른 나라에서는 '다문화(multi-cultural)'를 문화 다양성으로 받아들이지, 국제결혼 가정이나 이런 가정에서 태어난 자녀들을 가리키는 의미로 사용하지 않는다는 것이다. 2019년 5월 두

잇서베이(DOOIT SURVEY)에서 밝힌 자료에 따르면, 다문화 가정에 대한 의견을 물은 한 설문조사에서 다문화 가정 하면 떠오르는 이미지에 대한 질문에 응답한 결과가 흥미롭다. 가장 먼저 떠오르는 것은 동남아시아계와 중국계 가정이었다는 것이다. 반면 이미지가 좋은 다문화 가정이라고 했을 때 떠오르는 것은 미국, 유럽, 호주계와 일본계라는 답변이었다. 이러한 결과는 우리 사회가 가지고 있는 다문화에 대한 인식의 민낯을 보여준다고 할 수 있다.

(2) 부모님의 역방문, 가까워진 모국

연구참여자는 매일 부모님과 영상통화를 한다. 한국과 우즈베키스탄은 거리상으로 멀리 떨어져 있지만, 통신의 발달로 그녀와 부모님은 매일 얼굴을 보며 안부 인사를 나눌 수 있다. 이렇게 연구참여자 가족 같은 형태를 초국적 가족(transnational family)이라고 한다. '초국적 가족'은 가족의 구성원이 국제이주로 거리상 멀리 떨어져 지내더라도 상호 간 공동의 복지를 챙기고, 정서적으로 가족이라는 소속감을 지니고 살아가는 이들을 의미한다. 비록 지리적으로는 떨어져 지내지만 초국적 가족의 구성원들은 모국에 있는 (노)부모와 자녀에게 경제적으로 지원을 하고 여러 통신 수단을 통해 정서적인 지지를 나누는 등 다양한 형식으로 초국적 돌봄을 실천하고 있다(김경학, 2016:170).

"우리는 딸 셋이에요. 엄청 사랑하고 지금도 자기 애들만 눈에 보이고 다른 애들은… 안 보일 만큼 너무 사랑을 많이 받았어요. 밖에서는 엄격하시면서 자기 딸은 엄청 사랑하셨을 것 같아요. 지금도 세상에서 자기 딸밖에 없다고 지금까지도 매일 전화로 아침, 점심, 저녁… 아침 뭐 먹었어, 점심 뭐 먹었어, 저녁 어디 갔다 왔어? 매일 전화해요."

특히 우즈베키스탄 고려인 사회는 가족 간의 유대관계를 중시하고 부계 성씨를 존속하려는 의식이 여전히 남아 있는 곳이 많다. 결혼 후에는 분가의 경향이 뚜렷하지만 노부모를 부양하고자 하는 의식이 강하기 때문에 지리적으로 떨어져 있어도 부모를 경제적으로 지원하는 등으로 노부모 돌봄의 전통이 대체로 강하게 유지되었다(김용환, 1999: 88-95). 따라서 우즈베키스탄에 부모를 남겨두고 한국으로 국제 이주한 고려인 성인 자녀들은 물리적으로 멀리 떨어져 있다 하더라도 모국에 있는 부모에 대한 돌봄을 다양한 형식으로 실천하고 있다.

"저희 같은 경우는 한국에서 우즈베키스탄을 가는 게 힘들어요. 그래서 이제 부모님을 저희가 초청하는 게 비용도 적게 들고 빨라요. 그런 식으로 많이 오셨어요. 저희 같은 경우는. (일 년에 한 번 정도? 명절 때도?) 그런 것은 상관없이 편하실 때 날짜 맞춰서. (오시면 좋아하세요?) 좋죠. 딸내미도 보고 손주도 보고 사위도 있고. 같이 여행도 가고 맛있는 거 많이 먹고. (오시면 어느 정도 기간 동안 있다 가세요?) 한 달, 길면 3개월. (사위가 완전 멋진 분이시네요.) 의료혜택이 우리나라가 훨씬 좋잖아요. 그 문제 때문이라도 오시고. (아무래도 연세가 있으시니까요.) 네. 아빠가 60 조금 더 넘으셨는데, 그쪽에서는 거의 할아버지 취급을 하는 거죠. 그런데 여기(한국)에서는 60이면 젊은 사람이잖아요. 그 차이가 의료 차이 그런 것 때문에 수명도 짧고 그렇더라고요."

연구참여자는 자신이 모국에 찾아가는 것보다 모국에 계신 부모님이 한국에 방문하는 것이 비용도 적게 들 뿐만 아니라 여러모로 효과가 있다고 말했다. 특히 한국의 의료수준이 모국보다 훨씬 낫기 때문에 부모님의 건강을 생각했을 때 부모님의 한국 방문이 여러 측면에서 유용하다는 것이다. 연구참여자가 본국을 방문하면 부모를 포함해서 보고 싶은 많은 가족들을 만날 수 있다는 장점이 있지만, 가족 전체가 이동한다면 가족 수만큼 큰 경비 지출이 요구되고, 부부 중 한 사람만 이동한다면 남은 가족이 떠맡아야 하는 육아 부담을 신경 써야 하며, 또한 장기간 휴가를 주는 직장이 거의 없다는 점 등을 고려해야 한다. 이때 한국에 거주하고 있는 자녀의 본국 방문보다 모국의 부모를 한국으로 초청하는 것이 경제적으로 유리하고 실용적이라 판단될 때 부모를 한국으로 초청해 가까이에서 장기간 혹은 단기간 돌봄을 제공하게 된다. 특히 모국 현지에 자녀가 모두 출가하여 부모만 살고 있거나 부모가 심각한 질병에 노출되어 현지에서 치료를 받는 것이 어려울 때 정착지인 한국으로의 부모 초청은 매우 적극적으로 고려된다(김경학, 2016: 200).

(3) 이중언어교육, 미래를 위한 언어자본

연구참여자는 결혼하기 전에는 취업해서 일을 하고 있었다. 하지만 결혼하고 나서 아이들을 출산한 뒤 10여 년간 아이들 뒷바라지와 집안일을 하다 보니 사회생활에 대한 생각을 전혀 하지 못하고 있었다. 그러다가 이중언어강사를 할 기회가 생겼다. 처음에는 '잘할 수 있을까?' 하는 소극적인 마음으로 엄두를 내지 못하고 있었는데, 남편의 적극적인 지지로 용기를 낼 수 있었다. 그리고 연구참여자에게 취업이라는 문턱을 넘어 사회 생활이라는 새로운 세계가 펼쳐졌다.

"(처음에는) 제가 그거를 원하지 않았어요. 안 한다고 했었는데, (원래 원하지 않으셨어요?) 자신이 없어서 미뤘어요. 남편이 적극적으로 밀어가지고 그래서 하게 된 거예요. 제가 경제활동, 돈을 버는 건 둘째 치고 일단 활동을. 아이들이 어느 정도 크니까 자기 시간이나 자기 활동을 해야 될 것 같아가지고 그래서 남편이 밀어준 거죠."

연구참여자는 900시간의 교육을 수료하고 여러 준비 과정을 거쳐 이중언어강사가 되었다. 그러면서 잊고 있었던 어렸을 적 꿈을 다시 생각하게 되었다. 연구참여자는 초등학교 선생님이 되고 싶었다. 그리고 지금 초등학교에서 러시아어를 쓰는 중도입국 학생들에게 한국어를 가르치는 선생님으로 어렸을 적의 꿈을 이루게 되었다. 이중언어강사 활동이 힘들다고 느껴질 때도 있지만, 연구참여자에게는 오래된 꿈이 실현된 것으로 매 시간이 보람으로 가득 차는 것을 느낀다.

"어렸을 때 꿈이 초등학교 선생님이었거든요. (교편 잡는 것이 꿈이었군요?) 네, 아마 그런 것 같아요. 그런데 러시아에서 학교 그렇게 하려고 했는데 지금은 한국에서 왔으니까 지금 저도 한국말 서투르지만. 한국어 강사로 되가지고 그렇게까지 생각은 못했어요. 애들이랑 부딪히는 거 좋아요. (지금 초등학교에서 하세요? 중학교에서 하세요?) 초등학교요. 중학교는 조금 어려운 것 같아요. (초등학교에서 한국어를 가르치시는 거예요?) 네, 러시아 애들한테. (힘들지 않으세요?) 힘들지만 재미있어요. 힘든 부분도 있고, 재미있는 부분도 있고. (앞으로 계속 강사활동 하실 거예요?) 그렇게 하고 싶어요."

연구참여자는 아이들에게 러시아어를 가르치면 그것이 아이들의 미래에 얼마나 좋은 기회가 될 수 있는지를 알고 있었다. 아이들이 공부를 잘하지 못하더라도 외국어를 하나 정도 할 수 있는 능력이 있다면, 더욱 다양한 진로를 선택할 기회가 생기기 때문이다. 연구참여자가 러시아어를 잘 구사할 수 있으므로 자녀들에게는 다른 사람들이 가지지 못한 외국어 자원이 있는 것과 같았다.

"저는 아이들한테 러시아말을 많이 하게 하고, 많이 가르치고 그렇게 하고 싶어요. 그런데 처음에 안 하다 보니까… 기회잖아요. 실제로는. 다른 사람은 겪지 못할 언어를 겪잖아요. 그래서 이제 만약에 그 언어를 잘하게 되면 그쪽 방면으로도 나갈 수 있기 때문에. 특히 뭐 공부를 아주 잘하지 못하더라도 러시아어만 출중하게 잘할 수 있으면 지금은 괜찮을 것 같더라고요."

고려인 결혼이주여성은 재외동포이지만, 구소련의 동화정책으로 인해 한국 전통문화를 유지하는 데 큰 어려움을 겪었다. 특히 러시아어를 모르면 그 나라에서 살 수 없었기 때문에 고려인 2세부터는 러시아어를 배워야 했다. 고려인은 주로 같은 재외동포인 조선족과 많이 비교된다. 조선족은 한국어를 잘 구사하는 반면에, 고려인은 한국어 구사능력이 떨어지기 때문이다.

"처음부터 가르쳐야 하는데 제가 많이 노력을 안 해서 후회가 되요. 아이가 어렸을 때. 네, 그때는 한국어말 못 따라 할까 봐 그게 걱정이 돼서 저도 한국말에 대해서 힘드니까 애기라도 처음부터 한국말 잘 배워야 된다고 그런 생각을 했는데. 벌써 10년이 흘러가지고 지금 가르치려고 하니까 아들 같은 경우는 싫다고 한국말도 어려운데 학교 다니면서 러시아말까지 왜 배워야 되는지. 딸내미는 조금만 관심이 있는데 조금씩 배우고 있는 중이에요."

연구참여자는 아이들한테 러시아어를 가르쳐주고 싶은 마음이 있었음에도 적당한 때를 놓쳐서 후회하고 있다고 했다. 처음에는 아이들에게 러시아어를 가르쳐주게 되면 한국어를 못하게 될까 봐 두려운 생각이 들었다. 연구참여자도 한국어가 서툴렀기 때문이다. 또한 고려인 결혼이주여성의 말을 자세히 들어보면 북한이탈주민의 억양과 비슷한 점이 많다. 왜냐하면 과거 강제 이주된 고려인 중 상당수가 지금의 북한지역에서 살던 이들이었기 때문이다. 그래서 고려인 결혼이주여성이 한국어를 배울 때 더 이질감을 느낄 수 있다는 점을 이해해야 한다(장동훈, 2013). 그래서 연구참여자는 한국어를 가르치는 데만 신경을 썼다. 그런데 이제는 10년이 지나 아이들이 초등학교 3학년이 되었고, 러시아어를 가르치려고 하니 마음처럼 되지 않는 것이 속상할 뿐이다. 하지만 아직 늦지 않았다고 생각한다. 연구참여자는 아이들의 미래를 위해 조금씩 노력할 것이다.

많은 사람이 결혼이주여성이 할 수 있는 일이 무엇일지 고민한다. 이는 다문화의 가능성을 너무 멀리 놓고 생각하기 때문이 아닐까? 연구참여자의 생애담은 결혼이주여성이 가진 자원을 능력으로, 그리고 기회로 만들어주는 계기가 매우 중요하다는 사실을 일깨워주고 있다. 삶의 주체가 되는 것, 독립과 자립은 결혼이주여성뿐만 아니라 모든 사람에게 세상을 살아가기 위해 필요한 도전이자 노력이다. 연구참여자가 앞으로 걸어갈 생애 이야기 속에서 더 공고해질 다문화 사회의 안전망과 네트워크, 연대의 가치가 중요해질 미래를 상상해본다.

5.
연구참여자 5: 결혼은 비즈니스

1) 생애 개요

연구참여자는 1985년(35세) 우즈베키스탄 타슈켄트 출신이며, 결혼하면서 한국에 이주해온 것이 2005년이다. 한국에 오면 우즈베키스탄에서의 단순한 삶에서 벗어나 남편 덕도 좀 보면서 새로운 삶을 살 수 있을 것이라고 생각했다. 그에게 한국행은 비즈니스 같은 것이었지만, 원하던 대로 풍족한 삶을 살기에는 남편과 시댁의 형편이 좋지 않았다. 시댁 가족이 경영하는 문구점 일을 함께하면서 계속 일을 했고, 중학생, 초등학생 두 자녀 아래로 최근에 늦둥이를 얻게 되면서 아직은 육아에 전념하고 있다.

한국으로 이주하기로 결심한 데는 어렸을 때부터 부모에게서 "여기는 네 고향이 아니야. 여기서는 살기 어려울 거야"라는 말씀을 들었던 영향이 있다. 러시아 지역에서는 고려인에 대해 예전에는 포용적인 태도를 가지고 있었지만, 점차 고려인이 한 곳에 모여 살기보다 각지로 흩어지는 현상도 있고 러시아 지역의 젊은 세대가 늘어나다 보니 고려인에 대한 태도가 예전에 비해 달라진 점도 영향을 주었다.

연구참여자는 고등학교를 마치고 곧바로 아는 사람의 소개로 한국 남자를 만나 결혼하게 되었고, 2005년 이주했다. 소개해준 사람의 말만 믿었는데, 애초에 약속했던 월 150~200만 원의 수입은 사실과 달랐고, 큰아들이어서 재산도 물려받을 수 있다고 했지만 시댁에 재산은 없고 제사만 많았다. 결혼 직후 시어머니와 함께 살면서 시댁 가족이 운영하는 문방구에서 함께 일했다. 시동생이 서울에서 액세서리 사업을 할 때는 서울에서 거주하면서 그 일을 함께하기도 했다. 현재는 그 일은 다 그만둔 상태이고, 인천에서 육아에만 전념하고 있다.

연구참여자는 그 과정에서 자신이 원하던 것과 달랐던 환경, 너무 챙겨주어서 오히려 귀찮기도 했던 시댁 식구들에게 적응하면서 힘들기도 했지만, 나름대로는 잘 맞추어가며 살아왔다고 회상한다. 둘째 아이를 낳고서야 치르게 된 한국에서의 결혼식이나 셋째 아이를 낳고서 시도한 이사 과정에서 모든 일을 혼자 알아보고 결정했다는 것에 크게 자부심을 느끼고 있다.

연구참여자는 가족의 사업을 정리하고 나서 한국어교육원에서 교육을 받은 뒤 학교에서 러시아어권 학생들을 가르치는 일을 하고 있다. 그러나 60여 시간의 연수만 받고 아이들을 가르치는 일을 할 수 있게 한다는 것에 대해 문제의식을 갖고 있다. 연구참여자가 일하는 곳은 ○○학교로, 초 · 중 · 고 통합 공립 다문화학교인데, 연구참여자가 요새 가장 신경 쓰는 일은 학교 일이다. 이제 한국에서 살아야 할 외국 출신 학생들에게 한국어를 가르치는 일이 참 중요하다고 생각하는데, 학교에서 언어교육에 좀 무관심하다고 생각하며, 자신도 자격을 충분히 갖추지 못한 상태에서 가르치는 일을 계속하는 데 대한 고민을 하고 있다.

한국에 와서 러시아 출신 사람들과 딱히 교류하지는 않는다. 의도적으로 오로지 한국 사람들하고만 지내면서 언어를 빨리 습득할 수 있었다. 요즘 들어 가끔 러시아 쪽 사람들과 대화할 기회가 있는데, 러시아어를 좀 쓰다 보면 금세 한국어를 잊게 되는 것 같았다. 그래서 한국어를 능숙하게 하려면 좀 더 노력해야 한다고 생각하고, 그러기 위해 러시아 친구들보다는 한국 사람들과 좀 더 잘 지내려고 한다. 연구참여자의 꿈은 집 사느라 대출받은 돈을 빨리 갚고, 아이들을 빨리 키워서 내보낸 후 자신만의 자유로운 시간을 갖는 것이다. 거기에는 돈을 많이 벌어야 한다는 조건이 있고, 그러기 위해 사이버대학 같은 데서 공부도 더 하고 싶고, 앞으로 무엇을 하며 살 것인지 차근차근 고민하며 계획을 세워볼 것이다.

2) 문화적응 생애담

(1) 결혼은 비즈니스

연구참여자는 우즈베키스탄의 고려인 마을에서 평범한 서민가정의 세 자매 중 막내로 태어났다. 우즈베키스탄 여성은 결혼을 일찍 하는 편이다. 그저 눈 맞는 사람 있으면 결혼하는 것으로 쉽게 생각해서 고등학교 졸업 무렵인 열여덟 살이나 스무 살 정도에 결혼을 많이 하는 편이다. 그렇게 어린 나이에 결혼하다 보니 가정을 이끌어야 한다는 생각도 부족하고, 경제적 능력이 있는 부모와 함께 사는 경우가 많다. 하지만 연구참여자는 그런 모습이 소꿉놀이하는 것 같아 싫었다.

"저희 쪽에는 거기서 결혼을 일찍 하더라고요. 그냥 뭐 눈 맞으면 아 결혼하자 너무 이제 쉽게 생각을 하는 거죠. 그러니까 애들이 뭐 열여덟 이렇게 스무 살 전에도 많이 가요. 그냥 뭐 지들 마음대로 사는 거죠. 그런데 또 중요한 거는 이렇게 결혼을 했잖아요? 그냥 살아요. 뭐 이렇게 가정을 이끌어야 되는 거 생각을 없고 부모님한테 얹혀서 사는 거죠. 부모님이 이제 돈도 벌고 자기네들이 그냥 막 소꿉놀이하는 거죠. 그래서 저는 그런 모습이 너무 싫어가지고 그거 모르겠어요. 저는 막내인데 우리 큰 언니들보다 제 입으로 말하기는 좀 그렇지만 철이 빨리 든 거 같아요. 언니도 20대? 뭐 그렇게 둘째 언니는 스물두 살? 스물세 살 정도 갔는데, 그때에도 그게 약간 벌써 노처녀 같은 그런. 그런데 언니들 결혼한 거 보면서, 주변 사람들 사는 거 보면서 나는 그렇게 살기 싫었어요. 그냥 결혼만 하고 부모님들한테 얹혀 사는 거 원치 않았어요. 저는 처음에는 아예 결혼 생각도 없다가, 거기는 경제사정이 좋지 않아서 일자리가 없었어요. 젊은 여자들은 그냥 서빙하는 정도로 마땅한 일자리가 없었어요. 그나마 조금 좋은 직장 들어가려면 빽이 있어야 하고요."

연구참여자의 둘째 언니가 스물두세 살 정도에 결혼했는데, 그 정도 나이면 벌써 노처녀같다고 보는 시선이 있다. 그렇게 결혼한 언니들 사는 것을 보면서 자신은 그렇게 살기 싫다는 생각을 했다. 그냥 결혼만 하고 부모님에게 얹혀사는 게 싫었기 때문이다. 그래서 처음에는 아예 결혼할 생각도 없었다. 하지만 경제사정이 좋지 않은데 일자리도 마땅치 않으니 그것도 쉽지 않았다. 젊은 여자는 서빙 정도의 일을 할 수 있을 뿐이었고, 그나마 조금 좋은 직장에 들어가려면 '뒷배경'이 있어야 했다. 그렇다 보니 자신을 책임질 남편이 있으면 좋겠다고 생각했다. 다만, 나이가 들어도 철이 들지 않는 남자라면 결혼 상대로 맞지 않는다고 생각했다. 그 무렵 사촌언니가 한국에 결혼하여 가게 되었다. 그때만 해도 한국은 너무 먼 나라이고 전혀 모르는 나라였다. 그런데 사촌언니가 돈 많은 남편을 만나 결혼하고 부모님께 매달 용돈도 보내주는 것을 보고 '이거다!' 하는 생각을 했다.

연구참여자에게 결혼은 비즈니스였다. 자신의 이익을 위해 결혼을 결심한 것이다. 한국에 가면 자신이 원하던 인생이 있을 것 같다는 생각을 했다. 그런데 마침 아는 사람이 러시아 여성과 결혼하고 싶어 하는 한국 남자가 있다며 한번 만나보자고 해서 만나게 되었다. 그렇게 한국 남자를 소개받고 나서 무조건 결혼해야겠다고 생각했다. 한국말을 하나도 모르는 상황이었지만, 소개해주는 언니를 통해 매년 집에 보내주어야 한다는 조건을 제시했다. 소개해주는 언니가 말하기를, 이 남자가 한국에서 월급을 150만 원에서 200만 원 정도 받는다고 했다. 그 정도 금액이면 우즈베키스탄에서는 1,500달러에서 2천 달러 정도 되는 매우 큰돈이었다. 그때는 100달러만 있어도 한 달을 풍족하게 살 수 있었다. 그래서 한국 가면 완전히 공주처럼 살 수 있을 줄 알았다.

소개해준 언니는 그런 일을 전문적으로 하는 사람은 아니었고, 자신도 한국 남자와 결혼해서 한국에서 살게 된 사람이었다. 현재 연구참여자의 남편이 된 사람은 그 언니의 남편이 아는 사람이었고, 연구참여자의 남편은 언니의 가족을 보고 이런 외국인도 괜찮겠다고 생각하여 아는 사람 있으면 소개해달라고 해서 일이 성사된 것이다.

"그러니까 저는 결혼한 게 아니고 비즈니스로. 나를 내 이익을 보기 위해서 이제 결혼을 결심을 했는데, (원하던 게 한국에 가면 있을 것 같다는 생각을 하신 거네요?) 그러니까 그 생각을 가지고 있다가 마침 건너건너건너 아는 사람이 이렇게 한국 남자가 결혼하고 싶은 남자가 있다. 한번 만나보자 그래가지고 이제 해서 만났죠. 만나가지고 나는 무조건 시집가야 되고 그러고서 이제 그때는 와가지고 남편이 와가지고 소개시켜주는 언니가 무조건 자기 결혼을 시켜야 합당치… 와서 뭐 뭐 하잖아요. 무조건 이제 저는 또 한국말 못 알아듣고 우리 부모님들은 매년마다 집에 보내 달라. 그런 조건에 걸었죠. 매년마다 집에 보내 달라 그리고 보내주고 그리고 또 소개시켜주는 언니가 아 월급은 월 150에서 200 정도 받고 있다고 해서 우리나라면 월 150에서 200이면 엄청 큰돈이죠. 그러니까 1,500에서 2,000달러잖아요? 그래서 그때는 우리 뭐 그 제가 그 시절에 100달러만 한 달에 풍부하게 살 수 있었는데, 이거는 1,500이에요. 와, 완전 가서 공주처럼 살겠구나 했는데. 그리고 또 맨날 남편한테 그런 애기하죠. 아, 나는 사기결혼이다. 사기당했다고. 왜냐하면 결혼할 때 큰아들이고 재산도 물려받고 그런 얘기 많이 해주시고 와보니까 재산은 없고 제사만 잔뜩 있고."

사실 연구참여자는 주변에서 한국으로 결혼이주한 여성들의 사례를 알게 되고 나서 여러 결혼정보업체에 자신의 정보를 남겨놓기도 했다. 그런데 아직 업체를 통해서는 일이 성사되지 않고 있을 때, 아는 언니를 통해 남편을 소개받고 열아홉 살이던 2005년 1월 결혼했다. 결혼식은 남편이 우즈베키스탄에 가서 간단하게 식을 올렸다. 한국에 와서는 비용이 많이 들어서 식을 올리지 못하고 있다가 둘째를 낳고 나서 결혼식을 했다.

결혼하는 과정도 순탄하지만은 않았다. 연구참여자와 남편은 열세 살의 나이 차이가 난다. 연구참여자는 열아홉 살, 남편은 서른두 살 때 결혼했다. 너무 어린 나이에 뭣도 모르고 한 결혼이고, 만약 남편이 이상한 사람이었으면 한국에 데려와서 어떻게 할 수도 있었을 텐데 당시에는 그런 생각을 하나도 하지 못하고 그냥 '무조건 직진'이라고 생각했다.

남편이 우즈베키스탄에 와서 결혼식을 올린 뒤 먼저 한국에 들어가고 연구참여자는 비자가 나오기를 기다리고 있을 때 미용실에서 이상한 이야기를 들었다. 어떤 여자가 한국에 결혼이주를 했는데, 남편이 여자의 여권을 빼앗은 뒤 집에 가둬놓고 전화도 못 하게 한다는 것이었다. 그 말을 듣고 좀 걱정은 했지만, 다행히 그런 일은 생기지 않았다.

우즈베키스탄에서 올린 결혼식은 바로 식당에 가서 밥 먹고 술 마시고 춤추는 파티와 같았다. 그런데 소개해주는 사람이 남편에게 결혼식 비용을 받아놓고, 그 돈을 자기가 해먹으려고 한 건지 아끼려고 한 건지는 모르지만 리무진을 빌려오기로 했는데 자기 친척의 차를 끌고 오고, 드레스도 딱 10만 원 줄 테니 그걸로 하라고 하고, 식당도 너무 작은 데를 빌려서 친척들도 스무 명 정도만 초대하라고 하는 식으로 제한을 많이 두었다. 그 와중에 부케는 크고 이상하게 생긴 것을 가지고 와서 어린 마음에 너무 쌓인 게 많았다. 아름다운 결혼식을 꿈꾸었고 드레스도 원하는 것을 입고 싶었는데, 그 가격에는 원하는 것을 살 수 없어 크게 속상하고 서러워서 식장에 들어가기 전에 결혼 못하겠다고, 안 한다고 하며 울고불고했다. 남편은 여기까지 왔는데 안 한다고 하니까 무척 난감해하면서 한국에 가면 원하는 대로 다 해주겠다고 했지만, 여기 와서도 약속을 지킨 것은 없다.

다만 그래도 착하니까 봐주며 살고 있다.

"그냥 이렇게 신부를 데리러 갈 때 그리고 친척들 이렇게 돈이라든지 나눠주고, 아니면 선물 이렇게 나눠주고 친척들한테 이제 가까운 가족한테 무조건 선물을 해줘야 되더라고요. 서로. 신부는 시집을 신랑은 이제 신부 집에 선물 같은 거 양복이라든지 복권이라든지 해주더라고요. 그리고 신부를 이렇게 데려왔을 때 뭐 예식자리 들어갈 때 왠지 모르지만 땅바닥을 밟으면 안 되고 쌀포대를 이렇게 바닥에 놓고 그 쌀포대만 밟고서 들어가게 그렇게 했던 게 기억이 나고. (중략) 그런데 우리는 그런 건 하나도 안 하고 바로 식당에 가서 밥 먹고 술 마시고 춤추고 그러고서 여기 왔죠. 드레스는 입었고 또는 너무 어린 마음에 그게 우리나라는 결혼식을 올리면 신부는 데리러 갈 때 그 고무신을 어디서 빌려와요. 그렇게 데려가요. 이게 소개시켜주는 사람이 또 우리 신랑한테 돈 받아가지고 자기 이제 결혼식 다 해주겠다고 또 신랑 아무것도 모르니까 돈 받아서 그 돈을 자기가 해먹으려고 한 건지 아끼려고 하는 건지 차도 자기 친척 뭐 이모부인지 그 사람 차 끌고 오고. 리무진 아니고. 그리고 이제 드레스도 딱 10만 원 줄 테니까 그걸로 이제 해라. 그리고 이제 식당도 되게 조그마한 거 해줘가지고 거기에 친척들도 뭐 그때 20명인가 정도만 이제 초대하라고 그러니까 제한을 되게 많이 두고. 그래야 하니까 부케를 또 이상한 거, 큰 걸 가져온 거예요. 나는 그게 어린 마음에 너무 쌓이고 또 여자의 결혼식은 로망이잖아요. 그래서 드레스도 내가 원하는 건 이제 그 가격이면 못하는데. (중략) 그거에다가 이제 부케도 마음에 안 들고 차도 마음에 안 들고. (중략) 서럽고. 식당 앞에서 이제 식장 들어가기 전에 막

울어가지고 나 결혼 못하겠다고 안 한다고. 우리 신랑은 난감하죠. 여태껏 여기까지 왔는데 갑자기 안 한다고 하니까. 그래서 한국에 가면 나 해주겠다, 해주겠다고. 그런데 왔는데 안 해줬어요. 여기 왔는데 안 해줬어. 그래도 착하니까 내가 그냥 봐주는 거야."

남편은 착하기는 한데 마냥 편한 성격이기도 해서 무엇을 부탁하거나 함께하자고 하면 "응, 쉬는 날 할게", "내일 할게"라는 식이어서 연구참여자가 기다리지 못하고 그냥 자신이 알아서 일을 처리한 적이 많다. 남편은 그게 편하고 좋으니까, 그러면서 아무것도 하지 않는 일이 반복되었다.

한국에서 결혼식을 할 때도 남편은 계속 일을 해야 하니까 연구참여자가 예식장도 혼자서 알아보러 다녔다. 그때 둘째 낳고 돌도 안 됐을 때인데, 아기 업고 주안에 예식장이 많으니까 여기저기 돌아다녀보고, 드레스도 본인이 원하는 것으로 마음껏 골랐다. 남편이 너무 무관심하게 알아서 하라고만 하는 것이 불편한 마음도 있었지만, 그렇게 마음껏 예식장과 드레스를 고르면서 신이 났던 기억이 있다.

(2) 재산은 없고 제사는 많고

연구참여자에게 한국 남자와의 결혼은 비즈니스 같은 것이었다. 한국에 오면 자신이 원하던 생활을 할 수 있을 것 같았고, 괜찮은 거래라고 생각했다. 우즈베키스탄에서 주변의 흔한 여성들처럼 살고 싶지 않다고 생각했던 것, 적당한 수입과 재산, 매년 집에 보내달라는 조건 등이 적당히 맞아떨어졌다.

하지만 막상 와서 보니 버스 운전기사인 남편의 월급 150만 원은 생각만큼 풍족한 수입이 아니었다. 결혼할 때 남편에게 들은 말로는 집이 두 채 있고 가게도 있는데, 어머니 돌아가시면 자기 것이 된다는 것이었다. 시어머니와 시동생 가족은 초등학교 앞에서 문구점을 운영하고 있었는데, 결혼하고 와서 보니 집 두 채와 가게가 모두 어머니 명의였다. 그리고 결혼하면 우선 1년 정도만 시어머니와 함께 살면서 음식하는 것 등을 배우고 그다음에는 나와서 살 수 있다고 했으나 그것도 사실이 아니었다. 시어머니와는 10년 가까이 함께 살았고, 분가한 지 얼마 안 되었다. 시어머니와 함께 살 때는 그저 그렇게 사는 건가 보다 했지만, 막상 떨어져 살다 보니 이제는 시어머니를 보면 불편하기도 하다.

"네, 그러니까 뭐 내가 나중에 물어보니까 어머니 돌아가시면 자기꺼 되니까 그, 아니 그게 언제야. 그래가지고 이제 또 그거 있었어요. 거기 이제 한국에 가면 1년만 시어머니랑 살다가 시어머니가 이제 뭐 어느 정도 음식이라든지 그런 거 알려주시고 그다음에 이제 나와서 따로 살겠다고. 그것도 아니었어요. 시어머니랑 10년 가까이 살았어요, 같이. 그렇게 있다가 따로 이제 분가한 지 얼마 안 됐어요. 근데 시어머니랑 살면서 살아가면서 뭐 그냥 이렇게 사는가 보다 하고서 이제 살았는데, 따로 살다 보니까 시어머니 보면 불편해요."

재산은 없고 제사만 잔뜩 있어서 1년에 열세 번까지도 제사를 지내야 했다. 결혼 전에는 제사를 지내야 한다는 말을 듣지 못했기 때문에 연구참여자는 가끔 남편에게 "이 결혼 사기다" 하고 농담처럼 말하곤 한다. 연구참여자의 시부모는 제주도 출신인데, 결혼 당시 별거 중이어서 시어머니는 육지에 계시고 시아버지는 제주도에 계시면서 제사는 제주도에서 지냈다. 제주도에는 시동생이 한 명 있어서 그 제사를 모두 맡아 하다가 2~3년 전부터 시아버지가 연구참여자의 남편에게 장남이니까 제사 문제를 나눠서 잘 해결하라고 하여 연구참여자 쪽에서 2개 맡고 할머니도 함께 계시기 때문에 제주의 시동생이 그곳에서 나머지를 맡는 식으로 나누었다.

남편과 식구들에 대해 크게 신경 쓰이는 일은 없는데, 오히려 너무 잘 챙겨주는 것이 귀찮고 싫었다. 어딜 가더라도 항상 데려가려고 하고 무엇이든 알려주려고 하는 것이 귀찮기만 했다. 혼자 있는 게 좋은데 집에 식구들이 다 같이 몰려오는 것도 힘들었다. 한국에 오자마자 임신했는데, 한번은 시누이가 연구참여자에게 먹이려고 생선을 사 왔다. 연구참여자는 예의상 "아니에요, 괜찮아요" 하고 말했는데, 시누이 입장에서는 호의를 거절당했다고 생각해서인지 오해한 적이 있다.

또 한 번은 시어머니가 쉬는 날이어서 집에서 주무시는 동안 연구참여자는 하루 종일 집에 있다 보니 답답해서 밖에 나가 동네를 돌아다녔다. 그런데 잠에서 깬 시어머니가 연구참여자가 집에 없는 걸 알고는 놀라서 온 가족이 찾고 난리법석이 난 적이 있다. 나중에 가족회의 때 모여서 연구참여자에게 이렇게 돌아다니면 어떻게 하냐며 걱정했고, 어린 마음에 그게 상처가 된 연구참여자는 못 살겠다고 집에 가버리겠다고 하면서 짐 싸서 집을 나간 적이 있었다. 제 딴에는 다 아는 동네니까 나간 것이었는데, 마치 집을 나가기라도 한 것처럼 혹은 길을 잃지나 않을까 하면서 걱정하니까 자신을 불신한다는 생각 때문에 속상했다. 그때 한 번 크게 일이 벌어진 후로는 집에 간다는 말을 한 적은 없다. 시어머니는 연세가 여든 가까이 되었는데, 옛날분이다 보니 한국에 왔으면 그쪽은 잊고 한국문화대로 여기에 맞춰 살라고 하는 입장이다. 연구참여자가 집 나갔던 일을 겪고 난 뒤 시댁 식구들이 좀 더 조심하기도 하지만, 이제는 연구참여자가 스스로 식구들에게 맞춰가며 사는 중이다.

시댁에 제사가 많다는 것도 한편으로 연구참여자를 힘들게 한 일이었다. 결혼할 때는 제사 같은 것은 안 지내고 설 하고 추석 때 상 차리는 것만 있다고 했다. 그런데 시댁이 제주도인데 시어머니와 시아버지가 별거 중이어서 시어머니는 여기 육지에 계시고 시아버지는 제주도에 계시면서 집안 제사는 거의 제주에서 시아버지가 지냈다. 그러다가 몇 년 전부터 시아버지가 연구참여자의 남편에게 "이제 장남인 네가 제사를 맡아라"라고 했다. 하지만 남편이 장남이어도 이쪽에 있다 보니 제사를 차리지는 못하고 제주에 시아버지와 함께 있는 시동생이 맡아 하는 편이다. 처음에 결혼했을 때 듣기로는 제사가 1년에 열세 번 정도 된다고 했는데, 이렇게 나누다 보니 막상 연구참여자는 2개 정도의 제사를 맡아서 치르고 있다.

제주도에는 시아버지와 시할머니가 계셔서 매년 방문한다. 텔레비전에서는 제주도가 너무 환상적인 섬으로 나오지만, 연구참여자는 제주도에 갈 때마다 "그런데 나는 왜 이렇게 아무것도 안 보이지? 왜 시골길밖에 안 보이지?" 한다. 남편도 일을 해야 하니 오래 머물지도 못하고 할머니, 시아버지께 인사드리고 나면 바로 돌아와야 하기 때문이다. 제주도에 놀러 간 것은 시누이도 함께 간 것을 포함해서 두 번 정도 있고, 작년부터는 남편이 일을 좀 더 빼서 벌초하러 갔다가 벌초는 하루 정도 하고 다음 날 하루는 놀고 오기도 한다. 남편도 처음 결혼했을 때는 일밖에 몰랐지만, 아이들이 조금씩 커가면서 같이 놀아줘야겠다는 생각을 하는지 시간을 내려고 많이 애쓴다.

부족한 벌이에 멀리 있는 시댁, 많은 제사, 시부모의 별거 등 힘든 일도 많지만 그래도 서로 아껴주고 위하려는 마음을 갖고 있다는 것을 알기에 그럭저럭 적응해가면서, 서로 맞춰가면서 잘 지내고 있는 것 같다.

(3) 가족의 사업과 늦둥이 양육

연구참여자가 결혼이주 후 처음 하게 된 일은 시어머니의 문방구를 돕는 일이었다. ○○동에 남중과 여중이 붙어 있는데, 여중 앞에서는 시동생이, 남중 앞에서는 시어머니가, 그 옆에서 시누이가 문방구를 했다. 나중에는 시누이가 분식집도 하게 되어 오전에는 아이들 등교 시간에 시어머니와 문방구에 있다가 학생들이 군것질하러 나오는 쉬는 시간에는 시누이가 하는 가게로 넘어가서 일을 도와주곤 했다. 그렇게 가족의 가게 일을 했지만 월급은 제대로 받고 일했고, 나중에 시동생이 서울에서 액세서리 사업을 하게 되었을 때 함께하자고 해서 서울로 이사 가기도 했다. 시동생이 운영하는 매장에서 3년 정도 액세서리 판매를 하다가 가게가 문을 닫으면서 정리한 뒤로 다시 인천에 내려와 정착했다. 액세서리 매장을 정리한 뒤로는 잠깐 하는 일 없이 지내기도 하다가 셋째 아이를 갖게 되어 지금까지 늦둥이 양육에 집중하고 있다.

연구참여자의 자녀는 중 2, 초 4, 20개월인 세 아이가 있다. 막내가 늦둥이어서 이제 막 육아를 다시 시작한 참이다. 첫째 아이는 막내가 태어났을 때 너무 예뻐해주고 잘 봐줬는데, 중 2가 되면서 사춘기가 오는지 귀찮아하고 잘 안 돌봐주는데 오히려 둘째 아이가 처음에 낳았을 때는 잘 못 봐주더니 지금은 아기를 잘 돌봐준다.

사실 결혼할 때는 남편이 연구참여자에게 매년 고향에 다녀올 수 있게 해주겠다고 했지만, 남편은 막상 그런 얘기를 한 적이 없다고 해서 결혼 초반에 힘들었던 적이 있다. 분명히 소개해준 사람이 그렇게 통역을 했다고 했지만, 남편은 그런 얘기한 적 없다고 했다. 월급을 150만 원에서 200만 원 정도 받는다고 했을 때는 너무나 큰돈이라고 생각했는데, 막상 여기 와보니 그 돈은 그냥 한 달 생활할 수 있는 금액 정도였다. 남편은 그 정도 수입으로 어떻게 매년 고향에 보내줄 수 있겠느냐고 했다. 그리고 소개해준 사람이 한 달에 한 번 적어도 10만 원에서 20만 원 정도 부모님한테 용돈을 보내줄 거라고 했는데, 그것도 그렇게 얘기한 적 없다고 하여 '그래, 내가 벌어서 내가 보낸다'라는 생각을 하게 되었다.

그리고 결혼해서 와보니 그냥 무조건 일을 해야 하는 상황이었다. 시어머니는 생활력이 강한 제주도 분이어서 쉬는 꼴을 못 본다. 그래서 남편이 혼자 벌면 힘드니 연구참여자에게 말을 배우기 위해서라도 밖에 나가야 하지 않겠냐고 해서 일을 하게 됐다. 스스로 벌면서 마음대로 쓸 수 있는 권한도 별로 없는 게 답답하고, 사실 일은 하기 싫고, 돈은 쓰고 싶고, 그런데 또 남편 월급으로는 턱도 없이 부족하고, 애가 셋이다 보니 사는 게 쉽지 않다. 아이들 학원을 따로 안 보내고 있는데, 학원을 보내게 되면 완전히 허리띠를 졸라매야 하는 상황이기 때문이다.

결혼 당시에는 일하기 싫다는 생각에 그냥 남편 등골 빼먹으면서 살고 싶었는데, 결혼하고 보니 일을 참 많이 했다. 연구참여자는 첫째, 둘째 아이는 돌 지나서 바로 어린이집에 보내고 일을 하기 시작했다. 셋째 때는 그냥 세 살 때까지 데리고 있으라고 하여 구립어린이집에 미리 신청을 해두었는데 연락이 너무 빨리 왔다. 그때 가지 않고 또다시 신청하면 시간이 걸리기 때문에 어쩔 수 없이 셋째도 돌 지나서 어린이집을 보내게 되었다. 그리고 나서 마침 언어교육 지원이 있어서 거기에서 교육받고 일을 시작하게 되었다.

연구참여자에게는 자기계발로서의 취업이라기보다 가족과의 관계를 형성하고 확장하는 데 취업활동의 역할이 있었다. 직접 자신의 손으로 일을 해서 돈을 벌고, 그것으로 하고 싶은 일을 하고, 친정에 용돈도 보내드릴 수 있을 정도의 자립심을 갖고 있기도 했기에 일을 해야 하는 상황에 대해서는 크게 불편한 마음을 갖지 않았다. 또한 그 과정에서 시댁 식구들과 항상 접촉하면서 소통했던 점이 정착생활에도 도움을 주었던 것으로 보인다. 다소 성향이 맞지 않아 삐걱거리는 지점도 있었지만, 서로 잘 맞춰가면서 좋은 관계를 유지하고 있다.

3) 정체성 협상

(1) 개명하고, 집 사고, 이젠 한국 사람 다 됐어요

연구참여자는 결혼하고 한국에 와서 보니 자신은 고려인이어서 한국적 풍속에 익숙하다고 생각했지만, 막상 다른 점도 많이 느꼈다. 파티할 때 술 먹고 그러면 약간 일상적이지 않은 모습도 보이게 되는데, 우즈베키스탄에서는 그게 너무나 자연스러운 일이었다. 그런데 몇 년 한국에서 살다 보니 식당에서 옆 테이블에 아저씨들이랑 아줌마들이랑 모여 앉아서 술 마시며 시끄럽게 떠들면서 흐트러진 모습을 보면 '아, 왜 저래?' 하는 생각이 자연스럽게 들었다. 옛날에는 그게 너무 당연했는데, 이상한 느낌이 들었다. 또 우즈베키스탄에서는 좀 파이거나 짧고, 몸매가 드러나는 옷을 많이 입는 편이다. 거기서는 그냥 그랬는데, 요즘에는 가끔 나이 좀 있는 여성이 짧은 치마 입은 것을 보면 '아, 저건 아닌 거 같은데. 나이 먹었으면 좀 단정하게 입고 그래야 하는데'라는 생각을 한다.

> "우리나라는 이렇게 파티할 때 뭐 이렇게 서로 술 먹고 춤추고 막 그러는데, 또 술 먹으면 약간 사람이 오바하게 되잖아요. 그런데 너무나 그게 자연스러운 거였어요, 저는. 그런데 몇 년 여기 한국에 살다 보니까 한번은 식당을 갔어요. 갔는데요. 거기 이제 옆 테이블에 아저씨들이랑 아줌마들이랑 모여서 앉았었는데 거기도 이제 술 드시는데 어떤 아주머니가 이제 오빠오빠 (하는 걸 보고) '아 왜 저래?' 하는 생각이 들었어요. 옛날에는 다 같이 놀고 그러는 게 너무 당연한 거였는데, 여기 살다 보니까 '아, 저 아줌마 왜 저러지?' 약간 그런 거예요. 그리고 이제 그쪽에는 약간 옷을 나라가 덥다 보니까 좀 많이 이렇게 파이게 입고 짧게 이렇게 많이 드러나게 입어요. 거기선 그냥 그랬는데, 그런데 요즘에 여기 이렇게 보면 가끔 이렇게 나이 한 삼사십대, 오십대 아주머니들은 짧은 치마 입고 그런 거 보면 '아, 저건 아닌 거 같은데. 아 왜 저래? 나이 먹었으면 좀 단정하게 입고 그래야 되는데.' (또 저쪽 가시면 거기서는 편하게 입고 다니실 거잖아요?) 그런데 그거는 모르겠어요. 저는 또 거기 간 지 10년 됐어요. 거기 가본 지."

연구참여자는 어렸을 때부터 심심하게 살고 싶지 않다고 결혼 이후의 삶은 예상과는 많이 다르지만 그래도 만족할 만하다고 느낀다. 지금 목표는 분가하면서 집을 사게 되어 돈이 없으니 빚을 지게 되었는데, 그걸 해결하는 것이다. 연구참여자는 누구한테 돈 빌리고는 잠도 안 오는 성격이다. 그런데 남편은 “아휴, 그거 가지고 뭘 그래? 다른 사람들은 몇 억씩 빌리기도 하는데” 하면서 태평한 태도를 보인다. 그러나 1만 원을 빌리는 것도 싫은 연구참여자는 대출부터 빨리 갚고, 아이들 빨리 내보내고 자기 삶을 살고 싶어 한다. 지금도 가끔 아이들이 “엄마는 나중에 뭐할 거야?” 하고 물어보면 “나는 해외 놀러갈 거야”라고 말하곤 한다. 며칠 전에는 큰 아들에게 군대 갔다 오면 바로 독립해서 나가라고 말했다. 그렇게 차례대로 아이들을 내보내고 혼자만의 시간을 갖고 싶다. 누구 도움받는 것도 좋아하지 않는 성격이어서 조그마한 것도 자기 힘으로 하려고 하는 편이다.

연구참여자의 언니도 한국에 결혼해서 와 있다. 언니는 연구참여자와 완전히 반대 성격이어서 남편이 해줄 때까지 마냥 기다린다. 이번에 학교 일도 함께하게 되었는데, 언니는 혼자서는 지하철도 못 타서 연구참여자가 많이 도와주어야 했다. 언니는 연구참여자가 소개하여 한국에 재혼해서 들어온 지 10년쯤 된다. 그런데 지하철표 끊는 것도 그렇고, 특히 은행 관련 일은 하나도 할 줄 몰라서 연구참여자가 하나하나 다 도와주어야 한다.

그렇게 모든 일을 알아서 처리하는 편인 연구참여자는 한국이라는 나라에 대해 아예 아무것도 모르는 상태였는데, 고등학교 때쯤 주변 환경을 보면서 ‘아, 나는 이렇게 살기 싫다’라는 생각을 하게 되었다. 한국에 결혼해서 온 선택에 대해서는 후회하지 않는다. 만약 우즈베키스탄에서 계속 살고 있었다면 어떻게 살고 있을지 생각도 하기 싫다. 우즈베키스탄에서는 너무 어린 나이에 결혼하는데, 살다가 싸우면 바로 헤어지고, 그러면 또 다른 여자나 남자를 만나 두 번 세 번도 결혼하고 그러는 게 너무 싫었다.

결혼해서 한국에 가겠다고 했을 때 아버지는 막내인 연구참여자를 걱정하면서 한국은 너무 먼 나라라며 보내기 싫어했다. 그러나 연구참여자의 어머니는 “어쨌든 여기가 우리 고향은 아니니까 한국으로 가는 게 좋겠다”라고 했다. 어머니 생각에 중앙아시아 사람들이 옛날에는 고려인을 잘 거두어주었지만, 점점 자신들의 세력이 커지면서 고려인보다는 자신들의 이득만 챙기려고 하다 보니 갈수록 살기가 힘들어졌기 때문이다. 젊은 세대가 늘어나면서 세상은 바뀌었고, 어차피 좀 밀려나고 챙겨주지도 않고 그렇게 힘들게 사느니 그냥 한국에 가서 사는 것이 낫겠다고 한 것이다.

“(제가) 막내다 보니까 아빠는 보내기 싫었죠. 너무 먼 나라고. 그런데 엄마는 우리는 어머니가 현명하신 거 같아요. 그러니까 옛날에 고려인들은 다 중앙아시아 쪽으로 보냈을 때 그 중앙아시아에 있는 사람들이 너무 우리를 잘 거두어주고 잘했었는데 점점점점 이제 자기 민족들이 커져가고 자기 민족만 이제 챙기려고 하는 것이 하다 보니까 우리 엄마는 너는 여기 고향은 어쨌든 아닌 거야. 그래서 여기 살기가 어려울 거야. 왜냐하면 점점점 사람들 고려인들은 다른 데 나가고 그러니까 그 민족들만 늘어나고 그러니까 살기가 힘들고. 그러니까 옛날 시대는 너무 잘 우리 보듬어줬는데 점점점 젊은 시대들이 늘어나니까 바뀌는 거죠. 그러면 여기서 어차피 좀 밀려나고 챙겨주지도 않고 그렇게 힘들게 사느니 그냥 저기 가서 살아라 하셨어요. 언니들은 사는 것이 그렇게 막 반갑지 않았던 거죠. 이제 사는 환경에 그런 거. 너라도 이렇게 좀 해서 살아라 그렇게 하게 된 거예요. 막상 또 와보니까 다행히 가족들은 다 좋으시고 저도 잘 챙겨주시고.”

연구참여자는 현재 한국 국적을 정식으로 취득한 상태다. 옛날에는 등본을 떼어보면 연구참여자가 적혀 있지 않았다. 그러면 아이들이 엄마 없는 아이들이 되어버리는 것 같아서 불편했다. 아이들이 학교 갈 때가 되니까 여러 군데에서 등본을 요구하는데, 본인이 나오지 않는 상황이 싫어서 국적을 받게 되었다.

이름도 한국식으로 개명했다. 한 번은 이런 일이 있었다. 병원에 갔다가 처방전을 받아 약국에 가져다주면 이름을 불러주는데, 담당자가 연구참여자의 약 봉투를 들고는 한참을 들여다보는 것이었다. 이름을 한 번에 알아보지 못해서 아마도 여러 번 다시 읽은 모양이다. 그 밖에도 어디 좀 가면 연구참여자의 외모나 이름을 보고 "한국말 알아듣죠?" 혹은 "한국말 할 줄 알아요?" 하고 물어보곤 했다. 연구참여자에게는 그런 상황들이 모두 매우 불편하게 느껴졌다.

그래서 연구참여자는 아이들에게 자신이 외국인이라는 것을 너무 숨기지 말라고 가르친다. 결혼할 당시에도 아이가 어디 가서 외국인이라는 것을 밝히면 왕따를 당하지 않을까 두려워서 자신을 숨기고 싶었다. 다행히 연구참여자의 아이들은 건강하게 잘 자라서 학교에서 아무렇지도 않게 엄마가 외국인이라고 말하고, 친구들이 뭐라고 하지 않느냐고 물어보면 그냥 별일 없다고 말한다. 굳이 나서서 밝히고 다니는 것은 아니더라도 누가 물어보면 전혀 숨기지 않고 엄마가 우즈베키스탄에서 왔다는 것을 당당하게 말하는 편이다. 다행인 것은 고려인이다 보니 외모가 다르지 않은 것이 도움이 되는 것 같다.

연구참여자의 개인적 목표는 집 사면서 대출받은 돈을 빨리 갚는 것이다. 남편의 월급은 딱 식구들이 먹고살 만큼이고 저축할 수 있는 상황이 아니다. 그리고 직업이 운전기사이다 보니 보험을 여러 개 들어놓아서 월급의 절반이 보험료로 나가는 형편이다. 그러니 대출이라도 자신이 일해서 갚아야 한다고 생각한다. 집을 새로 살 때 주민등록증을 안 가져가는 바람에 그냥 남편 명의로 했다가 나중에 공동명의로 돌렸다. 이사한 집도 연구참여자가 혼자서 알아보고 구한 집이기에 만족한다. 셋째 아이 낳고 백일 정도나 되었을까 싶을 때, 겨울에 아기를 업고 집 본다고 혼자 막 돌아다녔다. 그래도 요즘은 인터넷으로 내부도 볼 수 있으니 우선 인터넷으로 충분히 검색해본 다음 마음에 드는 곳을 찾아가 본다. 그렇게 해서 지금 살고 있는 오피스텔을 구했다. 우즈베키스탄에서는 내 집이 아닌 곳에 살아본 적이 없어서 월세는 개념도 없었다. 그러다가 한국에 왔더니 여기에서는 내 집을 갖는다는 게 하늘의 별 따기였다. 그렇게 어렵게 구한 집이건만 아직도 진짜 내 집 같지는 않다. 절반은 은행 집이기 때문이다. 그러니 집 사느라 받았던 은행 대출을 빨리 갚는 것이 다른 무엇보다 우선하는 목표가 되었다.

자녀들은 딱히 인생의 계획이나 지향 같은 것을 연구참여자에게 말한 적은 없다. 다들 핸드폰, 컴퓨터게임의 환상 속에 살기 때문에 미래에 대한 생각은 전혀 없다. 연구참여자는 큰아이에게 어렸을 때부터 '파일럿'이 되라고 말하곤 했다. '파일럿'이 되면 월급도 괜찮고 놀러 다니기에도 좋기 때문이다. 연구참여자는 밖에 나가서 여러 곳을 돌아다니며 구경하고 싶다는 꿈을 갖고 있다. 그것을 아이들에게 내비친 것이다.

부모 교육을 받아보면 "부모들은 아이들 나이 때 꿈이 있었느냐?"라고 묻고, "그 꿈대로 지금 살고 있느냐?"라고 묻는다. 그렇지 않은데 굳이 아이한테 강제로 요구할 필요는 없다고 생각한다. 그리고 앞으로 많은 직업이 없어질 건데 굳이 아이한테 지금부터 스트레스 줄 필요는 없으며, 아이가 그냥 알아서 할 것이라고 생각한다.

연구참여자에게는 고려인 출신이라는 정체성을 찾는 것보다 여기 한국에서 한국 사람으로서 정착하는 일이 더욱 절실하다. 그리고 무엇이든 혼자서 알아서 처리하는 성격 덕분에 자립심을 갖고 자신의 생활을 꾸려나가고 있다. 시댁과의 관계를 잘 꾸려갈 수 있었던 것도 그러한 주체적 태도가 크게 뒷받침되었던 것으로 보인다.

(2) 언어부터 배우자

연구참여자는 한국에 이주해온 뒤 한동안은 적응하느라 시간을 보내다가 최근에 러시아 언어권 교회를 다니기 시작했다. 그리고 교육지원단의 교육을 받아 이중언어강사로 일하고 있다. 연구참여자의 사회적 교류는 그 정도 범위 안에서 이루어지고 있는데, 교회에 다니기 전까지는 러시아권 출신 사람들을 아예 만나지 않았다. 같은 언어권이랑 지내지 않고 오로지 한국 사람들과 있다 보니 말을 상당히 빨리 배운 편이다. 그런데 요즘 와서 그쪽 사람들과 교류하다 보니 '한국말을 까먹는' 현상도 발생했다. 그러니까 이쪽도 아니고 저쪽도 아니면서 러시아말도 거의 잊어버리게 되고, 이 사람들이랑 오래 지내다 보면 한국말도 단어가 잘 생각나지 않을 때가 있다. 친구들이 없는 것은 약간 힘들기는 하지만, 그래도 언어를 잘 알게 되는 것이 더 중요하다고 생각하기 때문에 러시아권 친구들을 사귀려고 애쓰지는 않는다.

그렇다고 한국에서 친구가 많은 것도 아닌데, 그 이유는 결혼해서 오자마자 시댁이 운영하는 문구점 일을 함께하면서 계속 일만 했기 때문에 친구를 사귈 여유도 없었다. 그러다 보니 아이들이 유치원이나 학교에 가도 학교 엄마들과 사귈 기회가 없었다. 큰아들이 4~5학년쯤 되었을 때 "엄마, 엄마는 왜 다른 애들 엄마처럼 모여서 놀지 않고 모임도 가지 않아?" 하고 물어본 적이 있다. 일을 하지 않는 엄마들이 모여서 수다도 떨면서 아이들을 위해 정보 공유도 하고 그러는데, 연구참여자는 계속 일만 해서 사귈 기회도 없고 사실 성격상으로도 낯을 가리는 편이어서 쉽게 잘 사귀지 못하는 편이다.

처음 한국에 와서는 문화가 다른 것이 힘들기도 했다. 우즈베키스탄에서는 생일이나 좋은 날이면 크게 파티하면서 잘 노는데, 여기서는 그런 걸 볼 수 없었다. 생일도 그냥 케이크 하나 사다놓으면 고맙고 아니면 말고 그런 문화가 있는 것 같았다. 생일도 아이들 것이나 챙길 뿐 엄마나 아빠 생일까지 챙기지는 않는다. 결혼식 때도 남편이 우즈베키스탄에 와서 놀란 것이 하루 종일 먹고 춤추는 것이었다. 연구참여자는 또 나름대로 한국에서 결혼식을 하면서 '결혼식이 이렇게 간단할 수도 있구나' 하고 놀라기도 했다.

사실 우즈베키스탄에서 지낼 때 고려인의 문화라고는 하지만 그렇다고 완전히 한국의 전통적인 문화가 그대로 이어지는 것도 아니었다. 시간이 오래 흘렀고, 그러다 보니 점점 잊히는 것이라고 생각한다. 고려인이 만드는 반찬이 러시아나 중앙아시아 쪽에서는 꽤 유명한 편인데, 막상 한국에 와보니 그런 반찬들은 있지도 않았다. 고려인은 돌, 결혼, 환갑 등을 많이 챙기는 편이고 돌잔치할 때 돌잡이 하는 정도만 한국과 비슷한 것 같다.

결혼식 때는 신랑이 신부를 데리러 갈 때 친척들에게 돈이나 선물을 나눠주는 풍습이 있는데, 양복이나 복권 등을 선물한다. 그리고 예식장에 들어갈 때 땅바닥을 밟으면 안 되고 쌀포대를 바닥에 놓고 쌀포대만 밟고서 들어가게 그렇게 했던 것 등이 기억난다.

결혼 후에는 시어머니도 '한국에 왔으니 한국문화대로 살아라. 너는 이제 여기 왔으니까 그쪽은 잊고 여기 맞춰서 살아라' 하는 태도가 있었기에 연구참여자는 더욱 한국에 적응하는 데 집중했던 것 같다. 시댁의 분위기는 아이들에게도 러시아어를 가르치지 못하게 하는 것이다. 아이가 어렸을 때부터 이중언어를 쓰게 되면 머리가 복잡해지고, 일단은 한국어를 제대로 하는 것이 중요하다는 태도를 가지고 있었기 때문이다. 아이들도 웬만큼 자라고 나서는 러시아어를 배워야 할 필요성에 대해 잘 못 느끼고 받아들이지 않는 것 같아서 힘들어한다. 그래서 첫째 아이와 둘째 아이는 러시아어를 잘 못하는데, 셋째 아이만큼은 제대로 가르치고 싶다는 욕심을 갖고 있다.

그 대신 연구참여자는 자신이 한국 사람처럼 말하고 행동한다고 느끼면서 나름대로 자부심을 갖고 있다. 한국에서 살기 위해 마음먹고 온 것이어서 다시 우즈베키스탄으로 돌아갈 일은 없다. 그곳에 돌아가봐야 미래가 그려지지 않고 희망이 없다고 생각하기 때문이다. 여기 한국에서 어떻게든 잘 정착해서 미래를 꾸려보고 싶다는 지향을 강하게 가지고 있다.

(3) 소신 있는 이중언어강사

연구참여자는 중앙아시아 쪽에서 이주해오는 가정들에 대해 안타까운 생각을 하고 있다. 너무 많은 사람이 한국에 일하러 오는데, 그 때문에 많은 가정이 깨졌다는 것이다. 엄마든 아빠든 일단 한국에 돈을 벌러 오면 너무 오랫동안 가족과 떨어져 있게 되고, 같은 공장이라든지 같은 동네라든지 한번 놀아보니 '눈이 맞아서' 고향에 있는 가족을 버리고 여기에서 새 가정을 꾸리는 일이 너무 많다. 만약 온 가족이 다 같이 나온 경우라고 해도 그때는 아이들이 너무 불쌍하다. 부모는 그냥 공장에 가서 같은 일을 반복적으로 하기 때문에 그렇게 어렵지 않지만, 아이들은 자기선택권 없이 무조건 부모로 인해 오게 되어 무슨 얘기를 하는지 잘 알아듣지도 못한 채 학교에 다니면서 이것도 저것도 아닌 상태에 있게 된다.

"그리고 이제 너무 안타까운 게 여기 너무 많은 사람들이 한국에 일하러 오잖아요. 너무 많은 가정들이 깨졌어요. 그게 왜냐하면 아빠라든지 엄마라든지 일단 한국에 와요. 와가지고 너무 오랫동안 가족들이랑 떨어져 있다 보니까 같은 공장이라든지 같은 동네라든지 한번 놀아보니까 눈이 맞아가지고 가족들 고향에 있는 가족들 버리고 여기 이제 새 가정을 꾸리게 되고 그렇게 너무 많은 가족들이 되어가지고. 그런 게 안타까워요. 또 만약에 이제 일하러 온다고 해도 가족들 다 같이 나와서 그런데 또 어쩔 때 보면 아이들이 너무 불쌍하고 그러니까 부모는 그냥 공장에 가서 같은 일 반복적으로 하기 때문에 뭐 그렇게 어렵지 않지만, 아이들이 자기선택권 없이 무조건 부모로 인해서 여기에 오게 되고 맨날 학교 다니면서 학교에 맨날 무슨 얘기하는지도 모르면서 그것도 아니고 저것도 아니고 그러니까 지금 제가 이제 제 아이들은 보면 러시아말도 제대로 못하고 한국말도 제대로 안 배우고 그리고 이제는 또 내일모레 비자가 만기 되면 엄마아빠 또다시 들어가야 되고 다행히 아이도 같이 가요. 그런데 한국어도 모르고 여기 쪼금 배우다가 저기 조금 배우다가 이것도 아니고 저것도 아니고 그런 것들이 문제가 생기기도 하고. 그러니까 여기 학교 들어오면 한

참 우리 작은언니한테도 그랬어요. 오려면 애들 다 데리고 와라. 왜냐하면 거기 남은 애들 스트레스도 그렇고 부모랑 떨어져 있으면 그리고 거기 애들은 또 우리 봐주는 엄마 아빠도 힘들고 이제 엄마아빠 없으니까 할머니 할아버지가 봐줘야 되잖아요. 우리 엄마 아빠도 힘들고 무조건 애들 데리고 와라 그런 입장이었는데, 학교 들어가 보니까 애들이 너무 불쌍한 거예요. 그래서 이제 정답이 없더라고요."

연구참여자가 이중언어강사로서 학교에서 만나는 아이들을 보면 러시아말도 제대로 못하고, 한국말도 제대로 안 배우고, 내일모레 비자가 만기 되면 부모는 또다시 들어가야 한다. 다행히 아이도 같이 갈 수는 있지만, 한국어도 모르고 여기 조금 배우다가 저기 조금 배우다가 이것도 저것도 아니고 그런 상황에 놓이는 것이 결국 문제를 발생시키기도 한다.

그래서 연구참여자는 러시아에서 살고 있던 언니를 한국으로 불러들일 때도 오려면 아이들을 다 데리고 오라고 했다. 부모와 떨어져 아이들만 거기 남아 있으면 아이들을 봐주는 연구참여자의 부모도 힘들고 아이들은 아이들대로 힘들기 때문이다. 정답이 없는 상황이다. 만약에 한국에서 계속 살 수 있다면 아이들을 데리고 와서 아이들에게도 한국어를 가르치면 되는데, 부모의 미래도 불투명하고 계속 있을 수 있는 것도 아니어서 괜히 아이들만 왔다 갔다 하면서 불안정한 생활을 하게 된다. 여기에서 찾는 직업도 공장에서 일하는 것 정도인데, 일이 있을 때는 있고 없을 때는 또 사람을 내보내니까 고정적인 일자리를 찾기가 쉽지 않다. 탈북민은 여기 와서 계속 거주할 수 있지만, 고려인은 그런 제도적 지원이 거의 없어 그냥 4~5년 정도 기간만 보장되는 취업비자로 이주해오는 경우가 많다.

연구참여자는 ○○동에 있는 ○○학교에서 이중언어강사로 일하고 있다. 러시아어권에서 온 학생들이 30명 정도 있고, 아마도 앞으로 들어오는 사람들이 같은 데서 사는 사람끼리 몰리게 될 것이므로 학생 수는 계속 늘어날 것으로 보고 있다. 이 지역은 공단이 있어서 그쪽에 취업한 사람들이 많고, 공항과도 가까운 데다 집값도 부담이 덜한 편이어서 고려인이 많이 몰려 산다.

연구참여자가 이 학교에서 일한 지는 6개월 정도 되었다. 60시간 교육을 이수하고 바로 강사로 투입되었다. 당시 다니던 다문화가족지원센터에서 팀장이 그런 교육 기회가 있으니 가보라고 권하여 무슨 일을 하는지도 정확히 모른 채 교육을 받기 시작했다. 처음에 듣기로는 간단한 교육을 받은 후 학교에 가서 아이들 통역해주고 모르는 것이 있으면 상담해주는 정도라고만 했다. 수업을 하는 줄은 몰랐는데, 막상 가서 학생들을 상대로 수업을 해야 하는 상황이 되다 보니 힘든 점이 많았다. 연구참여자는 이런 상황에 대해 기회 있을 때마다 목소리를 내는 편이다.

"그때 저희 다니는 다문화가족지원센터 팀장님이 거기 한번 가봐라. 그렇게 가서 교육을 받게 되었는데 무슨 일을 하는지도 그냥 학교 나가서 뭐 학교에 무슨 일을 할 거야 이렇게. 수업이라는 얘기는 전혀 못 듣고 그냥 뭐 아이들 이렇게 통역이라든지 아니면 뭐 애들 모르는 거 있으면 상담이라든지 뭐 그 정도까지만 얘기해주시고 수업을 해야 된다는 얘기는 안 하셨어요. 그리고 60시간 교육을 받았어요. 학교 갔는데요. 저는 처음에 시집왔을 때 학습지를 시켜줬어요, 남편이. 학습지를 시켜줬는데요. 그것도 이제 몇 달만 하고 제가 또 여기 와서 바로 임신해가지고 몇 달만 하고 애기 낳고 이제 뭐 공부를 할 그거는 없는 거죠. 딱히 따로 공부를 배운 적도 없고요. 그리고 그 60시간 받았다고 해가지고 학교를 갔는데, 저번에도 여기 교육청에서 회의 있었어요. 제가 얘기했어요. 나는 너무 전문적 지식이 부족하고 나는 이 학교에 나가도 되는지가 지금 너무 의심이 된다. 왜냐하면 제대로 아이들을 가르쳐야 하는데, 나도 모르는데 어떻게 제대로 아이들을 가르치겠어요. 그러니까 제 생각에는 그게 문제인 거 같아요. 저는 이제 그냥 그 교육 60시간 교육받았던 거 그 수료증만 학교에 가져다주고 따로 이렇게 뭐 교원자격증이나 뭐 그런 거는 안 바라더라고요. 그래서 그런데 러시아어권 선생님들은 너무 지금 부족해가지고 그냥 막 받아주는 거 같아요. 그런데 저는 이제 계속 있어야 되는 건지 막 일단은 계약을 이제 했으니까 계약 기간까지는 마무리하겠지만은 나는 자격이 안 될 거 같은데."

이런 상황에서 지금 맡고 있는 6학년 아이들은 말도 잘 안 듣고, 얘기를 해도 받아주지도 않으며, 자기들끼리 모여서 떠들기만 해서 힘들다고 한다. 연구참여자는 그래도 사명감을 가지고 아이들에게 조금이라도 더 주고 싶어서 열성적으로 일하는데, 아이들과 소통하는 일에 큰 어려움을 느끼고 있다.

"하나하나 애는 착하고 그런 애들인데, 뭐 하나를 놓고서 공부하라고 하면 될 거 같기는 한데 너무 여러 명이 모여가지고 서로 막 얼굴만 봐도 좋아가지고 신나가지고. (아, 한 반에 몇 명 정도 돼요, 애들이?) 제가 지금 맡은 아이는 여덟 명이에요. 이 아이들은 어느 정도 언어를 보충하게끔 모인 거라고 하는데, 요즘에는 부모들이 ○○학교를 잘 안 보내주려고 하더라고요. 원래 딱 애가 오면 ○○학교 뭐 이제 가서 어느 정도 조금 교육을 받고 일반 학교로 넘어가야 하는데, ○○학교를 잘 안 보내주려고 하더라고요. 그래서 애들은 완전 뭐 가나다라 배우고 그런데 또 불편한 게 그 학년별로 나눠가지고. 그러니까 어떤 애는 1학년 때부터 있었고 그래서 어느 정도 알아요. 어느 정도 아는데, 어떤 애는 한 달 전에 왔어요. 그래서 이제 그나마 조금 보충 이제 학원을 다녀가지고 읽기까지는 해요. 읽는 거까지는 하는데 그 이상은 몰라요. 단어도 몇 개 모르고."

한국에 들어온 지 두 달밖에 안 되어 아예 글자도 모르는 아이가 있는가 하면 잘하는 아이도 있다 보니 어느 아이에게 수준을 맞추어야 하는지도 고민이다.

연구참여자의 둘째 언니도 한국에 일하러 왔다가 얼마 전에 돌아갔는데, 한국에서 일하면서도 한국어를 배우려고 하지 않았다. 동생이 전화만 하면 다 알아서 해주니까 필요하지 않았던 것이다. 그리고 인천 연수동 지역에 가면 러시아 사람들이 모여 있어 가게나 식당에 가도 러시아어로 소통할 수 있고, 공장에서 같이 일하는 사람들과도 러시아어를 쓰면 되므로 굳이 한국어를 배우려고 하지 않았다.

이런 상황은 연구참여자의 둘째 언니를 통해서도 경험한 바 있다. 둘째 언니는 일하기 위해 한국에 들어온 적이 있는데, 한국에서 일하면서도 한국어를 배우려고 하지 않았다. 연구참여자의 둘째 언니는 볼일이 있을 때면 연구참여자에게 전화하여 부탁했고, 러시아 사람들이 모여 사는 동네에 가면 가게에 있는 사람들도 모두 러시아 사람이어서 러시아말로 사고팔고 할 수 있었으며, 식당이나 공장에 가서도 아는 사람들끼리 불러주고 일하는 분위기여서 굳이 언어를 배울 필요가 없다고 생각했다.

학생들도 한자를 배우는 이유를 알 수 없다고 하여 답답한 상황이다. 기왕 언어를 가르치는 교사로 나섰으니 제대로 하고 싶고 한국어를 배우려면 한자를 아는 것은 당연하다고 생각하는데, 그걸 학생들에게 이해시키기가 어렵다.

"아니 한국어도 모르는데 한자를 뭐하러 배우냐. 한국어는 반은 한자다. 너희 나중에 편하게 하기 위해서 배우는 거다. 알려줬어요. 이제 그때 우리 병원과를 배웠는데, 소아과라고 있어요. '소아과는 왜 소아과예요?' 그랬는데 '소'는 작을 소고 '아'는 아이니까 어린아이들이 다니는 병원이다. 그렇게 이제 이거 소라는 것이 한자기 때문에 이 소만 알면 다른 단어에 들어가는 소도 이렇게 알면 뜻을 알게 된다. (그랬더니) 필요 없다고 그냥 소아과 외우면 되지 않냐고. 소아과는 소아과고, 소변은 소변이고 그냥 그 단어만 외우면 되지 않냐고. 아, 아주 어렵더라고요."

이런 어려움을 겪다 보니 요즘 제일 신경 쓰이는 일이 아이들을 가르치는 일이다. 교육받고 자격을 얻어서 일하고는 있지만, 이 제도에 문제가 많다고 생각한다.

"그냥 너무 이 언어권 전담을 만든 게 너무 좀 아닌 거 같은 느낌이 들어요. 왜냐하면 이제 그나마 저는 이제 조금 말을 할 수 있잖아요? 이제 그나마 조금 뭐 이렇게 애들한테 알려줄 수 있는데, 이게 교육을 받으면서 정말 한국말 제대로 못하는 사람들 선생님들 있었어요. 거기에 그런데 본인도 제대로 이렇게 말을 못하고 발음도 틀리고 그런 사람이 뭐를 아이를 가르쳐주겠나 약간 그런 생각이 들었어요. … 저는 그러니까 감히 다른 사람 '이 선생님은 말도 제대로 못하는데 어떻게 그 선생님을 학교에 내보내세요?'라고는 말할 수 없잖아요. 저는 자격이 없는 거 같다. 제 얘기만 했어요. 제 얘기만 하니까 '자격 없는 거 같다'라고 하니까, 센터장님이 아니라고, 그 정도만 해도 아이들하고 큰 위안이고 도움 줄 수 있으니까 너무 깊이 생각하지 말라고 그러시더라고요. 물론 이제 약간 그런 선생님들은 문화수업 같은 거 가르쳐주면 뭐 그거는 크게 문제가 안 되지만, 지금 학생들한테 필요한 거를 하는 거잖아요. 그런데 본인도 한국어 제대로 모르면서 음… 남을 가르친다는 건 좀."

연구참여자는 공부를 더 해서라도 좀 더 나은 삶을 살고 싶어 한다. 연구참여자의 시조카도 중학교 때까지는 별생각 없이 살다가 고등학교 3학년이 되니까 무엇이든 해야겠다고 하더니 자격증을 여럿 따고, 고등학교 졸업하고 나서는 학원을 다니더니 국가직에 취직했다. 그런데 취직하고 나더니 이제 학교를 가야 할 것 같다면서 사이버대학교를 알아보고 있다. 연구참여자는 시조카와 말이 잘 통하고 생각이 잘 맞아서 친구처럼 지내는 편인데, 조카에게 자신도 같이 사이버대학교를 알아봐달라고 했다. 인하대학교에도 다문화가정을 위한 교육 지원이 있다고 들었고, 사이버대학은 비용이 크게 들지도 않으니 한번 해볼까 생각하고 있다.

사실은 이제 와서 다시 대학 공부를 한다거나 하는 일이 크게 하고 싶은 것은 아니기도 하다. 좀 편하게 살고 싶다는 생각이 있다. 하지만 뭔가 하지 않으면 앞으로 먹고살 길이 안 보인다고 생각한다. 지금 배우거나 일하지 않으면 나중에 식당 설거지나 공장 일 정도밖에 할 수 없을 테니 그러지 않기 위해서라도 배우려고 한다. 나중에 더 나이가 들고 나면 기억력도 안 좋아진다고 하니 좀 더 열심히 배워야겠다는 생각이 있다. 연구참여자는 셋 다 자연분만으로 아이를 낳았다. 어렸을 때부터 엄마한테 "너 같은 엉덩이면 아이 쑥쑥 낳겠다"라는 말을 듣기도 했다. 시부모도 아이를 이렇게 잘 낳느냐며 놀라기도 했는데, 그 말은 또 듣기 싫었다. 병원 가자마자 낳으니까 고생 안 하고 잘도 낳는다고들 말하지만, 그럴 때마다 "아니다. 나도 힘들었다" 하고 말하곤 한다. 한 번에 잘 낳는다는 것도 무척 힘든 일이라는 것을 알아주었으면 좋겠다.

연구참여자에게 한국 사회에서 적응하면서 사는 것, 자기계발을 위해 애쓰는 것, 사회에 도움이 될 만한 의미 있는 일을 하는 것은 모두 하나의 맥락으로 통하는 일이다. 아직은 셋째가 어려서 욕심만큼 일이나 공부를 할 수는 없지만, 애초에 비즈니스 개념으로 한국으로의 이주를 결심했던 만큼 그 거래를 성사시키기 위해서라도 그저 남편 등골이나 빼먹으면서 편안하게 안주하는 삶을 살지는 않을 것이다.

6.
연구참여자 6: 욕심 많은 한국 사람

1) 생애 개요

연구참여자는 1987년(33세) 우즈베키스탄에서 태어나 자랐다. 연구참여자의 할아버지가 다섯 살인가 일곱 살 때 이주하면서 고려인으로 살게 되었는데, 어렸을 때는 러시아 사람들로부터 "너희 고향으로 돌아가"라는 말을 자주 들었다. 할아버지의 높은 교육열 때문에 어렸을 때부터 한국어를 조금 배우기도 했고, 부채춤을 배운 경험도 있으며, 언니들과 달리 대학 교육도 받았다. 어렸을 때부터 결혼은 반드시 고려인과 해야 한다는 말을 많이 듣고 자랐지만, 결혼 상대자를 찾기 위해 우즈베키스탄에 온 한국 남자를 만나게 되면서 한국에 정착하게 되었다.

연구참여자의 아버지는 우즈베키스탄 출신이고, 어머니는 벨라루시 출신이다. 어머니는 고려인임에도 불구하고 한국말도 모르고 우즈베키스탄에 살면서 한국문화를 배울 필요는 없다고 생각하면서 밥보다는 빵을 먹는 습관을 갖고 있었다. 연구참여자는 이렇게 부모 사이에도 존재했던 문화 습관의 차이로 혼란을 겪기도 했는데, 자신의 가치관 형성에는 조부모의 영향이 좀 더 컸다고 생각한다.

연구참여자가 열여섯 살 때 엄마가, 열일곱 살 때 조부모가 돌아가시면서 집안 형편이 어려워져서 언니들은 대학도 가지 못했는데, 연구참여자는 할아버지와 꼭 대학교에 가겠다고 약속했던 것이 있어 학업을 이어갈 수 있었다.

연구참여자는 우즈베키스탄에 살 때도 일찍 결혼하는 풍습에 반감을 품고 있었다. 고등학교 졸업할 나이 정도만 되어도 결혼하는 것이 그곳 풍습이었는데, 결혼하기에는 너무 어린 나이라는 생각을 했다. 그래서 대학도 간 것인데, 막상 한국 남자를 소개받고 나서 한국에서 사는 것도 나쁘지 않겠다는 생각이 들어 결혼을 결심하게 되었고 현재 삶에 매우 만족하고 있다.

처음 결혼해서 왔을 때는 "중국 사람이냐? 인도 사람이냐?" 하는 식의 질문을 반복해서 받으면서 정체성 혼란을 겪었다. 러시아에서 살 때는 "한국 사람은 한국에 가라"거나 "북한 사람이냐? 남한 사람이냐?" 하는 질문을 많이 받았다면, 한국에 와서 또 외국인 취급을 당하면서 속상하기도 했다. 또한 제사나 문화 풍습 등이 매우 달라서 적응하는 데 시간이 필요하기도 했다. 남편이 첫째 아들이라 제사가 많은 집안인데 무엇을 어떻게 준비해야 할지 몰라 많이 힘들었다. 그러다가 다문화가족지원센터에 다니면서 한국어뿐만 아니라 풍습에 대해서도 알게 되었다.

연구참여자의 시부모는 러시아에서 온 며느리라고 해서 싫어하지는 않았지만, 아들에 대한 집착이 큰 편이었다. 첫째 아이로 딸을 낳았을 때 아들은 꼭 필요하다는 말을 했다. 다행히 둘째가 아들이어서 시부모님의 사랑을 많이 받으며 자라고 있다.

연구참여자는 아이들에게 러시아말을 가르치고 있으며, 기회가 된다면 아이들을 러시아에서 교육시키고 싶다고 생각한다. 하지만 그러기에는 형편이 여의치 않고, 막상 러시아에서의 교육은 한국보다 더 힘든 면이 있어서 자유롭게 배울 수 있는 한국에서 아이들이 편하게 지내기 바란다.

연구참여자는 결혼할 때만 해도 한국어를 전혀 할 줄 몰랐다. 한국에 와서 다문화가족지원센터에 다니면서 한국어를 배우게 되었다. 1단계를 마치고 2단계에 올라갔는데, 한 달도 안 되어 첫아이를 임신하게 되면서 그만두었다. 임신했을 때 입덧이 너무 심해서 우울증이 함께 오기도 했는데, 집에서 텔레비전을 보거나 다문화가족지원센터에서 알게 된 친구들을 만나면서 극복했다. 그리고 둘째로 아들을 낳은 후 다시 다문화가족지원센터를 다니기 시작해서 4급까지 마쳤다. 그 이후 특별반 단계가 있지만, 힘들어서 더 이상 계속하지는 않았다. 결혼할 때만 해도 한국어를 전혀 할 줄 몰랐는데, 지금은 이중언어강사로 일하면서 아이들을 가르치고 있다는 데서 만족감을 크게 느낀다.

연구참여자는 대학에서 컴퓨터공학을 전공했지만, 졸업 후 10년이나 지났으니 전공을 살려 일하기는 힘들다고 생각한다. 마음 같아서는 대학을 다시 가고 싶다는 생각도 하지만, 지금은 첫째 아이가 학교에 갈 나이가 되어 당분간 공부나 일을 하기는 힘들고 언젠가 자격증을 하나 따고 싶다는 생각을 하고 있다.

2) 문화적응 생애담

(1) “결혼은 고려인과 해야 해, 한국 남자도 나쁘지 않아”

연구참여자는 스물두 살 때인 2010년 결혼했다. 그 이전까지는 우즈베키스탄에서 할머니 할아버지와 함께 살았다. 연구참여자의 어머니는 열여섯 살 때 돌아가셨고, 할머니와 할아버지는 열일곱 살 때 돌아가셨다. 어렸을 때부터 외가 쪽 친척들과 함께 살았기 때문에 외삼촌과 외사촌들과 친하게 지냈다. 연구참여자의 형제는 딸 셋으로, 연구참여자가 막내다. 외삼촌에게도 아이가 셋 있었는데, 외사촌들은 한국문화에는 정말 관심이 없었다. 연구참여자만 어렸을 때부터 할아버지로부터 들은 이야기가 많고 부채춤을 배운 적도 있어서 한국과 한국의 문화에 관심이 많았다.

연구참여자의 할아버지는 몇 차례 한국을 방문하면서 영화도 보고, CD도 사오시곤 했다. 늘 한국 사람임을 강조하면서 한국의 문화를 배우고 한국 사람처럼 살라고 하시던 할아버지에게서 한국말도 배웠다. 할아버지는 아이들에게 대학도 꼭 가야 한다고 말씀하시곤 했는데, 엄마가 돌아가신 후 가정형편이 많이 힘들어져서 연구참여자의 언니들은 대학을 가지 않았다. 가고 싶어서 시험을 보고 합격도 했지만 돈이 없어서 대학에 갈 수 없었다. 이후 언니들은 러시아에 가서 살게 되었다. 연구참여자는 그런 언니들을 보면서 힘들어도 대학은 꼭 가겠다고 할아버지에게 약속했다.

할아버지는 우즈베키스탄에서 식당을 경영하면서 큰 집도 있고 제법 잘 사시는 편이었는데, 할아버지가 돌아가시자 재산은 아들에게 돌아갔다. 연구참여자의 형제들은 외숙모와 사이가 좋지 않았다. 외숙모는 연구참여자에게 굳이 돈 들여 대학에 갈 일이 있느냐고 했다. 그러나 연구참여자는 할아버지에게 약속한 일도 있으니 꼭 가겠다고 했고, 외숙모는 만약 연구참여자가 대학에 가게 되면 학비는 자신이 부담하겠다고 했다. 연구참여자는 학원도 못 가고 집에서 공부하면서도 대학에 합격했고, 약속대로 외숙모가 등록금을 부담해주었다.

연구참여자의 할아버지는 평소에 영어도 배우라고 강조했다. 어렸을 때는 영어 공부하는 게 힘들어서 잘 배우지 못했는데, 할아버지는 영어도 잘할 줄 알아야 한국에 가서 좋은 일도 하고 잘살 수 있다고 했다. 그러나 연구참여자는 공부에 크게 뜻이 없어서 스무 살이 되도록 우즈베키스탄에서 살았으면서도 우즈베키스탄어는 아직 잘 모르고 러시아말만 할 줄 안다. 할아버지는 연구참여자의 형제들에게 기대했지만, 언니와 사촌 오빠는 공부는 잘했어도 한국이나 한국문화를 배우는 데는 관심이 없고 다른 일만 하니까 연구참여자에게 "너라도 배우라"며 영어든 한국말이든, 한국문화든 가르치려고 많이 애쓰셨다.

그런 할아버지가 늘 강조하시던 말은 "결혼은 절대로 러시아 사람은 안 되고, 우즈베키스탄 사람도 안 되고, 무조건 고려인과 해야 한다"라는 것이었다. 연구참여자의 어머니는 러시아 사람과 결혼해야 한다고 주장하는 편이어서 약간 갈등도 있었는데, 연구참여자의 사촌 형제들과 오빠는 고려인과 결혼했고 사촌 중 큰언니만 러시아 사람과 결혼했다. 연구참여자는 할아버지가 살아계셨다면 그래도 연구참여자가 한국 사람과 결혼하여 좋아하셨을 것이라고 생각한다. 연구참여자의 어머니가 살아계셨다면 한국 사람을 만나서 한국에 간다고 하면 안 보냈을 것이다.

"그렇죠. 근데 제 생각에는 만약에 할머니 할아버지 살아계시면 되게 좋아할 거예요. 근데 엄마는 살아계시면 별로 안 좋아하실 거 같아요. 결혼 못 했을 거 같아요. … 근데 우리 할아버지는 너희들 꼭 고려인하고 한국 사람 결혼해야 돼. 이렇게 얘기했어요. 근데 어, 엄마는 러시아 사람이랑 결혼해. (중략) 저희는 여자니까 꼭 아니고, 그래도 고려인하고 결혼하면 좋을 거야. 할아버지가. 고려인하고, 꼭 고려인 사람. 러시아 사람 안 되고 우즈베키스탄 사람 안 되고 꼭 고려인하고."

연구참여자는 할아버지에게 그런 말을 듣고 자랐으면서도 꼭 고려인과 결혼해야겠다는 생각을 한 것은 아니었는데, 대학에서 컴퓨터를 전공한 후 취직하여 우즈베키스탄에서 일하면서 한국 비자 F4를 만들었다. 그 비자는 받기가 힘든 편이었는데, 대학을 졸업한 사람은 받을 수 있어서 언젠가 한국에 한 번은 갔다 와야겠다는 생각을 하고 만들어두었다. 그 비자를 받고 한 달 정도 지나서 남편을 만나게 된 것이다. 취직한 지 1년 정도 지났을 때였으니 스물세 살이었다. 우즈베키스탄은 결혼을 일찍 하는 편이어서 연구참여자가 스물세 살에 결혼한 것도 비교적 늦은 편이었다.

연구참여자는 옛날 사고방식을 고집하는 시부모에게 적응하는 일이 크게 힘들었지만, 시부모는 연구참여자가 다른 나라에서 온 사람이라는 것에 대해서는 크게 개의치 않는 편이었다. 특히 남편은 한국 여자와 결혼할 생각이 없었기에 결혼 상대자를 찾아서 우즈베키스탄까지 간 것인데, 연구참여자를 만났을 당시 남편의 나이는 서른넷이었다. 연구참여자의 동서가 아는 사람이 우즈베키스탄 사람이었는데, 그 사람 이야기를 듣고 연구참여자의 남편이 그 사람과 함께 우즈베키스탄으로 찾아간 것이다. 시부모는 며느리가 외국 사람이더라도 결혼은 해야 한다는 생각이어서 반대하지 않았다.

연구참여자의 남편은 우즈베키스탄 사람도 만나고 러시아 사람도 만나고 하면서 결혼 상대자를 찾기 위해 애쓰다가 가장 마지막에야 연구참여자를 만나게 되었다고 했다. 연구참여자는 한국에 한 번은 다녀와야겠다는 생각을 하고는 있었지만, 그렇다고 한국 사람과 결혼할 것이라는 생각까지는 하지 못하고 있던 상황이었다. 하지만 남편을 만나 서로 비슷한 점에 끌렸고, 시부모도 고려인이라도 좋다고 하여 결혼하게 되었다.

더구나 그때 연구참여자는 엄마와 할아버지가 돌아가시고, 언니들은 결혼해서 러시아에 가 있었으며, 아버지와는 떨어져서 혼자 살고 있었기에 무척 힘든 상황이었다. 그래서 미래도 안 보고 오늘만 적당히 살면 좋겠다고 생각하면서 그냥 살던 시절이었다. 그렇게 집과 회사만 오갔는데, 우즈베키스탄 여자들이 한국 남자들과 결혼을 많이 하고 큰언니 친구도 한국 사람과 결혼하여 이야기를 들을 기회가 있었다. 큰언니 친구는 한국 남자와 결혼하여 한국에서 살다가 이혼해서 우즈베키스탄에 돌아와 있었는데, 그래도 다시 한국 남자를 만나고 싶다고 했다. 한 번은 좀 안 좋은 사람을 만난 것뿐이고 좋은 사람을 만나고 싶으며, 만약에 기회가 있으면 한국에 다시 가고 싶다고 했다.

"네, 근데 거기는 사실은 우즈베키스탄 사람 여자들 많이 한국 남자들 결혼 많이 하죠. 큰언니 친구 한국 사람하고 결혼했어요. 결혼하고 우즈베키스탄 다시 왔어요. 우즈베키스탄 와서 어떻게 우리 만났어요. 얘기해보니까 그 언니는 이혼했어요. 이혼하고 우즈베키스탄 다시 왔어요. 그런데 다시 한국 남자 만나고 싶어서 그 언니. 아니, 한 번 이혼. 아니, 한국 사람 좋은데 나만 그 나쁜 사람 만났어요. 좋은 사람 만나고 싶다고 만약에 기회가 있으면 한국에 다시 가고 싶다고. 그 때 제가 타슈켄트에 아는 사람이어서 연락이 왔어요. 여기 한국 사람 많으니까 아가씨들 있으면 소개해줘. 부탁했는데, 그 언니들한테 물어보고 언니가 어, 괜찮은데 한번 만나보고 싶다고. 그래서 언니들이랑 같이 거기 가서 한국 사람들도 만나고 일하다가 저거 하다가 어느 날 남편 만난 게 아니고 그냥 그 여자랑 같이 들어갔는데 남편이랑 만났어요. 이렇게 됐어요."

연구참여자는 그 언니의 이야기를 들으면서 한국에 대해 생각하게 되었다. 그때 마침 타슈켄트에 있던 아는 사람이 한국 남자가 있는데 만나보겠냐고 하여 그 언니와 함께 찾아가서 남편을 만나게 되었다. 그동안 사는 게 너무 힘들었기 때문에 일단 '그냥 해보자'라는 생각이 있었고, 남편을 처음 봤을 때는 촌스럽다는 느낌도 있었지만 아는 사람도 남편과 얘기해보고 괜찮은 사람이라고 하여 이 정도면 나쁘지 않겠다는 생각을 하게 되었다. 그렇게 스물세 살에 결혼하여 올해 10월이면 딱 9년이 된다.

결혼해서 처음부터 인천에 살았는데, 음식도 좀 배우고 한다고 8개월쯤 시부모와 함께 살다가 분가했다. 한국에서 결혼식을 했을 때 연구참여자의 아버지가 결혼식에 참석한 후 분가한 연구참여자의 부부와 함께 지냈다. 그러나 어렸을 때부터 할머니 할아버지와 함께 살았던 연구참여자는 아버지와 지내는 것은 힘들었다. 서로 생각이 달라서 자꾸 부딪쳤기 때문이다. 그래서 결국 따로 지내게 되었고, 연구참여자는 3년 정도 분가해서 살다가 지금은 시부모와 아래위층에 살면서 거의 함께 지내고 있다. 시누이와 시동생은 각각 송도와 간석동에 살아서 연구참여자 부부, 시부모와 가까운 곳에서 지내고 있다.

(2) 아들을 낳아야 해

연구참여자는 결혼해서 처음 한국에 왔을 때 시부모가 옛날 사고방식과 생활방식을 고수하는 분들이어서 적응하는 데 어려움을 겪었다. 시아버지는 1949년생, 시어머니는 1950년생이다. 연구참여자의 시아버지와 남편이 모두 장남이라 제사가 많은 집안이었는데, 처음 한국에 와서는 한국말도 못하고 제사도 지내본 적이 없어서 아무것도 몰랐다. 고려인은 제사를 3년까지만 지내고 그 이후는 일절 하지 않는다. 그런데 여기 와서 보니 아침에 제사를 올리는 것과 준비해야 할 음식이 너무 많은 것도 무척 신기했다. 연구참여자는 어머니가 돌아가셨을 때도 제사 준비를 본인이 다 했는데, 그때는 간단하게 지냈다. 여기 와서 본 제사 음식은 왜 그렇게 종류가 많은지, 무슨 뜻인지 하나도 몰랐다. 시어머니한테도 물어보지는 않았는데, 나중에 다문화가족지원센터에 갔을 때 거기서 배워 알게 되었다.

연구참여자의 남편에게는 남동생과 여동생이 있고, 자녀는 각각 딸 둘과 아들 둘을 두었다. 결혼하고 처음에 아기가 생기지 않아서 스트레스를 많이 받았다. 결혼식은 우즈베키스탄에서 하고 한국에서는 하지 않고 있다가 우즈베키스탄에 한 번 다녀오고 나서 한국에서 결혼식을 하고 난 후에 아기가 생겼다. 시부모가 무척 좋아했는데, 딸을 낳고 나니 아들을 낳아야 한다는 말씀을 많이 하셨다.

연구참여자의 동서에게는 딸만 하나 있었는데, 동서는 더 이상 아이를 낳지 않겠다고 하고 있을 때 연구참여자가 임신했고, 동서도 바로 둘째를 임신했다. 그래서 둘이 거의 비슷한 시기에 아이를 낳았는데, 둘 다 딸을 낳자 시아버지가 크게 실망했고, 아들을 낳아야 한다는 말씀을 계속 했다. 이 집안에 왜 아들이 생기지 않느냐며 불평을 많이 했고, 연구참여자가 첫딸을 낳고 1년도 안 지났을 때 둘째는 언제 낳느냐고 계속 물어와서 정말 힘들었다. 동서도 딸을 낳고 보니 시어머니는 아들이 필요하다고 계속 강조했고, 연구참여자가 둘째를 임신한 후 병원에서 아들인 것을 알게 되었을 때 남편과 함께 제일 먼저 시어머니를 찾아갔다. 시어머니가 시장에 가려고 나서다가 연구참여자를 보고는 인사도 안 하고 먼저 딸인지 아들인지부터 물었다. 남편이 아들이라고 답하니 너무 좋아하면서 뭐 먹고 싶은 것 있느냐고 물어보기도 했고, 시아버지도 그때부터 맛있는 것도 사주고 무척 잘해주셨다.

연구참여자는 딸이든 아들이든 상관없었고 남편도 딸이 좋다고 했지만, 시부모는 딸을 예뻐하면서도 아들이 필요하다고 했다. 시아버지는 지금도 집안에 잔치가 있거나 하면 손녀 대신 손자를 꼭 데리고 다닌다. 시동생도 잘 안 가는데, 연구참여자 부부와 손자는 꼭 가야 한다. 남편은 만약 둘째도 딸이었으면 셋째를 낳아야 했을 것이라고 말했다.

동서가 아기를 낳았을 때 병원에 갔는데, 남자들끼리 얘기하고 있는 동안 동서가 연구참여자를 끌고 나와서는 아기를 낳지 말라고 했다. 동서는 딸을 낳았는데 연구참여자가 아들을 낳으면 좋지 않을 것이었기 때문이다.

"그런데 우리 남편도 그 생각 했어요. 만약에 둘째도 딸이었으면 셋째도 낳아야 한다고. … 근데 우리 시어머니 걱정했어요. 아, 너희 집에서, 니 집에도 딸만 세 명이고. 너도 딸만 세 명 아니야? 다행히 아들 낳았어요. 동서는 제가 아들 낳았으면 안 좋았을 거예요. … 우리 동서 애기 낳을 때 제가 병원에 갔어요. 병원에 가서 남편하고 남자들끼리 얘기하고 동서가 제가 끌고 나왔어요. '어, 동서 왜 그래?' '형님 애기 낳지 마요.' 그 얘기 하고 바로 이틀 지나서 제가 임신이. 그래서 우리 언니들 오빠들도 '왜 아들 필요해?' 이제 이 세상에서 그런 사람들 없어서, 모르겠어. 그 얘기 되게 많이 들어서 되게 스트레스 받았어요. 남편도 '아, 뭔 상관있어. 아들이랑 딸이랑. 건강하면 다 좋지 뭐.'"

처음에는 그렇게 시부모와 함께하는 것이 힘들었지만 연구참여자가 일하면 시부모가 아이들을 봐주기도 하고, 아이들도 할머니 할아버지를 좋아해서 편하게 잘 지내고 있다. 다만 옛날 사고방식이 강해서 힘들 때가 있는데, 이번에도 김장하면서 너무 힘들어서 나중에도 이렇게 매번 김장해서 먹어야 하느냐고 하니 남편이 그냥 사 먹자고 해주어 고마웠다. 아직은 젊으니 몸이 좀 고달파도 견딜 수 있지만, 나중에 더 나이 들면 매번 직접 김장을 담가 먹기는 힘들 것이기 때문이다. 그 대신 남편은 부모와 함께 살아야 한다는 생각은 강하게 갖고 있다. 지금 집 앞이 공사 중인데 너무 시끄럽다면서 다섯 살 아들이 아파트로 이사 가고 싶다고 하기에 "우리가 아파트 이사 가면 할머니 할아버지는 어디에서 살지?"라고 하니 아들이 "할머니 할아버지도 같이 가야지"라고 했다. 큰아들인 남편이 부모를 챙기니 다섯 살 아들도 그렇게 챙기는 것 같다. 연구참여자에게는 이렇게 가족과 함께 한국에서의 삶을 꾸려가는 것이 중요하다.

(3) 아이들에게 러시아말 가르치고 싶지만

연구참여자의 자녀는 현재 딸이 일곱 살, 아들이 다섯 살이다. 딸이 내년이면 학교에 가야 해서 어디에 보내야 할지 생각하고 있는데, 우선은 집 바로 앞에 있는 ○○초등학교에 보낼 생각이다. 그런데 남편은 지금 살고 있는 동네가 너무 오래된 곳이어서 이사 가고 싶다는 말을 자주 한다. 그곳은 평범한 주택단지여서 주변에 번화가가 아예 없다. 시장도 작고 밥 사 먹을 데도 없어 외출할 만한 곳이 없다. 생활하기에는 여러모로 불편함이 많은 오래된 동네다. 하지만 연구참여자는 주택이 편해서 아파트로 가고 싶은 마음은 없다. 시부모도 아파트는 싫다고 하자 남편은 "부모님은 여기 계시게 하고 아파트로 이사 가자"라고 하는 중이다.

연구참여자는 현재 이사 가는 것보다 아이들에게 러시아말을 가르치는 문제로 고민 중이다. 아이들에게 러시아말을 가르치고 싶지만, 아이들은 "한국 사람인데 왜 러시아말을 배워야 하느냐?"라고 하기 때문이다. 그래서 러시아에 놀러 가서 사촌들을 만나면 어떻게 얘기하느냐고 설득하고 있는데, 아이들은 러시아말을 곧잘 알아듣기는 하면서도 정작 열심히 배우려고 하지는 않는다. 연구참여자의 딸은 처음에 집에서도 러시아말을 하곤 했는데, 연구참여자의 언니와 조카들이 왔을 때 "엄마, 이모 말이 왜 그래?" 하고 묻기도 했다. 엄마에게 듣는 말은 익숙하지만 다른 사람이 말하는 것은 들어보지 않아서 어색했던 모양이다. 연구참여자도 처음 한국에 왔을 때 남편 말은 알아들었지만 다른 사람들이 하는 말은 못 알아들은 적이 있다. 말도 빠르고 발음도 달랐기 때문이다. 연구참여자의 언니는 한국말을 배워야 해서 처음에는 연구참여자의 집에서 한 달 동안 살기도 했다. 그래서 아이들이 자연스럽게 러시아어와 한국어를 서로 익힐 수 있었다.

연구참여자의 주변 친구들도 시부모가 반대해서 아이들에게 러시아말을 못 가르치고 한국말만 가르친다고 한다. 그러나 연구참여자의 시댁 식구들은 러시아말을 배우는 것에 대해 무척 호의적이어서 아이들이 러시아말도 쓰고 한국말도 쓰면 좋지 않느냐고 하고, 시누이도 아이들에게 왜 러시아말을 가르치지 않느냐고 혼내기도 한다. 둘째 아이가 돌 지났을 때 남편과 함께 친정에 다녀온 적이 있다. 그때가 4월이었는데, 눈도 와서 추웠고 아이들이 어려서 무척 힘들었다. 열도 나고 아프기도 했다. 그러나 남편은 그때 무척 좋았다면서 또 가고 싶다고 한다.

남편은 돈만 있으면 연구참여자와 아이들을 러시아에 보내고 싶어 한다. 사실 남편도 가고 싶어 하는데, 거기 가서 무슨 일을 해야 할지 아직 계획이 서지 않아서 실행하지 못하고 있다. 그래서 남편은 일단 한국에 있고 아이들을 데리고 러시아에 가서 말도 가르치고 하면 좋지 않겠느냐고 한다. 거기는 초등학교 1학년부터 공부를 무척 많이 시킨다. 한국의 초등학생은 1학년 때 숙제도 없고 거의 공부를 하지 않는 편이다. 그러나 러시아에서는 초등학생은 어디 밖에도 안 나가고 공부만 하기 때문에 사실은 아이들이 힘들어하기도 한다. 그래서 오히려 연구참여자는 아이들이 어렸을 때는 한국에서 공부하는 것도 좋겠다고 생각한다. 아이들이 학교에 들어가자마자 바로 공부만 하면 너무 힘들기 때문이다. 연구참여자도 기억하기에 초등학교 1학년 때 숙제를 매일 해야 해서 무척 힘들었다. 재미있는 것도 없고 힘들었는데, 한국에서는 아이들이 공부를 아예 안 하는 건 아니지만 재미있게 한다고 생각한다. 그래서 남편은 1, 2학년만 공부하고 오면 최소한 러시아말은 배우지 않겠느냐고 하면서 욕심을 내는데, 연구참여자는 별로 가고 싶은 마음이 없다.

연구참여자는 전에도 언니 집에 가서 두 달쯤 살았던 적이 있는데, 별로 그러고 싶지 않다. 나중에 아이들이 크고 나면 생각해볼 수도 있겠지만, 사실 러시아말이 좀 배우기 어렵기도 해서 만약에 간다면 지금 가는 게 맞지만, 별로 보내고 싶은 생각은 없고 그런 상황이다. 연구참여자의 큰조카도 초등학교 5학년 때 한국에 왔는데, 한국말 배우기를 힘들어한다. 작은조카는 1학년 때부터 여기에서 공부해서인지 잘하고, 학교에서도 선생님들이 칭찬하는 걸 보니 확실히 나이 먹으면 힘든 것 같다.

그리고 지금 아이들을 러시아에 보내는 것은 사실 시부모가 반대해서 힘들기도 하다. 귀한 손자를 보낼 수 없으니 갈 거면 아이들은 놔두고 부부만 가라고 하시기도 한다. 그럴 거면 러시아에 가는 의미가 없으니 결국 지금 아이들한테는 여기에서 할머니 할아버지와 함께 학교에 다니면서 사는 게 딱 좋다고 생각한다.

(4) 내 공부를 하고 싶지만

연구참여자는 현재 한국에서의 삶에 만족하고 있다. 처음에는 한국에 와서 말도 서툴고, 아는 사람이 없어서 누가 도와주는 것도 아니고 거의 모든 일을 혼자 알아서 처리해야 했기에 무척 힘들었다. 언니와 형부가 한국에 와서 2년 정도 잠깐 살았던 적이 있는데, 연구참여자에게 "어떻게 살았어?" 하고 걱정하며 말했다. 그러나 연구참여자는 결혼도 하고 한국에 왔으니 '이제 여기 살아야 한다'라는 생각을 했다. 그런 생각을 했기 때문에 열심히 공부했다. 처음에는 한국말을 처음부터 다시 배우다시피 해야 하는 것이 너무 힘들었지만, 다행히 다문화가족지원센터가 있어서 거기 가서 비슷한 처지의 사람들을 만나서 얘기하고 언어를 배우면서 마음의 안정을 찾았다.

"그렇죠. 저 저거 어떻게 살았어. 지금은 한 번 말 듣고 처음에는 몰랐어요. 아는 사람도 없고 혼자. 해주는 사람도 없고 혼자 다 했으니까. 아, 니가 어떻게 살았어. 이해가 안 돼요. 형부가. 그런데 어떻게 결혼도 하고 아, 내가 이제 여기 살아야 됐어. 그 생각 들고 내가 열심히 공부했어요. 처음에는 나도 아, 다시 한국말 배워야 되고 너무 힘들고 이렇게 생각하면 더 힘들어요. … 다행히 다문화가족지원센터 있으니까 거기 가서 저랑 똑같은 사람들 힘들게 살고 이런 사람들 만나서 얘기하고 선생님들도 힘든 거 있으면 얘기하고 좋아요."

연구참여자는 ○○구에 거주하면서 지역의 다문화가족지원센터에 다녔는데, 그곳에서 만난 친구들은 필리핀, 베트남, 인도네시아 등에서 온 사람들이었다. 우즈베키스탄이나 한국 친구는 없다. 그곳에서 한국어를 배웠는데, 1단계 끝난 후 임신해서 딸을 낳은 뒤 공부하기 싫어서 안 가고 있다가 둘째 아들을 낳게 되었다. 그러고 나서는 집에 있기 심심해서 다시 다문화가족지원센터에 다니기 시작했고, 시험 보고 4단계까지 올라갔다. 4단계 이후로는 특별반이 있는데, 거기까지 이수하기에는 많이 벅찼다. 사실 한국어도 높은 급수로 자격증을 따고 싶은 욕심이 있기는 한데 아직은 공부하기가 힘들다.

"1단계만 끝나고 임신하고 다시 딸 낳고 공부 이제 하기 싫어서 안 가고 아들 낳고 심심하니까 집에. 아들 낳고 제가 다문화가족지원센터 가서 시험 보고 4단계 올라갔어요. 4단계 바로 배우고 특별반에 올라갔는데 힘들죠. 안 갔어요. (거기까지 다녔으면 자격증 급수 있잖아요. 그것도 따고 싶어 하고 그러지 않을까요?) 하고 싶은데. 근데 저도 욕심 많아요. 이것도 배우고 싶고, 저것도. 처음에는 시간이 안 됐어. 지금은 시간도 되고 하기 싫어요. 근데 시작하면 재미, 관심도 생기고, 재밌어요. 시작하기가 힘들어요."

현재 연구참여자는 아직 아이들이 학교에 들어가기 전이고, 집안일이며 육아며 신경 써야 할 일이 많아서 자신의 공부에는 관심을 가질 형편이 되지 못한다. 그렇지만 무엇이든 하고 싶다는 욕심을 갖고 있고, 언제든 좋은 기회를 만날 수 있을 것이라고 기대하고 있다.

연구참여자에게는 언어 습득이 가장 큰 과제에 해당하는 셈이다. 아이들에게는 러시아어를 습득시켜야 하고, 자신은 한국어를 습득해야 한다. 어느 한쪽도 놓칠 수 없는 상황이다. 이는 자신과 자녀들의 미래와 직결되는 것이기 때문이다. 언어 습득을 통해 한국과 러시아 문화에 모두 익숙한 상태가 되었을 때 좀 더 행복한 미래를 만들 수 있다고 생각하지만, 아직은 아이들이 어리고 현실적으로도 시간을 많이 낼 수 있는 형편이 되지 못해 이상과 현실 사이에서 잠시 숨을 고르는 중이다.

3) 정체성 협상

(1) 여기서도 저기서도 외국 사람

연구참여자는 우즈베키스탄 고려인 마을 출신이다. 우즈베키스탄이 고향이지만 마치 외국 사람인 것처럼 살 수밖에 없었다. 그곳에서 살 때 문화는 한국과 거의 비슷했던 것 같다. 기억은 잘 안 나지만 어른들에게 듣기로 할머니는 러시아에서 태어나고 할아버지는 한국에서 태어났는데, 다섯 살인가 일곱 살 때 러시아에 갔다고 한다. 할아버지에게는 남자 형제가 셋, 여자 형제가 하나 있었는데 부모님과 남자들만 러시아에 갔다. 할아버지는 2003년 돌아가셨는데, 그때 연세는 일흔둘쯤 되었다. 할아버지께 들은 이야기로는 처음에 할아버지 가족이 우즈베키스탄에 갔을 때 그곳 사람들이 집도 지어주고 땅도 주면서 잘해주었다고 한다. 그러나 한국 사람들에게 너무 낯선 그곳에서 공부도 잘 못하고 한국말을 주로 쓰고 하다 보니 적응하기가 쉽지는 않았다. 우즈베키스탄 사람들도 고려인을 불쌍하게 보는 시선이 있어서 그 또한 한국인을 힘들게 했다.

> "거기 가서 우즈베키스탄 가서 다행히 우즈베키스탄 사람들 잘해줬어요. 처음에 집도 해주고 땅도 해주고 그 사람들한테 고맙죠. 그런데 한국 사람들처럼 살고 싶어도 못 했어요. 못 살았어요. 이렇게. 공부도 잘 못하고 거기 가서 한국말 쓰니까. 근데 거기 가서 러시아말 쓰고 그러죠. 그것도 어렵고 그런데 열심히 공부했으니까 다시 배우고 우리 고려인들 그게 그 나라 사람들 우리를 되게 불쌍하게 봐. …

아니 한국 사람들 왜 여기 살아. 왜 한국에 안 가고. 그런데 아직도 그 사람들 있어요. 어디 살아? 대한민국에 살아, 아니면 북한에 살아? 잘 몰라요. 네, 그것도 물어봐요. … 그래서 그때 저희 남편 우리 아빠랑 얘기할 때 우리는 북한 사람들 더 많이 비슷해요. 말도 비슷하고 문화도 비슷하다고 북한 사람들 비슷해요."

고려인이라는 정체성에 우즈베키스탄이라는 지역성이 더해지면서 말이나 음식 등 문화의 차이 때문에 느끼는 격차가 컸다. 우즈베키스탄 사람들은 고려인, 즉 한국 사람이면 한국에 가서 살아야지 왜 여기서 사느냐고 질문해오기도 하고, 고려인의 말이나 풍습은 북한 쪽 사람들과 비슷하니까 북한 출신이냐고 물어보기도 했다.

할아버지에게서 어렸을 때 한국에 대해 들은 이야기가 많기는 하지만, 지금은 거의 잊어버렸다. 할아버지는 우즈베키스탄에서도 고려인문화센터에서 봉사도 많이 하셨지만, 고려인도 젊은 사람은 완전히 러시아 사람들처럼 살면서 고려인 문화도 잊어버리고 음식도 한국 음식은 잘 안 먹고 러시아 음식을 많이 먹는 편이다. 다만 어린 시절 기억에 언니들이 한복 입은 것을 보고 연구참여자도 한복을 입고 싶어 했던 일이 있다. 할머니가 직접 만들어서 언니들한테 입힌 것인데, 연구참여자는 그때 너무 어렸고 연구참여자에게까지 한복을 지어줄 여유는 없었던 것 같다. 1997년 할아버지가 고려인문화원 일로 한국에 다녀온 일이 있다. 그때 한복 입고 싶다고 사달라고 했는데, 할아버지가 사이즈를 몰라서 안 사오셨다. 그때 무척 속상해했던 기억이 있다. 그 대신 할아버지께서 사오신 할머니 한복을 입고는 기분이 좋아졌다.

할머니와 할아버지는 집에서도 한국말을 많이 쓰시는 편이었는데,

어머니와 아버지는 한국말을 배우지 않았고, 벨라루시 출신 어머니는 고려인 문화를 따르기보다는 그냥 유럽 스타일로 살았다. 연구참여자의 어머니는 한국말도 모르고 현재 우즈베키스탄에 살고 있는데, 한국의 문화를 따를 이유가 없다고 생각한다. 그러나 할아버지는 우리도 한국 사람이니까 한국문화대로 살아야 한다고 했다.

> "네, 엄마는 벨라루시에서 태어났고, 아빠는 우즈베키스탄. 근데 엄마는 한국말도 모르고 '아, 언제 왜 우즈베키스탄 살고 있는데 왜 우리는 그 나라 문화 써야 돼. 우리가' 엄마가 이렇게 생각했어요. 근데 할아버지는 안 된다고 '우리도 한국 사람이니까 이 문화로 살아야 돼.' 근데 어려운 거는 누가, 아 사람이 돌아가시고 아니면 결혼식, 환갑 어디 가면 문화가 다르니까 러시아 사람들 이렇게 하고 우리는 달라요. 거기 가면 우리 어떻게 해야 돼. 어떻게 축하해야 돼. 그래서 문화 우리 많이 바꿨어요."

고려인과 러시아 문화권 사람들의 풍습이 많이 달라서 초상집에 가야 할 일이 있을 때 어떻게 해야 할지 몰라 허둥댔던 기억들이 있다. 옷은 어떻게 입어야 하는지, 가서 인사는 어떻게 해야 하는지 그런 게 어려웠다. 그리고 고려인은 아기 돌잔치를 하지만, 그쪽 사람들은 아무것도 하지 않는다. 돌이라고 잔치를 하는 것을 이해하지 못했다. 사실 왜 그런 풍습을 갖게 되었는지 잘 모르지만, 할아버지가 한국 사람처럼 살아야 한다고 교육했기 때문에 그저 해왔던 것 같다. 할아버지는 고려인문화원에서 그렇게 고려인의 풍습을 알리고 가르치는 일을 많이 하셨는데, 이제는 할아버지 할머니들이 모두 돌아가시고 젊은 사람들만 있어서 고려인 풍습은 거의 사라졌다.

> "거기도 가야 되니까. 언니는 옷 어떻게 해야 돼. 인사 어떻게 해야 돼. 그렇죠, 뭐 어려웠어요. 그 돌도 애기 돌 우리는 하고 그 나라 사람들 안 해요. 잔치도 안 하고 아무것도 안 해요. 그래서 그 나라 사람들 애기 돌 왜 해요? 무슨 핑계로, 이렇게 해서 우리도 사실 잘 몰라요. 그러니까 할아버지는 우리는 우리도 한국 사람처럼 이렇게라도 살아야 해요. 거기서 고려인문화원에서 그 일도 많이 했어요. 근데 이제 할아버지들 할머니들 다 돌아가시고 젊은 사람들만 있어. 젊은 사람들 밥도 못 해요. 이제 많은 사람들 여기 와서 병원 가요."

연구참여자의 부모님도 민족으로 따지면 고려인이지만 출생이 러시아 문화권이었기에 한국말 등 한국의 문화를 잘 모른다. 연구참여자의 아버지가 어린 시절을 보낸 시골 마을은 고려인이 모여 있는 곳이었기에 밥과 김치를 먹는 식성에 익숙하고, 한국말도 조금 할 줄 아시기는 한다. 반면에 어머니는 고려인이기는 하지만 밥은 안 먹고 빵만 먹는 식성을 가졌고, 한국말은 전혀 할 줄 모른 채 완전히 러시아 스타일의 생활을 했다.

연구참여자의 부모님은 이혼하여 따로 사셨고 연구참여자는 조부모와 함께 살았는데, 가끔 엄마와 살고 싶다고 생각하기는 했지만 막상 엄마 집에 가면 밥도 못 먹고 아무것도 못 해서 다시 할머니 집에 가겠다고 떼쓰기도 했다. 연구참여자는 조부모와 함께 살다 보니 밥과 김치를 먹는 식성에 길들여져 있었는데, 어머니는 밥 좀 그만 먹고 빵을 먹으라고 하여 그게 싫었다.

연구참여자는 이렇게 조부모와 부모, 그리고 지역민들과의 사이에서 여러 문화가 섞인 상태로 살다 보니 혼란스러웠던 기억을 갖고 있다. 연구참여자의 어머니는 2002년에 돌아가셨고, 2003년에는 할아버지가 돌아가셨는데, 어머니에게는 하나밖에 없던 형제인 외삼촌에게 사람들이 한국에 가보고 한국에서 일해보는 게 어떻겠느냐고 말했지만 외삼촌도 듣지 않았다. 외삼촌은 2014년 한국에 다녀가기는 했지만, 한국인이라는 정체성을 갖고 있지 않았고 러시아에서 계속 살 거라고 생각해서인지 굳이 한국어를 배우지 않았다.

연구참여자가 어린 시절을 보낸 곳은 우즈베키스탄의 수도 타슈켄트에서도 차를 타고 4시간 정도 가야 하는 페르가나라는 곳이었다. 대도시에서 떨어진 곳이어서 제사 지낼 때 쓸 떡을 구하기도 어려웠다. 그래서 제사 한번 지내려면 타슈켄트까지 가서 필요한 것들을 사와야 했다. 고려인 문화를 지키면서 살고 싶어도 이런 현실적인 어려움이 있었다. 지금은 여기 고려인도 F4 비자를 쉽게 받을 수 있어 한국에 왕래도 많이 하고 한복이나 필요한 것들을 구하기가 훨씬 쉬워졌는데, 옛날에는 그렇지 못했으니 무척 힘들었다.

연구참여자는 이제 우즈베키스탄보다 한국에서 사는 것이 편하고 좋다. 한국이 살기에도 훨씬 편리하기 때문이다. 문화도 그렇지만 사람들이 대하는 태도도 우즈베키스탄은 그래도 좀 괜찮은데, 러시아 사람들은 아직도 "아, 여기 왜 왔냐", "너희 나라 왜 안 가냐?"라는 말들을 많이 한다.

연구참여자가 결혼하기 전 우즈베키스탄에서 살 때 언니들은 결혼하면서 러시아로 옮겨가서 러시아 국적을 얻고 살았다. 아이들도 거기에서 학교를 다녔는데, 러시아 사람들은 중국 사람과 헷갈려하기도 하고 고려인을 좋게 보지 않는 경향이 강했다.

어렸을 때 살았던 우크라이나 시골에서는 사람들이 "일본 사람이냐?

중국 사람이냐?"라고 물어보면서 연구참여자에 대해 무척 궁금해했다. 고려인은 그 마을에 연구참여자의 집밖에 없었기에 더욱 신기해했다. 심지어 어떤 사람은 아프리카 사람이냐고 물어보기도 했다.

"예. 고려인이라고 불러요. 근데 헷갈려요. 고려인하고 중국 사람. … 저도 여기는 모르는 사람들 제가 얘기하면, 어, 외국 사람이네? 근데 제일 먼저 물어보는 건 중국 사람, 아니에요. … 근데 저 우크라이나도 두 년 살았어요. 2년. 우크라이나 거기 러시아보다 거의 고려인들 많이 없어요. 일본 사람이야? 중국 사람, 되게 궁금해해요. 너무 신기해요. 2년 그 시골에서 살았는데, 저희 집밖에 없었어요, 고려인들. 거기 누군 아프리카 사람 아니에요. … 아니 왜 우리 아프리카 사람이야? 중국 그 사람은 물으면 이해 가는데. (그런 말 들으면 느낌이 어떠세요?) 나빠요, 되게 나빠요. 우리도 사람이에요. 똑같이 안 생겨도 사람이에요. 그것 때문에 많이 제일 아파요. 어디 가서 우리는 고향이 없어요. 제가 결혼하고 여기 와서 우리 사촌오빠가 어, 니가 좋겠다. 우리보다 니가 고향에 가서 한국 사람처럼 살면 되니까. 근데 처음에 여기 왔을 때 저도 외국 사람이에요. 그것도 불편했어요. 여기도 우리 집도 아니고 여기도 우리 집 아니고. (아, 어디를 고향이라고 할지가?) 그렇죠. 그냥 태어난 데가 고향이긴 한데 어렸을 때부터 우리 고향이라고 얘기를 못했어요. 그 나라 사람들 아니야, 니가 한국 사람이야, 한국을 가서 살아야지."

생김새가 비슷하니 중국 사람이라고 오해하는 것은 그러려니 할 수 있지만, 난데없이 아프리카 사람이냐는 질문이 들어올 때는 뭐라고 대꾸

하지도 못할 정도로 당황할 수밖에 없었다. 그리고 보통은 나고 자란 곳을 고향이라고 부르지만, 연구참여자는 우크라이나도 고향이라고 하기가 어려웠다. 그곳에서 자주 들었던 말이 "너네 한국 사람이면 한국에 가서 살아야지 왜 여기에 있어?" 하는 것이었다. 엉뚱한 외국 사람으로 오해를 받고, 한국 사람이니까 한국에 가서 살아야 하지 않느냐는 말을 들을 때마다 무척 기분이 나빴고, 다 같은 사람인데 왜 그런 말을 들어야 하는지 이해할 수 없었다. 어린아이들이 멋모르고 하는 말이지만, 사춘기 때 특히 그런 태도를 많이 보이는데, 그것 때문에 고려인 아이들이 스트레스를 많이 받는다.

연구참여자는 자신이 나고 자란 고향에서도 그 지역 사람으로 인정받지 못하고 계속해서 엉뚱한 오해를 받거나 다른 곳으로 가라는 말을 들으면서 자랐기에 정체성에 대한 혼란을 많이 겪으면서 살아온 편이다. 고려인이라서 러시아 사람들한테 무시당하고 사는데, 풍습이나 식성을 한국식으로 지켜야 하고 결혼도 무조건 고려인과 해야 한다는 교육을 강하게 받았기에 그 속에서 자존심을 지켜내기는 쉽지 않았다. 그런 상황에서 생전 가보지도 못 했고 아무런 정보가 없던 한국에서 사는 생활은 어린 시절에는 꿈도 꾸지 못했을 일이다.

그러나 고려인이 한국에 많이 다녀가기도 하고 왕래가 늘어나면서 고려인과 한국의 관계가 예전보다는 좋아졌다고 생각한다. 연구참여자의 둘째 언니도 지금 한국에 와 있는데, 언니도 그렇고 언니 친구들도 그렇고 한국이 더 좋다고 한다. 형부는 한국말을 배워야 하니까 그게 어렵고 힘들어서 러시아에 가고 싶다고 하는데, 언니 친구는 말은 잘 못해도 한국이 좋다면서 여기서 살겠다고 지금 한국어 공부를 열심히 하고 있다. 언니 친구는 러시아도 좋지만 자기 집은 아니라고 생각한다.

연구참여자는 이제 한국에 와서 산 지 9년쯤 되어가니 좀 익숙해졌지만, 처음에 한국 와서 말도 못하고 외국인 취급을 받을 때는 눈물도 나고 많이 속상했다. 아는 사람도 없어 힘들었지만 이제는 괜찮아졌다. 그리고 학교 일을 하기 시작하면서 학부모를 만나 얘기를 듣게 되었는데, 러시아도 아이들을 학교에 보내는 일이 쉽지는 않다. 아이들이 스트레스를 많이 받기 때문이다. 한국에 와서 한국학교에 다니는 일 역시 아이들이 힘들어하고 스트레스 받는 일이다. 학교에서 다른 아이들이 외국 사람이라고 하거나 여기에 왜 왔느냐고 할 때 아이들은 엄마에게 "엄마, 우리 누구야?" 하고 물어보기도 한다. 하지만 러시아에서 이주해오는 어머니들은 그래도 러시아에서 사는 것보다는 한국에서 적응하고 사는 편이 더 낫다고 생각한다. 특히 생김새에서 크게 차이가 없기에 이질감이 덜하고, 시간이 지나 말도 잘할 수 있게 되면 여기 한국에서 사는 게 더 낫다는 것이다.

> "근데 제가 초등학교 일도 해보니까 학부모들도 만나고 얘기하고, 엄마들이 애들 너무 걱정돼서 여기 왔어요. 러시아도 학교에 보내면 애기가 스트레스 많이 받아요. 여기 와서 여기 애기 한국학교도 보내고, 거기도 애기 스트레스 받아요. 거기도 한국말 못 하니까, 애기. 애들이 너 여기 왜 왔어, 너도 외국 사람이라고. 애들이 엄마 우리 누구야? … 그래도 엄마들이 러시아보다 여기가 나아요. … 말 못 해도 우리 좀 비슷하게 생겨서 괜찮아요. 시간 지나면 말도 잘하고 여기 더 나아요."

(2) 언어도 음식도 적응하기 나름

연구참여자는 처음 결혼해서 한국에 왔을 때는 한국말을 전혀 하지 못했다. 어렸을 때 할아버지를 통해 잠깐 배우기는 했지만, 능숙할 정도로 훈련받은 것도 아닌 데다가 잘 쓰지 않았으니 완전히 잊었다.

> "우리 외할아버지 집이 컸는데, 어떤 한국 사람이 집에 와 있었어요. 한의사인데, 할아버지가 집에 데리고 오셨고, 몇 달 동안 함께 살았어요. 그분한테 한국어를 배웠어요. 어떤 여자분도 있었는데, 어떻게 오게 되었는지는 잘 몰랐지만 그분한테 부채춤도 배웠어요. … 그때가 네 살, 다섯 살쯤 되었을 때인데, 가나다라마바사 이런 거 생각나고 다른 거는 노래도 부르고 이렇게 배웠어요. 그런데 그분도 이제 한국에 가고 다른 선생님도 있었어요. 그 초등학교 1학년 때 그 선생님한테도 배우고. 그때 잠깐만 배워서 그냥 안녕하세요, 감사합니다. 이런 거만."

연구참여자의 할아버지가 대외활동을 많이 하신 덕분에 할아버지 댁에는 사람들의 왕래가 많았다. 도움이 필요한 사람이 있으면 집에 데리고 와서 함께 지내기도 했기에 연구참여자는 그들로부터 한국문화를 접할 기회를 얻을 수 있었다. 하지만 너무 어린 나이에 잠깐씩 인사말 정도 배운 것이어서 한국어를 능숙하게 할 수 있는 것은 아니었다. 그리고 그렇게 배운 한국어는 실제로 한국에 와서 사용하기에는 어색한 문어식 표현이기도 했다. 발음도 좀 달랐고, 한국에 와서 처음에 "안녕하세요?"가 아니라 "안녕하십니까?" 이렇게 인사하니까 사람들이 좀 어색해하는 경험을 하기도 했다.

연구참여자는 한국에 와서 다문화가족지원센터에 다니면서 한국어를 배우기 시작했다. 처음에는 다문화가족지원센터 같은 것이 있는 줄도 몰라서 시부모와 남편이 아침에 일 나가면 어디 밖에도 못 나가고 하루 종일 혼자 집에 있어야 했다. 그러다가 처음에는 인터넷에서 찾아서 문자를 익혔고, 나중에 다문화가족지원센터에 가서 본격적으로 한국어를 배우기 시작했다. 1단계를 배우고 2단계에 올라갔는데 한 달도 안 되어 임신을 했고, 입덧이 너무 심해서 힘들었기에 더 이상 다문화가족지원센터에 나가지 못하고 집에서만 지냈다. 그렇게 지내다 보니 우울증이 생기기도 했는데, 임신 중에 텔레비전을 보면서 조금씩 언어를 익히기도 하고 가끔 친구도 만나면서 그 시절을 견뎠다. 나중에 아이들이 크고 나서는 아이들이 "엄마, 이렇게 하면 안 되고 이렇게 해야지" 하고 알려주기도 한다.

그래서인지 연구참여자가 초등학교에서 언어강사로 일하게 되었을 때 시부모는 무척 신기해했다. 다른 사람들은 여기 와서 일도 하고 말도 빨리 배우던데 왜 말을 못하느냐며 타박도 좀 하셨지만, 이제는 어엿한 강사가 되었기 때문이다. 연구참여자는 사실 말을 못 배워서라기보다 원래 성격 자체가 말수가 적은 편이어서 말을 잘 안 하다 보니 빨리 배우지 못하는 것처럼 보였을 것이다. 그래서 처음에는 쓰고 읽는 것만 잘하고 말은 못했는데, 이제는 말도 잘할 수 있게 되었고 강사가 되어 일하고 있으니 스스로 생각하기에도 신기한 일이다.

연구참여자는 본인이 언어에 능숙해지자 아이들에게 이중언어 경험을 주고 싶다는 욕심을 갖고 있는데, 아이들이 굳이 러시아어를 배울 필요를 느끼지 못해서 어려움을 겪고 있다. 연구참여자가 듣기로 주변의 러시아나 베트남 출신 다문화가정에서는 시어른들이 반대해서 다른 언어를 가르치지 못하고, 베트남 음식도 먹지 못하게 한다고 했다. 연구참여자의 아이들도 어렸을 때부터 할머니와 많이 돌아다니고, 아들은 아빠를 닮아서 한국 음식만 좋아한다. 딸은 자신을 닮아서 이것저것 다 먹고 빵을 무척 좋아한다. 시부모는 빵을 좋아하지는 않지만, 러시아 음식을 궁금해하여 집에서 해서 좀 갖다 드리기도 한다. 사실 러시아 음식은 기름기도 많고 짜서 건강에 좋지는 않다. 집에서는 주로 보르시를 많이 해 먹는데, 찌개처럼 생긴 것이다. 보르시에 들어가는 매운맛 내는 것은 고춧가루가 아니라 '딥트'라고 하는 것인데, 김치찌개 비슷하게 보이기도 한다. 보르시에는 당근과 딥트가 들어가서 영양가도 많아 아이들한테 좋다. 남편과 아이도 좋아해서 잘 먹기는 하는데, 사실 러시아 음식을 자주 하게 되지는 않는다. 남편도 보르시를 맛있게 먹기는 하지만, 먹고 나서 조금 있다가 밥을 먹어야겠다고 해서 상을 다시 차리게 된다. 그렇게 러시아 음식을 만들고 나면 한국 음식을 바로 해야 하기 때문에 너무 힘들어서 잘 안 하게 된다.

연구참여자는 러시아 음식을 먹고 싶으면 언니네 집에 가거나 연수동을 간다. 그곳은 평일 오후에 가는 것이 제일 좋은데, 주말에는 사람이 많아서 시끄럽기 때문이다. 처음 한국에 와서 한국말도 모르고 답답할 때 연수동 가서 친구들을 만나면 참 좋았다. 남편은 처음에는 그게 어떤 것인지 몰랐는데, 언니와 친정아버지가 여기 있을 때 식당에서 함께 만났을 때 남편 혼자 말을 못 알아듣고 있으니 연구참여자가 처음 한국에 와서 얼마나 힘들었을지 알아차리는 것 같았다.

그래서 이제는 언어도 음식도 적당히 적응하면서 잘 지내고 있는 것 같다. 한국에서 때마다 제사 지내고 김장하면서 사는 일도 그렇고, 아이들에게 언어를 가르치는 일도 그렇고, 크게 욕심내기보다 상황을 보아가며 적절하게 조절할 수 있게 된 것 같다. 조급해하기보다 잘 적응하며 살아가는 것이 중요하다고 생각한다.

(3) 나는 이제 욕심 많은 한국 사람

연구참여자는 한국에서 정착해서 살기 위해 개명을 했다. 원래 이름은 러시아어로 하면 '○○○'라고 읽힌다. 어렸을 때부터 짧게 '○○'라고 불렸는데, 한국에 와서 한국 국적을 취득했지만 이름이 길어서 불편한 점도 있었고 은행이나 병원에서 이름을 부를 때도 어색하고 스스로도 익숙하지 않아서 이름을 바꿨다.

> "원래는 제 이름 아니에요. 제 이름 ○○○인데. 우리는 짧게 ○○. 어렸을 때 ○○만 불렀어요. ○○○는 거의 안 썼어요. 여기 한국 국적 따고 사실은 불편하잖아요. 기니까. 남편도 이름 뭐하러 바꿔. 그런데 은행이나 병원 가면 인네사 부르잖아요. 그런데 저도 익숙하지도 않아요. 나 아닌데. 그래서 그냥 ○○ 바꿨어요. 친구들하고 식구들도 ○○로 부르고. 우리 딸 아들도 '○○○ 누군데?' 거의 안 썼어요 그 이름은. 편하게 ○○ 바꿨어요."

연구참여자는 한국 국적을 취득하고 이름도 한국식으로 바꾸었으니 이제 한국 사람이 됐다고 생각한다. 지금은 한국에서 한국 사람으로 끝까지 살 것이라고 생각하고, 10년 가까이 살면서 익숙해지고 자신감도 좀 생겼다. 그렇게 자신이 많이 변했다고 생각한다. 처음에는 많이 힘들고 포기도 했지만, 아이들을 위해서라도 자신이 좀 더 힘을 내야 한다고 느낀다.

연구참여자는 욕심도 많고 호기심도 많아서 막상 이것저것 하고 싶은 것은 많다. 그러나 아이들이 어렸을 때는 시간이 없어서 못 했고, 지금은 약간 시간적 여유는 있지만 당장 몸을 움직이기가 쉽지 않다. 언제든 좋은 기회가 생길 수 있으니 그때 하면 된다고 생각하고 있다.

> "사실은 저도 여기 대학교도 가고 싶다고. 그런데 남편이 지금 대학교 왜 가? 사실은 제가 거기 대학교 졸업해도 여기는 그 컴퓨터니까. 그런데 10년 동안 안 했으니까. 이제 여기도 못 하고. 내가 다른 거 하고 싶은 거 어떤 자격증이나 뭐 하고 싶은데. 좀 어려워요. 대학교도 남편이 아 이제 못 해. 대학교 들어가면 돈도 많이 들어가고, 시간도 오래 걸리고. (대졸 자격이 있으니 대학원으로 바로 갈 수도 있겠지만) 혹시 그런 가능성이 있다고 해도 십 년 동안 아무것도 안 했으니까 좀. 마음이 좀. … 제 자격증이나 하나만 있으면 뭐 좋을 것 같아요. (특별히 생각하고 있는 분야가 따로 있지는 않지만) 제일 처음에는 국적 따는 것만 생각했었는데 이제는 국적이 있으니 다음으로 자격증만 있으면 좋겠어요."

연구참여자는 결혼 전에도 우즈베키스탄 여성들이 흔히 그러듯이 고등학교 졸업하고 스스로 살림을 꾸려갈 능력이나 책임감도 없이 일찍 결혼하는 삶을 살고 싶지는 않았다. 그러나 막상 결혼하고 아이를 낳고, 한국에서 적응하면서 지내는 데 몰두하다 보니 10년 세월이 훌쩍 지나갔고, 막상 무엇을 하고 싶다는 생각을 하면서도 10년 동안 아무것도 하지 않았는데 지금부터 새로 시작해야 한다는 생각 때문에 구체적인 계획을 세우기가 어렵다.

현재는 초등학교에서 이중언어강사로 일하고 있다. 아이들을 가르치는 일이 재미있고 좋아서 계속 하고 싶기는 하지만, 시간이 너무 짧아서 막상 경력이나 살림에 보탬이 되는 일은 아니다. 어떤 학교는 하루에 서너 시간 담당하기도 하는데, 연구참여자가 맡은 수업은 2시간밖에 안 하고 계약 기간이 짧아서 그게 좀 마음에 들지 않는다. 지난 학기에 일이 끝난 후 교감선생님이 내년에도 오라고 하고 남편도 짧은 시간 일하는 것이니 좋다고 해서 일은 계속 하고 싶다. 계약 기간이 아닐 때는 봉사활동이라도 하면서 의미 있는 일을 하고 싶다.

4장

중앙아시아 결혼이주여성의 삶

1.
연구참여자 7:
세상에서 안 되는 일은 없다

1) 생애 개요

연구참여자는 우즈베키스탄 출신의 44세(1976년) 여성으로 현재 한국에서 우즈베키스탄 출신 남편과 함께 음식점을 운영하고 있다. 슬하에 아들 둘, 딸 하나를 키우고 있다. 한국에 온 지는 20년이 되어가고 있는데, 처음에는 연수로 그다음에는 한국 남자와 결혼하여 한국에 왔다. 전남편과는 딸 하나를 낳고 이혼했고, 현재 남편과는 아들 둘을 낳아서 자녀 셋을 함께 키우고 있었다.

우즈베키스탄 스르라니아에서 태어난 연구참여자는 고려인 어머니, 우즈베키스탄 아버지 슬하에 5남매 중 장녀로 성장했다. 장녀로서 책임감을 늘 지니고 있었고, 강한 성격과 리더십을 소유하고 있었다. 어머님은 유치원교사로 일하시다가 3남매를 양육하면서 일을 그만두었다가 5남매가 어느 정도 성장하자 시장에서 채소장사를 하셨다. 아버지는 우즈베키스탄에서 두 군데의 대학을 졸업할 만큼 수재였고, 교사로 계시다가 공무원으로 근무하셨고 현재는 퇴직하셨다. 작은 시골마을에서 아버지의 영향력은 매우 컸고, 연구참여자는 그 영향으로 가족에 대한 큰 자부심과 강한 자존감을 지니고 있었다. 어릴 적부터 아버지의 학구적인 영향력으로 거실은 책으로 가득 차 있었고, 연구참여자를 포함한 5남매는 모두 책을 읽고 공부하는 것을 즐겼다.

지금은 막내인 남동생만 우즈베키스탄에서 부모님을 모시고 살고 있다. 연구참여자의 다른 세 여동생은 모두 한국에서 살고 있고, 한 여동생은 한국인과 결혼했으나 지금은 이혼했고, 다른 한 여동생은 한국 사람과 결혼했다. 막내 여동생은 아직 결혼하지 않고 셋째 여동생 빵가게에서 일을 도와주고 있다.

연구참여자는 초등학교에 다닌 11년 동안 성적이 우수했고 반장도 역임했는데, 초등학교 졸업식에서 가장 우수한 학생에게 주는 붉은색 졸업장을 수여했다. 법학을 공부하고 싶었던 연구참여자는 타슈켄트에 있는 가장 좋은 대학교의 법학과에 가려고 두 번이나 재수했지만 번번이 낙방한 뒤로 마음을 접고 근처에 있는 직업전문학교로 진학했다. 직업전문학교에서 회계와 재무관리를 배웠는데, 졸업하고 나서 마을에 있는 은행에서 2년간 근무했다. 그러던 중 우연히 한국 연수의 기회를 알게 되었고, 어머니의 고향인 한국에 대한 동경의 마음을 가지고 2000년 수원에 있는 회사로 연수를 오게 된다. 그때 마을에서 첫 여자 연수생으로 한국에 오게 되어 동네 사람들의 선망의 대상이었다.

연구참여자는 3년간의 연수생활을 통해 어른으로서의 책임감 있는 삶에 대해 배우기 시작했고, 3년간 한국에서 열심히 번 돈을 알뜰하게 모아 3년 뒤 귀국하면서 우즈베키스탄에 아파트 네 채를 구매한다. 당시 우즈베키스탄 연수생들은 월급을 받으면 27만 원을 나라에 기부해야 했음에도 악착같이 돈을 모았다.

연수 기간을 마치고 우즈베키스탄으로 돌아간 연구참여자는 한국에 다시 가고 싶었고, 한국 같은 좋은 환경에서 결혼하여 자녀를 키우고 싶었다. 그래서 직접 근처에 있는 국제결혼 중개업소를 찾았고, 강원도 시골에 있는 열두 살 연상의 재혼남과 결혼하여 한국으로 오게 된다. 하지만 결혼생활은 꿈꾸었던 아름다운 한국 생활이 아니었다. 일솜씨가 좋아서 아무리 열심히 일해도 남편은 돈 주고 사온 여자, 못사는 나라 사람으로만 취급했다. 그래서 첫딸을 출산하고 나시 이혼을 결심하게 된다. 1년간의 치열한 과정을 거쳐 합의이혼을 한 뒤 딸의 양육권을 취득할 수 있게 되었다.

이혼 후 연구참여자는 쉼터 등을 전전하면서 많은 좋은 사람들의 도움을 받았고, 아이를 어린이집에 맡기고 주중에는 식당 알바, 주말에는 부잣집 청소 등을 하면서 치열하게 살아갔다. 그러다가 우연한 기회에 건축자재회사에 취직하여 러시아 수출을 이루어냈다. 그 회사에서 10년 가까이 일하면서 현재의 남편을 만났다. 결혼 이후 현재의 남편 사이에 두 아들을 출산하고, 러시아 무역사업이 어려워지면서 다니던 회사를 그만두었다. 늘어나는 생활비와 본인의 나이도 적지 않아서 회사에 취직하기보다 창업을 결심했다. 현재 중앙아시아 출신 사람들이 많이 사는 곳에 음식점을 차려 남편과 함께 운영하고 있다. 전체적으로 연구참여자는 자신의 행동을 책임지고 삶의 조건을 변화시키기 위해 적극적으로 실천하는 주체적 행위자임이 분명하다.

2) 문화적응 생애담

(1) 한국은 내가 선택한 나라

연구참여자는 우즈베키스탄에서 직업전문학교를 졸업하고 은행에 다녔다. 고려인 출신 어머니와 우즈베크 민족 출신인 아버지 슬하에서 5남매 중 장녀로 도전적인 성품에 책임감을 지닌 어른으로 성장했다. 고려인 출신 어머니의 영향으로 어려서부터 지도에 '한국'이라는 나라를 표기해놓고 언젠가 그 나라에 가보고 싶다는 꿈을 간직하고 있었다. 한국은 운명적으로 다가온 그런 나라였다.

> "저희 엄마 고려인이에요. 저는 엄마 성 따서 이 씨예요(지금). 저희 엄마 이 씨예요. 네, 아버지는 우즈베키스탄 사람이고 사람이 아니라 민족. 엄마는 민족 고려인 민족. 아버지는 우즈베키스탄 민족이에요. 그리고 세계지도 보면서 도대체 엄마 민족의 그 나라가 어디에 있는지? 여덟 살 때. 네, 고려라 써 있는 거 표시를 제가 연필로 동그랗게 했어요. 언제 크면 꼭 그 나라 가본다고 한 번 가서 본다고 그게 있었어. 그 세계지도 우리가 그때 우리가 다른 집 살다가 거기서 다른 집으로 이사 갈 때 그게 없어졌지만 근데 그 당시에 그게 기억이 나요. 나는 왜 한국에 인생에 한국에 왔었지 혹시 어딘가에 언젠가 제가 원하는 거 있었나 했었고."

그러다가 은행원으로 일하던 시절 한국에 산업연수생으로 올 기회를 얻게 되었다. 그 당시 마을에서는 처음 한국으로 진출한 청년으로 많은 사람의 부러움을 샀다. 2000년 김포시의 한 공장에서 산업연수생으로 일을 하게 되었다. 산업연수생 시절에 어렸지만 열심히 일하는 모습을 보고 함께 일하는 한국 사람들이 많이 아껴주고 잘 대해주었다. 또한, 함께 일하던 생활력 강한 언니의 영향을 많이 받아서 번 돈을 허투루 쓰지 않고 알뜰하게 모으기 시작했다. 연수생활 3년 동안 열심히 일하고 번 돈으로 우즈베키스탄에 네 채의 아파트를 샀다. 체류 기간이 만기가 되어 우즈베키스탄으로 돌아갔으나 한국이 너무 좋았고, 그래서 다시 한국으로 오기 위한 방법을 찾기 시작했다.

"2003년도에 우즈베키스탄에 들어갔다가 제가 아파트 4개를 샀어요. 아파트 4개 사서 그다음에 너무나 한국이 그리웠어요. 왜냐하면 생활하면서 제가 일하면서 한국 언니들과 대화 나누고 누군가의 결혼식, 누군가의 돌잔치도 참석했어요. 너무나 좋았어요. (외국에서 왔다고 힘들게 하거나 그런 분들은 없었어요?) 그게 아니라 다들 너무 궁금해했어요. 제가 젊은 나이일 때 여기 나라에 와서 뭐 때문에 이 나라에 왔는지 아무튼 궁금한 게 많이 있었고 잘해주신 분들이 너무 많았어요. 그리고 정말 이 생활을 하면서 너무 오랫동안 여기 살고 싶은 마음이 생긴 거예요. 저는 이 나라에서 가족을 만들고 아이를 낳고 이 나라에서 아이를 키우고 싶은 곳이었어요. 아주 깊은 뜻이었어요."

(2) 꿈을 이루기 위한 선택적 결혼

2003년 당시 우즈베키스탄에는 한국 남자와의 결혼을 주선해주는 결혼정보회사들이 많았다. 우즈베키스탄에서 한국으로 시집오는 것은 여성들이 굉장히 선호하는 국제결혼이었고, 일종의 신분상승과도 같았다. 연구참여자는 직업전문대학교 졸업 후 직장생활 그리고 한국에서 3년간의 연수생활로 우즈베키스탄에서는 결혼적령기를 훨씬 넘긴 과년한 나이가 되었다. 당시 27세였던 연구참여자는 결혼정보회사에서 소개한 열두 살 연상인 재혼한 한국 남자와 결혼했다. 한국인 남편은 결혼한 적이 있었고, 슬하에 전처 소생인 아들도 있었다.

"결혼정보 통해서 만나게 되고 알게 되고 나이 저보다 12년 더 많았어요. 나이 많아 보이지 않았어요. 착했어요. 처음 봤을 때 착한 사람이다, 재혼 남자였어요. 아들이 하나 있었어요. (재혼인지 알았어요? 몰랐어요?) 알았어요. 알고 있었어요. 알고도 왜냐하면 저도 그 당시 그런 남자랑 결혼하는 거는 어떻게 생각했지? 저는 그때 벌써 26, 27 나이였고 제 친구들은 벌써 아이들이 학교에 간 나이였어요. 인생에 그런 남자를 만났다가 결혼하는 게 아들 하나 얻은 거다 그런 마음이 있었고 그렇게 결혼해서 한국에 들어왔다가 한국에 살기 시작하면서 어려움에다가 실패에다가 제가 생각하는 거보다 상상했던 거보다 너무 달랐어요."

연구참여자는 자신의 노력으로 우즈베키스탄 고향에 집도 네 채나 샀고 경제적인 어려움은 없었지만, 한국이라는 좋은 나라에서 살고 싶어서 주도적으로 한국인과의 국제결혼을 선택했다. 남편이 나이가 많았음에도, 심지어 아들을 혼자 양육하는 재혼임에도 아들을 하나 얻는다는 긍정적인 마음으로 한국행을 택한다. 남편이 사는 곳은 강원도 섬마을이었다. 어린 시절부터 산과 강이 있는 곳에서 살고 싶었던 그녀는 배 타고 들어가는 강원도 시골마을이 꿈과 같이 설레는 곳이었다.

> "우리가 학교 수업이 끝나고 나서 집으로 이제 여자들이랑 친구들이랑 집으로 가는 길에 우리 약간 그렇게 게임 같은 거 했어요. 너는 시집가면 어디 살고 싶니? 그러면 이제 친구들이 길에다 여자니까 얘기했어요. 나는 넓은 집에 나는 뭐. 제가 그랬어요. 산도 있고 강도 있는 데 시집간다고 그랬더니 강원도 춘천이었어요. (아, 처음에 결혼한 곳이요?) 네, 그리고 그때 저희 딸 아빠가 섬에 살았어요. 삼촌도. 그러니까 거기까지 들어가려면 배 타고 들어가야 돼요. 그리고 산도 보이고 강도 있고 배 타고 들어가는 그게 참 신기했어요. 꿈이라는 거는 어떻게 이루어질 수 있는지."

그렇게 설렘 반, 기대 반으로 부푼 꿈을 안고 2003년 11월 결혼정보업체에서 만난 한국인 남자와 결혼한다. 그리고 결혼서류를 준비하여 한국행 비자를 받고 2004년 2월 한국으로 와서 꿈에 그리던 한국에서의 결혼생활을 시작한다.

(3) 전쟁 같았던 이혼

한국에 대한 그리움, 그리고 한국에서의 아름다운 삶을 꿈꾸며 다시 한국으로 왔지만 결혼생활은 참담했다. 남편에게 그녀는 못사는 나라에서 돈 주고 사온 여자 그 이상도 이하도 아니었다. 따라서 그녀에게는 시골마을의 강도 높은 노동이 주어졌다. 남편은 시골마을에서 농장을 운영하고 있었는데, 토마토와 오이 하우스로 유명한 곳이었다. 다행히 우즈베키스탄에서도 농사일을 많이 해본 그녀는 농사일이 서툴지 않았고 열심히 잘할 수 있었다. 하지만 그녀가 아무리 열심히 일해도 남편이나 시댁에서는 그녀를 무시하기만 했고, 이러한 근원적인 무시는 자존심 강한 그녀를 너무도 힘들게 했다.

> "그러니까 그 사람이 저를 받아들인 거는 대학교 졸업 못 하는 못사는 나라에서 왔다, 결혼정보에서 돈 주고 왔다는 그런 모든 안 좋은 이미지를 가진 여자 저였어요. 너는 시키는 대로 해야 한다, 아니면 왔으니까 일을 해야 된다 이런 분으로."

힘들었던 그녀에게 그래도 희망을 준 것은 첫 아이 임신이었다. 결혼 2년째 된 해에 딸을 출산했다. 몸도 마음도 많이 실망하고 힘들었지만, 그래도 딸을 보면서 참고 살아야겠다는 생각을 한 적이 있다. 하지만 그녀를 더욱 실망시킨 것은 자녀를 출산한 다음에도 남편의 변함없이 무시하는 태도와 폭력이었다. 남편의 무시는 시댁 식구들의 무시로 이어졌고, 그녀를 더욱 괴롭힌 것은 자신이 아무리 열심히 일해도 인정받을 수 없다는 벗어날 수 없는 절망감이었다. 2007년 그녀는 남편과 이혼하기로 마음먹고 계획적으로 이혼을 준비하기 시작했다. 결혼이주여성이라는 신분의 취약점 때문에 남편한테 딸을 빼앗길 수도 있는 상황이어서 더욱 치밀하게 이혼을 준비했다.

> "딸 위해. 왜냐하면 저는 딸한테 좋은 아빠를 줘야 돼요. 반드시. (남편은) 이미 아들이 있었기 때문에 한국에 딸은 아무것도 아니에요. 그리고 외국인 엄마한테 태어났기 때문에 얘는 뭘 알아요. 근데 저는 한국 일을 완전 잘사는 나라라고 꿈 나라인데 그리고 '이 아빠가 제 딸한테 아빠가 될 수 없다'라는 결정을 하고 나서 저는 어떻게 합의이혼했는지 제가 거의 1년 동안 준비하고 있었어요. 모든 증거 모았어요. 끔찍하게. 녹음, 몰래카메라. (계획을 하셨구나.) 그럼요. 제 딸 안 준다고 할 때 목숨을 바쳤어요. 딸 안 준다고 할 때."

그녀는 극단적인 상황에서도 낙심하지 않고 강인한 의지로 계획하고 행동함으로써 자신의 목표를 이루어냈다. 잘못된 만남과 결혼이었지만 딸아이에게까지 그 잘못된 선택의 어둠을 주고 싶지 않았던 그녀는 필사적으로 자신과 딸을 위해 살아가기 위한 최소한의 터전을 마련하고자 노력한다. 한국 국적인 딸아이를 한국 땅에서 자신이 직접 키우기 위해서는 한국 국적이 꼭 필요했고, 남편은 그녀의 취약점을 알고 체류 문제로 협박하기도 했다.

> "그리고 제가 국적을 신청할 때도 남편이 전화해서 국적 신청 취소해달라고 그런 일도 있었는데. 제가 생각하는 거는 세상에서 안 되는 일이 없다고 생각해요. 아무 생각이 없는 여자의 말로 생각할 수도 있

지만 저는 그렇게 알고 있어요. 왜냐하면 방법을 찾아야 돼요. 방법을 만들어야 돼요. 그래서 그 1년 동안 준비했어요 꼼꼼하게. 그러고 모든 게 준비가 되어 있는 상태에서 남편한테 보여주고 얘기했어요. 사인해, 사인하라고. 그래야 당신 딸 잘 키울 수 있다고. 당신 눈앞에 이 한국에 그래야 국적이 필요해서. 그래야지 나 여기서 딸을 완벽하게 키울 수 있고, 그리고 앞으로 안전한 생활하기 위해 저는 국적을 가져야 되고 합의이혼 할 때쯤 각서 썼어요. 그거에 대한 위자료도 받았어요. 전세방 하나짜리 전세 얻을 수 있게."

2년간의 짧은 결혼생활, 전쟁과도 같았던 1년간의 이혼 과정. 그녀는 삶의 가장 깊은 나락으로까지 추락했지만, 딸을 위해 다시 일어났다. 행복한 삶에 대한 강한 의지가 절망 속에서도 포기하지 않고 계획하고 행동하고 설득하고 이길 수 있게 만들었다. 결혼 기간은 짧았지만 다행히도 그녀는 결혼 전에 3년간 한국에서 연수하면서 한국 생활에 대해 많은 것을 배웠다. 이러한 경험은 그녀가 성숙한 어머니로서 자녀를 지키고 양육을 위한 최소한의 설 자리를 마련하는 등 적극적인 대처를 할 수 있게 만들었고, 더한 불행을 막아낼 수 있게 했다.

(4) 한국 사람으로 자녀 양육하기

① 내 아이는 한국 사람

연구참여자는 결혼하고 2년 뒤 첫딸을 출산했다. 그녀에게는 목숨과 같이 소중한 딸이었고, 그 아이를 지키기 위해 남편과 1년간 치열한 합의 이혼 과정을 치렀다. 이혼은 했지만 타국에서 혈혈단신으로 자녀를 양육하면서 살아가야 하는 삶은 녹록지 않았다. 그녀는 남편의 위자료가 나오기 전까지 갈 곳이 없어서 쉼터에서 아이를 데리고 생활했다. 아이를 키우기 위해서는 돈을 벌어야 했기에 어린 딸을 어린이집에 보내고 평일에는 식당에서 아르바이트를 했고, 주말에는 딸아이를 데리고 부잣집 청소를 했다. 아이를 데리고 갔기에 집주인한테 인정받기 위해 더 열심히 청소했고, 더 적은 보수를 요구했다. 다행히 주변의 많은 좋은 사람들이 그녀의 성실함을 인정해주고 많은 도움의 손길을 주었다. 그렇게 하루하루 치열하게 살아갔다. 3년이 지난 뒤 그녀는 우즈베키스탄 출신 남자를 만나 재혼했고, 아들 둘을 출산한다. 아들 둘의 국적은 모두 한국이고, 자녀들에게 자랑스러운 한국인이라는 정체성을 부여한다. 그녀는 한국은 자신이 좋아서 선택한 나라이고, 이 나라에서 자신의 아이들이 성장할 수 있다는 것을 큰 축복이라고 생각한다.

"저희 아이들은 러시아어 몰라요. 우즈베크어도 몰라요. 자기들이 한국 사람이라고 생각하고 딸이랑 차별 없이 우리 둘째, 셋째도 한국어로만 얘기해요. 집에서도 제가 다른 거 부족하지만 그래도 한국어로 어떻게 했을 때는 감정, 전달하고 있어요. 많이 부족하지만 그게 그만큼 외국인으로 왔기 때문에 뭔가를 이 나라를 바라보면서 뭔가를 자존감 아이들도 한국 국기 보면 우리나라다 그러면 그거 들은 사람들이 아무래도 너는 외국인인데 그렇게 해도 아 이 목소리 좀 봐 너 뭐 알아. 그러니까 너희들이 한국에 왔으면 정말 열심히 살아야 되는 거는 제가 생활 속에서 하나하나 다 그 안에서 그 뜻이 숨어 있어요."

연구참여자에게 자녀를 한국 아이보다 더 한국 아이답게 키워내는 것은 다문화가정을 향한 차별에 대한 저항이자 주변화된 자녀에 대한 보상이다.

② 차별은 안 돼요

연구참여자는 어려서부터 교육자 집안에서 자랐기에 자녀들의 교육에 대해 굉장히 중요시하고 있었다. 그리고 한국 땅에서 한국 사람답게 살아가려면 공부를 잘해야 한다고 생각한다. 따라서 그녀는 자녀들이 책을 잡을 수 있을 때부터 책을 읽게 했고 책을 구매하는 데는 돈을 아끼지 않았다. 맞벌이로 아이들을 가르칠 시간이 부족하고, 또한 부모가 모두 한국어 능력이 부족한 부분이 있었기에 '책 읽어주는 할머니' 프로그램을 선택하여 아이들에게 한국어로 된 책을 읽게 했다. 이주민으로서 그 나라에서 정착하려면 교육, 그리고 무엇보다 부지런함이 자본임을 늘 자녀들에게 가르치고 있다.

> "저희 집에서도 재산은 다 책이에요. 온 집 다 책이에요. 저는 똑똑한 아이들이 잘사는 아이들이 돈만 가지는 게 아니라 지식 생각해요. 지식 그리고 말 그게 힘이에요. 아이들이 매일매일 공부방 다니고 있지만 일주일에 두 번 우리 집으로 한국 할머니가 와요. 한국 할머니가 책 읽어주고 여러 가지 율동도 하고 만들기도 하고 모두 한국말로 해요. 그리고 여러 가지 학습 같은 거 있잖아요. 학습 뭐 자연, 자연에 대해 학습 과학에 대한 학습 이런 거 해요. 그러니까 아이들 여기에 대해 제가 신경 많이 써요. 그러면 우리 아이들이 지금 6살 아이들이 한

자 6급 공부하고 있어요. 한자 6급. 이 나이 때 구구단도 다 배웠고. 아이들이 다. 왜냐하면 이 나라는 공부를 잘해야 돼요. 그러니까 너희들이 한국에 왔으면 정말 열심히 살아야 되는 거는 제가 생활 속에서 하나하나 다 그 안에서 그 뜻이 숨어 있어요."

이주민 어머니로서 아이를 양육하면서 피할 수 없는 아픔도 있었다. 외국인 출신이라는 부모의 배경 때문에 똑똑하고 공부 잘하는 큰딸이지만, 친구관계에서 어려움을 겪게 된다.

"첫째 딸 제가 꼭 알려줘야 되는 거는 시간이 부족해서 첫째 딸은 초등 4학년까지 왕따였어요. 그게 제 마음 아프게 했어요. 왜냐하면 너무나 공부를 잘해서 맨날 백점 받았기 때문에 백점 받은 아이들 '자리에서 일어나세요' 할 때 얘는 일어나기 싫었어요. 그리고 쉬는 시간에 모든 아이들 놀이터에 가면 운동장에 가면 얘랑 같이 안 놀았어요. 그거보다 뭐가 부족하다, 뭐가 우리랑 똑같지 않다라는. 아이들이 엄마가 외국인이라고 알고 있었어요."

목숨보다 소중한 큰딸은 어린 나이에 부모의 이혼을 경험하고 쉼터, 어린이집을 전전하면서 어려운 환경에서 성장했음에도 공부도 잘하고 똑소리 나는 아이였다. 하지만 학교에서는 남들과 다르다는 이유, 그럼에도 타고난 총기로 공부를 잘한다는 이유로 친구들 사이에서 왕따를 경험한다. 삶에 바쁜 엄마는 그러한 큰딸의 어려움을 가슴 아프게 지켜보고만 있어야 했다.

"여기는 다문화가 생겼는지 한 10년밖에 안 됐어요. 아직까지 다문화라는 아직 의식이 많이 발전 안 됐기 때문에 너무나 다문화가족 아이들한테 그런 너무나 큰 상처를 주고 있어요. 그리고 여기 또 제가 직접 겪었던 일 중에 지금 한국에 교육에 대해 많이 높은 나라이잖아요. 국제학교들이 있어요. 보통 캐나다 아니면 미국 학교들이 아이가 학교에 가면 첫 번째 날 학교에서 책자 보내요. 그 책자 안에 아이가 하면 되는 거, 하면 안 되는 거 안 되는 거 할 때 어떻게 벌 받아요. 그리고 딱 보면 모든 게 부모들이 책임 있어요. 부모들이 아주 학교에서 교육시킬 수도 있어요. 그게 저 이제 캐나다에 아는 분들 살고 있는데 제가 가끔 전화해요. 거기는 뭐 어때요? 저도 여기 이민자니까 거긴 어때요? 물어보면 절대 학교에서 그러니까 아주 조금은 아이들이 머릿속에서 피부색깔 없이 뭔가를 없이 얘는 안경 쓰고 있는지 아니면 뚱뚱한지 그거 때문에 말할 수도 없는 거예요. 그 생각 방식이 아주 올바른 방식이라고 생각해요. 그래야 모든 게. 그거 있었으면 아니라 필요해요. 왜냐하면 나중에 이 나라가 어떻게 되는지. 애들도 아니라 어른도 굉장히 말을 함부로 해요. 그런 거는 법이 좀 강화가 되어야 될 거 같아요."

연구참여자는 답답한 마음에 담임선생님과 상담도 해보았지만, 현실은 전혀 개선되지 않았다. 이주민으로서 어쩔 수 없이 지각되는 차별감은 자녀 양육 스트레스로 드러나고 있었다. 그녀는 이주민의 안정적인 생활을 위해서는 이 부분은 한국 사회가 학교에서, 특히 아이들의 부모의 인식이 개선돼야 한다고 주장한다.

"그리고 그거부터 그거를 우리가 저도 아이를 한국학교 보냈잖아요. 하지만 다른 아이들 자기한테 뭔가를 할 수 있는지 뭐가 없는지 만약에 하면 그거에 대해 누가 책임지는지 선생님한테 전화하면 선생님이 '아 그거는 그 아이 부모한테 함부로 전화하면 안 돼요' 이렇게 말해요. 왜냐하면 전화 갔어요. 그 부모가 그 자식에 대해 책임져야 돼요. 그 아이가 왜 그런 말을 해요. 왜 그런 생각을 가지고 있어요? 부모들이 그런 생각을 하기 때문이에요."

(5) 이혼녀에서 사업가로

① 인정받고 싶었어요

연구참여자는 이혼하면서 한국 땅에서 홀로 자녀를 양육해야 했다. 전쟁과 같은 이혼 과정을 치르고 오갈 데 없었던 그녀는 결혼이주여성 쉼터에서 아이와 함께 한 달 동안 생활했다. 쉼터에서 도움을 받아 직장을 알아볼 수 있었고, 딸과 함께 기거할 월세방도 찾았다. 생활비를 벌기 위해 쉼터에 거주하는 기간에도 아이가 어린이집에 가면 일을 했고, 주말에도 일을 멈추지 않았다. 다행히 전남편이 재산이 있는 편이어서 합의이혼 결정대로 위자료를 받을 수 있었기에 초기 자립에 어느 정도 도움이 되었다. 그럼에도 딸과 함께 살아가기 위해서는 밤낮 없이 일해야 했다. 이혼 이후 몇 년간 식당과 떡집에서 일했고, 우연한 기회에 무역회사에서 근무하게 되었다. 하지만 재혼하고 아들 둘을 출산하고 나서는 회사가 어려워지면서 2015년 인천으로 와서 우즈베키스탄 음식점을 차렸다.

"제가 배웠던 거랑 제 식당에서 10년 이상 여러 식당에서 알바했잖아요. 제가 직원이라서 모든 게 다 연결이 돼요. 가는 길이 결국에는 뭔가를 끝이 보일 거야 열심히 배워서 무언가를 눈으로 배우고 기억하는 거나 아니면 결국에는 그래서 식당에 10년 동안 식당에서 10년 동안 제가 직원으로서 일했고 어디서 누구랑 일했을 때도 상관없이 제가 항상 인정받았어요. 인정받고 싶었어요. 인정받아야 된다고 했어요. 왜냐하면 저는 이 모든 사람들이 저를 꼭 기억해야 되고 저를 좋아해야 되고 생각했어요. (식당운영이 어렵진 않았어요?) 어려웠어요. 배워야 되는 게 너무 많고 공부해야 되는 것도 많고 그냥 직원이라서 10년 동안 일한 거 다르고 사장이라서 일하는 거도 사람 관리 제일 어렵더라고요. 사람 관리."

지금의 자리에 오기까지 포기 없는 열정과 노력이 밑바탕에 깔려 있었다. 사업을 시작했지만 그 과정 또한 만만하지 않았다. 하지만 하면 된다는 굳은 신념으로 모든 상황에서 배움을 거듭해가면서 여전히 열심히 하루하루 버텨내고 있다.

② 다양한 경험을 통해 성장하다

연구참여자는 다양한 취업 경험을 가지고 있었다. 우선 2000년부터 2003년까지 산업연수생으로 한국에 와서 공장에서 근무했다. 연수생으로 근무하던 시절에는 젊고 쾌활했기에 많은 좋은 사람들과 행복한 추억을 쌓았다고 한다. 일솜씨가 좋은 그녀는 인기가 많았고, 주변에 좋은 한국 사람들 그리고 같은 우즈베키스탄 출신 언니와 사이좋게 지낼 수 있었다.

“(외국에서 왔다고 힘들게 하거나 그런 분들은 없었어요?) 그게 아니라 다들이 너무 궁금해했어요. 제가 젊은 나이일 때 여기 나라에 와서 뭐 때문에 이 나라에 왔는지 아무튼 궁금한 게 많이 있었고 잘해주신 분들이 너무 많았어요. 그리고 정말 이 생활을 하면서 너무 오랫동안 여기 살고 싶은 마음이 생긴 거예요. 생활하면서 제가 일하면서 한국 언니들과 대화 나누고 누군가의 결혼식, 누군가의 돌잔치도 참석했어요. 너무나 좋았어요. 그분도 우즈베키스탄에서 왔어요. 제가 공장 다른 공장 옮길 때 거기서 만났던 분이었고 삼촌, 언니 이미 아이들이 있고 이미 남편이 교통사고로 돌아가셨다가 딸 둘 나두고 한국에 와서 일하면서 참 좋은 분이었어요. 이렇게 보면 참 좋은 점 많이 알려줬어요. 어른 생활에 대해서 많이 알려줬어요.”

결혼 이후 연구참여자는 강원도 시골에서 남편과 함께 하우스에서 토마토와 오이를 재배했다. 어려서부터 시골에서 살았고 농사가 주업은 아니었지만, 우즈베키스탄 학생들은 목화 수확 시기가 되면 1년 중 두 달은 시골에 가서 일을 도와주는 시즌이 있었기에 시골마을에서의 일이 고되게 느껴지지 않았다. 그녀는 일을 하는 데는 잘할 수 있다는 자부심을 가지고 있었다.

그러던 연구참여자는 이혼하면서 식당에서 2년간 일하게 된다. 주변에 도움을 주는 사람들이 많았고, 그녀 또한 열심히 일하는 것으로 인정을 받았다. 그러다가 2010년 우연한 기회에 춘천에 있는 건축자재회사에 다니게 되면서 러시아 수출업무를 맡게 된다. 4년간 무역회사에서의 경험은 연구참여자의 인생에 많은 변화를 준다. 단순 노무직에서 경영을 배울 수 있는 기회가 된 것이다. 회사 대표의 사모님과 함께 러시아 출장을 다녔고, 러시아에 건축자재를 수출하기 시작한다. 건축회사는 직원이 40명 정도 되는 중소기업이었다. 연구참여자는 사장과 사모님을 통해 경영에 대해 배울 수 있었고, 사람 관리도 배웠다.

"마지막 그 3년 회사에 다니는 사무실에서 바로 옆에 사모님 일하는 3년 동안 사모님이 어떻게 40명 관리하는지 공장 어떻게 운영하고 있는지 왜냐하면 사장님은 따로 있었고 공장 세 군데 있었고 우리 공장은 사모님이 있었어요. 그리고 제가 그 사모님이랑 박람회 다 다녔어요. 러시아. (사모님) 저는 아주 존경하는 사람이에요. 항상 무언가를 알려주고 무언가를 또 제가 모르는 게 있으면 알려주면서 너는 그게 필요할 꺼야."

연구참여자는 무역회사에 다니면서 지금의 우즈베키스탄 출신 남편을 만나 결혼한다. 지금 결혼한 남편과는 아들 둘을 낳았다. 둘째를 낳고 집에서 재택근무를 하던 중 러시아의 경제적 어려움으로 러시아와의 무역을 중단하게 되었다. 연구참여자는 다섯 가족의 생계를 위해서는 자신의 사업을 운영해야겠다는 마음을 먹고 10년간 식당 아르바이트 경험을 살려 한국에 우즈베키스탄 음식점을 차렸다. 무역회사에서의 경험도 있었고, 창업을 위해 창업아카데미에 가입하는 등 준비된 행동으로 사업을 시작한다.

③ 끊임없이 배우기

연구참여자는 현재 한국에서 우즈베키스탄 출신 남편과 함께 음식점을 운영하고 있다. 오랜 식당 아르바이트 경험, 그리고 무역회사에서의 다양한 경험이 긍정적인 힘이 되어 새로운 사업 운영, 직원 고용 및 관리에 밑거름이 되어주고 있었다. 그럼에도 연구참여자는 음식점을 차리기 위해 다시 창업아카데미에 가입해 창업 준비를 착실히 한다.

> "안 될 때도 뭔가를 놓쳤다. 뭔가를 못 봤다. 그렇게 생각해요. 왜냐하면 모든 거는 예방. 그리고 미리 무언가를 해야 되는 거. 그러면 제가 공부해요. 여러 가지 유명한 사람들의 뭔가를 사업하면서 그 사람들이 어떤 정신, 어떤 규칙, 자기한테 세웠는지 그러면 공부하면서 저도 음식사업에 대해도 공부했어요. 나름대로 어떤 공부 서울에 있는 창업아카데미 들으러 가고 거의 500만 원 돈으로 주고. 거기 사람들이 와서 먼저 상가를 보고 상가 몇 군데 많았던 게 있었는데 그중에 어떤 게 자리가 좋은지. 제가 볼 눈이 없잖아요. 전문가를 돈 주고 불러야 돼요. 모든 일 계획적으로. 그 사람들이 와서 자기 받은 보수만큼 맞는 전문적인 지식을 저한테 알려주고 가게 어디가 좋은지, 뭐가 좋은지, 메뉴가 뭐가 좋은지, 어떤 사람들이 오는지 한 몇 개월 동안 관리까지 해주는 거예요. 그러면 제가 실패 없이 왜냐하면 이 사업이 너무나 중요한 사업이라 실패하면 안 되고 너무나 많은 것을 바쳤으니까. 그리고 정말 성공해야 된다는 그런 생각이 있었기 때문에 전문가들이 도와줘야 되니까 그래서 그렇게 했고."

연구참여자는 음식점을 차리기 위해 젊은 시절 우즈베키스탄에 사둔 아파트 네 채 중 세 채를 팔아 사업자금을 마련했다. 그렇듯 음식점 사업은 그녀의 인생에서 중요한 사업이었기에 신중에 신중을 기했다. 또한 적극적으로 창업아카데미를 통해 알게 된 선생님과 돈독한 관계를 유지해 나가면서 교육이 끝난 다음에도 지속적으로 자문을 구하고 사업을 성공시키고자 노력한다.

"당시에 같이 배웠던 선생님한테 좋은 감정 남겼기 때문에 필요할 때 부담 없이 전화를 하고 물어볼 수도 있고 뭐 식자재 아니면 뭐 이런 거 그러면 선생님이 학생이 아니라 좀 도와줘야 될 분이에요. 성공할 사람이다 알려줘요. 여러 가지로. 아, 지금은 한국이 경제가 많이 어렵지만 이런이런 부분을 좀 주의해야 한다. 아니면 이런이런 부분을 좀 미리 알아야 된다. 이런 거 그때까지만 한 1년 동안 하고 그다음에는 실패 속에서 제가 배웠던 거 다시 실패 안 하고 정말 내 일에 대한 완벽한 것을 자꾸 만들려고 해요. 노력을."

1년간의 사업경험을 통해 터득한 것은 사람 관리의 어려움이었다. 직원으로 자기 일만 열심히 하면 인정받을 수 있을 때와 달리 사장의 위치에서 어떤 직원을 채용하는가에 따라 능률적인 부분이나 수익적인 부분에서 차이가 많이 났다.

"어려웠어요. 배워야 되는 게 너무 많고 공부해야 되는 것도 많고 그냥 직원이라서 10년 동안 일한 거 다르고 사장이라서 일하는 거도 사람 관리 제일 어렵더라고요. … 그리고 얼마 전에 작년인가 작년에 휴가일 때 우리가 강원도 춘천에 갔어요. 그때 잠깐 사무실 들렀다가 인사도 하고 우리 이제 너무나 힘들어 얘기 이제 했더니 지금 작년에 가게 세 군데 있었어요. 직원 관리 너무 힘들다고 그랬더니 딱 그 한

마디로 '내 가족으로 만들어. 모든 직원 한 명 한 명 내 가족으로 만들어. 그래야 돼' 가족으로 만들면 그 사람들 반드시 갚을 꺼야. 돌아올 꺼야. 그때 너가 그래서 직원들이 아프면 같이 병원 갔다 오고, 또 술이 필요하면 같이 하고 그렇게 해서 직원들이 고마운 마음을 일하면서 저한테 돌려줘요."

직원을 가족으로 만들기는 사람 관리에서 어려움을 겪을 때 옛 사장의 사모님한테 배운 좋은 경영 노하우였다. 이처럼 연구참여자는 삶의 매 순간의 경험을 통해 학습하고 성찰하고 성장을 거듭해나가고 있다.

3) 정체성 협상

(1) 행복한 이주민의 삶으로 거듭나기

① 나는 인정받을 자격이 있다

열정은 인간이 이루고자 하는 목표에 도달하게 하는 원동력을 제공한다. 연구참여자는 스스로 삶을 개척해나가려는 긍정적인 열정을 소유한 사람이었다. 자기결정이론(Vallerand et al., 2003)에 따르면, 개인은 심리적인 성장과 통합성, 웰빙을 추구하고자 하는 기본심리 욕구(basic psychological needs)가 있으며, 이는 자율성(autonomy), 유능성(competence), 관계성(relatedness)으로 구성된다. 개인은 이러한 기본심리 욕구를 충족시키기 위해 여러 활동에 참여하며, 이 중 개인의 기본심리 욕구를 가장 잘 만족하는 활동을 정체성에 내면화할 경우 열정으로 발전하게 된다. 연구참여자의 열정의 밑바탕이 되는 것은 인정에 대한 갈급함이었다. 이는 성공에 대한 그의 끊임없는 도전으로 이어진다. 연구참여자의 열정은 현실에 안주하지 않고 적극적으로 개선해나가는 행동의지와 맞닿아 있었다.

우즈베키스탄에서의 삶은 연구참여자에게 건강한 정체성을 형성할 수 있게 만들었다. 연구참여자는 고려인 어머니와 우즈베크 민족인 아버지 밑에서 성장했다. 아버지는 그 당시 가족의 반대를 무릅쓰고 고려인 어머니와의 결혼을 강행했고, 그로 인해 아버지가 살던 곳이 아닌 다른 곳에서 정착한다. 그곳에서 아버지는 타고난 말주변과 리더십으로 마을 사람들의 존경을 받았다. 그런 아버지를 보면서 성장한 연구참여자는 '하면 된다'라는 강인한 의지를 물려받았다. 직업전문학교 졸업 후에는 은행에서 회계업무를 담당했다. 그러다가 안정적인 직장이 있음에도 돈을 벌고 싶은 마음에 어린 나이에 한국으로의 연수를 도전했고, 3년간의 연수생활을 통해 우즈베키스탄에 아파트 네 채를 살 수 있을 정도의 재력을 소유했다. 연구참여자의 이런 행보는 마을에서 선망의 대상이 되었다. 하지만 한국연수로 결혼적령기를 놓쳤고, 한국에서의 경제적 성공 경험은 우즈베키스탄의 생활에 안주할 수 없게 만들었다. 그래서 현실을 타개하고자 우즈베키스탄에서 유행하던 국제결혼이라는 경로를 통해 한국으로의 이주를 강행했다.

중개업소를 통해 만난 남편은 열두 살 연상에 아들도 있었지만, 다른 여성에 비해 나이가 많았던 연구참여자에게는 선택의 여지가 많지 않았다. 남자의 일방적인 선택으로 진행되는 중개업소의 혼인성사 시스템에서 선택받은 연구참여자는 자신의 나이도 생각하고 아들 한 명을 얻는다는 긍정적인 마음으로 결혼을 수락한다. 하지만 현실은 생각한 것처럼 만만하지 않았다.

결혼이주여성으로서의 삶은 한국 연수생활에서 경험했던 삶과는 완연히 달랐다. 천성이 적극적이고 부지런한 연구참여자는 열심히 일하면 인정받을 줄 알았지만, 남편과 시댁의 근원적으로 무시하는 태도는 그런 연구참여자를 실망시켰다.

> "일하는 거는 저는 일을 너무 잘했어요. 거기 시골에 섬에 토마토, 오이 하우스 유명한 섬이에요. 거기 그것만 심어요. 그래서 일은 힘들지 않았고 일에 대한 보람, 따뜻한 마음, 따뜻한 인정 그게 없었어요. 저는 또 살았던 환경, 키웠던 교육 그게 아니다. 나는 어디를 가도 저는 인정받아야 될 사람이다. 인정받을 자격이 있다. 그런 자부심, 그런 자존감 가졌기 때문에 딸 때문에 참았지요."

헤겔(Hegels: Honneth, 1992 재인용)은 인간의 자기의식이 사회적 인정에 의존하고 있다는 통찰을 발전시켰다. 즉, 적절한 사회적 인정이 주어지지 않을 때는 의식의 자기발전이 불가능하다는 것이다. 인간이 자아와 자기발전을 중요시하는 한, 사회적 인정이라는 윤리적 · 정치적 요구는 인간의 삶에 필수불가결한 문제가 된다. 이것이 바로 인간이 타자의 인정에 목매는 이유다. 연구참여자는 우즈베키스탄에서 건강한 자아상을 가지고 있었고 자존심이 높은 성격이었기에 예상치 못했던 한국에서의 가족관계에서 어려움에 처한다. 딸을 출산하면서 딸에게 행복한 가정을 주고 싶은 마음에 참고 지내보려고 했지만, 엄마를 무시하는 아버지의 태도 그리고 언어적 · 신체적 폭력은 과감하게 이혼을 선택하게 만들었다. 행복한 삶, 행복한 가정에 대한 열정이 주류사회의 문화적 낙인에 반발하게 만들었고, 이는 스스로 열등감을 극복하는 실천으로 드러났다.

이혼 이후 연구참여자는 딸과의 생계유지를 위해 다양한 직업현장에 노출된다. 일적으로는 누구에게도 뒤처지지 않고 열과 성을 다했기에 주변 사람들에게 인정받는다. 식당, 떡집, 가정부 등을 전전하던 그녀는 무역회사에 취업하면서 조금 다른 세상과 만난다.

> "무언가를 같이 합치는 게 뭐가 있어야. 그래서 저는 항상 알바하면서 저랑 만났던 사람들이랑 너는 앞으로 크게 될 거다, 넌 벌써 지금 완전 달라. 지금까지 만났던 그러는 거 아니다. 그런 말 믿음을 줬어요. 그래서 우연히 회사에 들어가게 됐어요. 건축자재 수출하는 회사에. 그 회사에서 그때까지 한 번도 수출 안 하던 회사에 처음으로 해보자라는 회사에 들어갔다가 건축자재 러시아 수출하면서 제가 그 회사에 들어가면서 제가 들어가기 전에 수출 안 했어요."

사람 관계 속에서 늘 성실함과 능력을 보여줬던 연구참여자는 지인의 소개로 건축자재 수출회사에 취직한다. 입사하고 나서 사장님과 사모님을 도와 건축자재의 러시아 수출을 기획하고 성공시킨다. 러시아어와 한국어를 능숙하게 할 줄 알았고, 현지 문화를 잘 알았기에 회사의 러시아 수출은 큰 호황기를 맞이하게 된다. 그러던 연구참여자는 중고차 박람회에서 현재 남편을 만나 결혼했다. 결혼 후 아들 둘을 출산하면서도 일을 놓지 않았지만, 2013년 러시아 환율이 급격하게 상승하면서 러시아 수출을 중단하게 되었다. 한국에서의 좀 더 나은 삶, 아이 셋과 남편. 연구참여자는 여성 가장으로서 책임감을 깊이 느꼈다. 나이도 있었기에 회사에 취직하는 데 한계를 느껴 창업을 결심한다. 과감하게 우즈베키스탄에 있던 아파트 세 채를 팔아서 창업자금을 마련하고, 창업아카데미를 통해 치밀하게 준비한다.

> "모든 쪽으로 약간 사업이라는 거는 항상 따뜻한 마음 보여줄 수 없어요. 이기적인. 왜냐하면 저는 앞에 있고 저의 뒤에 직원들이 있어요. 5명 뭐 6명. 그러면 저는 직원들에 대한 책임감이 있어요. 매일 매일 일이 있어야 되고 한 달에 한 번 월급 줘야 되고 그러면 항상 제가 모르는 거 공부해야 된다고 그러면 공부해요. 여러 가지 과정에 대한 메뉴라던가 뭐 약간 사람 대화라던가 서비스라던가 여러 가지. 그러면 계속계속 공부를 완벽하게 해요. 새로운 직원을 뽑을 때도 반복. 저도 이제 그 당시에 춘천에 일할 때 사모님이 저한테 직원을 뽑을 때 어떤 질문했는지 어떤 거 꼭 알아야 되는지 그런 거까지 저는 계속 듣는 거예요. 그 결과예요. 그 결과는 정말 '아, 이대로도 좋다. 이대로도 괜찮다. 이 수익에도 괜찮다. 나는 이것도 만족한다.' 그런 게 아니라 뭔가를 계속 공부해야 되고, 뭔가를 계속 발전시켜야 되고. 저는 또 약간 까다로운 성격이 있는데 끝까지 알아야 돼요."

창업하여 사장이 된 연구참여자는 이제 직원이 아닌 사장으로서 책임감을 가지고 열정적으로 사업에 임한다. 실패도 있고, 아직도 어려움의 연속이다. 그럼에도 끊임없이 고민하고, 열심히 일하는 것은 연구참여자가 할 수 있는 최선의 선택이었다. 그녀는 매일 새벽 3~4시까지 일하고, 아침 10시면 출근한다. 직원들보다 앞장서서 모범을 보이고 그들 하나하나를 가족으로 만들어 함께 한국 땅에서 안정적으로 자리 잡기를 원하고 있다.

② 변화하고 단단해지는 정체성

정체성은 인간의 존재론적 안전의 문제다. 사회적 · 성찰적 존재로서 인간은 누구나 삶의 의미를 끊임없이 추구하게 마련이고, 의미를 발견하기 힘든 삶의 공허함을 오랫동안 견딜 수 있는 사람은 많지 않다. 인간은 살아가면서 끊임없이 '나는 누구인가?'라는 질문을 반복할 수밖에 없는 존재이며, 이에 대한 만족할 만한 대답을 찾을 수 없을 때는 답답함, 불만, 불행을 느끼게 되는 존재다(Gidens, 1991). 정체성의 위기를 경험하게 된다는 것은 곧 삶의 의미에 대한 위기를 경험하게 된다는 뜻이어서 정체성 위기는 필연적으로 불안, 걱정, 분열 같은 존재론적 문제들을 야기한다.

연구참여자 역시 이주, 결혼, 출산 등 다양한 경험과 정체성 협상 과정을 통해 새로운 정체성을 형성해나가고 있었다. 연구참여자의 정체성 변화 과정은 다음과 같은 3단계를 거쳐 한국 사람이라는 자기정체성을 형성한다.

첫 번째 변화단계는 한국에서의 연수생활을 통해 한국을 좋아하고 한국 땅에서 삶을 꿈꾸며 결혼을 통해 이주한 다음이다. 연구참여자는 자신의 부지런함으로 가족으로부터 구성원으로 인정받고자 했지만, 현실생활에서 실망한다. 딸을 출산하고 나서는 가족에게 인정받는 것에 환멸을 느끼고, 아이의 한국인 어머니로서 아이를 지키고 아이를 한국 땅에서 키우고자 이혼을 강행하며 국적도 취득한다.

"모든 게 준비가 되어 있는 상태에서 남편한테 보여주고 얘기했어요. '사인해, 사인하라고.' 그래야 당신 딸 잘 키울 수 있다고. 당신 눈앞에, 이 한국에 그래야 국적이 필요해서. 그래야지 나 여기서 딸을 완벽하게 키울 수 있고, 그리고 앞으로 안전한 생활하기 위해 저는 국적을 가져야 되고."

연구참여자는 한국인 어머니로서의 정체성을 형성했지만, 우즈베키스탄 출신 남편과 재혼하면서 다시 정체성 협상을 통해 조정한다. 즉, 한국 사람이지만 한국에서 살고 있는 우즈베크 민족으로서의 정체성을 형성하게 된다. 그녀는 자녀들에게도 이러한 정체성을 강조하고 있었다.

"앞으로도 한국에 열심히 살면서 아이들한테 한국에 대한 자부심. 한국에 태어났기 때문에 너는 민족은 우즈베크 민족이지만 너는 한국 국적을 가졌기 때문에 한국 사람이다. 그래서 우리 병원 가면 '어느 나라에요?' 이렇게 물어보잖아요. 저는 그러면 물어봐요. '국적이에요? 아니면 민족이에요?' 그러면 얘기해요. '국적은 한국 국적이고 민족은 우즈베키스탄 민족이에요.' 아, 그렇게 봐요. 기본적으로 기본지식. 어떤 상황에서도 너 어떻게 다쳐도 어떤 구박 받아도 어떤 상처받아도 너는 한국에 대한 자부심 가져야 되고 근데 민족은 우즈베크 민족이야."

연구참여자는 한국에서 이주민으로서의 삶이 쉽지 않음을 알고 있었다. 자녀들이 살아가면서 출신 배경으로 인해 감당해야 할 어려움도 알고 있다. 그럼에도 그녀는 자녀들에게 힘들지만 '너는 한국 사람'이라는 국민 정체성을 부여하며 교육하고 있었다. 이는 자녀교육에도 영향을 미쳐 아이들의 한국어교육에 더 많은 방점을 두고 있었다. 에릭슨(Ericson, 1994)은 자아정체성을 "고정적이거나 불변하는 것이 아니라 사회적 현실 속에서 지속해서 개정되는 자신에 대한 현실감"이라고 정의했다. 그는 자아정체성이란 동일성과 연속성을 유지하면서 현실에서 부딪히는 내적 충동과 욕구, 외부 자극, 그리고 도덕적 가치들을 수용하여 자기 나름의 고유한 방식으로 자신을 재통합함으로써 형성된다고 말한다. 연구참여자 역시 한국에서의 행복한 삶을 추구하고 자녀들도 한국에서 한국인으로 행복하게 살아가기를 염원하고 있다. 이주민이지만 한국이라는 나라를 자신의 국가로 생각하고 강한 책임감과 정주를 위한 국민 정체성을 주장한다.

> "○○에 홀트아동복지 부설 다문화가족지원센터가 생겼고, 거기 우리한테 한국어 가르친 선생님이 그랬어요. 이거 꼭 오늘 했던 말 넣어줬으면 싶어요. 그리고 제가 꼭 전달하고 싶은 거는 그런 말을 했어요. 우리한테. 수업을 하면서 미국은 누가 만들었느냐? 이민자들이. 거기 왔던 이민자들이 미국을 강한 나라로 만들은 거야. 너희들도 한국에 와서 열심히 살면서 이 나라를 더 강하게 만들어야 된다. 생활 속에서 아이를 키우면서 직장 다니면서 사람 사는 대로 대화하면서 이 나라를 강하게 만들어야 된다고. 그 말이 너무 제 마음에 든 거예요. 맞다. 저도 그렇게 살고 싶다 했어요. 그리고 저 그리고 그런 생각을 그런 정신 가지면서 지금까지 살아왔어요. 정말 열심히 정말 올바른 정말 저는 한국에 이민으로 왔는데 잠깐 오는 게 아니라 벌써 이미지가 달라요. 벌써 서고 있는 자리가 달라요."

(2) 치열한 노력과 배움만이 나의 살길

① 도전하고 이겨내기

적응은 주어진 환경조건에 맞추어 자신을 변용시켜나가는 일련의 과정으로, 개인의 주체적 의지와 능동성이 강조된 개념이다(김귀옥, 2000). 결과적으로 적응이란 개인과 사회 간의 상호과정에서 일정 기간 동안 문화변용을 경험한 사람들이 새롭게 접한 문화에 익숙해지는 것을 의미한다(Berry & Sam, 1997). 개인적 차원의 문화적응은 개인의 가치체계나 태도와 행동, 정체감 등의 변화가 수반된다(Williams & Berry, 1991).

연구참여자의 문화적응 과정은 한국 사회로의 도전과 진입, 융합의 과정이었다. 연수를 통해 한국을 알게 되고 사랑하게 된 그녀는 한국 사람이 되기 위한 합법적인 방법으로 결혼이주를 선택한다. 하지만 결혼이주로 한국인 국적은 받을 수 있었지만, 진정한 인간으로서 인정받고 살아가기 힘들어지자 이혼을 통해 홀로서기를 한다. 이주민으로서 한부모 어머니로 산다는 것이 얼마나 힘든지 알면서도 힘든 결정을 하고 어려운 현실을 감당한다. 딸과의 생계유지를 위해 다양한 일터를 전전하고 건축자재 회사에서 쌓은 경험을 통해 더 넓은 세상을 접하게 된다. 취업하는 데 나이에 한계를 느낀 연구참여자는 남편과 함께 우즈베키스탄 음식점을 차리고 직접 경영한다. 즉, 한국 사회에서 살아가기 위해 자신의 이중문화적 장점을 활용하여 살아갈 길을 선택한 것이다. 인천의 고려인 밀집지역에 우즈베키스탄 음식점을 차림으로써 고객 확보, 그리고 우즈베크 출신 사람들과의 교류를 통해 향수를 달래고 있다. 이주국에서 완전한 한국인으로 살아가기 어려운 상황 속에서 연구참여자의 선택은 자신의 문화와 한국인 문화의 경계에서 융합의 형태로 협상 지점을 찾아낸다. 연구참여자의 문화적응은 끊임없이 도전하고, 노력하고, 학습하고 포기하지 않는 과정의 연속이었다.

"저는 한국에 와서 한 번도 나는 뭔가 부족하다, 나는 뭔가 좀 못사는 나라에서 왔다, 아니면 나는 여기 잠깐 와서 무조건 고생하면서 일해야 된다 한 적이 없었어요. 어떤 상황에서도 어떤 공간에서도 항상 저는 사람이야 인권 있어. 사람이라서 인권 아이라서 가지고 있는 인권 그리고는 자존심 생각해요."

한국에서의 성공적인 적응과 정착은 연구참여자의 높은 자아존중감의 긍정적인 결과물이다. 또한 자국에서 건강한 자아상을 가진 성인으로 주도적으로 이주했다. 적극적으로 한국 땅이라는 이주 사회에서 생활하기 위해 기본적으로 정보와 기술을 습득하고자 노력했기에 이주 사회에서 살아가는 데 필요한 문제해결 능력까지 갖추게 된다.

"제가 생각하는 거는 세상에서 안 되는 일이 없다고 생각해요. 아무 생각이 없는 여자의 말로 생각할 수도 있지만, 저는 그렇게 알고 있어요. 왜냐하면 방법을 찾아야 돼요. 방법을 만들어야 돼요. 우리가 눈으로 봤을 때 할 수 없다 어렵다 하면 근데 하다 보면 길이 보여요. 속담 똑같이 러시아말, 한국말 속담이 있어요. 눈이 무서워도 손이 한다. 눈이 무서워도 손으로 하면 한다 그거예요. 그때까지만 한 1년 동안 하고 그다음에는 실패 속에서 제가 배웠던 거 다시 실패 안 하고 정말 내 일에 대한 완벽한 것을 자꾸 만들려고 해요. 노력을."

내가 좋아서 선택한 나라. 이방인과 타자라는 불안정한 경계선에서 그녀는 스스로 주체적 행위자로서 자신만의 행복한 인생을 설계하고 있었다. 즉, 더 나은 삶을 향한 자기성장과 실현의 욕구를 이루어내기 위해 매일매일 치열한 삶을 영위하고 있다.

② 봉사활동

연구참여자는 다양한 봉사활동에 참여하고 있다. 자원봉사의 참여동기는 다면적인 것으로 알려져 있는데, 일반적으로 각 개인은 박애주의적 동기, 종교적 동기, 타인지향적 동기, 즐거움 또는 삶의 변화 동기, 자기중심적 동기, 사회적 동기 등을 바탕으로 자원봉사활동에 자발적으로 참여한다. 봉사활동은 인간행동의 가장 큰 범주에 속하는 친사회적 운동으로, 자아실현 욕구의 구성요소이기도 하다. 연구참여자는 이주민으로서 인정받고 싶은 동기가 돋보였다. 본국에서는 종교활동을 하지 않았지만, 한국에 오면서 지인의 소개로 교회에 다니게 된다. 연구참여자가 다니는 교회는 규모가 크고 외국인 전문목사, 특히 우즈베크 출신 목사가 이주민 파트에서 사역하고 있었기에 많은 우즈베키스탄 이주민을 만날 수 있었다. 연구참여자는 음식점에서 사용한 폐식용유를 반납하여 비누를 받으면 모아서 교회에 기부한다. 봉사, 나눔은 건축자재회사에 다니던 시절 롤모델로 삼았던 사모님한테서 배웠다. 봉사활동에 대해 연구참여자는 이렇게 말한다.

"봉사, 나눔 그거를 제가 회사 다닐 때 배웠어요. 나눔이라는 거는. (나눔은 어때요. 선생님한테 어떤 의미예요?) 아주 많은 넓은 하늘. 마음을 좀 넓은 하늘. 나도 이렇게 나눔 할 수 있다. 그리고 꼭 해야 된다. 내 위치 그만큼 그 위치니까. 남과 나눌 수 있다는 점. 받기만 하는 게 아니라 그리고 제가 회사 다닐 때 우리 사장님이 가끔마다 어린이 재단으로 지불했어요. 그거 제가 봤어요. 그게 마음에 들어 나도 언젠가 되면 뭔가를 해야 된다."

작은 나눔이지만, 나눌 수 있다는 데 자부심을 가지고 있었다. 이 밖에도 연구참여자는 가게 일로 바빴기에 가게를 활용하여 어르신을 위한 무료 식사 제공, 러시아 장애아동들을 초청하여 파티를 열어주고 선물 증정을 하는 등의 봉사활동을 했다.

"많은 사람들한테 도움을 주고 싶어요. 왜냐하면 엄마로서 아이를 키우는 입장이라면 정말 엄청 큰 역할을 하고 있잖아요. 엄마로서 밥 주는 사람이 아니라 돈 벌어서 학원 보내야 되는 게 아니라 그거보다 더 중요한 거 있어요. 그래서 다른 엄마들도 좀 깊게 내 아이 앞 어딘데 20년 후에 저는 한국에 17년이에요. 우즈베키스탄에서 24년, 한국에 17년 거의 반 살았던 인생의 한국이야."

연구참여자가 하는 봉사활동의 기저에는 한국 사람들에게 인정받고자 하는 염원이 담겨 있었다. 17년간의 한국생활, 이는 이방인이 아닌 한국 사회에 도움이 되는 사람으로 더불어 살아가는 한국의 정상적인 시민이 되고 싶은 욕구의 발현이기도 했다. 또한, 자녀들도 훌륭한 한국인으로 성장하여 이 나라의 훌륭한 일꾼이 되어주기를 바라는 소망도 담겨 있었다.

"이 나라에서 그냥 국적을 받은 게 아니라 나름대로 뭔가를 좀 베풀어 그냥 열심히 사는 거도 좋은 일이지만 뭔가를 좀 중요한 역할을 하는 게 저는 목표예요. 정말 아이들을 훌륭하게 키워서 정말 저희 막내 한자를 너무 잘 관심 있어서 제가 한의사 되면 얼마나 좋아. 근데 저희 아이들이 뭐라 그랬는지 '엄마, 나 한의사 바늘 찌르는 거 무서워. 대신 좋은 약 만들어줄게.' 저도 이제 나름대로 이 사회에서 좋은 일을 하면 된다고 했잖아요. 저희도 큰아들은 만들기 좋아해요. 로보트, 건축 그래서 나중에 좋은 집들을 만든다고 건축가 관심 있어요."

(3) 초국적 활동

① 자조모임 속에서 움트는 연대의식

결혼이주여성은 여러 가지 이유에서 사회적 관계가 취약할 수밖에 없다. 하지만 다문화가족지원센터를 통해 그들만의 영역인 자조모임을 형성하여 연대하고, 그 가운데 한국에서의 자신들의 입지를 고민한다. 국내 우즈베크 출신 결혼이주여성의 증가로 그들만으로도 자조모임이 형성되고 있었다.

"다문화가족센터 다닐 때 우즈베키스탄 모임이 있어요. 나라 모임이 있어요. 대표라서 4년 동안 봉사활동 많이 했어요, 춘천에. 그런데 보니까 상처받은 엄마들이 많이 있고 상처받은 아이들도 많이 있어요. 하지만 아마 여기 각 나라 뭐 우즈베크, 베트남, 태국 각 나라 여기

와 있는 것도 있지만 엄마들이 가지고 있는 그 문화 있지만 그래도 하나예요. 중요한 거는 내 아이가 안전해야 저도 좋은 감정을 낼 수 있잖아요. 어디를 가도 만약에 제 아이가 어디엔가에 어디선가에 어떻게 해서 다쳤는데, 제가 슬픈 안 좋은 감정을 누군가한테 알려줄 수 없어요. 항상 뭔가를 안 좋은 감정으로 살고 있을 거예요. 주변 사람들한테 약간 실패, 약간 불안함, 그래서 정말 나라에서 그런 지식을 그런 상식 많이 알려줘요. 다문화가족들도 이 사회에서 있는 어떤 사회에서 어떤 부분 하지만 조금이지만 중요한 부분."

결혼이주여성은 자조모임을 통해 타국에서 겪은 상처와 긴장을 해소할 뿐만 아니라 공동으로 경험하는 불편함에 대해 진솔한 논의의 장으로 만들어가고 있었다. 그들은 이주민으로서 한국 사회의 구성원이라는 건강한 정체성을 형성해나가고 있었으며, 자녀들의 교육에 관심을 가지고 사회적 · 구조적 부조리에 대한 불편함을 논의하고 해결방안을 함께 고민하기도 한다.

"네. 뭐 한 20년 10년. 20년 후에 그 뿌리가 어떻게 어떤 방향으로 움직일지 아주 중요해요. 저 그래서 제가 항상 그래요. 미국은 이민자 나라예요 이민자. 거기 학교에서는 피부색깔 상관없이 아이가 나는 너랑 앉기 싫어 말 못해요. 그 말 하면 부모들을 불러요. 와요. 우리 상담해요. 당신 아이가 왜 그런 말을 해요. 근데 한국에는 그게 없어요. 한국이 이게 없어요."

이렇듯 그들은 자조모임을 통해 일상 속에 쌓인 이주민으로서의 고단한 삶을 토로하고 자매의식과 연대의식을 공유한다. 자조모임은 본국과의 연결고리로, 주류사회 적응을 위한 고단함의 완충지대 역할을 하고 있었다. 이렇듯 그들은 지리적 · 문화적 · 정치적 경계에 걸쳐 자신들의 사회적 영역을 형성해가고 있으며, 이는 그들 나름의 방식인 초국가적 행위양상으로 볼 수 있다.

② 이중언어교육에 관심 갖기

자녀교육에 관심이 많은 연구참여자이지만, 아직 이중언어교육에 대해서는 약간 소극적인 자세를 가지고 있었다. 자신과 남편의 부족한 한국어 실력 때문에 혹여 아이들의 학업에 지장을 줄까 봐 한국어교육 중심의 자녀교육을 하고 있었다. 아이들은 매일 공부방에 다니고 있었고, 한국 할머니가 책을 읽어주는 프로그램을 신청하여 자녀들의 한국어 독서능력을 키운다. 셋째 아들은 유치원에 다니는데, 벌써 한자 6급을 준비하고 있다. 연구참여자는 자신이 가장 어렵게 느꼈던 한자를 잘하는 어린 아들이 자랑스럽기만 하다. 즉, 한국 사회의 초기에 진입한 이주민으로서 자녀의 이중언어 발달에 대한 이해 부족으로 모국어 사용에 대해 부정적으로 인식함으로써 한국어 중심의 교육을 진행했다. 하지만 사회적으로 이중언어 사용이 다문화가정 자녀들만이 갖는 경쟁력이 될 수 있다고 긍정적으로 인식되면서 생각의 전환을 가져온다.

> "그거 필요하다고 생각해요. 왜냐하면 저는 아이들을 대신 선택할 수 없어요. 아이들이 한국 선택할 건지 한국 국적을 받았지만 아니면 언젠가 나는 엄마 태어난 나라에서 가고 싶다 살고 싶다 그거는 선택

권이지. (아이들이 선택하면 가르치실 거예요?) 네. 근데 아이들이 작년에 잠깐 여름에 갔다 왔어요. 우즈베키스탄. 2주일 동안 갔다 왔는데, 그때 자기들이 신기한 거도 발견하고, 거기 다른 나라 사람들도 살고 있고, 언어도 완전 다르다고. 그리고 조금 우즈베크 말 숫자 1부터 100까지 배웠어요."

이중언어교육에 대한 관심은 자녀들이 우즈베키스탄을 다녀오면서 조금 더 많아졌다. 새벽까지 일하는 연구참여자는 가게 일로 아이와 함께 할 수 있는 시간이 줄어들어 돌보미 할머니를 고용했다. 고려인 출신 할머니 돌보미는 집에서 아이들에게 러시아어를 가르친다. 돌보미 할머니는 우즈베키스탄에서 오랜 기간 교사로 일하시던 분이어서 자녀들의 교육에 많은 도움을 주고 있다. 연구참여자가 엄마 나라 말을 아는 것이 글로벌 시대에 자녀들에게 경쟁력이 될 수 있다는 것을 감지하고부터다. 즉, 다문화가정 자녀의 이중언어교육에 영향을 미치는 것은 이중언어교육에 대한 어머니의 확신과 믿음 그리고 의지라는 것을 알 수 있었다. 이렇게 그녀는 한국 사회의 다양한 연결고리 속에서 함께 엉켜서 살아가고 있었다.

2.
연구참여자 8:
다른 문화를 수용하면서 나의 문화도 지키기

1) 생애 개요

연구참여자는 몽골 민족(할흐)으로 1966년(54세) 몽골 돈트거비사막에서 태어났다. 세 살 때 아버지가 돌아가셨고, 연구참여자가 중학교 1학년 되던 때 어머니는 재혼하셨다. 그러나 새아버지는 지병이 있어 어머니가 가축을 기르며 힘들게 가정을 꾸려나가야 했다. 어머니와 새아버지 사이에는 여덟 명의 자녀가 태어났다. 경제력이 없는 새아버지는 물론 동생들을 보살피기 위해 고생하는 어머니가 안쓰러워 연구참여자는 열심히 집안일을 도왔다.

연구참여자는 몽골의 예술대학에서 성악을 전공했다. 그러나 연구참여자가 대학을 졸업하자마자 몽골의 사회주의 체제가 막을 내렸다. 사회주의 시절에는 마을 곳곳마다 국가에서 운영하는 극장이 있었기에 졸업하면 고향으로 돌아가 마을 극장에서 가수로 활동하며 어머니를 도울 생각이었다. 그러나 사회주의가 종식되면서 마을 극장이 문을 닫아 하는 수 없이 도시로 가서 군인극단의 가수로 활동했다. 결혼 후 아이가 세 살 되던 때 남편이 교통사고로 세상을 떠나는 바람에 홀로 딸을 키우며 가수 활동을 했다. 그러나 군인극단 가수는 마흔 살이 넘으면 퇴직해야 하기 때문에 딸의 교육 문제를 걱정하던 중 한국 남성을 소개받아 결혼하고, 다음 해인 2007년 한국으로 이주하여 2012년 한국 국적을 취득했다.

열 살 연상의 남편에게는 아들과 딸이 한 명씩 있었는데, 재혼 당시 이미 대학을 졸업한 20대 후반의 나이였다. 어린 시절부터 엄마 없이 자란 남편의 아이들은 연구참여자를 금세 엄마로 따랐고, 연구참여자의 친딸 역시 한국 생활에 잘 적응해 화목한 가정을 꾸릴 수 있었다. 한국으로 오기 전에는 한국과의 연결고리가 전혀 없었기에 한국의 언어와 문화에 대해 아무것도 모르는 상태였다. 가정생활에서는 큰 문제가 없었지만, 휴대전화를 만드는 작은 공장에서 일하면서 동료들 사이에서 의사소통과 문화적 차이로 인한 어려움을 겪었다. 연구참여자는 자신이 겪은 불통의 가장 큰 원인을 나이 때문이라고 생각했다. 결혼이주여성으로 한국에 오는 경우 대부분 20대 초 · 중반이지만, 연구참여자는 마흔두 살이라는 늦은 나이에 한국으로 왔기 때문에 보통의 결혼이주여성과도 처지가 다르다고 생각한다.

그러나 연구참여자의 나이가 많다는 것은 육아와 다문화가정이 직면해야 하는 현실적인 문제에서 비껴 있다는 뜻이어서 오히려 그러한 문제를 객관적인 시선으로 바라볼 수 있다는 장점이 있다. 그래서 연구참여자는 다른 결혼이주여성과 다문화가정 자녀들에게 자신의 경험을 나누어주고 그들을 도와주고자 하는 의지를 강하게 가지고 있다. 이중언어강사로서 다문화가정 아이들에게 어머니 같은 마음으로 그들이 한국 사회에 적응할 수 있도록 도와주고 싶고, 통역봉사를 통해 처음 한국에 오거나 한국어를 몰라 어려움을 겪는 사람들에게 먼저 한국에 들어와 어려움을 이겨낸 선배로서 계속 활동하고 싶다는 생각을 갖고 있다.

2) 문화적응 생애담

(1) 떠올리기 싫을 만큼 힘들었던 어린 시절

몽골의 사막지역에서 태어난 연구참여자는 세 살 때 친아버지가 돌아가셨다. 그래서 어머니가 재혼하면서 중학교 1학년 때부터 새아버지와 함께 살게 되었다. 어머니와 새아버지 사이에 동생 여덟 명이 태어났으나 집안이 너무 가난하고 새아버지에게 병이 있어 일하지 못하는 형편이라 어머니가 혼자서 힘들게 일해 가족을 돌봐야 했다.

> "사막(고향이라는 의미)에서 솔직히 어렵게 힘들게 살았어요. 나는 밑에 동생들이 다 새아빠 동생이에요. (중략) 우리 새아빠는 병이 있어서 일도 못하고, 우리 엄마가 혼자서 일하면서 우리를 길렀어요."

어머니가 재혼하여 낳은 아이들은 연구참여자에게 아버지는 다르지만 어머니가 같은 동생들이다. 그런데 연구참여자는 '밑에 동생들이 다 새아빠 동생'이라고 표현했다. 어린 시절에 대한 기억에 대해서도 '힘들다'

라는 것을 강조했다.

"되게 힘들게 생활했으니까. 너무 힘든 거예요. 몽골에서 대학교는 여름방학이 3개월이에요. 그때는 엄마한테 가서 도와주고 동생들 돌봐주고. 내가 일을 되게 많이 했었어요. 겨울방학에도 가서 엄마한테 일해주고. 너무 많이 일한 거예요. 젊었을 때. 지금 생각하면. 그때 진짜 너무 많이 일했어요. 동생들이 1년에 하나씩 나왔으니까. 먹고살기 진짜 힘든 거예요."

매년 한 명씩 태어나는 동생과 아픈 새아버지, 산후 조리하는 어머니를 대신해 연구참여자는 어릴 때부터 많은 일을 해야 했다. 몽골이라는 나라가 부유하지도 않은 데다가 연구참여자가 나고 자란 곳이 시골의 사막이었기에 더더욱 환경이 열악했다. 연구참여자는 이같이 어려운 상황에서 많은 고생을 했기 때문에 그때의 기억을 떠올리고 싶어 하지 않았다.

고등학교 때까지는 집에서 생활하며 어머니의 일을 도왔다. 다행히 연구참여자는 공부를 잘해서 몽골의 국립예술대학에 입학하게 되었고, 그곳에서 매달 보조금을 받았다. 몽골은 사회주의가 막을 내린 1990년 이전까지는 대학생들에게 매월 30~40만 투그릭을 지원했는데 이는 어머니가 매달 받는 25만 투그릭보다 많은 돈이어서 연구참여자는 학교에서 지원되는 돈을 아껴 어머니가 살고 있는 집으로 보냈다.

대학 생활 5년 동안 방학 때는 고향으로 내려와서 집안일을 돕고, 학기 중에는 예술대학교 성악과에서 음악을 공부했다. 졸업하면 바로 고향으로 내려가 어머니를 도울 수 있을 것이라고 생각했다. 당시 몽골에서는 국립예술대학교를 졸업하면 국가에서 운영하는 극장에서 일할 수 있었고, 그렇게 되면 어느 정도 생활의 안정을 얻을 수 있는 상황이었다. 그래서 연구참여자는 고향 마을에 있는 극장에서 가수 활동을 하고자 5년간의 대학 생활을 마치고 고향으로 돌아왔다.

> "졸업을 하자마자 바로 마을로, 고향으로 간 거예요. 왜냐하면 엄마한테 가깝게 있고 동생들하고 가깝게 있어 좀 도움 됐으면 좋겠다 해서. 그런데 1년도 안 돼서 민주화가 된 거예요. 몽골이 원래 공산주의였잖아요. 90년부터 민주주의가 되서 다 바꿔버리는 거예요. 생활이 되게 이상해졌어요. 바꿨더니 공산주의 다 무너지고 시골에 있는 극장을 원래 국가에서 해주는 건데 그게 다 없어진 거예요."

연구참여자는 1989년 마을로 돌아왔는데 1990년 몽골의 사회주의가 무너지면서 마을의 모든 극장이 문을 닫게 되었다. '시골 엄마를 도와줘야겠다고 해서 갔는데' 마을의 극장이 다 문을 닫게 되면서 다른 길을 찾아야 했다.

> "그래서 마을에서 할 수 있는 게 없어서 그냥 도시로 올라갔어요. 몽골에는 군인가수들이 있어요. 한국에는 없는데. 군인들한테 하는 군인 극장이 따로 있어요. 중국이나 러시아나 다 있어요. 그거를 시험보고 합격해서 군인가수가 됐어요."

연구참여자는 마을의 극장이 문을 닫고 나서 '그냥 도시에 가서 군인극단에 시험을 봐서 합격하면 그곳에서 일하고, 안 되면 초등학교에서 음악선생이라도 할까?'라고 생각했는데 결국 군인극단의 가수가 되었다. 어린 시절부터 경제력이 없는 새아버지와 어린 동생들을 보살피기 위해 힘든 생활을 했는데 가수가 된 것 역시 가정경제에 보탬이 되기 위해서였다. 가수도 유명해야 돈을 더 많이 벌 수 있고 합창보다는 혼자서 불러야 수입이 더 낫지만, 연구참여자는 주로 합창단에서 활동하다가 가끔씩 혼자 불렀기 때문에 많은 돈을 벌지는 못했다.

연구참여자는 어릴 때부터 대학을 졸업한 이후에도 집안을 위해 많은 일을 해야 했다. 그러나 '가족을 위해 일했다'라는 표현은 거의 하지 않았다. 오로지 '어머니'가 힘든 것을 돕기 위해 참아가며 일했다는 표현을 했다. 중학교 1학년 때부터 같이 산 새아버지나 태어나는 순간부터 돌봐온 동생들에 대한 가족의식보다는 어머니가 고생하시는 모습에 대한 안타까움이 지금까지도 가장 크게 자리 잡고 있다.

(2) 딸을 위해 선택한 국제결혼

연구참여자는 국민극단의 가수로 활동하던 중 같은 고향 사람을 만나 결혼해서 딸을 하나 낳았다. 그러나 딸이 세 살 되던 해 남편이 교통사고로 사망했다. 자신이 세 살 때 친아버지가 돌아가셨는데 딸 또한 같은 나이에 아빠를 잃게 되면서 자신의 인생이 친정어머니를 닮았다고 생각하게 되었다.

> "고향 사람이랑 같이 결혼을 했었는데 딱 엄마처럼, 나는 세 살 때 우리 친아빠가 돌아갔었는데 저도 애 낳고 우리 딸 세 살 전에 교통사고로 갑작스럽게 돌아가셨는데 그래서 딸이랑 둘이서 그렇게 살고 있

고. 되게 인생이 이상한 게 나 엄마 닮았나 생각했었지. 애 많이 낳으면 안 된다. 고생하니까. 딸 하나뿐이니까 다시 낳을 수도 없고."

어머니는 연구참여자가 세 살 되던 해에 남편을 잃고 새남편과의 생활에서도 많은 자식을 '건사하느라' 고생이 많았기 때문에 자신은 '아이를 많이 낳으면 안 된다'라고 생각했다. 이는 그간 보아온 어머니의 삶이 너무 힘들었기에 자신은 그 전철을 밟지 않겠다고 생각했기 때문이다. 그러나 운명의 장난인양 자신도 어머니처럼 남편의 죽음으로 어린 딸을 홀로 키워야 하는 처지에 놓이게 되었다.

연구참여자는 남편을 잃고 나서 혼자 몸으로 가수 활동을 하며 딸을 키웠다. 그런데 군인극단의 가수는 만 40세가 넘으면 퇴직해야 했다. 그러자 앞으로 딸을 교육시킬 일이 걱정되어 재혼해야겠다는 결심을 하게 되었다.

아는 미용실에서 자신의 미용실에 재료를 팔러 다니던 한국 남자를 소개해주었다. 통역사를 사이에 두고 두세 번 만났는데 남편이 이제 더 이상 몽골로 올 일이 없어지자 선택해야 하는 순간이 왔다.

"이제 다시 안 오니까 혹시 이렇게(결혼) 하고 싶으면 준비해서 내가 넘어가서 오고, 그렇지 않는다고 하면 이걸로 끝이다(라고 남자 쪽에서 말을 했다). 내가 너무 고민되는 거야. 가야 되나 말아야 되나. 거기 가서 힘들면 어떻게 하나. 나는 딸이 있고 우리 신랑도 애들이 있잖아요. 서로가 맞을까 안 맞을까 하는 생각도 있고, 어떻게 할까 고민을 많이 했는데. (중략)"

한국에 대해 제대로 알지도 못하고, 미용실 소개로 두세 번 만난 것이 전부인 남자와 결혼을 결심하는 것은 쉽지 않은 일이었다. 같은 국가 내에서의 재혼도 많은 것을 고려해야 하는 문제인데 다른 나라 사람과의 재혼은 더욱 힘든 결정이었을 것이다. 그러나 연구참여자가 재혼해야겠다고 생각한 것은 오로지 딸 때문이었다.

> "결정적인 것은 우리 딸 고등학교 졸업하고 나서 나는 대학교 보내지 못하는 상황인데, 한국에 와서 대학교 졸업했으면 좋겠다(하는 것이었어요). 제일 중요한 건 그거지. 뭐 신랑이랑 이런 것도 있지만 제일 중요한 건 그거였어요."

나이도 자신보다 열 살이나 많고 몇 번 보지도 못한 사람이었지만 딸을 대학 공부까지 시켜줄 수 있겠다는 믿음 때문에 재혼을 결심하게 되었다. 연구참여자는 어려서는 어머니를 돕기 위해 많은 일을 하며 지냈고, 결혼 이후에는 남편이 사고로 일찍 사망하는 바람에 홀로 어렵게 딸을 건사해야 했다. 다니던 군인극단에서 퇴직해야 하는 만 40세에 딸의 앞날을 위해 국제결혼을 하고 고국을 떠나 새남편의 나라인 한국으로 향하게 되었다.

(3) 서로의 문화를 이해하기 위한 노력

① 자연스러운 문화적응을 위한 가족들의 지지와 도움

연구참여자는 어린 나이에 한국으로 시집온 다른 결혼이주여성과 달리 나이도 많고, 이미 한 번의 결혼 경험도 있으며, 딸이 있는 상태에서 한국으로 이주했다. 새로 결혼한 남편에게는 결혼할 당시 스물일곱 살, 스물여덟 살 자녀들이 있었는데 처음부터 연구참여자를 잘 따랐다.

> "우리 신랑 자식들은 어렸을 때부터 엄마가 없이 자라가지고 엄마라는 사람이 집에 들어와 집안일도 하고, 못하더라도 조금씩 음식도 하면서 '이거 먹어봐라' 이렇게 하니까 애들이 되게 좋았나 봐. 느낌이 그랬어요. 그러면서 '엄마'라고 불러도 되냐고. 어느 날 갑자기, 3개월도 안 됐는데 그랬었어요. 사전에서 이렇게 가리키면서 '엄마라고 불러도 되요?'라고 물어봤어요. 그래서 '응, 부르고 싶으면 불러도 되지.' 그래서 내가 감동받고."

서로가 서로의 언어를 몰랐기 때문에 남편의 자식들은 몽골어 사전에서 '엄마'라는 단어를 찾아 손으로 짚으면서 "엄마라고 불러도 되나요?"라고 물을 정도로 다정한 아이들이었다. 미용실의 소개로 양측 모두 서로를 충분히 알 수 있는 기간을 가지지 못한 채 조금은 성급하게 이루어진 결혼이었지만 다행히 남편과 아이들은 한국말과 문화도 모른 채 한국 가정으로 온 연구참여자를 진정한 가족으로 대해주었다. 비록 말이 통하지 않았지만 몽골어 사전을 찾아 의사를 전달하고자 했다는 것은 이미 자녀들이 열린 마음과 애정으로 연구참여자를 맞을 자세가 되어 있다는 의미이기도 하다.

남편 역시 연구참여자가 한국어를 배우는 데 매우 적극적으로 도움을 주었고, 취업이나 봉사활동에도 많은 동기부여를 해주는 사람이다. 연구참여자가 외부활동을 하면서 모르는 부분에 대해서는 남편이 그 일을 해결해주기도 한다.

"내가 나갔다 오면 신랑은 '아까 무슨 일 있었어?' 하고 물어봐요. 내가 못 알아들은 게 있는데 그게 뭐냐 물어도 봐요. 경찰서 갔는데 못 알아들은 거 있으면 적어 와서 집에서 이게 뭐냐고 물어보고. 신랑도 모르면 네이버에 가서 찾고 이러면서 나에게 도와주려고 해요. 못하는 게 뭔지 잘하는 게 뭔지도 물어보고."

연구참여자가 하는 여러 가지 활동에 대해 남편은 항상 관심을 가지고 어려움이 없는지 살피려고 한다. 결혼이주여성이 혼자만의 힘으로 한국문화에 적응하기에는 한계가 있다. 본인 스스로의 노력과 주변의 도움이 함께해야 타문화에 대한 거부감 없는 수용이 가능하다. 이주국에 무조건 빨리 동화되어야 한다는 스스로의 부담감이나 주변의 강압 또는 무관심은 결혼이주여성이 한국문화에 건강하게 적응하는 것을 방해한다. 그러나 연구참여자는 가족들의 지지와 도움이 있었기에 정서적 안정 속에서 자연스럽게 한국문화에 적응할 기회를 가졌다.

"남편이 많이 도와줘요. 내가 이중언어강사 교육 다닐 때 몇 번 그만두고 싶었어요. 근데 신랑이 이걸 이겨내야 좋은 일이 생긴다고 했어요. '내가 옆에서 도와줄게' 하면서 이것만 참으면 된다고 해서 내가 그 힘으로 졸업했어요. 그렇지 않으면 중간에 그만두고 싶었어요."

이처럼 가족들은 연구참여자에게 호의적이고 배려를 해주었다. 특히 남편의 적극적인 지지는 연구참여자의 한국 생활 적응에 많은 기여를 했다. 가족들은 연구참여자에게 성급하게 한국문화를 강요하지 않으면서 무관심하게 방임하지도 않았다. 이러한 균형이 한국에 대해 전혀 몰랐던 연구참여자에게 조바심을 갖지 않고 한국을 이해할 수 있는 여유와 적극적이고 주체적으로 한국을 알아갈 수 있는 동력을 가지게 했다.

연구참여자는 한국어를 전혀 알지 못하는 상태에서 한국에 왔기 때문에 가장 먼저 한 일은 한국어를 배우는 일이었다. 그와 함께 한국의 문화와 새로 결혼한 가정의 문화에 맞추기 위한 노력을 했다. 남편은 큰아들이지만 늦은 나이에 결혼했기 때문에 이미 시댁 부모님은 돌아가신 상태였고, 형제들도 모두 잘 도와줘서 시댁 문화에 적응하는 것은 어렵지 않았다고 했다.

연구참여자는 몽골에서부터 불교 신자였다. 하지만 남편은 개신교도였다. 한국에 이주한 이후 남편이 교회에 다니는 것을 보고 연구참여자도 남편과 함께 교회에 다니고 있다.

"신랑이 좋아하고 우리 신랑 친척들이 좋아하니까 '아, 나는 싫다' 그렇게 하지는 않아요. 아, 이런 사람들이 이런 걸 좋아하는구나. 그래서 거기 가서 뭘 듣는지 궁금해서 가자고 하면 그냥 가요. (중략) 성경책도 봤어요. 그냥 모르면서 하는 것보다 한국 사람들이 왜 좋아하는지 알려고. 우리 불교와 이런 게 다르구나 하고. (중략) 기도하면 나도

기도하고. 어차피 하늘에 있는 건 다 똑같잖아요. 나도 똑같이 기도하면서 그렇게 받아들여야지. 그냥 딱 잘라버리면 우리 신랑 친척들이나 시댁들이나 싫어하잖아요. 나는 좋아하진 않더라도 다른 사람들이 좋아하잖아요."

연구참여자는 자신은 좋아하지 않더라도 '다른 사람들이 좋아하는 것'을 하려고 한다. 종교와 음식, 취미 등에서 굳이 자신의 취향을 고수하려고 하지 않는다. 이는 다른 가족의 강요에 의해 억지로 취향을 바꾸는 것이 아니다. 이러한 태도는 크게 두 가지 측면에서 해석할 수 있다. 먼저 개인적 성향에 따른 결과로 보았을 때, 연구참여자 스스로 모든 문화에 대해 개방적이고 수용적인 태도를 갖고 있기 때문에 나타나는 모습이라고 해석할 수 있다. 다음으로는 연구참여자가 결혼이주여성이라는 사회적 위치를 고려했을 때, 상대적으로 문화적 약자로서의 남편 나라 문화에 대한 순응이라고 볼 수도 있다. 연구참여자의 경우 나이에 따른 연륜과 힘들게 살아온 그동안의 여정을 통해 타인을 먼저 배려하고 자기를 억제하는 것이 내재되어 있는 편이다. 그렇기 때문에 자기를 희생해서 가정의 평화와 자녀들의 행복이 보장된다면 자기희생을 선택할 가능성이 크다. 하지만 연구참여자의 다른 가족들 역시 연구참여자를 배려하고 이해하는 마음이 강하다. 그러므로 결혼이주여성이라서 일방적으로 가족을 위해 희생하는 것이 아닌 서로가 서로의 문화를 이해하기 위해 노력했다.

"못하더라도 몽골 음식을 해서 내놓으면 어떤 때는 맛있겠다고 하고, 어떤 때는 이거 못 먹겠다 하기도 하고 그랬어요. 몽골 음식이 대부분 고기니까. 양고기 냄새도 나고. 양고기는 좀 그렇잖아요. 그래서 애들은 양고기 들어가면 못 먹고, 소고기나 돼지고기 들어가면 '오, 맛있다' 하고 먹고 그랬어요. 내가 처음에는 한국 음식 못 먹으니까 혼자서 몽골 음식 해가지고 먹었어요. 이거 몽골 음식 엄마가 좋아한다고 하면 아이들이 옆에서 같이 먹어보고는 '이거는 맛있다', '이거는 이상하다' 하기도 했어요."

연구참여자는 한국 음식을 만들기 위해 여성문화회관에서 요리강좌를 듣기도 하고 인터넷에서 자료를 찾아가며 자기 나름대로 가족들을 위해 한국 음식을 만들었다. 그러나 정작 본인은 한국 음식을 못 먹었기 때문에 따로 혼자서 몽골 음식을 해먹으면 다른 가족들이 엄마가 좋아하는 음식은 어떤 것인지 옆에서 같이 먹어보면서 맛을 평가하기도 했다. 이런 과정을 거치면서 식구들이 현재는 몽골 음식에 조금 익숙해졌다. 하지만 연구참여자는 몽골의 문화를 알려주는 것보다 스스로 한국문화에 적응하려는 노력이 더 큰 것이 사실이다. 그렇기 때문에 가끔 몽골 음식을 하기도 하지만, 집안 식구들의 입맛에 맞추려고 하는 편이다.

② 시간과 인내로 익숙해진 한국문화

연구참여자가 처음에 한국 생활에서 어려움을 겪은 것은 언어와 음식, 날씨였다. 이는 대부분 이민자가 타국에서 느끼는 어려움과 같은 것이다.

"내가 7월 1일에 왔는데 몽골은 습기가 없잖아요. 근데 여기는 너무 습기가 많아가지고 옷들이 다 달라붙어 가지고. (중략) (한국에 오기 전) 2007년까지는 선풍기라는 것을 한 번도 켜본 적 없는 사람이에요. 그런데 땀이 나니까 어쩔 수 없이 선풍기 켰는데 바람 때문에 몸살이 나가지고 열이 너무 많이 나가지고. '선풍기 때문에 열이 난다'라는 말을 못하니까 신랑에게 이상하다고만 했어요. 신랑이 나가고 나면 선풍기를 다 꺼버렸는데, 신랑이 오면 선풍기를 켜잖아요. 그러면 나는 말을 못하니까 그냥 선풍기 바람을 이렇게 피하고 다니고. (중략) 병이 나도 병원에 가고 싶다는 말을 못하니까 그냥 혼자서만 참고 있었어요."

고국의 날씨와는 확연히 다른 한국의 날씨에 적응하지 못한 데다가 한국어를 하지 못했기 때문에 자신의 상태를 다른 사람에게 전달할 수도 없었다. 그래서 선풍기 바람으로 인해 오한이 들었으나 병원에 가고 싶다는 의사표현을 하지 못해 참고만 있었다. 비록 한국어를 할 수 없다 하더라도 자신의 몸 상태가 안 좋다면 다른 방법으로 표현하거나 다른 어떠한 수단을 동원했다면 병원에 갈 수도 있었을 텐데 연구참여자는 혼자서 참는 방법으로 그 시간을 견뎌냈다.

그렇게 2, 3년을 말도 못하고 참고 지내다 보니 점점 익숙해져 이제는 '선풍기 없으면 못 살 정도'가 되었다. 딸이 대학을 졸업할 때까지 몽골을 못 가다가 10년 만에 몽골에 갔을 때, 이제는 몽골의 날씨와 음식에 적응하지 못하는 상태에 이르렀다.

"몽골에 갔는데 몽골 사람들이 선풍기 없이 땀 닦고 있는데 나는 미치는 줄 알았어요. 그래서 선풍기 사다놨어요. 선풍기 바람 없으면 못 사니까. 되게 웃긴 게 사람이 금방 그렇게 바껴버리더라구요. 음식도 몽골 가서 친척들이 해준 거 먹으려고 했더니 바로 토할 거 같은 거예요. 냄새가 막 싫은 거예요."

10년이라는 시간 동안 연구참여자는 자신의 문화를 지키거나 융합하기보다 가족을 위해 한국문화에 적응하기 위한 노력을 많이 했다. 그 결과 현재는 몽골 문화보다 한국문화에 더 친숙해진 자신을 발견하기도 한다. 이는 연구참여자가 한국문화에 동화된 것처럼 보일 수도 있는 측면이다. 동화란 '자신의 세계관을 이주국의 그것으로 바꾸는 재사회화 과정'인 반면, 적응이란 '세계관이 확대되어 이주국 문화의 행위와 가치관에 익숙해지는 것'을 뜻한다. 그러므로 동화는 '이전과는 다른 사람'이 되는 것이고, 적응은 '다문화적 사람'으로 변화하는 것이다. 결국 문화적응을 한 사람은 자신이 기존에 가진 세계관 위에 새로운 경험과 인식으로 한 단계 성장한 사람이다.

많은 결혼이주여성이 문화적응이 아닌 문화동화의 수준에 머무는 경우가 있다. 위의 진술 내용만으로 보면 연구참여자의 경우도 문화동화로 보일 수 있다. 그러나 현재 연구참여자가 결혼이주여성으로서 다른 다문화가정을 위해 하고 있는 봉사활동이나 모국인 몽골인을 위한 노력을 볼 때 단순히 문화동화의 차원은 아닌 것으로 보인다. 연구참여자가 몽골인으로서의 정체성을 잃지 않으면서 이주국의 문화나 가족들과 어우러질 수 있는 것은 성숙한 자의식과 꾸준한 학습, 상대를 이해하려는 열린 자세를 가지고 있었기 때문에 가능했다.

(4) 미래를 위한 준비

① 남들보다 어려운 환경에서 익힌 한국어

결혼하고 한국으로 이주하는 것이 결정 난 후 연구참여자는 한국 생활에 대한 많은 기대가 있었다.

> "나는 되게 좋은 것만 생각하고 온 거지. 몽골에서 한국은 선진국 나라이고 다 잘됐다고 하니까 내가 꿈을 갖고 왔는데 전혀 달라서. 선진국은 나라일 뿐이지 여기 오면 동네도 그렇고(몽골이나 한국이나 다 비슷하게 살아가고 있다는 의미). (중략) 한국에 와서는 되게 충격 많이 받은 거 같아요. 왜냐하면 몽골에서는 무대에 올라가고 가수 되고 이렇게 했었는데, 한국에 와서는 바깥에 나가면 길 잃어버릴까 봐 나가지도 못하고, 신랑이 데리고 다니고 가르쳐줘야지만 나갈 수 있고. 너무 힘든 거예요. 몽골 음식을 해먹고 싶어도 어디에 나가야 하는지, 어디에 무엇을 파는지 아무것도 모르니까 너무 힘든 거예요."

연구참여자는 몽골에서 어머니와 동생들을 위해 돈을 벌어야 했고, 남편과 사별 후에는 어린 딸을 키우기 위해 돈을 버느라 시간적 여유를 갖지 못한 삶을 살았다. 또 공연으로 바쁘게 이곳저곳을 누비며 다니다가 한국에 와서는 말 한마디 못해 집에서만 있어야 하는 상황이 되었다. 남편은 몽골어를 전혀 모르고 연구참여자는 한국어를 모르는 상황에서 가정에서의 의사소통도 어려웠고, 사회생활은 더더욱 할 수 없는 상황이었다. 그래서 연구참여자는 한국에 온 바로 다음 날부터 한국어를 배우러 다녔다.

이는 한국의 문화와 새로 결혼한 가정의 문화에 맞추기 위한 노력이었고, '몽골 음식을 해먹을 수 있을 정도'의 자기활동성과 기동력을 갖추기 위한 생존의 필요성 때문이었다.

> "처음에 바로 여성문화회관에서 배우고, 그다음에 1년 후에 다문화가족지원센터, 그리고 또 여기 도서관에서도 한국어 가르치는 거 있었어요. 도서관에서 1주일에 한 번, 여성문화회관에서 두 번, 다문화가족지원센터에서는 한 번 이렇게 돌아다니면서 배우는 거예요. (중략) 돈을 내서 배우는 건 힘드니까 공짜로 이렇게 돌아다니면서 열심히 배우고. 그 열심히 배운 결과 2년 후에 이중언어강사 양성과정으로 들어갔어요. 시험을 봤더니 쓰기는 잘되는데 말은 못 하는 거예요. (중략) 그래서 어쩔 줄 몰랐는데 신랑이 녹음을 해서 오라는 거예요. 집에 와서 녹음을 듣고 사전에서 찾고 이렇게 하나하나씩 했어요. 수업을 알아들어야 하니까 처음엔 밤새도록 녹음한 거 듣고 사전에서 찾았어요. 그때 2007년에 몽골 전자사전이 없었어요. 일본인이나 중국인들이 전자사전으로 바로 찾는데 나는 두꺼운 사전을 들고 다녀야 했어요."

연구참여자가 한국으로 이주한 2007년 당시에는 몽골어 전자사전이 없어 두꺼운 사전을 매일 가방에 넣고 다니면서 무료로 가르치는 여러 기관을 돌며 밤새 한국어를 공부했다. 한국어를 배우는 데 남편이 많은 도움을 주었고, 연구참여자 역시 성실하고 적극적으로 공부에 임했다. 원래부터 부지런한 성격을 지녔지만 말 한마디 못하는 상태에서 온 이주국에 적응하기 위해 남들보다 특별히 많은 노력이 필요했다. 한국에서는 몽골어가 일본어나 중국어에 비해 소수언어이기 때문에 배우기 힘든 언어였다. 특히 선행 지식이 없는 연구참여자로서는 여러 가지 어려움이 있었다. 그러나 열심히 배운 결과 2년 후에는 이중언어강사 양성과정에 들어갈 정도로 실력이 향상되었다. 이러한 경험은 연구참여자로 하여금 자부심과 자신감을 가져다주는 계기가 되었다. 그래서 이후 한국 생활에서 많은 부분에 도전하게 하는 역량이 되기도 했다.

② 무슨 일이든 열심히

한국에 오고 나서 얼마 후에는 한국어를 배우러 나가는 시간 외에 대부분 집에서만 생활했기 때문에 '외로워서' 직장을 알아보게 되었다. 몽골 사람의 소개로 휴대전화 부품을 조립하는 공장에 다니게 된 것이 연구참여자가 한국에서 첫 사회생활을 한 것이다. 아직 한국어가 능숙하지도 않았고 한국문화에 대해서도 잘 몰랐기 때문에 공장 내에서 일하는 사람들과도 잘 어울리지 못했다.

> "근데 힘든 거는 못 알아듣기도 했지만 나이도 있고. 다 내 또래 아줌마들이 있는데 내 문제는 왼손잡이라서 안 됐어요. 나는 빠르게 붙이는데, 붙이긴 하는데 왼손잡이니까 오른손잡이랑 부딪치고. 그래서 아줌마들이 부딪치니까 싫어해가지고 나는 밀리고 밀려서 맨 밑에서 그냥 부착하는 거만."

30명 정도의 사람들이 일하는 공장에는 한국 사람들이 많았고 외국인은 별로 없었다. 처음에는 한국어를 못 알아들어서 일을 제대로 하지 못

하는 것이 문제였고, 이후 한국어를 조금 알아듣고 나서는 같이 일하는 사람들이 연구참여자를 대하는 태도로 인해 상처를 받았다.

"여성회관에서 (한국어를) 배우고 있는 중이었어요. 그런데 아예 못 알아듣는 거예요. (중략) 손은 빠른데 못 알아들으니까 밀리고 밀려서. 옮겨주고 그런 것만 했어요. 그렇게 하면 아줌마들이 다 쳐다보잖아요. 말도 못하면서 왜 오냐 이런 식으로. 그리고 점심 먹는데도 한국 음식이 익숙하지 않아서 못 먹고. 김치도 못 먹었어요 처음에. 안 매운 거 있으면 겨우 반찬 하나로 먹는 것도 있고 그랬어요."

연구참여자는 말을 못했기 때문에 같이 일하는 사람들과 어울리지도 못했다. 주변의 한국 사람들과 비슷하게 보이기 위해 그들과 비슷한 옷을 입었고, 그들이 웃으면 무슨 이유인지 몰라도 따라 웃는 등 동화되려는 노력을 했다.

"처음에는 못 알아들으니까 뭔지 모르니까 그냥 가만히 있죠. 그랬다가 나중에 내가 조금씩 알아들을 때는 너무 힘든 거예요. 괜히 알아들은 거 같아요. 모르는 게 약이라는 말 있잖아요. (중략) (그 사람들끼리) 이 외국 사람 어디서 와서 뭐 어쩌고저쩌고. (중략) 심지어는 입는 옷까지 얘기하는 거예요. 나는 몽골에서 가수 했지만 직장 다니거나 이런 건 모르니까 치마 입고 갔어요. 근데 아줌마들이 진짜 이상하게 수군거려요. 회사 다니면서 치마 입고 오냐고. (중략) 그때 나는 한국문화는 다르구나 생각했어요. 보니까 진짜 다 바지 입었어요. 그때서부터 바지 입었어요. (중략) 그들 눈에 (나 같은 몽골인이) 익숙하지 않아서. 옷도 왜 이렇게 이상하게 입었나 그러고."

연구참여자는 몽골에서 대학을 나오고 가수로서 무대에 섰던 사람이었기에 휴대전화 부품을 조립하는 공장에서 일하는 한국 중년 여성들과는 여러 면에서 다른 문화적 배경을 가진 사람이다. 그러나 연구참여자 스스로는 '나는 이런 사람이다' 하면 안 될 것 같아서 자신의 정체성을 한국 사회의 문화에 맞추려고 노력했다. 그러나 본인의 특성이 육체적 노동보다는 '머리를 쓰는 일'에 적성이 맞았기 때문에 서너 달 일한 후 그만두고 이중언어강사 교육을 받고 초등학교 보조강사로 활동하게 되었다.

연구참여자는 한국에 비해 경제적으로 낙후된 나라에서 왔지만 '머리'만은 뒤처지지 않는다는 확신이 있었다. 비록 직접적으로 표현하지는 않았지만 몽골인이 우수하다는 생각을 가지고 있었다. 이러한 자부심이 휴대전화 조립 공장에서 일하면서 다른 한국 아줌마들로부터 받은 질시에도 여유와 포용으로 대처할 수 있게 한 힘이 된 것으로 보인다.

이중언어강사로 활동하는 것은 처음에는 두렵기도 하고 힘들기도 했다. 한국어가 완벽하지 못하다고 생각했기에 학생들의 말을 못 알아듣거나 대답을 하지 못 할까 봐 걱정이었다. 그러나 시간이 지나면서 경험이 쌓여 지금은 매우 만족하고 있는 상태다.

"일하는 거는 좋지 뭐. 한국어로 먼저 하니까 제일 처음엔 너무 힘든 거예요. 아이들이 뭐라고 물어보면 못 알아들을까 봐 긴장해가지고. 조금 1, 2년 지나가니 좀 경험이 쌓이니까 괜찮아졌어요."

초기에는 한국어에 익숙하지 않아 힘든 점이 있었지만 이중언어강사를 하며 몽골문화를 가르치게 되자 자신감도 생기고 학생들에게 몽골에 대한 더 많은 것을 가르쳐주고자 하는 욕심이 생겼다. 그리고 러시아어를 배우고 싶은 학생들에게는 수업시간 외에도 언제든지 가르쳐주고 있다. 이제는 연구참여자가 한국어에 자신이 생겼기 때문에 한국어를 잘하지 못하는 부모나 학생들을 위해 여러 가지 도움을 주고 있다.

취업 과정에서 처음에는 많은 문화적인 차이를 느꼈고 그로 인해 부당한 대우를 받기도 했다. 연구참여자는 상대를 이해하려고 하는 입장을 취하고 한국문화에 최대한 동화되려고 하는 노력으로 적응해나갔다. 그러나 이중언어강사를 하면서 모국인 몽골의 문화를 가르치는 것에 즐거움을 느끼고 있으며, 많은 학생들에게 몽골을 제대로 알리고자 한다. 이는 연구참여자가 자기 민족에 대한 자부심을 가지고 있기 때문에 단순히 한국에 동화되는 차원을 넘어 자문화를 알리고 가르치면서 자신의 위상도 강화시키고 있는 행위로 해석할 수 있다.

연구참여자는 모국에서 바쁘게 지내다가 한국에 와서는 상대적으로 많은 시간을 갖게 되어 이중언어강사와 통역봉사 등의 활동을 하고 있다. 몽골과 달리 한국에서는 나이가 들더라도 경제적인 수입이 있어야 한다는 부담감을 가지고 있다. 한국에 오기 전에는 단순히 한국이 잘사는 나라라고만 생각해서 경제적인 부담을 덜 것이라 생각했는데 막상 와보니 오히려 노년기가 되어도 경제활동을 해야 한다는 생각이 강해졌다. 현재는 이중언어강사를 하고 있지만 연구참여자의 나이가 50대 중반이어서 몇 년을 더 할 수 있을지 알 수 없다. 그래서 이중언어강사 활동을 못하게 될 경우를 대비해서 요양보호사 자격증을 따놓았다.

"한국이 살기는 좋다고 했지만 돈 벌기가 좀. 특히 나이가 좀 들면 일이 별로 없어지잖아요. 나는 이제 50이 넘었으니까 60대 되면 뭘 할까 하다가 요양보호사 자격증도 받았어요."

몽골은 돈이 없으면 없는 대로 살 수 있는 환경이지만 한국은 돈이 있어야 하는 환경이라고 생각한다. 특히 연구참여자는 마흔이 넘어서 왔기 때문에 한국에서의 돈벌이가 힘든 상황이다.

"학교에서 안 받아주면 이제 이거 해야겠다고 해서 준비해놓은 거예요. 준비해놔야지 안 그러면 집에서 그냥 쓸쓸하고. 내가 2년 전에 우연히 병원에서 테스트했는데. 3년 전이다. 좀 우울증 있다고 했어요. 그래서 이것 벗어나기 위해서 내가 열심히 해야 이거 잊어먹을 수 있다고 자기 스스로 이기려고 그냥 노력하는 거예요. 그래서 이것 다니고 저것 다니고 이것도 해보고 저것도 해봐요."

연구참여자가 현재도 열심히 다양한 활동을 하고 있지만 노후까지 걱정하며 준비하는 이유는 경제적 이유와 함께 건강 때문이기도 하다. 심각한 것은 아니지만 우울증 증세가 있다는 것을 알고 나서는 그것을 이기기 위해 더욱 열심히 일할 거리를 찾아 움직인다. 사람들과의 교류나 유흥에서 출구를 찾기보다는 학습을 통해 이를 해소하려는 것이다.

3) 정체성 협상

(1) 억눌림으로 인한 모국의 가족 정체성 외면

몽골에서 가수 생활을 한 연구참여자는 원래 성격이 매우 내성적이어서 자신이 가수가 될지는 아무도 몰랐다고 한다. 삼촌, 언니, 오빠가 몽골에서 가수활동을 하고 있었지만 연구참여자는 쑥스러움이 많아 사람들 앞에서 말도 잘 못하는 성격이었다.

> "나는 어울리는 친구도 없었어요. 동생들이 태어나니까 엄마가 항상 나보고 조용하게 있어라, 말하지 말라 하니까 내가 딱 그런 사람이 됐어요. 혼자서 그렇게 생활하는. 누구한테 말 걸지도 못하고 자기 할 일만 하고 조용하게 있는지 없는지도 모를 정도로. 고등학교까지 그런 사람이었어요. 친구도 별로 없고."

예술대학에 들어가고 나서 무대 매너 등을 배우며 많이 달라졌으나 원래 성격을 바꿔야 했기 때문에 많이 힘들었다고 한다. 대학 다닐 때는 기숙사 생활을 했기 때문에 친하게 지내는 친구들이 몇 명 있기는 했지만 그 시기를 제외하고 연구참여자는 어릴 때부터 현재까지 친구가 거의 없었다. 어린 시절에는 동생들 때문에 말하지 말라고 하는 엄마로 인해 친구 없이 혼자 지내는 아이였고, 가수 시절에도 어려운 형편의 어머니를 도와주거나 딸을 키우기 위해 힘들게 살아서 친구를 사귈 여유는 없었다. 항상 평범하고 조용하며 내성적인 성격으로 살아왔다.

자신의 정체성을 규정할 때 가장 가까운 범위는 '나'를 포함한 부모, 형제에서 시작한다. 경우에 따라 그 범위가 더 넓어지기도 하고 좁아지기도 할 것이다. 연구참여자의 경우 친아버지가 세 살 때 돌아가셔서 어린 시절부터 새아버지와 여덟 명의 동생과 함께 살았다. 비록 새아버지이기는 하지만 어릴 때부터 함께 살았고, 동생들도 모두 친어머니와의 사이에서 태어난 형제들이다. 그러나 연구참여자는 어머니를 제외한 다른 가족들에 대해서는 언급을 피하거나 기억나는 것이 없다고 답했다. 인터뷰 답변도 주로 대학교 이후의 자신에 대한 이야기를 다루었다. 대학에 들어가기 전의 기억에 대해 좋은 일이든 나쁜 일이든 무엇이라도 있느냐는 질문에 "몽골에서 기억은 별로 없는데"라거나, 간단한 답변을 하면서 의도적으로 다른 이야기로 주제를 옮기기도 했다.

어린 시절 힘들게 살았던 이야기를 하면서도 자신이 돈을 벌어 고향에 있는 '가족'에게 돈을 보냈다고 하는 것이 아니라 '엄마'에게 돈을 보냈다고 답변했다. 새아버지는 어떤 일을 하셨냐는 질문에도 이렇게 대답했다.

> "몽골에서는 전기가 들어올 때 연탄불 붙여야 해요. 그거 하는 사람이었어요. 직업이라보다는. (중략) 마을에서는 저녁 8시부터 12시까지만 전기 나오는 거예요. (중략) 그런 일 하고 있었어요. 그러다가 내가 대학교 있을 때 병이 있었으니까 돌아가시고. 힘들게 우리 어머니가 힘들게."

새아버지에 대한 질문에도 새아버지에 대한 내용보다 그 남자로 인해 어머니가 힘들었다는 답변을 했다. '부모님은 어떤 분이냐?'라는 질문에는 아버지를 제외한 어머니에 대한 답변만 했다.

"우리 엄마는 마을에서 가축 기르고 사는 사람들이에요. 시골에서나 마을에서나 몽골에는 가축밖에는. 가축 기르면서 사는 그런 거여서 특별히 일은 없고 그거만 하고 그냥 먹고사는 거. 힘들게 살아온 거 같아요."

연구참여자는 대학에 들어가기 전까지는 가족과 함께 살았지만 대학에 들어가고 나서는 방학 중에만 어머니 일을 도와주러 갔고, 군인극단에서 가수 생활을 한 뒤로는 교류할 시간이 많지 않았다. 동생들과 나이 차이가 많이 났기 때문에 어릴 때는 '엄마처럼 동생들을 돌봐'주었지만 '울란바토르로 간 뒤부터는 멀어'졌다.

"걔들은 마을에 있고 나는 계속 너무 일이 많으니까 시골에 갈 시간도 없고 거기에서 그냥 살다가 그랬더니 사이가 멀어졌어요. 가끔씩 올라오고. 자주 안 보이니까. 어색해지고 그랬어요. (중략) (아버지는) 2007년에 돌아가셨어요. 내가 여기 온 지 얼마 안 돼 돌아가셔서. 제가 갈 수 없었어요. 여기 2년 있어야만 한국 국적이나 서류 내고 몽골에 갈 수 있는데 거기를 갔다 오면 또 시간이. 그렇기도 하고 먹고살기 힘드니까 가보러 갈 수 없어서, 그냥 돌아가셨구나 하고 그냥 있었죠."

연구참여자는 새아버지를 원망하는 것은 아니었으나 새아버지와 동생들을 '나'의 범주에 포함하지는 않았고 몽골 고향에서의 생활도 언급하기 꺼렸다. 42세 때까지 몽골에서 살다가 한국에 왔으므로 실제로 연구참여자가 살아온 인생의 많은 부분이 몽골에서의 삶이었고 그것이 자신의 정체성에 영향을 미쳤을 것이다. 그러나 연구참여자는 어머니를 제외한 여덟 명의 동생과 새아버지에 대해서는 자신의 정체성 형성에 영향이 없었다고 생각하고 있었다. 가족들이 자신에게 영향을 미치지 않았다고 생각하는 것은 이미 그 자체가 결핍의 결과로 자신에게 영향을 미친 것이다.

(2) 몽골인으로서의 자부심

개인과 가족 차원에서의 정체성에 대해서는 특별히 부각시키고 있지는 않지만, 자신이 몽골인이라는 점에 대해서는 자긍심을 가지고 있고 이를 학생들에게 제대로 알려주고 싶다는 생각을 가지고 있다. 이중언어강사를 할 때 학생들에게 몽골의 현재 모습을 알리기 위해서도 힘쓰고 있다. 언론을 통해 보도되는 몽골의 모습이 한국에 비해 뒤처진 것처럼 보이기 때문에 이를 바로잡기 위함이다.

> "(아이들에게 몽골의 현재 모습을 가르쳐주면) 아이들은 몽골에도 진짜 컴퓨터도 있고 스마트폰도 있냐고 물어요. 몽골 사람들은 말 타고 다니고 가축 기르는 사람 아니냐고. 몽골의 현재 문화는 잘 모르니까 신기해 가지고. 진짜야 선생님? 하면서."

한국으로 이주한 이후에 친구가 없는 이유도 궁극적으로는 몽골인으로서의 자부심에서 나온 것이다. 연구참여자 스스로 생각할 때 자신이 친구가 없는 이유는 다음 몇 가지다. 먼저, 처음 한국에 왔을 때 한국어를 전혀 못했기 때문이고, 다음으로는 마흔두 살이라는 늦은 나이여서 친구를 만들기 어려웠다. 그리고 자신이 외국에서 왔기 때문이기도 하고, 마지막으로 자신이 다른 결혼이주여성이나 또래의 한국 아줌마에 비해서는 너무 많은 것을 열심히 하기 때문에 다른 사람들의 시기를 받는 것이라고 생각했다.

> "나는 친한 친구가 있었으면 좋겠다 했는데 어울리는 친구가 아직까지 없어요. 친구가 될 사람은 없어요. (중략) 근데 나한테 친하게 지내자고 하는 사람이 없어서 왜 그러는지 잘 모르겠이요. 외국 사람이라서 그런 거 같아요. 요양보호사 강의 테스트 볼 때 나는 다 맞았어요. (중략) 질투하는 거 같아요. 내 옆에 앉지도 않아요. (중략) 몽골 아줌마인데 강사도 하고 통역도 하고 그러니까."

연구참여자는 한국문화에 적응하기 위한 노력을 하면서도 내적으로는 몽골인, 예술대학 출신의 가수라는 자부심으로 인해 다른 사람들과 친해지지 못한다고 생각한다. 이는 외부적 행위에서는 모국의 정체성보다 한국문화에 적극적으로 흡수되고 있는 것처럼 보이지만 내면적으로는 모국의 정체성이 강력하게 작용하고 있는 것으로 보인다.

> "보니까 베트남 엄마들에게서 나온 애들보다 몽골인들은 당당하고 그래요. 뭐 때문에 그런지는 모르겠어요. 몽골이 되게 신기한 게 한국어 잘 배워요. 언어구조가 전혀 다름에도 잘 배워요. 그러고 보니까 아시아 나라에서 몽골은 높은 곳에 있어요. 높은 곳이 좋은 거예요. 춥거나 높은 곳에 있는 사람이 머리 좋대요. (중략) 몽골 사람들은 세

번 이야기하면 바로 외워요. 바로 기억하고. 그런 게 있어요. 연구에서 그렇게 나왔대요."

표면적으로 연구참여자는 모국의 정체성을 고수하기보다는 한국에 어울리기 위한 정체성 협상의 지난한 과정을 겪었다. 그러나 위의 발화내용을 보면 연구참여자는 의식적이든 무의식적이든 모국인 몽골의 우월성을 확신하고 있다. 이러한 생각으로 인해 이주국인 한국인이나 한국에서 생활하고 있는 다른 외국인에게 몽골의 문화를 올바르게 알려야겠다는 사명의식으로 이중언어강사나 다른 활동들을 이어갈 수 있는 것이다.

(3) 다문화가정을 위한 다리 역할 해주기

연구참여자는 자신이 힘든 과거를 경험했기 때문에 도움이 필요한 다른 사람들에게 해줄 수 있는 것이라면 무엇이라도 도와주고 싶다는 생각이 강하다. 특히 한국 사회에서 어려움을 느끼는 다문화가정에 대한 연민이 있다. 학교에 강의를 나가서도 주어진 시간 외에 러시아어와 몽골과 관련한 일은 따로 시간을 내어 봉사하고 있다.

"보조강사로 나가고 있는 초등학교에 몽골 아이가 두 명 있어요. 2학년, 5학년. 근데 부모님들은 몽골인이고 한국에 온 지 1년밖에 안 되고, 아이들도 아예 한국어 모르는 상태에서 되게 힘든 거예요. 그래서 내가 다리가 돼주려고 부모님들한테는 학교에서 이런 거 이런 거 했다, 이런 거 해야 된다고 알려주고. 아이들한테도 특히 수학, 국어 시간에 들어가가지고 설명도 해주고 한국어도 가르치고."

자신 또한 한국어를 전혀 모르는 상태에서 낯선 땅으로 이주해 어려움을 겪었기 때문에 비슷한 처지의 사람을 보면 동병상련의 마음을 느낀다. 그래서 그는 자신이 그런 사람들의 '다리가 돼주려고' 한다. 특히 몽골에서 온 사람들은 옛날 생각이 나서 더 애정을 가지고 있다.

"3, 4년 전부터는 예술 좋아하는 몽골인들한테 목 푸는 거나 노래 부르는 방법 가르치려고 노력 되게 많이 해가지고 거기로 주말마다 가요. 그게 좀 즐거운 거 같아요. 지금도 다니고. 몽골인들이 노래 좋아하니까. 노래자랑도 있고 여러 가지 그런 거 있으면 가서 심사위원도 해주고 상담도 해주고. 행사가 있으면 예술 쪽으로는 도와주고. 그런 걸로 조금씩 외로움이 풀리는 것 같아요."

봉사활동은 다른 사람에게 '다리'가 돼주기도 하지만 연구참여자 스스로에게는 '외로움을 풀어주는' 행위가 된다. 노래봉사를 시작한 이후 점점 여러 가지 봉사활동으로 확대되고 있는데 이는 도와주고 싶은 마음을 실천하려고 하기 때문이다. 여러 경로를 통해 다른 몽골인을 알게 되었고 도움이 필요한 사람에게는 언제든지 도와주어야 한다는 생각이다.

"내가 그동안 이렇게 힘들게 거쳐왔는데, 남의 나라에 처음 오는 사람들에게는 내가 도움이 되겠다 싶어서 통역을 해요. 비비비콜이라고 전화로 통역하는 거 있잖아요. 그거 12년부터 지금까지 하고 있어요. 새벽이든 언제든 어디서든 전화 오면 내가 받는 거예요. 왜냐하면 힘든 사람이 길을 잃어버릴 수도 있고, 병원 가서 말 못 하는 거도 있고. 그런 거라서 전화도 하고 경찰서, 법원이나 이것도 통역하고 있어요. 왜냐하면 힘든 사람들 도와줘야 하니까. (중략) 몽골에서 살기 힘들어서 여기로 오는 사람들이 많아요. 3개월 비자로 와서 말도 못하면서 여기서 일하다가 '힘들어도 돈 벌기 좋네' 하면서 불법 되는 사람이 진짜 많아요. 불법이니까 몸이 아파도 병원에도 못 가요. 그런 사람한테 병원 소개시켜주고. 힘든 사람들한테 도와줘야지. 나도 힘들게 살아왔으니까. 지금은 괜찮지만."

지금은 괜찮아졌음에도 연구참여자는 자신이 힘들게 살아왔던 날들을 잊지 않고 그 역량을 다른 사람을 위해 기꺼이 쓰고자 한다. 이러한 활동을 하는 것이 남을 위한 일이기도 하지만 자신에게도 즐거운 일이기 때문에 계속적으로 하게 되었다. 결국 연구참여자는 봉사활동을 통해 타인에게는 선한 영향력을 끼치고 자신에게는 자기 존재를 확인하는 역할을 했다.

"누구한테 도움이 됐으면 좋겠어요. 그런 마음이 되게 커요. 그래서 누구한테 도와주고 싶어요. 계속 누구한테 도와주게 돼요. 여기에서도 한국어 모르는 사람들이 와서 한국어 가르쳐달라고 하면 '어, 와라 그냥 해줄게.' 이렇게 외롭게 집에 있는 것보다 나은 것 같아서. 좋은 일을 하고 돈은 벌지 않더라도 좋게 그렇게 해야죠. 집에 있으면 몸도 아프고. (중략) 병원 코디네이터도 자격증 받았어요. 병원에 통역하는 거. 힘든 몽골인들한테 도와주기 위해서. 그러면 나도 즐겁고 그 사람들은 도움을 받고 그러니까. 나는 시간도 있고 집에 애도 없는데 그냥 가서 이렇게 해주고 그렇게 하면서 그걸로 내가 외로움을 이겨내는 데 조금 도움이 된다 생각하고 있어요."

연구참여자는 통역, 이중언어강사, 병원 코디네이터, 요양보호사 등을 위한 자격증을 따기도 하고 관련 활동을 지속적으로 이어가고 있다. 이는 다른 사람에게 도움이 되기도 하지만 자신의 외로움을 달래는 일이기에 끊임없이 도전하고 있다. 외로워서 친구를 찾아보기도 했지만 '나한테 친구 될 사람이' 없었다.

"난 친구 없는 게 되게 외로워. 집에 가면 신랑밖에 없고 밖에 나오면 다 한국 사람들인데, 학교 가도 나 같은 50 넘은 사람 별로 없고 다 젊잖아요. 그래서 그 사회에서는 힘든 거예요 외롭고. 그 외로움을 스스로 혼자 이기려고 일만 하는 거예요. 누가 일시키면 되게 좋아요. (중략) 열심히 살아야 되니까요. 왜냐하면 나는 딸하고 남의 나라 와서 있는데, 집에만 있으면 외롭고 그렇잖아요. 우울증이 느껴져서 그거 없애기 위해서 이렇게 열심히 다녀야 한다 생각해요. 그러면 사람들한테 이야기하는 보람이 있고. 보람 있게 살아야지 해서 그렇게 사는 거예요."

연구참여자는 타고난 성격이 남을 배려하고 평화를 추구하는 성격이기도 하지만 모국에서의 경제적으로 힘들었던 상황과 한국에서의 문화적 · 심리적으로 힘든 상황을 극복한 자신의 경험을 어려운 사람들과 나누고자 하는 의지가 강하다. 남을 도와준다는 측면에서도 보람을 느끼지만 스스로 외로움을 이기거나 도태되지 않기 위한 방안으로 봉사하고 있다. '남의 나라'에서 사는 외로움, 젊은 사람들이 활동하는 사회(통역, 학교 등)에서 나이 때문에 오는 외로움, 친구가 없는 외로움으로 무슨 일이라도 해야 한다는 압박으로 다가올 수도 있다. 50년 이상을 쉴 틈 없이 달려온 연구참여자는 우울증을 극복하기 위한 몸부림으로 민족적 정체성을 지키며 타인에게 도움을 주는 활동을 계속하고 있다.

그리고 연구참여자는 이중언어강사를 하면서 다문화가정의 아이들에 대한 연민의 마음이 생기게 되어 특별히 관심을 가지고 도와주려고 한다. 그들은 약자의 입장이기 때문에 한국 학생들과 똑같이 대하면 무서워하므로 애정을 가지고 부드럽게 대해야 한다고 생각한다.

> "특히 베트남들이 한국어 배우기 어려운 거 같아요. 되게 긴장되고 학교 갈 때 떨리는 마음이 있어요. 나는 외국 사람이니까 나한테는 되게 좋게. 내가 '오~ 너 너무 예쁘게 해왔다' 그래요. 오후에는 선생님이 거기 있을 테니 와라 하면 계속 와요. 담임선생님을 무서워하는 느낌이 있어요. 나는 외국 사람 입장이라 너무 편하게 보이나 봐. '오, 그래 와라. 선생님이 가르쳐줄게' 이렇게 하면서 그렇다가 편안해지는 느낌이 들었어요. (중략) 다문화 애들한테는 살살 부드럽게 해줘야지 한국 애들처럼 하면 걔는 괜히 무섭고 긴장돼서 근처에 가지도 못해요. 궁금한데 물어보지도 못하는 애들이 많아요. 그게 너무 불쌍해 보여요."

같은 이주민으로서 아이들에게 다가가면 아이들이 편안해하는 것을 느끼기 때문에 연구참여자는 엄마 같은 마음으로 그들을 대한다. 앞으로의 희망사항을 묻자 가장 중요한 것을 다문화 아이들에 대한 것으로 꼽았다.

"외국에서 온 애들한테 도와주고 싶은 마음. 몽골 아이 아니더라도. '나는 외국 사람이다' 하면 '나랑 같은 외국사람이구나' 이러면서 아이들이 친하게 와서 고민 얘기도 해주고."

연구참여자는 자신의 수업시간에 몽골문화를 가르친 경험을 가지고 있다.

"2학년 애인데 내가 가기 전에 얘가 다른 애들을 자꾸 이렇게 건드렸대. 자꾸 가서 쉬는 시간에 애들이 때리고 해서. 그건 사실은 문화 차이예요. 몽골은 애들이 친하게 지내면 이렇게 하는 거야(몸을 치는 것). '넌 친하다' 하는 뜻이에요. '나는 너를 안다'는 뜻. 근데 걔들은 자기를 때렸다고 생각하는 거예요. (중략) 그래서 나보고 몽골 문화 좀 가르쳐달라고. 그래서 2학년 애들을 단체로 몽골 문화 가르쳤어요. 그때 애들이 '아, 몽골은 이런 나라구나' 하고 차이점을 안 것 같아요."

이러한 경험을 통해 연구참여자는 학생들에게도 각 나라의 문화를 이해할 수 있는 교육을 해주어야 한다는 것을 알았다. 그리고 교사들에게도 다문화나 외국인 학생들이 긴장을 풀 수 있도록 친절하게 대하는 방법을 교육해야 한다고 생각한다. 만약 그렇지 않으면 다문화가정 아이들이 학교에 재미를 느끼지 못해 잘못된 방향으로 빠질 수 있다고 염려한다.

"앞으로 우리 미래, 아이들에게 도움이 되면 좋잖아요. 이렇게 잘 도와주지 않으면 중간에 아이들이 초등학교만 다니고 중학교 안 가고 다른 데로 빠지는 거예요. 빠지는 애들은 뭐해요. 잘못되는 길로 나가고 사회도 이상하게 만들고 이런 거잖아요. 그래서 이들을 처음부터 잘 이끌어나가야지 앞으로 사회도 잘되고 애들도 잘되고 그런 거 같아요."

연구참여자는 현재와 같은 학교 분위기와 교육시스템으로는 다문화 가정 아이들이 학교에 다니기 힘든 상황이라고 보고 있다. 학교 가는 것에 재미를 느낄 수 있도록 이중언어강사로서 열심히 노력해야 한다고 각오를 밝혔다. 그리고 다문화 정책에서 '쌀 한 포대, 김치 한 통 주는 것'이 아닌 실질적인 문제해결 방안이 필요하며, '신랑이 교육받든지, 시어머니들이 외국 사람을 받아들일 수 있을 정도로 교육'을 받아야 한다고 지적했다. 연구참여자의 이러한 생각은 이주민으로서 자신의 정체성을 지키며 한국에 살고 있는 모든 민족이 함께 잘살 수 있도록 하는 바람에서 나온 것이다. 그리고 연구참여자 자신은 이를 위해 실천적으로 살아가고자 지속적으로 노력하고 있다.

3.
연구참여자 9:
자신을 찾아온 여행

1) 생애 개요

연구참여자는 1980년 몽골 울란바토르(수도)에서 3남매 중 막내딸로 태어났다. 위로 오빠와 언니가 있었지만, 15년의 나이 차이가 있어서 실질적으로는 외동딸처럼 외로운 유년생활을 보냈다. 아버지는 직업군인으로 20년간 울란바토르에서 복무하시다가 연구참여자가 한 살 되던 해(1981년)에 군대장으로 할가나트 지역에 배치되었다. 연구참여자는 유년과 학창시절을 에르데네트 군인 숙소(아파트)에서 다른 군인 가족의 또래 아이들과 어울리며 즐거운 시간을 보낸 것으로 기억한다. 어머니는 학교 체육교사이면서 사격선수였는데, 아버지를 따라온 가족이 할가나트 지역에 이사를 오면서 교사를 그만두고 군부대에서 일하셨다.

아버지는 40년 동안 복무하셨던 군인 생활을 은퇴하셨고, 그 즈음해서 연구참여자는 울란바토르에 있는 어트겅탱게르 대학에 진학하게 되었다. 울란바토르에 있는 결혼한 언니 집에서 조카들을 돌봐주면서 대학을 다녔다. 대학을 졸업하고 나서 아는 언니 소개로 남편을 알게 되었고, 착하고 성실한 남편의 인상이 마음에 들어 결혼을 결심했다. 하지만 부모님께서 완강히 반대하셨기 때문에 결혼 과정이 수월하지는 않았다. 남편은 스스로 몽골어를 배워가면서 연구참여자와 대화하려고 노력했고, 연구참여자는 자신을 아끼고 사랑하는 남편에 대한 믿음으로 한국으로 이주했다.

한국에 이주하여 시부모님과 함께 살면서 언어와 문화 차이로 많은 어려움을 겪었다. 지금도 시부모님에 대해서는 서운한 마음, 미워하는 마음, 미안한 마음 등 복잡한 감정을 가지고 있다. 결혼하고 1년이 지나서 첫아들을 출산했다. 시댁에서는 결혼하기 전부터 아이를 많이 원했는데, 연구참여자는 아이 때문에 자신을 며느리로 받아들인 것은 아닌가 하는 생각에 시부모님에 대한 갈등의 마음이 있었다. 하지만 자신만을 좋아하고 아껴주는 남편에 대한 사랑으로 아이를 가져야겠다고 생각했고, 아들을 출산하게 되었다. 하지만 아이가 태어나고 두 달 후 남편이 중국으로 1년 동안 출장을 갔다. 남편이 집을 비운 기간 동안 정말 외로운 시간을 보냈는데, 문화 차이로 이해하기 어려운 상처도 많이 받았고, 당시 우울증을 심하게 앓았다. 남편이 중국에 출장을 가 있는 동안 월급을 보내줬지만, 시어머니께서 남편의 월급을 관리해 연구참여자의 수중에는 돈이 한 푼도 없었다. 남편의 1년간 중국 출장이 끝나고 다시 1년 동안 일이 없어 집에서 지내던 중 아이를 어린이집에 보낼 돈이 없어 모국의 가족에게 송금해달라고 부탁한 적이 있었다. 끊임없이 힘들었고 시댁에서 안 좋은 일이 있으면 상처가 되었으며, 또 안 좋은 일이 생기면서 상처가 계속 쌓이는 악순환이었다. 시부모님을 좋은 사람이라고 생각하지만 세대가 달라

옛날 방식대로 며느리를 처우하면서 그 방식을 고수하셨기 때문에 연구참여자에게는 어려운 시간이었다. 하지만 시부모님께서는 아이들을 많이 좋아하고 아껴주시는데, 그러한 마음과 보살핌에 대해서는 정말 고마운 마음을 가지고 있다.

연구참여자는 매년 한 번씩은 몽골에 간다. 남편은 일 때문에 함께 가지 못하고, 아이들만 데리고 몽골에 있는 가족(어머니, 오빠, 언니)을 방문한다. 막내딸은 몽골에 가는 걸 좋아하지만, 큰아들은 몽골에 가는 것을 불편해한다. 한국에서의 편한 환경과 달리 몽골에서의 불편한 환경에 적응하지 못하는 것으로 생각된다. 연구참여자가 몽골에 가면 친정어머니가 매우 좋아하시지만, 아이들이 몽골어를 하지 못해 손주들과 대화하지 못하는 친정어머니를 보면 안타까운 마음이 들기도 한다. 그래서 연구참여자는 아이들에게 모국어(몽골어)를 가르쳐주고 싶은 마음은 있지만, 현실적으로 여러 가지 어려움이 있다. 우선 연구참여자 스스로도 평상시에 몽골어를 자주 사용하지 않아 한국어가 더 익숙하며, 아이들 역시 몽골어를 배우려고 하지 않는다고 생각한다. 큰아들은 유치원에 다닐 때 몽골어를 가르쳐주려고 다문화가족지원센터에 보냈기 때문에 몽골어 글자 정도는 읽을 수 있지만, 꾸준히 배우지 않아서 대화할 정도는 아니며, 막내딸은 몽골어를 전혀 사용하지 못한다. 연구참여자는 자신의 자녀들이 몽골에 대해 관심이 있고 싫어하지 않는다고 생각하지만, 억지로 몽골어를 가르치거나 몽골에 대한 관심을 불러일으킬 생각은 없다. 자연스럽게 EBS 방송에서 나오는 몽골의 모습을 보여주는 식으로 모국에 대한 접촉을 시도하고 있다.

연구참여자는 늦둥이 막내딸로 부모님, 언니와 오빠의 보살핌을 많이 받았던 경험에 대해 비판적으로 생각하고 있었다. 그 이유는 연구참여자를 어리다고 생각해서 항상 위험으로부터 (과도하게) 보호하고 이끌어주려고 했던 부모님과 형제, 자매의 태도가 연구참여자의 수동적이고 내성적인 성격을 만들었다고 생각했기 때문이다. 그래서 남편도 아버지처럼 자신을 보살펴주고 이끌어주는 사람을 만났다고 생각한다. 연구참여자는 자신의 자녀에게는 스스로 결정할 힘을 길러줘야겠다고 생각했으며, 배낭여행이나 유학을 보내고 싶다고 했다.

연구참여자는 어린 나이에 멋모르고 결혼해서 이국에서 출산하고 문화 차이를 느끼며 어려웠던 삶을 지금까지 잘 견뎌온 자신에게 잘했다고 칭찬해주고 싶은 마음이다. 미래에는 자신이 그동안 해보지 못했던 여행도 해보고, 운동도 하고, 그림도 배우면서 자신을 위한 투자를 하고 싶다고 했다.

2) 문화적응 생애담

(1) 좋은 사람, 하지만 반대를 무릅쓴 결혼

연구참여자는 1980년 늦둥이 막내딸로 태어났다. 위로 오빠와 언니가 있지만, 나이 차이가 커서 실질적으로는 외동딸처럼 보냈다. 아버지는 직업군인으로 20년간 울란바토르에서 복무하시다가 연구참여자가 한 살 되던 해(1981년)에 군대장으로 할가나트 지역에 배치되었다. 연구참여자는 유년과 학창시절을 에르데네트 군인 숙소(아파트)에서 다른 군인 가족의 또래 아이들과 어울리며 즐거운 시간을 보냈던 것으로 기억한다. 어머니는 학교 체육교사이면서 사격선수였는데, 아버지를 따라온 가족이 할가나트 지역에 이사를 오면서 교사를 그만두고 군부대에서 일하셨다고 한다.

"저는 엄마 아빠가 늦둥이라서 막내 오빠가 15년 차이. 15년 나이가. 15살 차이 나니까 이쁨 많이 받긴 받았어요. 그런데 제 생각에는 조금 외롭게. 왜냐하면 언니 오빠가 다 커서 이미 저 커 가고 있을 때 없어요. 가니까 집에서 거의 혼자 엄마 아빠랑 셋이 있었죠."

아버지는 40년 동안 복무하셨던 군인 생활을 은퇴하셨고, 연구참여자는 울란바토르에 있는 어트겅탱게르 대학에 진학하게 되었다. 부모님께서 위험하다는 이유로 기숙사에 들어가는 것을 반대하셔서 울란바토르에 있는 결혼한 언니 집에서 조카들을 돌봐주면서 대학을 다녔다. 대학을 졸업하고 아는 언니 소개로 남편을 알게 되었고, 착하고 성실한 남편의 인상이 마음에 들어 결혼을 결심했다. 하지만 부모님께서 완강히 반대하셨기 때문에 결혼 과정이 수월하지는 않았다. 남편은 스스로 몽골어를 배워가면서 연구참여자와 대화하려고 노력했고, 연구참여자는 자신을 아끼고 사랑하는 남편에 대한 믿음으로 한국으로 이주했다.

"(그러면 남편도 몽골어를 하셨어요?) 그거는 자기 스스로 배우고 있었어요. 저는 몰랐어요. 글씨도 읽고 글씨도 알지 메일도 알아요. 그때 당시에 배운 것 같아요. (딱 봤을 때 남편이 마음에 드셨어요?) 네, 착하고 성실하고 좋은 사람 같았어요. 든든하고. 제가 다른 것은 안 보지만 눈빛을 보고. 사람이 눈빛이 다 보여주니까."

"(그러면 어머님, 아버님도 여기 오셨어요?) 반대했으니까 안 왔지. (아, 반대하셨어요?) 네. (그렇군요. 저 같아도 애지중지 키운 딸이 먼데 간다고 하면…) 그렇죠. 그래서… 그리고 외국 사람이고."

연구참여자의 부모님께서는 낯선 외국 사람과 결혼하는 것을 매우 반대하셨다. 애지중지 키운 막내딸을 타국으로 시집보내는 것이 불안하셨기 때문이다. 이 결혼은 부모님의 뜻을 따르지 않은 첫 번째 결정이었고, 연구참여자의 인생에 중요한 선택이었다. 연구참여자는 부모님의 반대를 무릅쓰고 결혼했다.

(2) 한국이 내게 준 상처와 외로움

연구참여자는 한국에 들어와 시부모님과 함께 살면서 언어와 문화 차이로 많은 어려움을 겪었다. 지금도 시부모님에 대해서는 서운한 마음, 미워하는 마음, 미안한 마음 등 복잡한 감정을 가지고 있다. 시댁에서는 결혼하기 전부터 아이를 많이 원했는데, 연구참여자는 아이 때문에 자신을 며느리로 받아들인 것은 아닌가 하는 생각에 시부모님에 대한 갈등의 마음이 있었다.

"(마음고생 많이 하셨겠네요.) 제가 한국 여자였으면 편하게 살았을려나 아니면 모르겠어요. 저는 너무 힘들었어요. 그런데 나쁜 짓은 안 했죠. 그런데 사람을 긁은 것 같아요. 한국 사람 아닌 거가 더 그랬던 것 같아요. 말을 할 줄 모르는데도 느끼는 거죠. 그 사람을. 느낌으로 다 알지. 행동으로 다 보이지. 그런 거 보면 너무 짜증스럽고. 그런 거 때문에 남편이랑 많이 싸우고 힘들었어요. 그러면서 아직도 저를 이 여자가 나빴다고 그렇진 않아요 시댁이. 저는 마음속에 이제 상처 같은 거 있나 그래서 미워하면서 미안하기도. 복잡해요. (서운한 감정들이 있을 테고.) 제가 이제 내가 스스로 나 자신이 뭐야 그렇게 생각했어요. 그렇게 살길 바라지 않았어요. 나를 몰랐었으면 좋겠었어요. 그런데 사람이 계속 보다 보니까 생각이 많이 달라지고 지금 하나하나 생각해보니까 그럴 수도 있지 아니면 내가 선택한 생활 삶이니까 어쩔 수 없지. 그래서 생각을 너무 많이 했어요."

연구참여자는 한국 사람들과 대화하다 보면 생각을 표현하는 것에 많은 문화적인 차이가 있다는 것을 알게 되었다. 연구참여자는 "내가 한국 사람들 이야기(언어)를 못 알아듣는 것이 아니라 생각(맥락적인 의미)을 못 알아듣는 것이다"라고 표현했다. 예로 든 표현으로, 한국 사람은 "나중에 만나서 밥 먹자" 하는데 몽골에서 온 사람들은 그 말을 액면 그대로 믿어버린다. 하지만 그 말뜻은 인사로 하는 말이며, "밥 먹었어?"라는 말 역시 "안녕하세요?"라는 뜻임을 알게 되었다고 설명했다.

"글쎄요, 그때 나올 때만…. 아, 한국 사람은 이렇게 생각하는구나. 아, 몽골 사람은 그렇지 않는구나. 그때 느낀 거야. 예를 들어서 그렇잖아요. 한국 사람은 나중에 만나서 밥 먹자 하는데 우리나라 사람들 그거 믿어버려요. 그거는 아니다 인사로 하는 말이다 하는데, 아니면 '밥 먹었어?'라는 말은 '안녕하세요?'라고 하는 뜻이다. 이제 조금씩 알게 되는 거죠. 그거 듣고 어려운 것도 많죠."

연구참여자는 시부모님이 아이를 원한다는 것을 알고는 있었지만, 마음이 선뜻 내키지 않았다. 김영순 외(2019a)에 의하면 '외국인 며느리'로 호명되는 많은 결혼이주여성이 우리 사회에서 수행되길 바라는 '기능적' 성격에 의해 자리매김되고 있다. 존재 자체에 대한 인격적 존중의 시선이 아닌 '며느리'로서 해야 할 역할, 임신과 출산으로 대를 잇는 사람으로 간주된다.

"일 년 있다가 제가 애 낳았어요. (아이 안 가지려고 생각하셨는데 가진 거예요?) 네, 아이를 가져야겠다. 그래 안 그러면 진짜 갈 것 같은 느낌? 다시 돌아갈 것 같은 느낌 내 스스로. 가고 싶은 느낌. 가면 남편이 너무 불쌍하고 내가 그게 제일 마음에 걸렸어요. 나만 좋아하고 나만 보니까 정말 달래주고 사람이 원래 밝은 사람이에요. 완전 긍정적인 사람인데 그 눈빛을 그렇게 불쌍해서 버리고 싶지 않았어요. 그래서 제가 애 낳아서 같이 살아야겠다 생각해서 결혼하고 애 낳고 시댁 집에서 살았죠."

연구참여자도 거의 1년 동안 임신을 미루면서 어떤 길이 스스로 행복해지는 것인가를 고민했다. 하지만 결국에는 자신만을 좋아하고 아껴주는 남편에 대한 사랑으로 아이를 가져야겠다고 생각했고, 아들을 출산했다.

"애를 낳을 때 너무 지켜보고 있었어요. (누가 지켜봐요?) 물론 시댁이죠. 애 낳았으니까. 그거를 보면 애를 낳으려고 결혼시킨 거 아닌가. 그래서 더 싫었었어요. 사람으로 나를 생각하지 않는 건가 싫었어요.

그래서 그거를 이제 지켜본 거지. 그사이에 많이 여러 가지 일이 생기고 그렇게 하고 어쩔 수 없이 애가 안 낳았으면 같이 안 살았을 거에요. 그래서 이걸 어떻게 결정할까 결정해서 애 낳으면 남편이 불쌍하니까. 제가 가버리면 남편이 불쌍하니까. (남편을 많이 사랑하시는구나.) 남편이 저를 많이 좋아한 거죠. 그런데 이거 너무 복잡해요. 저는 제 생각 안 하는 거 같아요. 나를 지키지 않고 남편을 생각해서 이렇게 살고 있는 것 같아요."

연구참여자는 시댁에서 아이를 낳는 것은 정말 외로운 경험이라고 했다. 시댁에서 살고 있기 때문에 친정 부모님을 모시기도 힘든 상황인 데다 한국말이 서툰 연구참여자는 시부모님과의 소통도 원활하지 않아 출산 과정은 물론이고 산후 조리도 마음 편히 할 수 없는 상황이었다.

(3) 남편의 부재와 '시월드', 그리고 엄마로 성장

아이가 태어나고 두 달 후에 남편이 중국으로 1년 동안 출장을 갔다. 남편이 집을 비운 기간 동안 정말 외로운 시간을 보냈는데, 문화 차이로 이해하기 어려운 상처도 많이 받았고, 당시 우울증을 심하게 앓았다. 끊임없이 힘들었고 시댁에서 안 좋은 일이 있으면 상처가 되고, 또 안 좋은 일이 생기면서 상처가 계속 쌓이는 악순환이었다. 시부모님을 좋은 사람이라고 생각하지만 세대가 달라 옛날 방식대로 며느리를 처우하면서 그 방식을 고수하셨기 때문에 연구참여자에게는 어려운 시간이었다. 하지만 시부모님께서는 아이들을 많이 좋아하고 아껴주고 계시는데, 그러한 마음과 보살핌에 대해서는 정말 고마운 마음을 가지고 있다. 2019년 올해 연구참여자의 아들은 중학교 2학년(15세)이고, 딸은 초등학교 1학년(8세)이다.

> "가만히 집에 있는 거 힘들었어요. 그런데 언어가 안 되니까 이제 시간 짧은 핸드폰 회사인가 집 가까운 데에서 그런데 왔다 갔다 하면서 걸어가면 가까우니까 그렇게 다니고 일하면서 다녔어요. 애 키워야 되니까 애 키우고 있을 때 한 몇 개월 뒤에 남편이 중국 갔어요. (출장?) 거기로 일하러 갔어요. 1년 동안. 그때 시댁 집에서 애랑 둘만 있었죠. (아들이랑 선생님만 있는데 남편은 중국에 일하러 가셨고, 1년 동안 남편 보고 싶고 되게 외로우셨을 것 같아요.) 너무 상처가 많이 커지고 우울증도 걸리고. 그런 게 우울증인지 나중에 알게 됐어요. 뭔 말인지 모르고, 무슨 뜻인지도 모르고. 무슨 경우인지도 몰랐는데 그때는 외롭고. 애 낳고 한 6개월, 한두 달인가 됐을 때 남편이 갔으니까. (아이 낳고 두 달 만에…) 몰랐지 남편은. 지금도 마음이 아파요. 그때는 저도 몰랐었고. 저는 그때 갈 때는 몰랐는데, 가고 나서는 갈등이 더 많아졌고, 남편하고 있을 때 보다 더 많아졌고."

연구참여자의 시어머니는 한국 생활에 적응할 수 있도록 며느리로서의 역할을 가르쳐주는 등의 이유로 함께 살고자 하셨다. 첫아이를 출산하고 1년간 남편이 중국에 출장 가 있는 동안 월급을 보내줬지만, 시어머니께서 남편의 월급을 관리해 연구참여자의 수중에는 돈이 한 푼도 없었다고 말했다. 남편의 1년간 중국 출장이 끝나고 다시 1년 동안 일이 없어 집에서 지내던 중 아이를 어린이집에 보낼 돈이 없어 모국의 가족에게 송금해달라고 부탁한 적이 있다. 이후 분가할 때 시어머니께서 아파트를 한 채 구해주셨다.

> "시어머니가 '내 말대로 움직이고 가르치는 거 배우고 나가' 하셔서 못 나가게 했어요. 그리고 남편이 돈 없는 사람이었어요. 완전히. 이런 사람이랑 결혼했어요, 제가. 재산이 아예 없었어요. 그런데 제가 거기서 살다가 바로 애 낳고, 1년 있다가 낳았으니까. 애가 어릴 때 남편이 중국에 갔으니까. 돈 없이 아무것도 없이 애랑 남았어요. 그래가지고 월급을 보내주는데, 시어머니가 저한테서 뺏어갔어요. 남편이 저한테 '몰래 가서 통장 만들어라. 내가 월급 보내줄게' 하고 받고 있는데 통장 뺏어갔잖아요. 그래가지고 제가 뺏기고 돈도 없고. 그래서 하모니센터에서 한 번 놀러 간다고 했는데, 내가 돈이 없더라고. 그래서 중국에 있는 남편한테 전화했어요. '돈이 없다. 이제 어떻게 할까?' 화났어요. '왜 돈 보내주는데 나한테 통장 없어? 가져갔어?' 어머니한테 전화해서 화난 건지 어떻게 했는지 모르겠어요. 그래 5만 원 줄게 해서 5만 원 받았어요."

연구참여자는 시댁에서의 생활을 상처로 얼룩진 시간으로 기억하고 있다. 감정적으로 상처받았던 일들은 잊고 싶어도 지워지지 않는다. 연구참여자는 자신이 외국인이라는 이유로 시댁 식구들로부터 환영받지 못했다는 사실도 알고 있었다. 그리고 시어머님은 옛날 방식을 고수해 맏며느리로서의 순종적인 역할과 책임에 대해 강조하시는 분이었다. 하지만 연구참여자는 그런 시어머니의 사고방식을 이해할 수 없었다. 몽골은 사회주의 국가로서 여성과 남성이 평등한 교육을 받으며 가사도 부부가 서로 분담하는 것을 당연하게 생각한다. 또한 몽골에서는 사위가 처가살이를 하는 경우도 많아 한국의 며느리들이 시댁에서 시부모를 모시면서 육아와 가사, 제사 등을 전담하는 상황이 낯설 수밖에 없다(윤승주 · 원재연, 2016: 16).

이처럼 결혼이주여성이 한국 사회에서 겪는 문제는 언어 습득, 인권 등 매우 다양하지만, 이들이 한국 사회에서 느끼는 갈등과 고통은 비단 한국적 맥락에서만 야기되는 것이 아니라 이전 모국에서의 삶과 연계되어 있다는 것으로 이해할 필요가 있다. 즉 몽골에서 온 결혼이민자인 연구참여자는 몸이 기억하는 몽골의 문화적 맥락을 가지고서 다시 한국 사회에서 새롭게 살아가는, 곧 '사이존재(inter-being)'로서 살아감으로써 많은 어려움을 겪는다는 것이다(반즈락츠 난딩쩨쩨그, 2010: 34). '사이존재'는 인간과 인간 사이에서 형성되는 관계적 존재이며, 서로 다른 존재들 간의 만남을 의미한다. 이처럼 결혼이민자의 이주 행위를 통해 관계적 존재로서의 사이존재적 특징을 볼 수 있다. 연구참여자는 이미 몽골 사회와의 관계에서 형성된 몽골의 문화적 정체성을 그대로 가지고 한국 사회로 이주해옴으로써 이전과는 다른 새로운 사이존재가 된다. 따라서 연구참여자의 고민은 몽골 사회와 한국 사회의 사이영역 관점에서 바라볼 때 더 잘 이해될 수 있다.

"끊임없이 처음부터 나 안 좋은 일을 시댁에서 받으면 그거 지워지지가 않더라고요. 그거 이제 쌓이고 쌓이고 이렇게 하니까 그거는 너무 안 좋더라고요. (누구랑 같이 얘기도 하고요?) 얘기도 하고 싶은. 그런데 시어머니도 이렇게까지 하고 다문화가족지원센터라는 거 처음 인천 거기에 생겨가지고 거기로 데리고 가가지고 거기서 다녔죠. (시어머님이 선생님을 데리고 가셨어요?) 네. 그런 마음은 아주 좋은데 옛날 사람이니까 옛날 방식대로 며느리를 이렇게 하는 거. 그런데 저는 그래도 나은 거래요. 형님도 있죠. (형님? 누구 형님이요?) 우리 형님. 아주버님. 얘기 안 하고 있어요. 10년 동안. (얘기 안 한 지 10년 되셨어요? 집에 안 오세요?) 와요. 그런데 오는데 저를 싫어하는 것 같아요. 그런 느낌이. 그래서 말을 안 한 지 10년 넘게 살았죠. 명절 때 오니까 그때도 말 안 하고. (시어머님보다 형님 때문에 더 힘드셨을 수도 있겠어요.) 시어머니도 그렇고 시아버지도 그렇고 시동생들도 그렇고 형님도 그렇고 이런 거 조금씩 조금씩 모여서. (아, 하나 때문은 아니고 여러 가지?) 그렇지. 여기 사람들은 자기가 맞는다고 생각하고 남을 밉게 하는 스타일이라서."

연구참여자는 분가하기 전 시댁에서 생활했던 시간이 매우 힘들었음을 기억하며, 다문화가족지원센터에 다닐 수 있었던 몇 시간으로 위안을 많이 받았다고 말한다. "제가 집에만 있었으면 너무 힘들었을 거예요. 그런데 센터에 가서 몇 시간이라도 있다 오니까 마음이 좀 편해지고 정서적으로 도움을 많이 받았어요." 연구참여자는 시댁에서의 생활이 너무 힘들어서 자녀를 데리고 모국으로 돌아가려고 했는데, 다문화가족지원센터에서 위로를 받았던 시간이 있어서 지금까지 버틸 수 있었다고 했다. 다문화가족지원센터는 연구참여자에게 다문화강사로 활동할 기회를 주기도 했다.

"센터가 도움이 많이 됐어요. 제가 집에만 있었으면 너무 힘들었을 거예요. 그런데 센터에 가서 낮에는 하루는 거기서 몇 시간이라도 있었다 오니까 마음이 좀 편해지고 그랬었어요. 정서적으로 도움을 많이 받았어요. 공간이 집이 아니라서. 저랑 똑같은 다른 나라 사람들.

선생님들도 잘해주고 하니까 친절하니까. 그래서 여기서 남편 없이 생활했어요. 아니면 애를 데리고 집으로(몽골로) 가려고 했는데. 그것 때문에 조금 버틸 수 있었어요. 그나마 거기에서 나름 기분전환도 되고 마음도 안정도 찾고 그런 곳이 센터였어요. 지금은 센터를 다닐 시간이 없어서 못 가요."

연구참여자는 아이들을 키우는 과정을 자신이 엄마가 되기 위해 배우는 과정이라고 설명했다. 자녀 양육이 마음처럼 쉽지 않음을 표현하며, 아이가 중학생이 되었지만 아직도 아이를 키우는 것이 가장 어려운 일이라고 생각하고 있었다.

"(아이들은 어떻게 키우고 싶다는 생각 있으세요?) 지금 이제 조금씩 생각하고 있어요. 애 키우는 것은 어려운 거예요. 지금도 학생처럼 배우고 있어요. (학생처럼 배운다는 것은 어떤 의미예요?) 아이 키우면서 살아보니까 저도 이제 가정에서 엄마니까 엄마 역할로 배운 것도 많고 남편도 배운 것도 많고 우리 서로 이제 배워가면서 살아오고 있는 것 같애. 아직도 배우고 있어요. 왜냐면 어려운 일은 있지만 사람 관계가 제일 어려운 것 같애요. (가족 안에서의 관계? 사회생활하면서의 관계? 어떤 관계요?) 밖에 보통 사람. 저는 애 키우는 거는 정말 어려운 것 같았어요. 애 낳는다고 내 애기니까 내 마음대로 할 수 있다고 생각하면 절대 잘못된 거예요. 그런 것 같아요."

양육에 대한 고민은 자신의 어린 시절을 되돌아보는 계기가 되기도 했다. 연구참여자는 중국어를 전공했는데, 자신의 의지라기보다는 중국어를 배우면 일자리도 잘 찾을 수 있다고 추천을 받아서 선택한 것이다. 당시 연구참여자는 운동이라든가 육체적인 활동을 좋아해서 아버지의 직업인 군인에 관심이 많았지만, 아버지께서 여성의 직업으로는 힘들고 어려운 일이라고 반대하셔서 뜻을 이룰 수 없었다.

> "옆에서 언니가 중국어를 배우면 잘 일자리도 얻고 이런 거를 듣고서 했는데 사람은 자기가 원하는 거 있어야 하는데 그거를 모르고 선택했어요. 지금 생각해보니까. 그거를 3~4학년 때 느꼈고 내가 하고 싶은 것은 아닌 것 같다고 생각해요. 그래서 이거는 더 이상 배우지 않고 그대로 덮어버렸어요. 후회하기도 하고 이제 돌릴 수 없으니까. 사람은 내가 생각해보니까 자기 자신을 찾으면 자기가 뭐 좋아하는지 알고 있으면 성공할 수 있는데, 내가 그걸 늦게 알아봐가지고 내가 좋아하는 게 뭔지 여태까지 몰랐고, 그냥 이렇게 흘러가는 것처럼 살았던 것 같아요. (지금은 자신이 좋아하는 게 뭔지 스스로 알고 있나요?) 군인 쪽이 좋았어요. 아버지의 직업. 아버지가 엄청 멋있어 보였고, 그랬는데 아버지는 내가 하고 싶다고 했는데 못하게 했어요. 힘들고 그거는 여자들한테는. 육체적으로는 활동하는 거, 운동하는 거 제가 지금도 좋아해요. 운동 좋아하고 뭔가를 육체적인 활동을 좋아해요. 그 직업으로 군인을 좋아했는데 그거는 못했어요."

연구참여자는 오빠와 열다섯 살 차이가 나고, 언니와는 열두 살 차이가 났다. 어렸을 적에 큰 나이 차로 예뻐해줬던 기억이 지배적이다. 하지만 부모님, 언니와 오빠의 보살핌을 많이 받았던 경험을 후회하고 있었다. 그 이유는 연구참여자를 어리다고 생각해서 항상 위험으로부터 (과도하게)

보호하고 이끌어주려고 했던 부모님과 형제, 자매의 태도가 연구참여자의 수동적이고 내성적인 성격을 만들었다고 생각했기 때문이다. 그래서 남편도 아버지처럼 자신을 보살펴주고 이끌어주는 사람을 만났다고 생각했다.

> "항상 보살펴봤어요. 언니, 오빠, 부모님 보살핌 많이 받기 때문에 지금 후회하는 건 제가 결정하는 건 거의 없었어요. 언니 오빠가 해주겠지? 부모님이 해주겠지? 이런 식으로 살아왔고, 제가 스스로 하는 것 없고, 하기 싫고. 대신에 이렇게 했는데 지금 너무 후회해요. 내가 내 스스로 뭔가 할 수 있게 결정하고 내가 하고 싶은 거 할 수 있게. … 어리다고 생각하고 안 돼 위험해 항상 이런 식으로 제가 집안 식구들한테 받고 살았는데, 학교 졸업하고 나서 똑같은 사람한테 왔어요. 남편한테 똑같이. 보살펴주고 이끌어주고. 이때까지 그렇게 하는데. 남편이 진짜 아버지 같다 그런 행동하고 하니까. 지금 이렇게 스스로 혼자 사는 사람들도 있잖아요. 부러워요. 어렸을 때 내가 했었어야 하는데. 그거는 내 잘못이기도 하고 가족들이 너무 걱정하고 예를 들어서 너무 어리니까 이것도 위험해 저것도 위험해 안 돼. 기숙사도 못 들어가게 했잖아요. 그런 식으로 하니까 그것도 지금 생각해보니까 제 아이들한테는 그러지 않아야겠다고 생각했어요. 큰아들이 크면 배낭여행 가라. 혼자 가. 유학도 보내고 싶어요. 그런 내가 못해본 거 시켜보고 싶어요. 애가 원해야 할 수 있는데 나는 그렇게 해보고 싶어요. 그래야 자기가 어떤 사람인지 그중에서 알 것 같아요."

연구참여자는 자신의 자녀에게는 스스로 결정할 힘을 길러줘야겠다고 생각했다. 그래서 아이들이 스스로 해보고 싶어 하는 것들, 원한다면 배낭여행이나 유학을 보내주고 싶은 마음을 피력했다.

(4) 시댁으로부터의 자립, 지금 나를 위한 선택

연구참여자의 남편은 착하고 좋은 사람이지만, 돈을 잘 벌어주는 사람은 아니었다. 언젠가는 큰아들을 어린이집에 보낼 돈이 없어서 몽골에 있는 친정 부모님께 송금을 부탁한 적이 있었다. 연구참여자는 악착같이 돈을 모으기 시작했다. 그리고 시어머니께 분가를 시켜달라고 요구했다.

> "이제 1년 또 집에서 일 없이 놀다가 남편이 지금 하는 일 취직하고 그때부터 제가 돈 아무것도 없으니까 애 어린이집 보낼 돈이 없어서 몽골 가족한테 돈 보내달라고 해서 그래가지고 남편 일하기 시작하니까 돈 모았어요. 모아야겠다 돈 없으니까. 그래서 시어머니한테 분가 안 시켜주면 애들 데리고 나갈게 이야기했어요. 그때 시어머니가 아파트 은행으로 사는 아파트 하나 있어서 그거로 분가를 시켜준 거예요. 거기서 10년 넘게 살다가 올해 나왔어요. 거기 재개발되니까."

연구참여자에게 한국에 와서 가장 즐거웠던 기억은 시댁에서 분가한 순간이다. 한국에 들어와 5년 정도를 시댁에서 지내면서 받았던 상처들, 짓눌렸던 감정의 무게를 순식간에 털어버린 기분이었다. 하지만 분가했다고 지난 상처들, 부정적인 생각들이 없어지는 것은 아니었다.

"(여기 한국에 와서 산 지가 거의 15년 정도 됐는데, 한국에서 생활하면서 가장 즐거웠던 기억을 생각해본다면?) 즐거웠던 건 분가했던 것. 그때 정말 몸이 가벼워진 것처럼, 짐이 없어진 것처럼 마음속에 머릿속에 있던 모든 부정적인 생각들이 없어졌어요. 그런데 그것도 완전 없어지지 않더라고요. 생각은 남아 있긴 하는데 그래도 많이 좋아진 거죠. 저도 애 낳을 때도 시어머니 집에서 애를 낳잖아요. 병원에서 낳았지만. 그거는 많이 슬펐어요. 애를 낳는 것을 좋아해야 하는데, 좋았죠. 그런데 같이 이렇게 입원 퇴원하고 집에 오니까 그 순간부터 마음의 상처하고 성격이 망가지는 것을 알고 있었잖아요. 알고 있으면서 계속 망가지고, 계속 망가지고. 계속 부정적인 생각을 하고 살았는데 애가 4살 때까지인가? 같이 있었어요. 시댁에 있었어요. 애가 5살 때 분가했어요."

연구참여자는 시댁에서 분가하고 나서야 친정 부모님을 한국으로 초청할 수 있게 됐다. 그래서 몽골에 부모님을 모시러 갔는데, 그때서야 친정아버지가 많이 편찮으시다는 것을 알게 됐다. 그동안 연구참여자의 힘든 상황을 걱정해서 친정아버지의 병환을 일부러 알리지 않았던 것이다. 연구참여자가 한 달간 몽골에서 머무는 동안 아버지께서 돌아가셨다.

"(아버지께서 돌아가시기 전에 한국에 오신 적이 있나요?) 그거는 제가 그때 시어머니 집에서 나가서 2009년에 분가했어요. 집에서 이제 나갔어요. 그때 한번 소개시켜주고 싶다고 생각해서 친정에 모시러 갔는데 아버지가 몸이 안 좋은 거예요. 저한테 얘기를 안 했어요, 식구들이. 걱정한다고. 거기서 1달 같이 살다가 엄마아빠 집에서, 그러다가 돌아가셨어요. 저는 아버지 돌아가시기 전에 1달 전에 같이 살다가 그 후에 돌아가셨어요. 그래서 혹시 내가 얼굴 안 보고 돌아가셨으면 엄청 후회했을 것 같은데, 그거로 그냥 아무튼 그냥 다행이라고 생각했어요. 그래서 그다음에 엄마가 혼자서 두 번 오셨어요. 한국에. 2009년도 이후에 오셨어요. 7년 전 즈음에."

연구참여자는 요즘 들어서 노후에 대한 생각을 많이 한다. 지금의 자녀들은 노부모를 부양하지 않는 시대라는 것을 알고 있다. 자신의 청춘과 좋은 시절을 다 바쳐서 자녀를 양육했지만, 늙고 병들어 힘이 없어질 때 자신을 부양할 사람이 자녀가 아닐 수 있다는 생각에 스스로 노후를 준비해야 한다는 의지로 이어졌다. 또한 더 나이가 들기 전에 하고 싶은 것을 해보고, 삶을 더욱 가치 있게 살아야겠다는 생각으로 그림도 배우고, 운동도 하면서 조금씩 생활을 바꿔나가고 있다.

"내가 혹시 나이가 먹으면 어떻게 해야 하지? 이렇게 생각하는 거 많아요. 그때 되면 어떤 식으로 나이를 먹어야 하는지. 어차피 애들은 우리를 보살펴주지 않을 것을 알고 있어요. 요즘 애들 다 그래요. 그래서 내가 내 모든 삶들을 아이들한테 다 바치는 것은, 나를 버리고 하는 것은 안 되겠다 생각했어요. 그거는 어느 정도 키워주고 교육시켜주고 이렇게 하면 알아서 스스로 살아갈 힘을 키워주는 게 제일 먼저이고, 좋을 것 같아요. 그러고 나서 남잖아요. 생각할 사람이 없어요. 나밖에 없는 거예요. 그러면 이젠 제일 먼저 집에서 밖에 나오면 할머니들 앉아 있는 것을 많이 보거든요. 그거 보면 걱정했어요. 나도 이렇게 살아야 하나? 난 나이 먹었어도 뭔가 활동하고 뭔가를 나를 위해서 하고 싶은 거 생각해서 하고 있는 거예요. 그래서 원래는 미술

쪽으로 재능이 하나도 없는데 2년 넘게 배워봤어요. 그럼 그리는 거 배워보고 싶기도 하고. 나한테 시간 내고 싶은 거예요. 그래서 막내딸이 조금 크면서 좋은데 들어갈 때부터 시간 있으면 요가도 하고, 운동도 하고, 이제 배우고 싶은 거 지금부터 하고 있어요. 그때 어떤 책 보니까 40대 되면 덮을 건 덮으면서 새로운 세상을 연다고 했잖아요. 그런 거거든요. 다시 이제 새롭게 다른 것도 도전해보고 싶은 마음이 커졌어요."

연구참여자는 자신이 나이를 먹어서도 쓸모 있는 사람이 되고 싶다고 했다. 나이를 먹어서 힘이 빠지고 모르는 것이 많아지면서 집에만 있게 되는 그런 삶을 상상만 해도 슬플 것 같다고 한다. 그래서 지금까지는 아이들을 위해 살아왔다면 앞으로는 미래의 나를 위한 생활을 하고 싶다고 했다.

"나이 먹어서 고향에 대한 그리움 그렇다고 했는데, 나이 먹은 언니가 자꾸 고향에 가고 싶다고. 여기 살고 있는데. 아직 나는 그런 생각이 없고. 우선 뭔가 준비를 해야 되고. 하여튼 내가 나이 먹으면 쓸모없는 사람이 되고 싶지 않더라고요. 아이들한테 대접 계속 받고 살 수 있게끔 해야 되고. 나이 들면 엄마아빠를 무시하니까. 나이 먹었으니까 힘이 없고 모르는 것 많고 집에만 있고 이렇게 살면 슬플 것 같아요. 그래서 배우고 싶기도 하고 도전하고 싶은 것도 많고 계속 생각하고 있죠. 돈도 계속 준비는 해야 되죠. 그냥 투자, 나한테 하는 거는 내가 스스로 만들어야 할 수 있는 거지. 계속 아이들한테, 아이들 위해서 사는 것은 아닌 것 같아요. 어느 정도 살 수 있었으면 자기 스스로 해야죠, 애들 버리는 것은 아니지만."

연구참여자는 마치 '기존의 세계'라는 알을 깨고 나온 것처럼 지금까지 해보지 못했던 다양한 경험에 대한 의욕을 나타냈다. 결혼하고 출산하고 '집'이라는 울타리 너머의 세계를 알지 못했던 시간에 대한 아쉬움이 큰 만큼 앞으로는 안 해본 경험, 알고 싶은 것, 궁금한 것들을 모두 경험해 보고 싶다는 것이다.

"내가 다시 태어난다고 한다면 뭐든 안 해본 경험을 해보고 싶어요. 지금도 많이 늦지 않았다고 생각해요. 여행도 해보고 싶고, 제가 알고 싶은 것 궁금한 것 많아요. 그거는 못하고 어릴 때부터 애 낳고 살아왔기 때문에 애 낳는다고 그걸 못하는 건 아니지만 어느 정도 세상 잘 모르고서 결혼하고 약간 뭐라 할까 집에만 있었고 지금 생각하니까 세상 이렇게 넓고 좋은 것도 많은데 그것도 모르고 죽는 건 너무 아깝지 않나 싶어요."

연구참여자는 자신이 어린 나이에 멋모르고 결혼해서 이국에서 출산하고 문화 차이를 느끼며 어려운 삶을 지금까지 잘 견뎌온 자신에게 잘했다고 칭찬해주고 싶다고 말했다. 미래에는 자신이 그동안 해보지 못했던 여행도 해보고, 운동도 하고, 그림도 배우면서 자신을 위한 투자를 하고 싶다고 밝혔다.

"너무 어린 나이 때 모르고 결혼하고 그거를 어려운 삶을 내가 이겨내고 여기까지 왔어요. 그거 너무 나한테 칭찬해주고 싶어요. 이거를 중간에 포기하고 갔으면 이런 아들 딸 있을 수 있을까? 없었을 거예요. 그래서 제가 잘했다고 생각해요. 후회했든 안 했든 잘했어요. 그런데 앞으로는 '너는 더 좋은 거 해봐'라고 말하고 싶어요. 너 스스로를 위해서, 자신을 위해서. 잘했어요. 남편한테 맞추느라고 10년 넘게 힘들었어요."

연구참여자에게 과거에 지나간 시간은 더 이상 중요하지 않다. '집'이라는 울타리에서 자신이 아닌 타인을 위한 삶을 살았던 시간. 후회를 하든 안 하든 그 시간에 대한 평가를 넘어서 잘 견뎌온 스스로를 자랑스럽게 생각한다. 연구참여자는 앞으로 자신이 원하는 일을 할 것이고, 자신에게 더욱 가치 있는 시간을 만들어갈 것이다.

3) 정체성 협상

(1) 몽골에서 온 한국인? 한국에 사는 몽골인!

연구참여자는 자신이 몽골인이라는 사실에 대해 숨기거나 드러내지 않아야 한다는 생각을 하지 않는다. 특히 아이들에게 자신의 어머니가 몽골에서 온 사람이라는 것을 분명히 인식하도록 하고, 아이들 역시 어머니의 나라인 몽골에 관심을 갖고 좋아하게 될 것이라고 믿는다.

“(아이들이 몽골이라는 나라에 대해 어떻게 생각하고 있나요?) 마음속으로는 큰 애가 좋아하긴 해요. 그런데 애 성격이 워낙 내성적이고 말 없으니까 그 표현을 안 해요. 그리고 사춘기 딱 중 2학년 사춘기가 가장 심할 때인데, 아무 말 하고 싶지 않아요. 관심 좀 있긴 하는데 그렇게 많지 않아요. 그런데 언젠가 커서 관심을 가질 수 있게 될 것 같아요. 제가 많이 말을 하진 않아요. 그냥 자연스럽게 TV에서 가끔 보여주고 하니까, 방송에서 몽골에 가서 촬영한 거 보여주는 거. EBS 같은 데서 그런 것도 가끔씩 보고. 큰애는 지금 아예 생각이 어디 있는지 우주에 있는지 잘 모르겠어요. 어렵더라고. 좋아한 것도 별로 없고. 속으로는 좋아하는 것 같아요. 엄마가 몽골 사람이니까. 한국도 좋아하고.”

연구참여자는 한국에 왔기 때문에 한국 사람처럼 생각하고 행동하며 그대로 한국 사람이 되어야 한다고 생각하지 않는다. 연구참여자의 형님은 며느리의 역할에 순응하는 모습을 보이면서 연구참여자에게 “부럽다”라고 말하는 식으로 소극적인 표현을 했다. 하지만 연구참여자는 대표적인 한국인 ‘맏며느리’ 역할에 대해 비판적으로 생각하고 실천으로 저항했다.

“며느리라면 시댁에 들어오면 설거지하고 밥하잖아요. 우리나라에서는 그렇지 않아요. 손님하고 똑같아요. 들어오면 시어머니가 밥 있으면 해주고 그렇게 하는데. 그런 거는 너무 싫었어요. 밥은 내가 해야 된다고, 나만 보고 너가 해야 된다고. 그거는 너무 싫어서 안 했어요. 나는 이거 하려고 온 거 아니라고. 처음부터 안 했어요. 하기 싫고 그것 때문에 갈등 많았어요. 그것 때문에 성격 많이 버린 거죠. 그래서 제가 지금 계속 있었으면 이렇게 되진 않았을 것 같아요. 그렇게 시키고 싶으면 다른 사람 시켜 봐. 할 수 있으면. 왜 남의 사람한테 그렇게 하냐고. 며느리는 그러는 사람이 아니다. 사실 형님도 있는데 형님이 저를 엄청 부러워해요. 저를 부러워한대요. 하기 싫으면 안 하고 버리고 가는 거예요. 이거 설거지해, 집안 청소해 이렇게 하는 거야 시어머니가. 그러면 어머니가 하면 되잖아요. 나 이거 하려고 사는 거 아니에요. 이렇게 하고 방에 들어갔어요. 방에 들어가면 나오지도 않고 그렇게 했어요. 그런데 형님은 옛날 사람이니까 해야 된다고 하면 하니까. 자기가 똑같이 상처받은 것 같아요."

연구참여자는 며느리가 집에서 설거지하고 밥하기 위한 존재가 아니라 똑같은 인간으로서 존중받아야 한다고 생각했다. 하지만 한국에서 며느리는 '마지막 꼴찌 사람'으로 처우 받는다고 했다. 연구참여자는 궂은일을 도맡아 하는 며느리로서보다는 소중한 가족의 한 구성원으로 인정받기를 바랐다.

"며느리는 한국에서 마지막 꼴찌 사람이다. 모든 것을 이제 그 시댁에 무슨 일이 있든 며느리가 특히 맏며느리라면 해야 된다고 생각하는데, 며느리도 자식이라고 생각하는 게 아니고, 우리의 모든 것을 여자가 들어왔으면 우리 식구니까 해야 된다고 생각하는 것은 잘못인 것 같아요. 혹시 제가 며느리 들어오면 제가 아들한테 얘기했어요. 결혼하고 싶으면 하고 결혼하고 싶지 않으면 안 해도 돼. 너는 니가 결정하고 니가 선택해. 그렇게 했어요. 니 자유로 살고 싶으면 자유로 살아. 그렇게 했는데 며느리 들어오면 같이 안 산다고 했어요. 괜히 상처

주고 사람을. 며느리 상처 주는 것은 아들한테 잘못하는 거예요."

초국적 이주 시대를 살고 있는 정주민과 이주민은 어느 한쪽의 정체성이 강요되고 동화되는 것이 아니라 각각의 정체성을 유지하면서 새로운 다문화 사회의 정체성을 형성해나간다(김영순 외, 2019b). 즉 연구참여자 역시 '한국인 며느리'가 되기 위해 노력하는 것이 아니라 한국에 온 '몽골인'으로서, 그리고 '가족'으로서 인정받는 관계를 확대해나가고자 한다.

인정이란 대면하고 소통하는 타인과의 상호 주관적인 관계 속에서 발생한다. 해당 주체가 이른바 '일반화된 타자'라 할 수 있는 사회의 행위 규범들을 배움으로써 자신을 그 공동체 내에서 사회적으로 수용된 구성원으로 규정하게 된다면, 이러한 상호 주관적인 관계 속에서 인정이라는 개념이 성립할 수 있다. 특히 사랑을 매개로 이루어진 결혼이주여성의 인정투쟁은 상호적 인정관계와 관련되어 있다(반즈락츠 난딩쩨쩨그, 2011: 27). 상대자들, 즉 중요한 타인들의 규범적 태도를 내면화하는 과정에서 그 상대자들을 인정하게 됨에 따라 자기 자신도 사회적 협력체의 구성원으로 인정받게 된다. 하지만 이러한 상호적 인정관계는 결혼이주여성이 정주국의 규범을 무조건 수용하는 방식인 동화적으로 형성되는 것이 아니다. 연구참여자가 원하는 것처럼 상호 주관적인 대화 속에서 교섭적인 방식으로 인정관계의 공간이 만들어질 수 있다. 앞서 거론한 바와 같이 사이존재로서의 결혼이주여성을 공감하며 깊이 이해하기 위한 노력, 그리고 우리가 가진 고정관념, 선입견, 무엇보다 가부장적인 의식에 대한 성찰적인 반성이 전제되어야 상호 주관적 대화가 가능할 수 있다.

"생각이 표현 그런 것도 차이점이 있어요. 예를 들어서 내가 처음에 한국 사람들 이야기하면 말 못 알아듣는 것이 아니고 생각을 못 알아듣는 적이 있었어요. 어렵게 말하고, 돌리면서 수수께끼처럼. 그렇게 생각했는데 남편도 그렇게 말해요. 제가 못 알아듣잖아요. 그거 아직도 모르냐고. 10년 넘었는데 아직도 모르냐고. 남편은 '한 단어 뒤에는 여러 가지 뜻이 있는데 그거를 알아야 되는데 그거 제일 어려운 거야' 그러더라고요. 지금 조금 나아지고 있는데 우리나라는 바로바로 말하는데 일반 언어생활도 그러는데, 직업으로 따지면 달라질 수도 있는데 그런 거는 차이점이 있어요. 생각이 다르다."

연구참여자는 한국에 온 지 10년이 넘었지만, 아직도 한국어가 어렵다고 호소한다. 언어 자체가 어려운 것이 아니라 한국인의 생각과 문화를 이해하고 습득하는 것이 어렵다고 설명한다. 그래서 '말'을 못 알아듣는 것이 아니라 '생각'을 못 알아듣는 것이다. 연구참여자의 남편은 10년이 넘도록 아직도 모르냐고 핀잔을 주지만, 연구참여자는 여전히 한국어로 대화하는 것이 수수께끼 같다고 느낀다.

"중간에서 익숙해서 한국어로 하기도 하고. 저는 그렇게 생각하는데 다른 나라 언어 알게 되면 자기 나라 몽골 언어 섞어서 말하는 게 싫었어요. 그거는 조금 안 좋은… 옆에서 듣는 사람이 뭔가 이상하게 생각됐어요. 그거는 내가 절대로 다른 나라 언어 배우면 그 나라 언어로 말하면 그 나라 언어로만 하고 섞어서 말하지 않겠다 했는데, 지금 생각해보니까 친구들이랑 말할 때 섞어서 말해요. 그거 좀 편하거든요. 서로 알아듣기 편하고. 그래서 이제 몽골어 하다가 중간에 이제 한국어 나온 거예요. 저절로. 그거는 신기해가지고. 안 그런다고 생각했더니 그거 아닌 것 같아요. 그래야 빨리 서로 알아들을 수 있게, 서로 이해할 수 있게 하게끔 하는 것 같아요."

연구참여자는 완벽한 한국어를 구사하는 것보다 자신에게 편하고 익숙한 방식으로 적응하는 것을 선택했다. 과거에는 다른 사람들이 모국어와 한국어를 섞어서 사용하는 것이 이해되지 않았다고 했다. 그런데 연구참여자 자신도 몽골어와 한국어를 섞어서 사용하고 있었다. 두 가지 이상의 언어를 동시에 섞어서 말하는 것을 '언어의 혼합사용'이라고 말한다(갈라노바 딜노자 외, 2016: 333). 이는 보통 대화가 오가는 상황에서 말하고 싶은 어휘가 떠오르지 않을 때, 또는 제1 언어의 어휘로 표현할 수 없을 때 제2 언어에 있는 유사한 단어를 사용해 풀어나가는 것이다. 혹자는 이러한 언어의 혼합사용이 학습자의 말투나 언어능력을 떨어지게 한다고 비판하기도 한다. 하지만 대화를 진행함에 있어서 한국어로 표현해서 편한 것과 몽골어로 표현해서 편한 것 중에서 고르는 것은 다중 언어를 사용할 수 있는 주체의 선택이다. 이처럼 연구참여자 스스로, 그리고 연구참여자처럼 한국으로 이주한 몽골인이 편한 언어구사 방식을 선택해 사용하는 것은 한국에 적응하는 한 가지 방법으로 볼 수 있다.

(2) 가까워진 몽골, 미래 준비를 위한 투자

연구참여자는 하루에 한 번씩 SNS(페이스북 메신저)를 통해 모국에 있는 어머니와 연락을 주고받는다. 통신을 통한 정서적 지지(김경학, 2016: 193)는 초국적 가족(transnational family) 사이에 행해지는 초국적 돌봄의 대표적인 유형이다. 국제이주로 지리적으로 멀리 떨어진 가족에게 다양한 통신 수단을 통해 상호 정서적인 지지를 나눔으로써 랜선 돌봄을 수행하는 것이다.

"(몽골에 어머니 계시고, 오빠랑 언니도 계시고, 친구도 있을 텐데 어떻게 교류하면서 연락하고 지내나요?) 요즘에는 페이스북 메신저 무료로 화상통화도 할 수 있으니까 그걸로 전화하고. 하루에 한 번씩은 엄마랑 전화하고. 엄마가 외로우니까."

특히 연구참여자가 안타깝게 생각하는 것 중 하나가 이제는 볼 수 없는 아버지에 대한 그리움이다. 연구참여자의 아버지는 2010년 돌아가셨는데, 시댁에서 분가하고 나서야 모국의 친정 부모님을 한 달 동안 찾아뵀다. 연구참여자는 아버지가 돌아가시기 전에 한 달 동안 함께 시간을 보낸 것을 다행이라고 생각하고 있었다.

"남편은 돈 생각 많이 해요. 돈을 이제 벌어야 한다는 거 많이 하고. 우리는 몽골에서든 한국에서든, 한국에서는 어렵지만 몽골에서라도 만들고 싶은 물건 있죠. (뭔가를 만들고 싶다고요? 어떤 거요?) 땅 같은 거. 그런 거 생각하고. (나중에 나이가 들어서는 모국에 가서 생활하는 걸 생각하는 건가요?) 꼭 그런 건 아니에요. (그래도 고향이니까 가고 싶지 않아요?) 나이 먹어서 고향에 대한 그리움 그렇다고 했는데, 나이 먹은 언니가 자꾸 고향에 가고 싶다고. 여기 살고 있는데. 아직 나는 그런 생각이 없고. 우선 뭔가 준비를 해야 되고. 하여튼 내가 나이 먹으면 쓸모없는 사람이 되고 싶지 않더라고요. 아이들한테 대접 계속 받고 살 수 있게끔 해야 되고. 나이 들면 엄마아빠를 무시하니까. 나이 먹었으니까 힘이 없고 모르는 것 많고 집에만 있고 이렇게 살면 슬플 것 같아요."

연구참여자는 모국 땅 매입에 대한 생각으로 노후 준비 계획을 하고 있었다. 연구참여자에게 몽골은 모국으로서 다시 돌아가고 싶은 고향이라기보다 미래를 준비하기 위해 선택할 수 있는 투자 개념으로서의 의미가 더 큰 것처럼 보인다. 한국에서 이주민의 노후생활을 연구한 내용에 따르면, 많은 이주민 노년층은 손자녀 돌봄과 가사 전담이라는 과중하고 단조로운 일상생활과 정주민과는 다른 제한된 사회적 관계로 인한 고립감, 경제적 독립성의 상실 등으로 물리적 · 정서적 차원에서 부정적인 경험을 하고 있거나 그럴 예정이다(성지혜, 2015; 김경학, 2016/2017 등). 그래서 이주민이 노후를 준비하는 방식 중의 하나는 초국적 경제 주체로서 모국의 미래에 투자하는 것이다.

과거에는 이주민을 중심으로 이루어지는 유무형의 자원 이동에 대해 주로 이주국에서 벌어들인 외화를 모국으로 송금하거나 연쇄이주(chain migration)가 이루어지는 형태, 이주국의 경제 주체들에게 모국의 정보를 전달하며 원조와 투자를 모국으로 유치하는 중개자 역할에 초점이 있었다. 하지만 지금은 이들이 직접 모국의 자원을 대상으로 자신의 노후생활을 위한 준비자금으로 활용하는 방법을 찾고 있다. 이렇듯 모국에 투자한 주택이나 토지, 연금 등을 위해 주기적으로 국경을 넘나드는 '초국적 노년'을 보내는 이주민이 계속 증가할 것이다.

(3) 몽골인으로 한국에 정착하는 방법

연구참여자는 다문화가족지원센터에서 모국으로부터 이주해온 같은 처지의 친구들을 많이 사귈 수 있었다. 또한 '몽골이주여성'이라는 단체에서 다른 결혼이주여성을 소개받아 오랫동안 교류하고 있다.

> "친구 여기는 많아요. 여기 와서 만난 친구들 많은데, 만나가지고 다문화가족지원센터에서 만나고 10년 넘게 친구하고 있어요. 그래가지고 우리는 친척이 없잖아요. 무슨 일이 있으면 서로 만나고 도와주고 그래요. 다 몽골에 있고 여기서 도와줄 수 있는 친척이 없으니까. 서로 만나고 의지하고 그런 거예요. (주로 어떻게 해서 알게 됐나요?) 센터 가서 만나기도 하고, '몽골이주여성'이라고 단체가 있어요. 대표 몽골 사람이고 몽골 여성들을 위해서 하는 일도 하고 그런 건데, 그런데 가서 만나기도 하고 그렇게 해서 알게 된 사람 많아요. (그 단체의 다른 몽골에서 오신 분들을 소개해주기도 하고요?) 가서 인사하고 만나고 하니까 마음에 들면 친구가 되고. 거의 친구의 친구를 소개해서 같이 만난 적도 많아요. 연말 때 모임도 하고 그렇게 되면 새로운 친구랑 같이 놀고. 별다른 일 없이 10년이 넘었어요. 자기들 성격도 잘 알게 되고, 그러면서 지내요. (그러면 연말에 남편이랑 같이 만나요?) 아니요, 남편들은 아니에요. 남편들 같이 보면 힘들어요. 몽골어도 거의 모르고 답답하고 그럴 거 아니에요. 만나면 다 몽골어로 이야기하니까."

연구참여자는 경인교대에서 이중언어강사 교육 900시간을 수료하고, 인천교육청에 연결되어 학교에서 이중언어강사 활동을 시작하게 되었다. 당시 함께 교육을 받은 사람들 5명과 친해져서 이중언어강사 활동에 적응하고 수업을 재미있게 하는 노하우를 함께 나누기 위한 교류가 있었다. 현재는 당시 친해진 5명 중 3명과 함께 교류하며 활동하고 있다.

"(이중언어강사 하고 계신데, 어떻게 하게 됐나요?) 어디선가 문자가 왔어요. 경인교대에서 양성과정 있다. 자기 나라에서 대학 졸업생을 모집한다고 해서 그래서 가서 면접 보고 시험도 보고 그러는데. 900시간 교육받았어요. 아침부터 저녁까지. 그때 아무 생각 없이 했던 것 같아요. 너무 생각 없이 살았어요. 그냥 해봐야겠다 가볍게 생각하고. 실습 나갈 때도 긴장하고 그랬었죠. 그전에도 자잘한 다문화강사 있었어요. 그전에. 왜냐면 주안이나 어린이집 다녀서 졸업하고 그런 거? 그거는 그냥 다문화가족지원센터에서 짧게 교육하고 했었죠. 다문화가족지원센터에서 소개시켜주면 거기서 강사도 하고. 조금씩 하다가 경인교대에서 문자가 와서 900시간 교육받고 강사활동을 하기 시작했어요."

연구참여자는 현재 인천 ○○초등학교 이중언어강사로 일하고 있다. ○○초등학교에는 현재 몽골에서 온 중도입국학생이 4명 있는데, 연구참여자는 이 학생들을 대상으로 몽골어를 가르치고 있다. 생각 같아서는 이중언어강사 일을 계속하고 싶지만, 안정적이고 지속적으로 일할 기회가 제공되지 않아 항상 불안한 마음을 가지고 있다.

"힘들고 어렵고, 그때는 20대였으니까. 제가 그냥 했어요. 그때는 뭐든지 다 할 수 있었어요. 지금은 생각하고서 해야 되나 말아야 되나 그럴 때니까. 그때는 생각이 없었어요. 집에 있는 것보다는 낫지 하고 생각했어요. 수강료는 없었고. 점심비는 우리가 내고. 그래도 그게 아니에요. 바로 우리를 교육청으로 연결해서 학교로 보내주고. 바로 일 시켜주는 거죠. 그때 같이 강의받았던 사람들과 친해졌어요. 어제도 만났어요. 그래서 그 사람들이랑 같이 하면, 5명인데 2명이 그만두고 3명이 저랑 같이 활동하고. 처음에는 조금 어려워서 너무 힘들었어요. 서로 어떻게 하면 수업 재미있게 해야 되나 자주 만나서 했는데 이제는 그런 거 거의 없더라고요."

결혼이주여성의 경제적 자립은 건강한 다문화 사회로 진입하는 핵심 과제 중 하나다. 결혼이주민을 대상으로 한 설문조사 결과 가장 큰 어려움으로 생각하는 것이 '경제적 어려움'과 '외로움'으로 밝혀졌다(여성가족부, 2018a). 결혼이주여성에게 경제적 자립은 단순히 돈을 버는 것을 의미하지 않는다. 이들은 경제활동을 통해 가족이라는 울타리를 넘어 사회생활 기반의 관계망을 형성하며 그 속에서 스스로 정체성을 찾고 자신도 사회의 구성원이라는 소속감을 가질 수 있다. 즉 결혼이주여성에게 경제적 자립은 사회 속에서 관계를 형성하면서 스스로 정체성을 찾는 과정이며, 가족에게 인정받는 사회적 자립을 의미한다.

"(집에서 몽골어를 가르쳐주려고 노력하시나요?) 제가 가르쳐주려고 노력했는데 안 되더라고요. 저도 순간적으로 바로 한국어가 나와가지고. (가르쳐주시려고는 하셨군요?) 센터에서 몽골어 가르치는 데 보내고 다문화가족지원센터 같은 데 보내고. 그런데 큰애가 읽을 줄은 알아요. 뜻은 몰라요. 그런 건 아직. 어렸을 때 초등학교 때, 아니 유치원인가 가서 끝나는 거죠. 그래서 지금은 아예 안 하는 거죠. 지금은 읽을 줄은 아는데 뜻은 몰라요. 딸은 완전 모르고. (딸한테는 가르쳐주고 싶지 않으세요?) 가르쳐주고 싶은 마음은 커요. 그런데 방법을 잘 모르겠어요. 제가 중국 엄마들 보면 잘 가르치는 것 같아요. 엄마가 이야기를 많이 하고 중국어로 많이 하고 집에서 계속 그렇게 하니까 애가 금방 늘더라고요. 저는 습관적으로 한국어가… 몽골어가 하고 싶은데 말하면 못 알아들으니까 안 되겠다 이렇게 저기 하니까. 제 잘못이죠."

연구참여자는 매년 한 번씩은 몽골에 간다. 남편은 일 때문에 함께 가지 못하고, 아이들만 데리고 몽골에 있는 가족(어머니, 오빠, 언니)을 방문한다. 막내(딸)는 몽골에 가는 것을 좋아하는데, 큰아이(아들)는 몽골에 가는 걸 불편해한다. 연구참여자가 몽골에 가면 친정어머니가 매우 좋아하신다. 하지만 아이들이 몽골어를 하지 못해 손주들과 대화하지 못하는 친정어머니를 보면 안타까운 마음이 든다.

"얘기할 수 없어요. 그런 거 마음에 걸리고 엄마가 이제 오시면 나랑 대화할 수밖에 없고 다른 사람 못하니까. 그러니까 이게 얼마나 답답한 게 있지. 몽골어 배워야 하는데 언제 배워야 하나? 애가 커서 배우려나? 아닌 것 같아요. 그런데 지금부터 가르치면 좋은데 아이들 학원도 많이 다니고 집에 있을 시간이 거의 없잖아요."

연구참여자는 아이들에게 모국어(몽골어)를 가르쳐주고 싶은 마음은 있지만, 현실에서 여러 가지 어려움이 있다. 우선 연구참여자 스스로도 평상시에 몽골어를 자주 사용하지 않아 한국어가 더 익숙하며, 아이들 역시 몽골어를 배우려고 하지 않는다고 생각한다. 큰아들은 유치원에 다닐 때 몽골어를 가르쳐주려고 다문화가족지원센터에 보냈기 때문에 몽골어 글자 정도는 읽을 수 있다. 하지만 지금은 몽골어를 배우지 않아서 대화할 정도는 아니며, 막내딸은 몽골어를 전혀 사용하지 못한다.

"그때 유치원 다녔었으니까 5~6살 때였던 것 같아요. 6살 정도. 그 때 몽골 사람 아이들한테 수업이 따로 있었어요. 몽골어 가르치는 선생님 따로 몽골 사는 선생님 있고 거기서 2년 정도인가? 수업을 받았어요. 엄마는 밖에서 따로 기다렸어요. 저는 애가 크기 전에 한국어 배우러 갔었어요. 토픽 시험도 준비하느라고 그런 데 가서 수업 받고 하는데, 그러고 나서 일을 하기도 하고 못했죠. 아이만 데려다주고."

연구참여자는 자신의 자녀가 몽골에 대해 관심이 있고 싫어하지 않는다고 생각하지만, 지금 억지로 몽골어를 가르치거나 몽골에 대한 관심을 불러일으킬 생각은 없다. 자연스럽게 방송(주로 EBS 방송)에서 나오는 몽골의 모습을 보여주는 식으로 모국에 대한 접촉을 시도하고 있다. 연구참여자는 자녀들과 함께 평균적으로 1년에 한 번씩 몽골을 방문하고 있는데, 아이들이 한국과는 다른 생활의 불편함(언어적인 불편함과 생활 인프라의 차이 등)을 많이 느끼는 것 같다고 말했다. 하지만 연구참여자는 꾸준히 지속적으로 아이들과 몽골에 대한 접촉을 시도할 것이다. 몽골은 어머니에게는 모국이며, 아이들에게는 외가의 나라이기 때문이다.

연구참여자의 생애담에서 볼 수 있듯이 주체의 자아와 외부 구성요소와의 상호작용은 주체의 정체성 형성 과정에 매우 중요한 영향을 미친다(Hall, 1996). 홀은 사회적으로 구성된 사실과 이를 받아들이는 개인의 주관적인 인식이 어떻게 연결되는지에 대해 주목했는데, 이때 사회적인 사실에 대한 개인의 해석과 행위 의미에 강조점을 두었다. 즉, 주체의 정체성 형성 과정은 개인들의 주체화 과정을 드러내는 것과 같다(박신규, 2009: 22). 결혼이주여성의 정체성은 한국어와 김치 만들기 등의 교육이나 한국인 며느리가 되어야 한다는 강요나 회유에 의해 형성되는 것이 아니다. 끊임없이 대면하고 부딪히면서 저항하며 협상하는 과정의 결과다. 연구참여자는 몽골에서 한국으로 이주해 새롭게 만난 타인과의 관계 속에서 자신의 정체성을 고민하며 인정을 위한 투쟁을 지속해왔다. 그녀의 생애담 속에서 우리가 지향해야 할 건강한 다문화 사회의 모습을 생각해본다.

4.
연구참여자 10:
이주민 정치인

1) 생애 개요

연구참여자는 1977년(43세) 몽골 울란바토르시에서 출생했다. 부모님 그리고 여동생 남동생 3남매의 장녀였다. 20대 초반에 몽골에서 결혼했고, 아들을 출산하고 나서 이혼했다. 이혼 이후 중국 국제운송회사 매니저로 근무하면서 친구 소개로 열네 살 연상인 남편을 만난다. 연구참여자는 한국어를 전혀 몰랐기에 영어로 남편과 소통했고, 영어를 유창하게 잘하는 남편의 진솔한 모습에 반했다. 남편도 그 당시 부인과 사별하고 딸은 미국에서 유학 중이었다. 인연이라 여긴 두 사람은 만난 지 얼마 지나지 않아 결혼한다.

결혼하고 연구참여자는 열 살 아들을 한국에 데려왔다. 남편 딸이 미국에서 유학 중이어서 연구참여자는 아들의 적응 그리고 교육에만 심혈을 기울이면 되었다. 아들은 처음에는 서울에 있는 몽골학교로 보냈으나 한국어가 전혀 늘지 않아서 3학년 때 다시 한국학교로 전학시킨다. 아이는 한국어와 한국학교에 빨리 적응했고, 그때는 아직 사람들이 다문화에 대해 잘 몰랐기에 편견 같은 것도 없었다고 한다. 아들의 담임선생님에게만 어머니가 외국 출신인 것을 알리고 친구들한테는 전혀 말하지 않았다. 연구참여자도 다른 학부모들과의 교제가 서툴러 모임 등에 자주 참석하지 않았기에 아이는 무난하게 초등학교에 다닐 수 있었다. 교육사업 컨설팅을 하는 남편의 영향력으로 아들은 중학교 1학년 때 중국으로 유학을 갔고, 필리핀, 미국 등의 나라를 거쳐 고등학교 때 한국으로 돌아왔다. 아들은 키도 크고, 외모도 준수한 편이어서 친구들 사이에서 인기가 좋았다. 대학은 연극영화학과로 진학했고, 휴학하고 나서 지금은 워킹홀리데이로 호주에 있다.

연구참여자는 2008년부터 온라인 교육 프로그램 회사(남편 회사)에서 근무하다가 2009년 ○○대학교 시각디자인학과에 입학했고, 3학년 때 ○○대학교 사회복지학과로 편입한다. 졸업 후 경기도 다문화가족지원센터 센터장의 추천으로 정치인으로 활동한다. 정치인으로 활동하면서 자신의 역량 강화에 대한 필요성을 절실히 느끼고 ○○대학교 행정대학원 석사과정에 진학했다. 대학원과정에서 공부하는 것은 많이 어려웠지만, 남편이 도와주고 적극적으로 지지해주었기에 중도에 포기하지 않고 졸업할 수 있었다. 지금은 ○○대학교 다문화학과 박사과정을 수료하고 학위논문만 남겨두고 있다. 최근에는 결혼이주여성과 함께 다문화관광협동조합을 설립하여 운영하고 있다. 몽골 이주민 출신 결혼이주여성 1명, 중국 출신 결혼이주여성 2명이 협업하여 의료관광협동조합을 운영한다. 시작한 지 얼마 되지 않아서 아직은 홍보 등으로 바쁘다. 같은 결혼이주민 출신과 함께 공연팀도 만들어서 다문화행사 지역 축제 등에서 공연도 한다. 연구참여자는 결혼이주여성이 사회적 참여를 많이 해야 언어적 · 문화적 적응도 빨라지고 자존감 회복에도 도움이 된다고 주장한다.

이 밖에도 연구참여자는 몽골 이주민 커뮤니티에서도 활발하게 활동한다. 몽골 이주민 커뮤니티는 전 세계에 있는 몽골인이 한자리에 모이는 행사로, 1년에 한 번씩 성대하게 연다. 자발적으로 참여하는 모임이고, 올해는 폴란드에서 개최하여 한국에서 몽골 이주민 대표 13명 정도가 참여했다. 연구참여자는 포럼에서 성형, 의료 관련 주제발표도 했다.

2) 문화적응 생애담

(1) 국경과 나이를 초월한 사랑: 내 눈에 빛나는 사람

연구참여자는 남편과 연애결혼했다. 몽골에서 한 번의 결혼 이력이 있었고, 성격 차이로 이혼하고 슬하에 여덟 살 아들을 키우고 있던 연구참여자에게 남편과의 만남은 인생의 큰 전환점이 되었다. 이혼하고 국제운송회사 매니저로 일하던 연구참여자는 친구 소개로 남편을 만나게 된다. 남편을 만나기 전까지 국제결혼은 생각도 하지 않았고, 한국도 그저 TV에서 가끔 보던 생소한 나라였다. 연구참여자의 친한 친구는 그때 흔하지 않았지만 한국인 남성과 결혼해서 살고 있었다. 그런 친구의 소개로 남편을 만났고 남편은 열일곱 살이나 연상이었지만, 나이가 많아 보이는 인상이 아니었다. 한국어를 몰랐던 연구참여자는 남편과 영어로 소통했고, 남편은 유창한 영어 실력과 해박한 지식을 소유한 사람으로 매력적으로 다가왔다. 만나면 할 이야기가 끊이지 않았고, 그렇게 사랑에 빠졌으며, 결혼까지는 시간이 그리 많이 걸리지 않았다.

> "만나서 얘기했을 때 되게 재미있고 다양한 주제로 알고 있는 것이 좀 많다고 해야 되나? 그 책도 좋아하고 막 이러는데 근데 본인이 막 하는 게 한국은 그렇게 좋은 나라가 절대 아니다. 사람들이 다 한국에 가고 싶어 하거나 그런 것 같은데 한국이 왜 나쁜지 이러면서 얘기를 하고 그런 거가 좀 매력적이라고 얘기해야 되나? 근데 얘기를 하면 (한국에 대해서) 남들은 막 자랑하고 잘난 척하는데 그렇진 않으니까. 그리고 또 한국말 모르니까 영어로 얘기를 하잖아요. 그런데 영어는 전 아주 거의 초급도 안 된 수준으로 얘기를 하는데 남편이 영어를 너무 유창하게 잘하는 거예요. 그래서 영어도 잘하고 그런 생각이 있다가 '아, 현실은 이렇다 이렇다. 한국 사람이 얼마나 나쁜지 한국이 얼마나 안 좋은지' 이런 얘기를 하니까 '아, 왜 안 좋은데?' 이런 호기심도 있었던 것 같고 매력도 있었던 것 같고. (잘생겼어요? 키도 크고 그래요?) 뭐 아주 멋있다고는 할 수 없지만 원빈 같진 않지만, 그래도 내 눈에는 빛이 나는 사람이었어요."

남편은 부인과 사별하고 딸 하나를 키우고 있었다. 연구참여자와 교제할 당시 그 딸마저 미국으로 유학 가서 혼자서 외롭게 지내는 중이었다. 한 달 정도 교제하고 몽골에서 결혼식을 올린 뒤 2003년 남편을 따라 한국으로 온다. 그리고 결혼한 지 2년 뒤 열 살 된 아들을 한국으로 데려온다.

(2) 서로 의지하는 소중한 내 사람

연구참여자와 남편은 서로 한 번의 결혼 이력이 있었고, 각자 자신의 자녀도 양육하고 있었다. 교제할 때 남편의 딸은 열일곱 살이었고, 미국에 유학 중이었다. 혼자였던 아빠를 안쓰러워하면서 딸이 먼저 아빠에게 재혼을 권했다고 한다. 연구참여자는 여덟 살 아들을 키우고 있었기에 결혼하면서 서로 아이들 뒷바라지만 열심히 하고 아이는 낳지 않기로 약속했다. 남편은 한국에서 학벌도 좋았고 대학교에서 20년 근무하다가 교육 프로그램 개발 쪽으로 개인 사업을 하고 있다. 남편은 연구참여자의 외부활동을 적극적으로 지지하고 연구참여자가 하는 많은 일에 정서적 지지를 보내주었으며, 매니저 역할도 해주고 있다. 지금은 나이도 있고 혼자 있는 것을 싫어하기에 연구참여자는 자녀보다 남편과 함께 시간을 보내기 위해 노력한다. 두 사람은 그렇게 서로 의지하면서 함께 나이 들어가고 있었다.

> "(그러시네요. 선생님은 지금 자유로우시겠네요. 좀 그냥 하고 싶은 거 마음대로?) 자유롭지 않아요. 제일 큰 아들을 키워야 하잖아요. 되게 아이 키우는 것보다 남편 키우는 거 어렵다고 하잖아요. 차라리 아들 있었으면 훨씬 자유로울 텐데, 각자 알아서 합시다 이러는데 남편이니까 간섭이기보다는 건강이 좀 안 좋아가지고 출근이 월수금 세 번 하고 그러니까 화목은 집에 있고 그러니까 먹을 것도 챙겨줘야 되고 그런 게 있어서 풀타임으로 일할 때는 조금 어려워요. 돌봐준다기보다는 일단 밥을 먹을 때 같이 누군가 먹지 않으면 안 먹는 먹기 싫다고 하는 스타일이어서 집에 계속 안 들어오면 진짜 배고프면 먹긴 하는데 그래도 되도록 좀 계속 기다려요."

(3) 외국인 아들을 글로벌하게 키우기

연구참여자는 다른 결혼이주여성처럼 초기 적응기와 자녀 양육기가 겹쳐 있지 않았다. 한국에 와서 2년 뒤에 열 살 된 아들을 한국으로 데려온다. 본인은 초기 적응을 마쳤지만, 아들의 한국 적응을 위해 많은 노력을 한다. 처음에는 한국어를 전혀 모르는 아들을 위해 한국에 있는 몽골학교에 보냈다. 하지만 한국어가 전혀 늘지 않자 다시 한국학교로 전학시킨다. 초등학교 3학년 때 아들은 한국학교를 다니기 시작했고, 의외로 적응이 빨랐다. 한국인 친구도 생기고 한국어도 금방 늘었다. 아들은 나이가 어렸기에 아이들과 쉽게 어울릴 수 있었고, 아이가 원하지 않았기에 선생님께 부탁하여 어머니의 외국 출신 배경을 감추었다.

> "그다지 좋은 성격은 아니거든요? 제가 볼 때는 그런데 아직 이렇게 나이가 어리니까 애들이 같이 어울려서 놀거나 이런 거가 조금 편했던 것 같고 그때는 다문화나 이런 얘기가 없었으니까 그냥 아이가 편하게 다녔던 것 같고. 그런데 학교에선 엄마가 외국인이다 이걸 전혀 얘길 하진 않았어요. 하고 싶지 않다고 그래서 애기가. 그래서 담임선생님한테 애기하고 비밀로 해줬으면 좋겠다. 아이가 원하지 않으니까 되도록 좀 편한 대로 해줬으면 좋겠다. 그렇게 계속 학교 다녔어요."

연구참여자는 한국에 와서 계속 공부하고 직장을 다녔기에 학부모 모임에는 많이 참석하지 못했다. 자신의 서툰 한국어 억양과 부족한 이해력 때문에 다른 학부모들과 만남이 편하지 않은 점도 영향이 컸다. 그런데 아들이 초등학교 5학년 때 반장을 맡게 된다. 연구참여자에게는 무척 당황스러운 경험이었다. 한국의 학교 사정에 서툴렀고, 다른 학부모와의 교제도 많지 않았던 연구참여자는 담임선생님한테서 아들이 반장이 되었다는 소식을 듣게 된다. 연구참여자의 아들은 한국어는 조금 서툴지만, 서글서글한 성격과 빼어난 외모로 친구들한테 인기가 많았다. 연구참여자는 아들 때문에 갑자기 학부모 회장이 되었고, 선생님의 도움을 받아 새로운 고비를 잘 넘겼다. 직장 다니는 엄마이고 외국에서 온 지 얼마 안 됐다고 말하고 선생님의 도움을 받아 초등학교 수학여행, 체육대회 때 반장 엄마로서 챙겨야 할 것은 열심히 챙겨주었다.

> "직장 다니는 엄마들은 집에서 애들만 보는 엄마들하고는 잘 안 섞이긴 해요. 지금도 뭐 개인적으로 이렇게 친하게 지내는 한국 친구는 없어요. 그냥 업무적으로 만나는 이런 거는 여러 연령대도 다양하고 성별도 다양한 많은 사람들이 있긴 하는데 딱 이렇게 같이 노는 친구라도 해야 되나 그런 한국 친구는 없어요. 쉽지는 않아요. 좀 고달프죠 이주민이라는 게. 삶이라는 게 인간관계에서도."

아들은 초등학교 졸업 후 남편이 경영하는 중국에 있는 중학교에 조기유학을 보냈다. 중국에 있다가 필리핀으로 보냈다가 다시 미국으로 보낸 아들은 고등학교 2학년 때 한국으로 왔다. 고등학교 때도 반에서 인기가 많아서 반장을 했지만, 다행히 학부모로서의 부담은 없었다. 지금은 연극영화학과에 다니고 있으며, 휴학하고 호주에 워킹홀리데이로 가 있다. 연구참여자는 자녀 양육에서 남편의 영향으로 조기유학을 보내는 방식으로 한국에서의 치열한 입시경쟁에서 벗어날 수 있었다. 또한, 아들의 취향을 존중하여 연극영화학과에 진학하게 했다. 아들은 여덟 살까지 몽골에 있었지만, 한국에 와서 한국학교를 다니면서 몽골어는 모두 잊어버렸고 해외 유학경험으로 한국어와 영어 그리고 중국어를 잘한다.

(4) 현실과 꿈이 공존하는 학습과 취업

연구참여자에게 한국에서의 삶은 끊임없는 학습 과정이었다. 남편도 교육사업을 하고 있었기에 연구참여자를 적극적으로 지지해주었다. 한국어를 배우기 위해 먼저 서강대학교 어학당에서 한국어 공부를 시작했다. 그렇게 대학교와 인연을 맺은 연구참여자는 남편 회사에서 디자인 관련 일을 하면서 웹디자인에 대해 더 많은 것을 배워보고 싶은 욕심에 2009년 ○○대학교 시각디자인학과에 입학한다. 입학하고 나서야 디자인학과라는 것이 거의 미술 관련 전공임에 많이 당황했다. 다행히 많은 노력을 통해 2년 과정을 무사히 졸업한다. 졸업하면서 2011년 ○○대학교 사회복지학과 3학년으로 편입한다. 사회복지학과로의 전환은 우연히 정치인으로서의 경험으로부터 비롯되었다. 우연한 기회에 맡게 된 정치인 역할을 통해 다문화가정 관련 업무를 하면서 사회복지에 대한 지식이 필요함을 느끼게 되었고, ○○대학교에서도 관련 제의가 들어왔다.

사회복지학과를 졸업한 연구참여자는 여전히 많이 부족함을 느끼고 ○○대학교 행정대학원 석사과정에 입학한다. 하는 일, 학부 그리고 석사까지 전공은 달랐지만 모두 다문화 관련 주제였기에 석사과정을 마치면서 2016년 ○○대학교 다문화학과 박사과정에 진학한다. 물론 어렵고 힘든 학위과정을 마칠 수 있었던 것은 남편의 전폭적인 지지 때문이었다.

"계속 남편이 도와줬던 것 같아요. 그래서 계속 의논하고 이해하기 어려운 거면 서로 토의하거나 이런 거는. 계속 지지하고 연습할 때도 비서 역할을 남편이 했어요. 열정 하나는 뭔가를 어떻게든 끝을 봐야 되는 성격이에요. 그래서 뭐 물어볼 때 조심해서 물어봐야 되요. 진짜 알고 싶어 하는 거, 진짜 마무리할 수 있는 거. 그냥 쉽게 '어, 이건 뭐죠?' 하고 질문을 던졌다 일이 커질 수 있으니까."

연구참여자의 남편은 영어 관련 논문 번역을 하는 회사를 경영하고 있었기에 본인은 학위가 없지만 다양한 논문을 접한 경험이 연구참여자에게 도움을 많이 주었다.

"항상 하는 말이 그랬어요. 나는 박사학위는 없지만 내 밑에 직원들은 다 박사였어. 논문 번역이라던가 이런 걸 계속 영어나 한국어나 이런 거를 계속해왔으니까. 그런 연구 자료나 논문을 번역하면 다양한 분야 거를 하게 되잖아요. 그래서 그래서 아마 이렇게 해야 되는 분야에 지식은 없는데, 도움이 됐던 것 같아요. 아무래도 연구를 하고 그러면 다양하게 뭐 깊이 연구하는 자료 있을 테고 그거를 번역한다는 거는 언어적인 수준도 필요하고 그쪽에 지식도 필요하니까 번역을 하기 위해서 또 본인도 공부하게 되는 부분도 있고 그래서. 그래서 기본적인 논문 틀은 이래야 된다든가 이렇게 이렇게 내용이 들어가 줘야 된다든가. 그동안의 경우를 봤을 때 이런 거예요. 이러면서 도움을 많이 받았던 것 같아요."

연구참여자의 다양한 학습경험은 적응하기 위한 치열한 노력의 현장이기도 했다. 연구참여자는 자녀 양육에 대한 부담이 없었기에 한국에 와서 바로 일할 수 있었다. 또한 굳이 구직활동할 필요 없이 남편이 운영하는 온라인 교육 프로그램 운영회사에서 웹디자인을 맡아서 했다. 남편이 운영하는 회사는 영어 온라인 교육 프로그램을 제작하는 회사였는데, 여직원 2명 그리고 외국인 남자직원 한 명이 있었다. 남편은 회사 운영에서 권위적이지 않고 미국 사람들과 많이 접촉하기에 편한 회사 분위기를 이끌어가는 편이다. 따라서 남편과 함께 일하는 것은 힘들지 않았다.

그러던 연구참여자는 한국어를 배우러 다니던 다문화가족지원센터장의 추천으로 우연한 기회에 정계에 진출한다.

> "저희 2010년도에 저희 여기 ○○다문화가족지원센터가 ○○대학교에서 운영을 하거든요. 그래서 거기 센터장님이 교수님이었고 그 지역구 국회의원이 지금 ○○의원님이거든요. 아마 센터장한테 연락을 한 것 같아요. 그 사무소에서 우리는 이주민 출신 사람을 좀 대표적인 사람을 찾고 있는데 혹시 추천해줄 사람이 있느냐 뭐 이렇게 연락 온 것 같아요. 어느 날 학교 가는데 교수님이 전화 와가지고 혹시 이렇게 연락이 왔는데 혹시 관심이 있으면 사무실에 가서 한 번 만나보자라고 얘기했거든요. 전 사실 뭔지 몰랐어요."

우연히 찾아온 기회에 연구참여자는 생소한 일자리이지만 도전해보기로 마음을 먹고 차분히 준비를 갖추어갔다.

> "비례대표라는 말을 일반 사람들이 물어봐도 남편도 몰랐거든. '비례대표 뭐예요?' '모르는데요.' 그거 뭐지. 검색해봐도 정확히 나오지

도 않고. '잘 모르겠네요.' 그랬어요. '일단 가서 만나볼게요.' 그래가지고 사무실에 가서 만나고 혹시 관심 있거나 하고자 하는 의지가 있으면 서류 작성하고 이력서를 내라. 이력서를 써서 줬고 그때 또 한 번 더 가서 만나고 얘기 나누고 그러니까 그러면 '우리가 좀 얘기를 하고 결정하면 다시 연락할게'라고 해서 며칠 있다가 다시 서류 이만큼 작성해서 오라고."

다양한 서류를 제출하고 규정에 따라 면접도 보았다. 모든 일은 순식간에 일어났고, 꿈에도 생각지 못한 시의원에 당선된다.

"면접을 보고 그때 아마 국회의원이 11명이 와서 면접을 봤었어요. 처음 국회의원 만난. 몽골에서도 국회의원 안 만났거든요. 필요 없어요. 관심도 없었고. 그렇게 면접 봤을 때 조금 힘들었지만 면접 보고 끝나고 제가 가고 있을 때 다시 전화 와가지고 다시 한 번 사무실로 오라고. 그렇게 사무실로 들어갔는데 축하한다고 악수하고. 그래서 면접 보고 축하하고 악수하는 건 진짜 이해 못했어요. 선거도 안 됐는데 무슨 축하. 왜 축하하는지도 이해를 못 했고. 그래서 이해를 못 하고 왜 축하하는지도 이해를 못 했지만 그래도 악수는 하고 사진은 찍었고."

우연한 기회에 정치인이 된 연구참여자는 처음에는 막무가내로 행사에 참여하고, 치열하게 고민하고 일을 배워나갔다.

"어떤 일을 하냐고 물어보면 저는 안 하는 것도 없고 하는 것도 없는 일이 의원이긴 해요. 특히 이곳에서는 이렇게 비서나 이런 분들이 없어요. 본인이 알아서 다 해야 되는. 거기 때문에 일단 사실 저는 개인적으로 좀 힘들었어요. 뭘 어떻게 해야 되는지 잘 몰라서. 네. 갑자기 되게 됐는데 어떻게 하느냐 그랬더니 1년을 해보면 알 거라고 그랬어요. (중략) 처음에는 거의 2년 동안은 좀 그냥 따라가는 식으로 행사 참여하고 회의 참여하고 그런 상임위원회에도 여성가족편성교육위원회 이렇게 하면 여성이나 가족이나 교육에 관련한 사업을 심사하고 예산이나 이런 것도 하고 나름 재미있고 조금 더 이해하고 '어떻게 하는지 알면 뭔가 할 수 있을 것 같은데'라는 생각도 들고, 그래서 이주민 커뮤니티도 관련하는 거나 다문화 관련하는 거 다 저한테 물어보고 하니까 거기에 대한 의견이나 그런 거를 다 내야 되는 입장이긴 하고."

그렇게 생소한 일을 시작하게 되었고, 그 일을 더 잘해내기 위해 사회복지학과로 편입하여 한국의 사회 정책에 대해 공부도 한다. 긍정적인 성격의 연구참여자는 새로운 도전에 즐겁게 임한다. 또한, 자신의 이주경험을 통해 한국 사회 다문화정책의 변화에 한 목소리를 냈다.

"다문화에 대한 그때는 한창 관심 있었고 아마 그래서 저를 선택한 이유도 있었고 이슈화시키고 싶어 하는 부분도 있었고. 또 그만큼 그때는 한창 열기가 있었던 시기니까 다 관심 가지고 많이 했으니까 제가 2003년도에 왔을 때에는 한국어도 돈 내고 배웠잖아요. 3개월에 120만 원을 내고 배웠는데. 대학교 어학당 근데 무료로 가르친다고 하면은 얼마나 많이 달라진 거예요. 지금 알 수 있는 거는 개인적으로 봤을 때에는 많은 변화가 있었던 거죠. (중략) 해야 되는 얘기를 했죠. 이런이런 거가 필요하다, 초기 적응할 때나 아니면 언어적인 부분이나 아니면 자녀교육 관련하는 거나 학습지라던가 아니면 그런 자조모임이라고 그럴까 자발적으로 스스로 할 수 있는 기회라던가 이런 게 필요하다라는 건 조금 강조했었죠. 그래서 예를 들어서 여성인력기획센터라던가 이런 데에서 많은 기획을 하고 있는데도 불구하고 다문화가족지원센터에서는 그렇게까지는 하진 못하잖아요. 대부분 언어라던가 문화라던가 이런 거만 제한이 되어 있고 이주여성들만 거기서 참여하게 되니까 틀이 만들어져 있으니까 사회하고 접할 수 있는 기회도 없고 그 배운 한국어를 집 외에는 사용할 수 있는 기회도 없고"

4년간의 정계 활동은 연구참여자의 인생에 큰 전환점이 되었다. 남편 회사에서 일하면서 남편의 내조 역할만 충실히 하고자 했던 꿈은 한국에 있는 이주민 복지와 자립을 위한 관심으로 변화했다. 연구참여자는 결혼이주여성의 사회적 참여에 관심을 갖고 지금은 박사학위논문을 구상하고 있다. 그들의 사회적 참여가 이주민의 자존감을 향상시키고 목소리를 내어 그것이 실현되고, 변화가 일어나는 과정에서 한국 사회에서 건강한 정체성을 형성해나가고 있음을 확신하고 있기 때문이다.

정치인으로서 4년간의 경험은 다양한 기회를 찾을 수 있었고, 그 이후 2015년 여성재단 취약계층 여성 창업지원 프로그램에 참여하여 1년간의 교육을 받았다. 2016년에는 결혼이주여성을 위한 교육문화협동조합을 시작했다. 중국, 태국, 베트남, 미얀마 등 여러 나라 출신 결혼이주여성 9명과 함께 ○○시 창업공간 공공사무실에서 다모 교육문화협동조합을 설립했다. 협동조합에서는 공연이나 행사, 전시체험 프로그램 등을 직접 구상하고 만들어서 제공하고 있다. 가장 인기 있는 종목은 여러 나라 전통춤 공연이다.

"최근에 저희가 합동으로 해가지고 '아리랑' 해가지고 이런 주제로 제작을 해서 하나 만들었는데, 아리랑에 각 나라 전통춤을 적용해가지고 약간 좀 어우러지는 그런 화합적인 내용을 담아서 만들었는데, 그게 조금 인기가 많아요. 5분. 그전에도 '시집오는 날' 이런 거 연극무용이라고 해야 되나? 그런 것도 했어요. 그런 뭐 전통적인 '시집오는 날'이라는 영화에서 영향을 받아가지고 그걸 좀 리메이크를 해서. 이런 거는 각자 얘기해서 사업을 따기 위해서 프로젝트 서야 되니까 그런 부분에서 좀 이런 전문적인 거는 협력하는 기관이나 전문가한테 의뢰를 해서 이런 거 사업 있는데 우리가 좀 이런 걸 했으면 좋겠다. 이런 거 이러 이렇게 하면 어떠냐. 우리는 이런이런 메시지를 전달하고 싶다 이러면 그 전문가분들이 제작을 해주거나 이런 거."

자신들이 직접 기획하고, 공연하고 홍보하고, 공연료는 공동으로 분배하고, 또 필요한 부분은 전문가 도움도 받는 경험을 하면서 많은 생각을 하게 되었다. 이주민이 사회적 참여를 통해 언어문화적 적응이 빨라지고, 능동적으로 자신들을 한국 사회에 필요한 구성원으로 통합시켜나가고 있음을 깨달았기 때문이다.

"물론 이제 의도적으로 뭐 이런 거 해라 저런 거 해라 이런 여러 가지 프로젝트나 이런 거를 하긴 하는데 근데 기관에서 하는 거 참여하게 되면 약간 수동적인 면이 계속 있어요. 아, 여기 오세요, 앉으세요,

여기 차 커피 있어요, 드세요. 사인하고 듣고 가고 뭐 이런 거 하는데, 저희가 협동조합 할 때에는 프로그램 참여하고 다 공부도 하고 홍보, 마케팅, 회계 이런 거 저런 거 다 하면서 서류 작업도 다 하고 과정을 거쳐보니까 스스로 해야 훨씬 더 다르구나. 그래서 지금은 그냥 프로그램을 만들어서 참여해서 하게끔 하는 거보다는 약간 이렇게 서바이벌 프로젝트 같은 거를 줘서 이거를 하면 조금 더 좋은 결과를 얻을 수 있구나."

창업아카데미를 통해 협동조합을 구성하여 수익을 창출하던 그들은 2년간의 무상임대 기간이 지나서 지금은 서울의 한 오피스텔에 사무실을 두고 4명의 직원이 의료관광협동조합을 차려 운영하고 있다. 새롭게 자립하여 직접 운영하는 이 협동조합은 중국인 2명, 몽골인 2명으로 이사진을 구성했다. 물론 모두 결혼이주여성 출신이다. 기존의 다문화 관련 행사도 많이 하지만, 주로 의료관광을 목적으로 각자 출자하여 사업자를 만들었다. 동업이라서 말도 많고 탈도 많지만, 잘 조절해나가면서 서로 '으쌰으쌰' 하는 분위기 속에서 진행하고 있다. 현재 주 업무는 결혼이주여성의 부모님이나 친구들을 위한 관광서비스, 의료통역, 몽골 여행 및 관련 컨설팅 등이다.

"근데 관광도 저희가 여러 가지 있긴 하지만, 아직은 자리가 활성화가 안 됐고 시간이 좀 걸려야 될 것 같아요. 저희가 그렇다고 뭐 대기업도 아니고 돈을 투자해서 광고할 수 있는 것도 아니니까 그래서 의료 쪽으로는 조금 더 본격적으로 하고 있어요. 약간 중간 중립업체라고 해야 되나? 그런 거니까 몽골에서 한국에서 진료받고 싶다 그러면 저희한테 의뢰하면 모든 서류나 이런 걸 받아서 번역해가지고 병원에 전달하고 병원에서 나온 결과를 고객한테 해서 오게 되면 뭐 비행기 티켓이나 호텔이나 여기서 머무는 다른 쇼핑 일정이라던가 건강검진이라던가 이런 걸 저희가 다 맡아서 하는 식이에요."

아직은 미약하지만 결혼이주자의 네트워킹을 활용하고, 소셜미디어 홍보 등을 활용하여 더 나은 도약을 위해 차근차근 준비하고 있다.

3) 정체성 협상

(1) 끊임없는 도전인생과 글로벌 정체성

자신감은 "어떤 일을 달성하기 위해 요구되는 여러 행위를 조직하고 실행할 수 있는 자신의 능력에 대한 스스로의 믿음"이라 할 수 있다. 연구참여자는 몽골에서 결혼이력이 한 번 있었고, 이혼하면서 독립적으로 아들을 부양하고 있었기에 자립적인 주체였다. 그 때문에 책임감 있는 주체로서 새로운 인생, 새로운 환경에 대한 도전을 함에 있어서도 누군가에게 의지하기보다 자신에 대한 자신감을 가지고 적극적인 도전을 해나가는 성격이었다. 남편에 대한 선택도 만남을 통해 긍정적인 부분을 발견했기 때문이다. 남편을 처음 만났을 때 열일곱 살 연상이었으나 외모적으로 나이가 들어 보이지 않았다. 그리고 유창한 영어 실력, 진솔한 모습 등이 믿음을 주었고, 교육분야 사업을 운영하는 것도 큰 매력으로 다가왔다. 운명 같이 나타난 그는 연구참여자의 삶을 완전히 바꾸어버렸다.

한국에서 연구참여자의 삶은 어려움과 그에 대한 도전으로 이루어진다. 연구참여자의 도전은 학업을 통한 언어적응 어려움, 학업적응 어려움, 직업적응에 대한 극복의 연속이었다. 남편을 믿고 한국에 오게 된 연구참여자의 첫 난관은 언어적 어려움이었다.

> "(한국어를) 너무 고생하면서 배웠어요. 그래서 아마 언어는 좀 이렇게 일찍 배워야 되는 건가 봐요. 한국에 2003년에 왔으니까 2003년에는 이렇게 좀 혼자서 스스로 배우려고 노력했는데 그게 잘 안 되가지고 그래서 2004년부터는 서강대 한국어학당에서."

이주한 한국 사회에서 살아가려면 언어적 적응은 필수였다. 연구참여자는 스스로의 노력으로 언어를 습득하고자 노력했으며, 외부 기관의 도움도 함께 받았다. 조금 전문적으로 언어를 구사하고 싶었기 때문이다. 연구참여자는 스스로에 대한 믿음을 가지고 있었고, 자신의 성장을 위해 과감하게 투자하는 성격이었다. 남편도 연구참여자의 이러한 도전을 적극적으로 지지해주었다. 이러한 스스로에 대한 믿음은 일을 해결할 때 자신이 원하는 결과 또는 그 이상의 결과를 얻을 수 있는 밑거름이 된다. 인터뷰 진행 당시 연구참여자는 외국인 출신이라는 것이 느껴지지 않을 정도로 유창한 한국어를 구사하고 있었다. 연구참여자의 도전은 언어적응에만 머무르지 않았고, 계속 자신의 역량을 강화하기 위한 도전을 이어나간다.

연구참여자의 도전은 다양한 환경 속에서 학업을 통한 극복을 이루어내고 성장하는 과정이었다. 두 번째 도전은 학업이었다. 자신의 역량개발을 위해 대학교 학부과정을 지원했고, 웹디자인 전공을 선택했다. 3년 과정을 마치고 졸업하면서 다시 서울에 있는 ○○대학교 사회복지학과로 편입하게 되었고, 졸업 후 다시 ○○대학교 행정대학원 석사과정에 입학한다. 그리고 지금은 ○○대학교 국제다문화학과에서 박사과정을 수료했다.

"웹디자인 하고 있는 도중에 딱 졸업한 해에 저희 다문화가족지원센터에서 센터장님이 연락 와서 그때 징치권 관련하는 일 시작한 거예요. 졸업하기 전에. 경기도의회에서 일을 시작하고, 그리고 마지막 학기를 겨우겨우 졸업해서 일을 시작하니까 뭔가 좀 이쪽 분야가 필요하게 되는 거죠. 일을 하다 보니까 그래서 사회복지로 할까 해서 학교를 찾고 있을 때 강남대학교에서 연락이 왔어요. 우리 학교에서 공부하면 어떻겠느냐. 저한테 콜이 오니까 당연히 저도 그렇게 생각하고 있어서 가고 싶다고 그래서. (중략) 사회복지를 공부하게 되고 사회복지가 끝나고도 일하고 있었으니까 이번에는 그러면 행정 쪽으로 조금 더 공부해보면 도움이 될 것 같다 해서 연대로 행정대학원 갔고. 그렇게 해서 학교도 졸업하고 일도 마무리하고 그리고 다시 이제는 다문화에 대해서 좀 배우는 것이 맞는 것 같다. 그동안 다른 전공들을 하긴 했지만 계속 다문화가 연결돼 있었으니까 그래서 찾다가 박사과정이 있는 학교가 교육대학원 말고는 없어서 16년 3월에 동국대(동국대학교 박사과정) 시작했었고."

자신에 대한 긍정적인 자아개념 형성은 개인의 바람직한 적응, 건전한 이성 발달 및 긍정적인 자아실현에 중요한 요소다. 연구참여자는 한국 사회에서 부딪치는 다양한 어려움에 대해 소극적으로 대처하는 것이 아니라 학업을 통한 적극적인 방법으로 자아실현을 해나가고 있었다. 이러한 어려움을 극복하는 경험을 통해 자신감을 획득하고, 낯선 사람들과 교제의 불안감에서 벗어나는 방법을 택했다. 그 속에서 스스로를 자아만의 세계에 고립시키지 않고 다양한 사회적 활동을 통해 그에 따르는 성공과 자신감이라는 성취감을 느끼고 있었다.

연구참여자는 학업적 성장과 더불어 다양한 직업현장에서 적응을 시도한다. 처음에는 남편 회사의 웹디자인을 담당했다. 그리고 다문화가족지원센터장의 소개로 정계에서 4년간 일하게 된다. 경기도 의원을 마치면서 결혼이주여성과 함께 사회적협동조합을 만들어 다문화 행사 교육 등의 활동을 했다. 그 이후 1년간 경험을 살려서 수익성을 올리기 위한 글로벌 다문화 의료관광협동조합을 만든다. 이러한 긍정적인 행위 역시 학업에서 보이는 성공 경험과 연결되어 매번 새로운 도전을 거듭해나가고 있었다.

연구참여자는 글로벌 정체성을 소유하고 있었다. 흔히 다른 결혼이주여성처럼 한국적인 정체성으로의 순응보다는 출신 배경을 긍정적으로 활용하여 건강한 다문화 구성원으로 지역사회에서 활동하고 있다. 출신 배경은 다양한 경험의 장을 제공해주고 있었다. 몽골에 있을 때는 국제무역회사에서 근무했기에 글로벌 마인드를 가지고 있었다. 남편과 만났을 때도 남편이 한국에 대한 환상보다는 일반적인 실상을 알려주었기에 한국에 대한 지나친 기대가 없었다.

남편 또한 영어교육사업을 하고 있었고, 해외 유학경험이 있었기에 연구참여자에게 한국적인 것을 강요하지 않았다. 따라서 아들을 한국에 데려왔을 때도 한국에 있는 몽골학교에 먼저 보낸다. 단, 한국어를 전혀 배울 수 없다는 단점이 있었기에 다시 한국학교로 전학을 보낸다. 자녀 양육에서도 연구참여자는 남편의 영향을 많이 받았다. 남편의 딸은 미국에서 공부하고 취업했다. 연구참여자도 아들을 꼭 한국에서만 키울 필요성을 못 느껴서 중학교 때 중국으로 유학을 보냈고, 필리핀, 미국 등 다른 국가에서도 다양한 유학경험을 할 수 있게 한다.

연구참여자의 이주 배경은 한국에서 남들과 다른 경험을 할 수 있게 기회를 주었다. 한국어를 배우기 위해 다니던 다문화가족지원센터장의 소개로 정치인 생활을 할 기회가 주어졌기 때문이다. 연구참여자는 한국 사회 다문화 구성원을 위한 다양한 국책 사업들이 이루어지는 것을 보면서 한국 사회 구성원으로서 이주민의 역할에 대해 고민과 제언을 한다. 책임감 있게 맡은 직책에서 최선을 다하고자 사회복지 전공, 행정대학원, 국제다문화학 박사과정 등 다문화 관련 전문가가 되고자 노력했다.

직장생활에서도 한국 사람들보다는 외국인과 함께 일하는 편이었고, 정치인 생활을 할 때 자신의 분야가 다문화가정 정책이었기에 역시 한국인과의 동일선상에서의 경쟁을 피할 수 있었다. 현재 창립하여 운영하고 있는 국제의료관광협동조합 역시 내국인 상대보다는 외국인 그리고 국내 다문화가정 가족들을 주 고객층으로 하기에 자신의 출신 배경을 장점으로 활용할 수 있었다. 자녀 양육에서도 한국적인 것을 벗어나 해외에서의 역량개발을 중요시했기에 다른 결혼이주여성의 경험과 차별화된 글로벌 정체성을 형성하여 자신의 역량을 발휘할 수 있게 했다. 따라서 연구참여자의 정체성은 한국적인 것에 순응하기보다는 다중적이고 초국적이며 융합적인 정체성 협상의 과정을 거친다.

(2) 사회적 참여를 통한 자아실현

적응(adjustment)의 사전적 의미는 "일정한 조건이나 환경 따위에 맞추어 응하거나 알맞게 되는 상태 또는 개체가 환경에 대해 적합한 행동이나 태도를 취하는 것"을 의미한다(국립국어원 표준국어대사전). 개체가 환경적 조건에 점차 익숙해져가는 것을 '순응(adaptation)'이라고 구별하여 쓰기도 한다. 연구참여자는 자신의 조국을 떠나 새로운 문화집단인 한국이라는 사회에 적응하기 위해 다양한 행위양상을 구사한다. 뉴가튼(Neugarten, 1961)에 의하면 일반화된 삶의 질은 일상생활에서 자신의 생활에 대해 의미와 책임감을 느낄 때, 자신의 목적을 성취했다고 느낄 때, 자신의 가치가 있다고 느낄 때, 그리고 낙천적인 태도와 감정을 유지하는 것이라고 보았다(신미숙 · 김경신, 2013).

연구참여자는 이주 후 다양한 학업 및 직업 경험을 했고, 이러한 경험은 긍정적인 요소들로 구성되었으며, 성취경험으로 작동되어 자신의 개인적 성장을 이루어낸다. 따라서 문화적응 유형에서는 건강한 다문화 구성원의 정체성을 형성한 통합형 문화적응 유형으로 드러났다. 또한 모국의 문화도 유지하면서 새로운 문화도 받아들여 참여하고, 모국의 장점을 활용하여 건강한 글로벌 정체성을 형성했다. 따라서 건강한 정체성은 결혼이주여성에 대한 남다른 시각을 보유하게 한다. 연구참여자는 결혼이주여성이 직접 사회에 참여해야 수혜자의 마음가짐을 달리할 수 있고, 이러한 경험의 폭을 넓혀주는 것이 다문화 프로그램의 핵심이 되어야 한다고 주장했다.

"물론 이제 의도적으로 뭐 이런 거 해라 저런 거 해라 이런 여러 가지 프로젝트나 이런 거를 하긴 하는데 근데 기관에서 하는 거 참여하게 되면 약간 수동적인 면이 계속 있어요. '아, 여기 오세요, 앉으세요, 여기 차 커피 있어요, 드세요.' 사인하고 듣고 가고 뭐 이런 거 하는데 저희가 협동조합 할 때에는 프로그램 참여하고 다 공부도 하고 홍보, 마케팅, 회계 이런 거 저런 거 다 하면서 서류 작업도 다 하고 과정을 거쳐보니까 스스로 해야 훨씬 더 다르구나. 그래서 지금은 그냥 프로그램을 만들어서 참여해서 하게끔 하는 거보다는 약간 이렇게 서바이벌 프로젝트 같은 거를 줘서 이거를 하면 조금 더 좋은 결과를 얻을 수 있구나, 아니면 조금 더 이렇게 좀 진짜 몇 개를 줘서 아 이거를 하게 되면. 능동적으로 움직일 수 있게."

이는 연구참여자 자신의 경험에서 비롯되었다. 연구참여자는 이주 후 다양한 학업 및 직업 경험을 했고, 이러한 경험은 긍정적인 요소들로 구성되었으며, 성취경험으로 작동되어 개인의 성장을 이루어낸다. 따라서 그연구참여자는 건강한 다문화 구성원의 정체성을 형성한 통합형 문화적응 유형으로 드러났다.

연구참여자는 다양한 사회적 참여를 통해 여러 관계망 속에서 자신의 위치를 발견하고, 인정경험을 통해 자아실현을 이루어나가고 있었다. 연구참여자는 자유의지를 바탕으로 자발적인 행동을 실천하는 적극적인 주체였다. 이주, 취업, 학업 등의 경험 속에는 사랑을 바탕으로 한 인정획득의 긍정적인 경험들이 다양하고도 적극적인 행위를 유발한다.

"남편 장점 중에 하나가 그런 것 같아요. 지금 회사를 대표로 맡아서 운영하지만 사람을 힘들게 하지는 않아요. 계속 남편이 도와줬던 것

갈아요. 그래서 계속 의논하고 이해하기 어려운 거면 서로 토의하거나 이런 거는. 계속 지지하고 연습할 때도 비서 역할을. 남편 열정 하나는 알아주어야 해요. 뭔가를 어떡하지 끝을 봐야 되는 성격이에요."

호네트에 따르면 인간은 사랑, 권리, 연대를 통해 타인의 인정을 경험함으로써 긍정적 자아의식을 갖게 됨은 물론, 성공적 자아실현의 조건을 확보하게 된다(Honneth, 1992). 호네트는 인간의 삶은 단순한 생존 유지가 아닌 자기실현을 의미한다. 성공적 자기실현의 가능성이 타인의 인정, 다시 말해 나에 대한 타인의 긍정적 태도에 달려있다고 보는 것이 인정윤리의 관점이다(문성훈, 2014). 연구참여자는 남편과의 긍정적인 상호작용 속에서 인정획득을 하고 자신감 있게 다양한 분야에 도전한다. 여기에서 우리는 성공적인 사회참여는 가정의 신뢰와 사랑을 기반으로 하고 있음을 알 수 있다. 즉, 가정에서의 든든한 정서적 후원은 자신감을 가질 수 있게 하고 제약을 벗어나 기회가 주어졌을 때 과감한 도전을 통해 자아실현을 할 기회를 제공받을 수 있다. 따라서 그들의 사회적 참여 그리고 자아실현은 가정의 지지와 긴밀히 연관되어 있으며 결혼이주여성의 사회적 참여는 가정, 그중에서도 남편의 역할이 많은 비중을 차지하고 있음을 알 수 있었다.

"협동조합을 하다 보니까 저희랑 같이 활동하고 있는 친구들이 편하다고 해야 되나? 달라지는 게 눈에 뚜렷하게 보이는 거가 조금 보람 있는 것 같아요. 그래서 아마 이주 여성들이 사회 참여할 수 있게끔 어떤 활동이던 간에 해야 그 사람한테 개인적인 변화가 많이 생길 수 있고 사고방식도 달라지고 자신감도 생기고 이런 효과 있으니까 진짜 필요하긴 하는데 그게 또 맘대로 쉽지는 않은 것 같아요."

연구참여자의 사례를 통해 결혼이주여성의 적극적인 사회적 참여는 그들의 성장과 지식의 확장, 즉 성공적인 정착을 돕는 데 중요한 요소임을 확인할 수 있다. 따라서 결혼이주여성의 적극적인 사회적 참여를 유도하는 사회적 분위기를 형성해야 하며, 그러한 사회적 환경을 조성하는 것이 중요하다. 각 개인은 끊임없이 생의 발달과업과 투쟁하고, 혼란과 어려움 속에서 자신을 연마하여 성장과 변화를 이루어내야 한다. 결혼이주여성의 사회적 참여는 그들에게 다양한 경험의 장을 제공해주고, 그 속에서 주체적으로 문제해결능력을 발달시키며, 이러한 긍정적인 경험은 결국 자녀 그리고 가정에도 적극적인 영향을 미치게 된다.

(3) 확장되는 초국적 영역

① 영역을 확장해나가는 초국적 활동

연구참여자의 초국적 단체활동은 국내 그리고 국외 활동으로 나누어 볼 수 있다. 다문화가정의 구성원으로 다문화가족지원센터 중심으로 여러 나라에서 온 결혼이주여성과 결연하여 다양한 활동을 하고, 사회적협동조합을 형성하여 다문화 행사를 기획하고 공연을 통해 수입을 창출한다. 처음에 창설한 '다모'협동조합은 바로 이러한 형태의 결과물이다. 연구참여자는 끼 있고 재주 많은 중국, 베트남, 몽골, 태국, 미얀마, 캄보디아 등 다양한 나라에서 온 결혼이주여성과 협력하여 문화행사를 기획한다.

공연팀에는 한국인 멘토 한 분도 함께한다. 한국무용을 전공하신 그분은 전문가적인 입장에서 조언도 해주고, 공연 기획도 함께한다. 그들은 테마를 정해 함께 여러 나라의 춤을 함께 배우고 어린이집이나 유치원, 학교, 도서관 등 다양한 행사에 참여하여 공연한다. 여러 나라 국적의 사람들이 모였기에 공통어는 한국어를 사용하고, 각자 출자금을 내어 이익은 공평하게 분배한다. 문화행사 중에서 그들이 협력하여 만든 '아리랑' 공연이 가장 인기가 많다. 아리랑 곡조에 맞추어 각 나라 전통춤을 적용하여 대화합의 주제를 담은 의미 있는 공연이다.

> "최근에 저희가 합동으로 해가지고 아리랑 해가지고 이런 주제로 제작을 해서 하나 만들었는데 아리랑에 각 나라 전통춤을 적용해가지고 약간 좀 어우러지는 그런 화합적인 내용을 담아서 만들었는데, 그게 조금 인기가 많아요. (몇 분짜리 공연이에요?) 5분. 그전에도 '시집오는 날' 이런 거 연극무용이라고 해야 되나? 그런 것도 했어요. 그런 뭐 전통적인 '시집오는 날'이라는 영화에서 영향을 받아가지고 그걸 좀 리메이크를 해서. 이런 아이디어는 각자 얘기해서 사업을 따기 위해서 프로젝트 서야 되니까 그런 부분에서 좀 이런 전문적인 거는 협력하는 기관이나 전문가한테 의뢰를 해서 이런 거 사업 있는데 우리가 좀 이런 걸 했으면 좋겠다. 이런 거 이러 이렇게 하면 어떻냐. 우리는 이런이런 메시지를 전달하고 싶다. 이러면 그 전문가분들이 제작을 해주거나 이런 거."

연구참여자는 직접 기획하고 섭외하고 공연하고, 반응들을 살펴보면서 긍정적인 경험을 한다. 이를 통해 책임감을 느끼고 더 잘하기 위해 공부하고 배우며, 끊임없이 성장을 계속해나가고 있다. 인간의 존재와 삶 전반에 영향을 미치는 '나와 대상의 관계맺음'에서 결혼이주여성 그리고 한국인과 소통능력을 강화해나가고 있었다. 물론 함께 어울려 일하려면 다양한 소통의 어려움도 존재한다.

"어려운 점은 좀 많죠. 아주 많죠. 사람을 상대하는 직업이기 때문에. 아무리 다 똑같이 결혼이주여성이라고 해도 속에서 차별이 있고 의견이 안 맞을 때에도 갈등이 생기고 각 나라마다 가지고 있는 그런 성격 특성이 있고 특성이 다르고 이래서 그런 걸 이렇게 같이 어우러 가는 거는 차라리 한 나라였으면 얼마나 좋을까 이런 생각 할 때가 많아요. 편하잖아요, 알고 있으니까. 뭘 그래 이러면 되잖아요. 이러면 다 알아들을 수 있는데 다 다르기 때문에. 언어 수준도 다 다르고 성격도 다 다르고 문화도 다 달라요. 그러면 그걸 중간을 맞춘다는 건 쉽지 않아요."

여러 나라에서 온 결혼이주여성과 함께 일한다는 것은 다양한 차이 때문에 소통의 어려움도 생기지만, 시간이 지나면서 서로 맞추어나가고 이렇게 또 서로를 더 많이 알아갈 수 있어서 연구참여자는 글로벌 적응 유연성을 확장할 기회도 되었다. 이 경험을 바탕으로 그중 뜻이 맞는 사람들과 협력하여 의료관광협동조합을 따로 차렸다. 수익 창출을 목적으로 만든 협동조합이기에 조금 더 치열하게 임하고 적극적으로 사업을 추진해야 한다.

단체활동에 대한 관심은 국제적인 관심으로 이어져 연구참여자는 국제 몽골 커뮤니티에 참여하면서 시야가 더 넓어짐을 느낀다.

"한국에서 시민단체 활동이나 협동조합 외에도 몽골 외국에서 생활하고 있는 몽골 사람들도 커뮤니티가 있어요. 한인회 같은 거기에서도 열심히 활동을 하고 저희가 2017년에 여기서 몽골 발전 관련 토론을 했었거든요. 그때에는 독일, 아일랜드, 러시아 뭐 이런 나라에 생활 적극적으로 활동하는 대표자들로 와서 참여하고 한국분들도 참여하고. 왜냐면 한국에 제일 많은 몽골 사람들이 생활하는 나라 중 하나에요. 한국하고 미국. EU는 다 한국 사람만 8천 명 9천 명 생활하는데, 한국은 거의 5만 명 정도 되고 미국에서도 4만 5천 명 정도 그래서 서로 각 나라에서 시민 활동하는 것도 공유하고. 그래서 한인회 같은 거 있으니까 거기서도 많이 배우거나 네트워킹이 생기거나 이런 것도 있어서 조금 이렇게 시야를 넓혀준다고 해야 되나? 아 한국에서 생활하고 있는 몽골 사람들은 이주민 생각하는 것이 아니고 세계적으로 이런 거네 이런 걸 할 수 있구나. 스웨덴에서 사는 몽골 사람은 아, 우리는 학교에서 이렇게 하고 아이 한 명이 있으면 반드시 그 언어를 할 수 있는 선생님을 배치해주게끔 그 제도적으로 다 그래서 나는 이렇게 선생님으로 활동하고 있고 이런 거를 교류한다던가."

이런 초국적 활동은 연구참여자가 한국이라는 공간에 구애받지 않고 국제적으로 시야를 확장하여 다양한 외국 사례를 통해 사업을 확장하는 계기가 되기도 한다. 단순참여가 아닌 발제도 하고 토론도 해야 하기에 사전에 준비도 많이 해야 하고 발표 토론을 통해 다양한 지식을 획득한다.

"저희 해외 몽골인 협회가 만들어진 지 14년에 만들어졌어요. 그래서 15년부터 이거 시작해서 주로 EU 국가에서 많이 하다가 캐나다에서 한 번 하고, 그래서 '아시아는 몽골 사람들 많이 사는데 왜 한 번도 안 하냐?' 그래서 17년도에 여기 서울에서 한 번 했고. 포럼 하면 150에서 200명 정도? 이번에 주제가 건강 관련 하는 거 있어 가지고 폴란드 한의학이라고 해야 되나? 몽골에서도 전통 의학을 배운 사람이 200명 정도 거기에 계약직으로 20년 넘게 생활하는 분들이 있어요. 네, 거기서 개인 병원 여는 분도 있고 공립 병원에서 일하는 분도 있는데, 그런 주제 있으니까 건강 관련해서 하니까 저희가 또 의료관광에 관심 있어서 이번에 가서 발표한 거는 한국에 진료받는 몽골 사람들 되게 많아요. 의료관광 관련해서 한국에서 어떤 거를 하고 있는지, 또 몽골 환자들이 왜 많이 오게 되는지 그런 거나 제일 주로 많이 진료받는 질병이라던가."

연구참여자는 초국적인 활동을 통해 초국가주의적 관점에서 세상을 폭넓게 인식함으로써 이민자로서 건강한 자아정체성을 형성하고, 창조적으로 주체적인 행위를 하는 인간으로 성장한다. 현대인의 정체성이 매우 복잡하고 다양할 때 개개인의 행복한 삶이 성공적으로 유지된다. 연구참여자 역시 초국가적 활동 속에서 민족 정체성, 이주민으로서의 정체성, 자녀를 양육하는 엄마, 남편을 사랑하는 아내 등 다양한 역할을 긍정적으로 수행해나가고 있으며, 더불어 살아가는 방식을 터득하고 있었다. 이러한 긍정적인 경험은 이주민으로 소수자로서의 차별과 적응의 두려움을 딛고 적극적으로 기회를 이용하고 창업을 할 수 있는 밑거름이 되었다.

② 글로벌 자녀교육

연구참여자는 자녀교육에 있어서 국내에 국한하기보다는 유학 등 다른 방식을 선택한다. 이는 남편의 영향을 많이 받았다. 남편은 글로벌 영어 온라인교육 회사를 운영하고 있기에 자녀교육에서 국내 교육을 고집하지 않는다. 남편의 딸 역시 미국에서 공부했고 취업도 하여 미국에 거주하기에 연구참여자에게는 낯선 선택이 아니었다. 연구참여자의 아들은 전남편과 사이에 몽골에서 낳은 아이이다. 아들은 계속 몽골에서 교육을 받았고, 연구참여자가 현재 남편과 결혼하여 한국으로 올 때는 몽골에 남아 있었다.

연구참여자는 1년간의 적응기간을 마치고 아들을 초등학교 2학년 때 한국으로 데려왔다. 처음에 아들은 한국어를 전혀 몰랐기에 한국에 있는 몽골학교에 입학시켰다. 하지만 거기에서 한 학기를 다니면서 한국어를 배울 기회가 적어서 다시 큰 마음을 먹고 3학년 때 한국학교로 전학시킨다. 연구참여자의 우려와 달리 아들은 한국학교 생활에 빠르게 적응했으며, 언어도 늘고 친구도 잘 사귀었다. 아들은 서글서글한 외모와 활동적인 성격으로 1년이 지나 반장으로 뽑히기도 한다. 한국에서의 생활에 어느 정도 적응하자 연구참여자는 아들을 중국에 있는 중학교로 유학을 보낸다. 아들은 중국에 있는 국제학교에서 중국어와 영어를 모두 배운다. 하지만 아쉽게도 모국어인 몽골어는 거의 까먹었다.

"(그러면 아드님은 언어는 굉장히 여러 가지 하겠네요?) 한국어, 영어밖에 없어요. 몽골어는 못 해요. 그게 금방 잃더라고요. 네, 안 쓰면 초등학교 들어가면 몇 년 지나면 거의 그게. (다 까먹었어요?) 거의 잊어먹는 저희

동생들이 계속 한국에도 유학생으로 와 있었고 이랬는데 얘기할 땐 얘기하다가 지금 아예 한마디도 안 해. (좀 들리긴 하나요, 몽골어가?) 아닌 것 같더라고요. 저도 기대했는데. 저희 어머님하고 딱 아들하고 둘이서 남았거든요. 우리가 출장 가고 둘이 어떻게 소통을 하냐 했더니 바로 구글 번역기나 이런 거를 가지고 소통하고. '야, 안 되겠다.' 나중에 진짜 몽골로 1년이나 2년 봉사활동을 보내고 싶은 마음이 있어요."

연구참여자에게 아들의 이중언어교육에서 중요한 것은 몽골어가 아니라 영어 그리고 중국어였다. 그녀는 국제적인 활동을 하는 마인드를 가지고 있었기에 아들의 교육에서도 굳이 몽골어가 아니라 조금 더 많은 언어권 그리고 개인의 발전에 도움이 될 수 있는 언어교육을 선택한다. 중국에서 1년간 유학한 아들은 필리핀으로 다시 유학 간다. 연구참여자의 계획은 필리핀을 거쳐 미국으로 보내고 싶었으나, 아들은 한국을 좋아하고 한국에 오기를 원했다. 연구참여자는 다시 아들을 한국으로 오게 하여 고등학교를 보냈고, K팝을 좋아하는 자신의 성향에 따라 꿈을 연예인으로 정하고 있었기에 달리 말릴 수 없어서 대학은 연극영화학과에 진학했다. 지금은 호주에서 워킹홀리데이를 하면서 1년째 생활하고 있다. 연구참여자는 자녀교육에서 굳이 자신의 모국어를 고집하기보다 조금은 넓은 시각에서 한국 사회에서의 경쟁력을 높이기 위한 영어교육을 중요시했고, 진로선택에서도 아들의 의지를 존중하는 모습을 보여준다. 연구참여자의 행위에서는 글로벌 시대 아들의 역량을 높이기 위해 영어교육을 중요시했고, 한국 학부모의 교육열과 남편의 영향을 받았음을 알 수 있다. 또한, 다양한 외국 경험 역시 아들의 교육에 영향을 미치고 있었다. 이렇듯 자녀교육도 글로벌 교육으로 방향전환을 함으로써 한국적인 것만을 고집하지 않는 유연성을 보여주었다.

5장

문화적응과 정체성의 변화들

1.
변화하는 현실 속에서의 문화적응과 학습

이 절에서는 중앙아시아 출신 결혼이주여성 10인의 생애담을 생애주기별 발달과정에 주목하고, 이주와 관련해 나타난 경험들을 결혼 동기, 가족 형성기, 자녀 양육기, 자기계발기로 구분하여 각 시기별 행위양상과 적응형태에 나타난 특성들을 분석했다.

1) 결혼 동기

연구참여자들의 국제결혼에 대한 개인적인 동기와 열망, 삶의 기대는 그들이 놓인 구조적 강제 속에서 다양한 실천적 행위양상으로 드러난다. 연구참여자들의 결혼 동기는 개인별로 다양하지만, 대체로 한국 땅에서의 삶에 대한 동경, 국경을 초월한 사랑이라는 두 가지 경향으로 나누어 볼 수 있었다. 첫 번째는 한국에 대한 동경 때문에 결혼한 유형으로 연구참여자 3, 4, 5, 6, 7이다. 연구참여자 3은 우즈베키스탄의 삶이 단순하고 심심하고 재미없었다. 연구참여자 7도 한국에서의 연수생활을 통해 한국의 환경과 풍경 그리고 경제적인 풍요를 동경하게 되었고, 결혼이주를 통해야만 한국에서 안정적으로 정착할 수 있었기에 결혼을 통한 이주를 선택했다. 연구참여자들의 바탕에는 본국 생활의 현실에 대한 불만족이 깔려 있었다. 따라서 여성성과 젊음을 자본으로 과감하게 외국 생활에 도전한다. 물론 그 도전은 한국에서 적응하기 위한 능동적인 노력을 필요로 했다. 따라서 다양한 아픔과 어려움 속에서 그들은 자립적인 삶을 살고자 취업을 선호한다. 젊은 날의 호기심과 자신감을 가지고 한국으로 오기 위한 수단으로 국제결혼을 선택한다. 즉, 주도적으로 한국행을 선택한 것이다. 흔히 결혼이주여성에게 낙인찍히는 가족 부양을 위한 희생양이 아닌 새롭고 더 나은 삶에 대한 동경이 이주를 결정하게 한다.

한편 한국 남자와 사랑에 빠져 연애결혼한 연구참여자들로는 1, 2, 8, 9, 10이 있다. 자신이 직접 선택한 사랑으로 시작한 결혼생활임에도 새로운 곳에서의 문화적응은 쉽지 않았다. 가정에서 사랑받는 늦둥이 막내딸로 태어난 연구참여자 3은 성실하고 착한 남편의 모습이 믿음직스러워 친정 부모의 반대를 무릅쓰고 결혼한다. 물론 결혼생활이 순탄하지 않았지만, 남편의 변함없는 사랑이 있었기에 많은 어려움 속에서도 견뎌내고 있다. 연구참여자 1도 한국에서 공부하고 취직하면서 개인적인 꿈을 이루었지만, 이국 타향에서 혼자라는 외로움이 두려워 가정을 이루고자 결혼한다. 결혼 이후 많은 어려움을 경험했지만, 종교적인 힘으로 치유받고 회복했으며 부족한 남편이지만 끌어안고 가려고 노력한다.

결과적으로 연구참여자들은 더 나은 삶에 대한 기대를 품고 결혼했고, 이러한 자신의 주도적인 선택의 결과인 적응에 대한 어려움을 당연한 것으로 여겨 극복하고 견뎌내고자 하는 적극적인 의지를 가지고 있었다. 이 책의 연구참여자들은 각각 개인의 사정에 따라 다양한 목적 실현을 위해 초국적 이주를 진행한다. 그들의 이주 동기는 천편일률적인 것이 아니라 '이주인구의 여성화' 시대상을 보여주는 실례라고 볼 수 있다. 그중에서 중앙아시아 지역 고려인의 이주에는 본국에서의 차별, 경제적 어려움에 반해 풍요롭고 안전한 모국에 대한 동경, 기대가 크게 작용했다. 그리고 공통적으로 드러나는 것은 중앙아시아 출신 결혼이주여성은 본국 가족의 희생양으로 가족부양의 의무를 지고 한국으로 이주를 선택한 것이 아니라 자기 자신의 더 나은 삶을 위한, 또는 사랑을 이루기 위한 수단으로 결혼을 선택했다. 이러한 이주 동기는 그들에게 한국 사회에 융합되고 적응해서 함께 살아가는 것을 가장 큰 목표로 설정하게 만들었고, 이러한 목표는 그들의 적극적이고도 동화적인 적응형태를 이끌어내기도 한다. 그들에게 한국은 잠시 머물다 떠날 곳이 아니라 내 가정을 이루고, 돈을 벌어서 가족과 함께 행복하게 살아가야 하는 삶의 터전이다.

2) 가족 형성기

결혼이주여성은 자신이 자라면서 익숙해진 환경과 역할이 있는 문화로부터 '결혼'이라는 매체를 통해 새로운 문화로 옮겨가게 된다. 그 과정에서 언어, 대인관계, 역할기대 등 다양한 수준의 갈등을 경험하면서 새로운 문화를 습득한다. 연구참여자들은 결혼이주를 선택했기에 한국 사회의 가정 속에 깊숙이 진입한다. 따라서 결혼과 동시에 남편과의 관계, 그리고 시댁과의 관계망 속에 포위된다. 소수자로서 다른 문화권에서 생활해온 그녀들로서는 기존의 모든 가치관을 무너뜨리고 한국에서 살아가기 위한 새로운 가치관을 배워가면서 정립해나가야 하는 국면에 부딪힌다. 한국의 가족들은 흔히 외국에서 왔기에 잘 모를 것이라는 일관된 편견을 내세우면서 집안 어른이라는 이유로, 한국 남자라는 이유로 가르치고 강요하는 분위기를 조성한다. 연구참여자들은 가정의 평화를 위해 자신의 주장을 내세우기보다는 불편하더라도 자신의 생각을 수시로 수정하면서 다양한 불편한 현실을 경험한다. 이렇게 참고 적응해나가는 과정은 그들에게 심리적으로 위축되고 현실의 난관을 더 어렵게 인지하면서 초기 적응의 어려움 속에 다양한 심리적 트라우마를 경험하는 경우도 있다. 너무나 바쁜 한국 남편들, 이국땅에서의 독박육아, 한국문화만 강요하는 시댁식구들은 모두 그들이 경험하고 견뎌내야 하는 가족 형성단계에서의 어려움들이었다. 즉, 개방적이지 못한 시댁이라는 주류문화와 공존해야 하는 결혼이주여성은 결혼 초기에 순응해야 하는 압력 속에서 갈등하거나 자신감을 잃어가고 있었다.

연구참여자 1은 결혼 전에는 높은 학력, 뛰어난 능력으로 사회적으로 인정받다가 결혼 이후 출산과 더불어 가정주부로 전락하면서 가정생활에서 그녀의 모든 능력은 별것 아닌 것으로 치부된다. 남편의 무시, 방치, 외도 등 다양한 폭력 속에서 혼자 육아를 경험하면서 심각한 우울증을 앓게 된다. 자살, 이혼 등 다양한 결심을 해보았지만, 결국 그녀는 종교의 도움으로 다시 심신을 달래가며 삶의 의지를 키울 수 있었다. 연구참여자 7은 시댁 그리고 남편의 인정 부재로 자신과 딸을 지키기 위해 이혼을 선택한다. 연구참여자 2는 시댁의 강요적인 문화에 강력하게 반발하고 가족과 불화를 감수하면서까지 자신의 지위를 찾고자 노력한다. 이런 과정에서 시댁에서 분가하고, '못된 며느리'로 낙인되었지만 자신의 의지를 굽히지 않는 강인함으로 삶을 살아가고 있다. 다행히 남편의 지지가 있었기에 가정은 파국으로 치닫지 않았고, 그 속에서 조금씩 회복하고 평화를 찾아가면서 살아가고 있다. 반면에 연구참여자 10은 남편에게 이혼 이력이 있고, 재혼 전에 키우던 딸도 성장하여 외국에 있었기에 가족관계에서 시댁과의 관계적인 어려움이 없었다. 남편 또한 한국적인 것보다 글로벌 성향을 지닌 성격이었기에 초기 적응에서 가족들한테서 겪는 어려움이 없었고, 남편의 사랑과 지지가 긍정적으로 작용했다. 이는 그녀가 다양한 사회활동을 활발하게 할 수 있게 된 소중한 지지체계였다. 이로써 다문화가정에서 남편 역할의 중요성을 확인할 수 있다. 다양한 삶이 주는 어려움 속에서 결혼이주여성에게 남편이 '내 편'이 되어준다는 것은 그들의 자존감 회복이나 삶의 질에 엄청난 영향력을 미친다.

결혼이주여성이 한국 생활에 적응하기 위해서는 사회적 지지가 중요한 요인이다. 사회적 지지란 한 개인을 중심으로 그를 둘러싸고 있는 가족, 친척, 친구, 이웃, 전문가 등으로부터 제공받는 정서적 도움(사랑, 돌봄, 이해, 격려, 긍정, 신뢰, 관심 등의 태도 및 행동), 정보적 도움(사건 해결과 관계된 여러 가지 정보제공 행위 포함), 물질적 도움(금전, 시간, 생활용품, 음식 등)을 모두 포함한다. 따라서 시댁과의 관계에 어려움을 느끼는 연구참여자들은 초기 적응의 어려움을 호소한다. 이 중 일부 결혼이주여성은 가부장적 가족관계를 개선하고자 다양한 자원을 활용하여 남편과 성 역할을 협상하고, 가부장적 가족관계를 변화시키고자 노력하는 모습을 보여주기도 한다. 가족은 가장 원초적이며 보편적이고 기본적인 사회 단위다. 건강한 가족에서 건강한 개인이 배출되고, 따라서 건강한 사회의 기초적인 단위가 된다. 가족 건강성이 낮은 가족의 경우 정서적인 유대감이 낮고, 가족 내에서 경험하는 문제에 대해 부정적으로 인식하여 위기 상황을 슬기롭게 극복하지 못하기 때문에 더 깊은 갈등에 빠지게 됨으로써 개인의 심리상태에 부정적으로 영향을 끼친다(Thames & Thomason, 1998). 이처럼 결혼이주여성이 한국에서 처음으로 접하는 집단이 가족인 만큼 가족의 건강성 여부는 그들의 삶의 질에 많은 영향을 미치고 있었다.

3) 자녀 양육기

대부분의 부모는 자녀의 성장과 발달과정 및 부모 됨에 대한 적절한 교육을 받고 자녀를 출산하는 것이 아니라 출산과 함께 부모가 되는 역할을 감당해야 한다(김경미, 2008). 결혼이주여성은 자녀를 향한 열정과 달리 익숙하지 못한 낯선 한국문화에 대한 더딘 적응으로 인해 어떠한 부모가 되어야 하는지에 관한 구체적 역할 영역 설정과 실천에서는 한계점을 보이는 것으로 나타나고 있다(이영애, 2012). 또한, 친정의 부재와 시댁의 일방적인 한국문화에 대한 강요 속에서 연구참여자 1, 2, 3, 5, 6, 9 모두 육아 우울증을 경험한다. 연구참여자 1의 경우 결혼이주여성의 자녀 양육 스트레스의 위험성을 극명하게 보여준 사례라고 할 수 있다. 연구참여자는 높은 학력과 경력이 있음에도 결혼과 출산으로 인해 독박육아를 경험하면서 심한 우울증을 경험한다. 우울증은 자녀에게도 악영향을 미쳤고, 본인도 자멸시킬 뻔한 끔찍한 경험이었다. 연구참여자가 우울증이라는 늪에 빠져 있을 때 그녀의 주변에는 아무런 도움의 손길도 없었다. 남편의 외도, 방탕, 시댁의 무관심에 피폐해져갈 때 이웃, 친정, 친구 등 아무도 없이 집에서 고립되어 시들어가고 있었다. 다행히 삶에 대한 의지로 다시 한번 종교를 통해 마음을 다잡고 다문화가족지원센터의 상담을 받으며 밖으로 나오기 시작하면서 서서히 삶에 대한 희망을 걸어보기 시작한다. 영유아 자녀기는 부모의 양육 역할이 가장 많이 요구되는 시기다. 양육 스트레스와 우울은 부모 자신에게도 심각한 문제가 되지만, 부정적 양육행동을 하게 됨으로써(이정윤 · 장미경, 2009) 자녀와의 역기능적 상호작용을 초래하고 자녀의 문제행동을 유발한다(김진성, 2017).

노연희(2011)는 결혼이주여성의 적응 경험에 비공식적 지지체계가 상대적으로 큰 영향력을 발휘할 수 있다고 보고한다. 비공식적 지지체계인 배우자 및 가족의 지지에 대한 연구를 진행한 결과, 결혼이주여성의 사회적응과 육아에 가장 많은 도움을 주는 사람으로는 배우자 및 시댁 식구가 44.9%를 차지하는 것으로 나타났다. 연구참여자 2, 4, 6은 모두 육아에서 시댁이나 남편의 도움을 받았다. 그리하여 육아기에 우울증을 경험하기는 했지만, 극단적인 상황에 이르지는 않았다. 하지만 어쩔 수 없이 '시월드'와의 부딪침과 갈등을 겪어야 했다. 이런 상황에서 그들은 남편이 '착해서' 또는 남편이 적극적으로 탈출을 도와주어서 영유아기 육아가 끝나면서 분가에 성공한 경우다. 연구참여자들이 출신 문화에서 습득한 모성과 관련한 지식이나 기대는 더 이상 유효하지 않으며, 모성을 둘러싼 문화적 탈구를 경험하고 자녀 양육과 관련한 결정권을 충분히 갖기 어렵게 된다. 그래서 연구참여자들은 시부모와 돌봄을 둘러싼 갈등을 겪게 되며, 전적으로 자녀를 양육하면서도 양육자로서의 권리는 제한된다(이은아, 2012).

연구참여자 4는 친정 부모님을 모셔와 육아 도움을 받았고, 남편과 이혼했기에 다른 사례들과 달리 자녀 양육 스트레스에서 자유로울 수 있었다. 연구참여자 3과 10은 영유아기 자녀 양육 과정을 몽골에서 마치고 나서 한국에서 홀로 적응했으며, 자녀를 한국학교에 보내면서 한국형 '육아 지옥'의 어려움은 겪지 않는다. 대신 연구참여자 10은 초등학생 아들을 한국학교에 보내면서 학부모로서의 두려움과 어려움을 경험한다. 하지만 유연한 대처로 남편과 상의하여 아이를 해외로 유학을 보내면서 국내에서 겪는 결혼이주여성의 자녀 양육 스트레스와 다른 형태의 자녀 양육 부담을 경험한다.

이렇듯 보편적으로 결혼이주여성에게 자녀 양육은 기쁨이고 그녀들의 삶의 버팀목이 되어주고 있는 반면, 한국인 어머니들의 스트레스 양상이나 그 원인과 해결 방식 등 여러 부분에서 다르게 나타나고 있었다. 친정의 부재, 한국인 어머니들과의 소통의 어려움은 자녀 양육에 대한 적극성을 떨어뜨리고 있었고, 무기력함으로 스스로를 자책하거나 직장생활 등을 통해 적극적으로 대처하는 것을 회피하고 있었다. 자녀 양육 스트레스가 많은 연구참여자들은 보편적으로 남편이 가부장적이고 무책임하다고 생각하고 있었다. 혈혈단신으로 남편만 믿고 결혼하여 한국에 들어온 연구참여자들은 그만큼 남편에 대한 기대가 컸지만, 현실 속 남편들은 외국인 아내와 결혼했다 하여 자신의 생활방식을 바꾸려고 노력하지 않았다. 지치고 힘든 연구참여자들이 살고자 하는 의지로 선택한 부부상담도 그녀들의 일방적인 노력 속에서만 이루어지고 있는 현실이다.

결혼이주여성의 적응을 연구한 유가효 외(2008)는 초기 적응의 성공요인을 개인적인 자원인 한국어 능력, 긍정적인 가치관과 노력, 자존감, 자기계발, 결혼 동기로 보았으며 가족의 지원은 남편의 지원, 시부모 및 기타 가족원의 지원, 경제력으로 보았다. 한편 사회적 지원으로는 모국인 친구, 종교기관의 지원, 정부 및 기관의 지원을 들었다. 어려운 상황에서도 연구참여자들 중 일부는 남편, 시댁, 그리고 지역사회 지지 등 도움의 손길이 있었고, 대부분은 자신들이 극복하고자 하는 의지를 가지고 적극적으로 상담을 받거나 종교 활동에 의지할 때 어둠의 그늘에서 벗어날 수 있었음을 알 수 있다. 즉, 가정에서 이주로 인해 발생한 여러 가지 어려움에 대한 대처양상은 여전히 결혼이주여성의 일방적인 노력으로만 이루어지고 있었다. 이러한 부분들은 오히려 결혼이주여성의 자율성과 주체성을 확인할 수 있는 요소들이었다.

한국은 여성이 자녀교육의 일차적 책임을 지는 것은 물론, 경쟁 중심의 자녀교육 문화 속에서 여성의 역할과 부담이 점점 더 커져가고 있으며, 어머니 노릇 역시 경쟁적인 성격을 지닌다(박혜경, 2008). 이처럼 자녀교육에 '어머니 노릇'이 핵심이 되어 있는 경쟁사회 속에서 자녀를 양육해야 하는 결혼이주여성은 자신을 부족한 어머니로 느끼게 된다. 거기에는 가족의 계급적 요인도 어머니 노릇에 중요한 영향을 미친다. 한국의 경쟁적인 자녀교육과 모성 문화 속에서 결혼이주여성은 언어와 문화가 다른 '외국인'으로서 어머니 노릇의 갈등과 어려움을 겪고 있으며, 자녀 양육 지원이 결핍되고 부족한 어머니가 된다. 따라서 연구참여자들이 적극적으로 한국어와 한국문화를 수용하고 또 한국 엄마처럼 되려고 노력한다고 해서 이를 강요된 동화나 적응으로만 해석할 수는 없을 것이다. 이러한 치열한 노력의 이면에는 부족하고 결핍된 어머니 노릇에 대한 내적 저항과 강력한 부정의 메시지가 내재되어 있기 때문이다. 결혼이주여성은 사회적 제약과 구조적 제한 속에서 어머니 노릇을 통해 정체성을 형성하고 삶의 변화를 이끌어간다. 그들은 어려움 속에서 제한된 자원을 활용하여 부족하지 않은 어머니가 되고자 주체적으로 노력하고 있었다.

4) 자기계발기

사회학에서도 자기계발을 "행위자가 자신을 변화시키고 성장시키는 것을 목적으로 수행하는 행위"로 정의하며(전상진, 2008), 더 나아가 "스스로의 삶을 주체화하는 삶의 방식이자 문화"로 정의한다(정옥년, 2014). 신자유주의 체제에서 현대인은 자신의 일을 스스로 선택하는 능동적인 주체가 되어야 한다(McLean, 2013). 능동적인 주체인 개인들은 이제 전통적 질서에 구애받지 않고 적극적으로 자신의 자아를 "성찰적"으로 기획할 수 있게 된다(Giddens, 1997: 82). 이런 상황에서 자기계발이 자아의 완성에 도움을 주는 하나의 '지침'이 된다는 것이다(Giddens, 1996).

결혼이주여성의 자기계발은 정보와 지식이 중심이 되는 현대사회에 적응하기 위한 중요한 방편이 될 수 있다. 또한, 평생학습 및 지속적인 자기계발이 자신을 위해서뿐만 아니라 학습과정이나 학습으로 인해 행복감을 느끼게 할 수도 있고, 정신적으로나 육체적으로 건강하게 만들며, 삶의 질 또한 높일 수 있다. 정부나 기업들이 교육에 대한 지원 및 투자를 늘리는 것도 이런 상황을 대변한다. 현대사회는 '자기계발의 시대'라고 '진단' 되고 있다(김정은, 2007). 결혼이주여성의 자기계발은 결혼 전후에 확연히 다른 양상을 보여준다. 학습은 일시적인 것이 아니라 시대적 변화나 사회적 요구에 맞춰 적응하고 꾸준히 노력하는 과정이다. 결혼이주여성의 자기계발 변화 양상도 삶의 변화에 따른 인간의 성장 욕구 조정과 변화 양상으로 해석될 수 있다.

이 책에서 소개한 연구참여자들도 본국에서 이루고 싶은 꿈이나 목표가 있었고, 이를 위해 열심히 공부하고 취업한다. 연구참여자 1, 2는 본국에서 높은 학력을 소유하고 있었고, 한국에서 어느 정도 자신의 학력에 기초하여 능력을 펼칠 수 있었다. 하지만 결혼, 그리고 출산으로 이어지면서 가족의 지지체계 없이 혼자 육아를 감당해야 했기에 경력단절, 학업중단을 경험한다. 이처럼 결혼 전에 자기계발 욕구가 강했던 그들은 끝도 없는 육아로 고립되고, 다시 사회진출이나 취업이 어려워짐을 느끼면서 육아에서 우울증을 경험한다. 그래서 자녀 양육이 끝난 다음에도 경력단절로 인해 자신이 가진 전문성에 합당한 영역에서 일할 수 없었다. 이러한 양상은 한국 사회 경력단절 여성의 경험과도 비슷한 양상을 보이면서 사회구조적인 모순과 폐단을 드러낸다.

연구참여자 4, 6, 7은 본국에서의 학력이 높지 않았고, 현실에 대한 불만이나 한국에 대한 동경이 있어 한국으로의 결혼이주를 선택했기에 초기의 언어적 · 문화적 적응의 어려움 그리고 시댁과의 갈등 상황이 있었으나 유연하게 극복해나갈 수 있었음을 알 수 있다. 연구참여자 10은 본국에서는 전문대를 졸업했으나 한국에서 다양한 경험을 하고 본인이 선택하여 학부, 석사, 박사과정으로 끊임없이 자기계발을 한 사례다. 즉, 개인 또는 개인들로 구성된 집단이 삶의 모든 영역에서 온전한 정체성과 힘을 가질 수 있게 하는 다층적 차원의 과정을 경험한다. 그녀는 이주 이후 한국의 다문화가족지원정책의 수혜자로 지식과 자원에 접근할 수 있었고, 스스로 자신의 삶을 계획할 수 있는 의사결정에 대한 자율성이 보장된 가정환경을 소유했다. 가정에서 남편의 적극적인 지지가 있었기에 자신의 삶에 영향을 미칠 수 있는 주변 환경을 통제할 수 있었고, 관습이나 믿음, 풍습으로 인한 속박에서 자유로울 수 있었기에 역량강화를 통해 성장할 수 있었다.

이 책에 참여한 연구참여자들의 결혼 이후 자기계발에는 공통적으로 다문화가족지원센터의 영향이 매우 큰 것으로 나타났다. 그녀들은 자녀가 조금씩 성장하면서 아이를 데리고 다문화가족지원센터에 다니기 시작했고, 센터에서 제공하는 다문화 강사, 이중언어강사, 고등교육 기회 제공 등 다양한 사회복지 서비스를 이용하기도 한다. 연구참여자 10은 다문화가족지원센터장의 추천으로 정치인으로 활동한다. 연구참여자들은 한국 사회에서의 행복한 삶을 위해 자기계발을 중요시했다. 그들에게 다문화가족지원센터는 큰 지지체계였고, 차별의 상처 없이 육아 기간 동안 잠깐의 틈을 이용하여 어려움을 상담받고, 자기계발을 하고, 학습경험을 축적하여 더 큰 꿈을 꿀 수 있게 만드는 요람 같은 곳이었다. 즉, 대부분 결혼이주여성의 평생교육은 다문화가족지원센터라는 한정된 곳에서 이루어지고 있었다. 그들은 학습을 통해 자신의 존재 의미를 발견하고, 관계성을 확대하고, 자유로운 사고와 능력을 키워나가고 있다. 또한, 그들은 취업 교육, 취업경험을 통해 사회문화적 적응의 지경을 넓혀나가고 있었다.

2.
다양한 관계 속에서의 정체성 협상

이 절에서는 중앙아시아 출신 결혼이주여성의 다양한 관계 속에서 드러나는 정체성의 변화양상을 개인, 사회, 초국적 차원으로 분류하여 공통점과 차이점을 살펴보고자 한다.

1) 개인적 정체성

정체성은 고정된 것이기보다는 유동적이며 다층적이고, 때로 갈등하며 협상하기도 한다(이은아, 2012). 결혼이주여성의 정체성 협상 형태는 자신의 민족성, 가정환경 그리고 이주 후 한국에서의 적응경험에 따라 상이한 양상으로 드러난다. 그들 개인의 문화적응 과정은 모국 문화에 대한 정체감 유지 정도와 주류사회의 문화 정체감을 받아들이는 정도에 영향을 미치고 있었다.

먼저 고려인 출신 연구참여자들은 보편적으로 외모적인 차이로 본국에서 고려인으로서 정체성을 지니고 있었다. 이로 인해 어린 시절에 외모적인 차별이나 어려움을 경험했지만, 본국에서는 똑똑하고 자랑스러운 민족이라는 강한 자부심과 정체성을 지니고 있었다. 그들에게 한국은 같은 민족이 사는 나라이기에 동질감을 가지고 있었고, 동경의 대상이었으며, 자랑스러운 모국이었다. 외모적인 동질감으로 한국에서는 소속감을 느낄 수 있을 것이라는 기대를 하고 한국행을 선택한다. 하지만 그들의 기대와 달리 한국 사회에서는 그들을 타국 출신 결혼이주여성으로 생각하고 같은 한국인으로 대접하지 않았기에 이로 인해 정체성의 혼란과 상처를 경험한다. 따라서 그들은 본국에서도 한국에서도 이방인이라는 부유하는 정체성을 소유하게 되었다. 연구참여자 4는 본국에서 받은 차별이 싫어 한국에서의 차별 없는 삶을 소망했으나, 한국에서는 '다문화'라는 범주로 또 다른 차별의 대상이 되고 있음에 실망했다. 그녀는 '다문화'라는 일관된 정체성에 반감을 표시하지만, 초기 적응에서는 다문화가족지원센터의 프로그램에 열성적으로 참여하는 모습을 보여주었다. 즉 다문화가정으로서의 특수성은 인정하지만, 다문화가정에 내비치는 불쌍하고 부정적인 이미지에는 크게 반감을 느끼고 있다. 그렇지만 고려인 중에서도 한국인 남편과 이혼한 연구참여자 3은 이혼 이후 친정 부모의 가족 돌봄을 이용하고, 직장 그리고 커뮤니티가 러시아 출신 사람들 중심으로 이루어지면서 자신을 '한국에 사는 러시아 사람'으로 표현하기도 한다. 즉 개인의 정체성은 타인과의 관계 속에서 형성되며, 결혼이주여성의 정체성 역시 다양한 경험과 관계 속에서 협상 · 조정되고 있었다.

이 밖에 고려인 출신이 아닌 연구참여자들은 본국에 대한 정체성을 유지한 채 한국에서 이주민으로서의 중첩된 정체성을 가지고 있었다. 연구참여자 8은 한국에서 몽골 출신 결혼이주여성이라는 정체성을 형성해 갔으며 한국 아이를 키우는 사랑받는 아내, 한국 엄마다운 모습을 지향하는 정체성을 소유하고 있었다. 연구참여자 10은 남편의 영향 그리고 직업 경험의 영향으로 몽골과 한국적인 것을 넘어서는 초국적 글로벌 세계 시민으로서의 정체성을 형성한다. 이러한 정체성은 자녀교육에도 영향을 주어 아들은 해외로 유학을 보낸다. 연구참여자 7은 이혼 이후 우즈베키스탄 출신 남성과 결혼하면서 결혼이주여성에서 '이주민'이라는 정체성으로 재조정하는 모습을 보여주었다. 연구참여자 7은 우즈베키스탄 출신 남성과 재혼하면서 자녀 둘을 출산했다. 그녀는 한국 사회의 이주민, 즉 한국 사람이지만 '우즈베키스탄 민족'이라는 복합적 정체성을 형성하고 있었다. 이들은 모두 이주민으로서 한국 사회에 기여하고 도움이 되는 건강한 구성원이 되고자 하는 긍정적인 마음가짐을 가지고 있었다. 이러한 정체성 형성은 자신들의 미래를 책임져줄 한국 사회가 더 좋아지기 바라는 마음으로 봉사활동에 적극적으로 참여하게 만드는 계기가 되어다.

연구참여자들은 공통적으로 한국에 거주하는 이주민 그리고 '다문화'라고 규정짓는 범주 속에서 반감을 표시하기도 하지만, 그렇다고 자신들을 한국인과 동일시하기는 어려운 현실이라는 것을 인지하고 있었다. 이는 한국 사람들의 배타적인 시선과 태도에서 기인했다. 따라서 그들은 자신들과 비슷한 처지의 다문화 구성원들에게 더 동질감을 느끼기도 하고, 그들을 위한 봉사활동이나 교육활동에 적극적으로 참여하면서 자신들의 가치를 인정받고자 했다. 중앙아시아 출신 결혼이주여성이 가진 정체성의 특성은 결국 민족이나 국가 같은 기존의 정체성 요인만이 아니라 그것을 포함하는 다양한 정체성 형성 요인을 동시에, 그리고 서로 배제하지 않는 상태로 공존하고 있었다. 그들의 복합적이고 이중적이고 부유하는 정체성에 대해 주류사회에서 건강한 시선으로 바라보고 인정해줄 때 건강한 정체성 형성이 가능할 것이다.

2) 사회 속에서의 자아실현

결혼이주여성이 추구하는 자아실현의 목표는 국제결혼 그리고 자녀의 출산과 더불어 경험의 다양성에 따라 조정과 협상을 거듭한다. 결혼한 뒤 이주를 통해 새로운 나라에서 새로운 삶에 대한 기대가 자아실현 형태에서도 드러난다. 그러나 자녀 출산 이후 이국땅에서 자녀 양육에 대한 도움이 부족한 현실에서 아이의 어머니로서 자아실현 목표를 조정하기까지 위기와 극복의 형태를 거듭한다. 자녀 양육 시간은 어머니로서의 정체성을 재형성해나가고, 아이를 통한 새로운 삶의 목표를 조정하는 기간들이었다. 다행히 시댁이나 남편의 도움을 받을 수 있었던 연구참여자들은 힘든 육아 기간을 거치고 자녀가 커가면서 육아에서 조금씩 벗어날 수 있자 자신을 위한 새로운 목표 설정을 하고 있었다. 그들의 새로운 목표 설정에는 다문화가족지원센터의 역할이 컸다. 따라서 그들 중 일부는 다문화가족지원센터에서 진행하는 교육 프로그램을 이수하고 이중언어강사로 활동하기도 한다. 이러한 교육 활동을 통해 자신의 삶에 대한 자신감을 획득하고 삶의 활동 영역을 확장해나가고 있었다.

연구참여자들은 대부분 자아실현을 성공적인 취업과 연결하여 생각하고 있었다. 연구참여자 중 몽골 출신 결혼이주여성 연구참여자 10은 자녀 양육보다 개인의 자아실현을 계획하고 실행할 기회가 많았기에 과감하게 도전하고 학업을 통해 목표 달성과 성장을 거듭한다. 이는 본국에서 여성의 독립적인 삶과도 밀접하게 연결된다. 연구에 따르면 몽골 여성의 교육수준은 남성보다 높고, 경제권이나 활동에서도 매우 활발하며 생활력도 강하다. 몽골인의 문자 해득률은 86% 이상이고, 몽골 국립대학교 학생의 80%가 여학생으로 교육수준이 높은(조희금, 2009) 점을 보면 양성평등을 지향하는 나라로 파악된다. 이러한 본국에서의 경험은 그녀가 이주한 한국에서도 기회가 왔을 때 잘 잡고 적극적으로 감당해내고 노력하는 모습으로 표출된다.

연구참여자들은 우즈베키스탄, 몽골 등 사회주의 국가 출신으로 독립적이고 경제활동에 대한 욕구가 많았다. 따라서 연구참여자들은 대부분 활발하게 구직활동을 하고 있었고, 직업을 통해 삶의 만족도를 높이고자 노력하고 있었다. 하지만 현실의 벽은 높았고, 그들이 극복해야 할 언어적 · 문화적 · 관계적 어려움도 끊임없이 나타난다. 그들에게 취업현장은 새로운 배움터이기도 하다. 그들은 자녀를 위해, 가정을 위해 그리고 한국 땅에서의 개인의 행복한 삶을 위해 삶의 다양한 현장에서 학습을 통한 성장과 노력을 거듭하고 있었다.

이 밖에도 중앙아시아 출신 결혼이주여성은 자원봉사활동을 통해 같은 처지의 이주민에게 도움을 주고자 노력하고 있었다. 자원봉사활동의 참여 동기는 '자신이 사회로부터 받은 것을 돌려주고 싶어서', 즉 '사회에 환원하고 싶어서' 참여한다는 이타적인 동기와 '나 자신의 성취와 만족감, 즐거움을 위해', '새로운 기술을 배우고 새로운 사람을 만나기 위해', '시간을 보내기 위해' 참여한다는 이기적인 동기를 통해(성혜리, 2015) 자아실현 자원봉사로 이어지고 있다. 결혼이주여성에게도 자원봉사활동은 자신들이 받은 사회적 지지를 사회로 환원한다는 깊은 의미가 담겨 있었다.

3) 모국과 초국적 관계 맺기

본 연구의 연구참여자들은 모국과 정착국의 두 사회에 위치하면서 자신의 가족, 친척, 친구가 이미 자리 잡은 국가와 지역으로 이주하는 경향을 드러내고 있으며, 흔히 '초국가적 이주 네트워크(transnational migration network)'를 형성하고 있다. 한국 사회에서도 '자기 영속적인 이주 주기(a self-perpetuating migration cycle)'인 이주자 네트워크로 인해 과거보다 이주자가 양적으로 크게 늘어나고 있다. 이주가 확장됨에 따라 과거보다 더 많은 사람이 해외에 가족과 친지를 두게 되며, 이주민 네트워크는 가난한 국가의 잠재적인 이주자를 부유한 국가로 연결한다. 통신기술의 발달로 이주자 네트워크는 다양한 정보를 제공할 수 있다. 이러한 네트워크는 이주를 소망하는 사람에게 재정적 후원을 하고, 이주한 뒤에는 정착, 구직, 경제적 · 사회심리적 지원을 하는 중요한 역할을 한다(Koser, 2007: 36-37).

이 책의 연구참여자들도 가족동반 이주의 형태를 많이 띠고 있었으며, 집거지에서 초국가적인 유대관계를 유지하고 있었다. 기존의 많은 연구에서도 결혼이주여성의 정착 과정에서 정보통신기술이 중요한 역할을 하는 것을 보여주었다. 정보통신기술은 본국 가족과의 초국적 소통을 용이하게 함으로써 고향과의 물리적 거리를 좁히고, 정서적 지지기반을 유지하게 하여 초국적 정체성을 유지할 수 있게 하는 것으로 나타났다(김영순 외, 2014).

이처럼 중앙아시아 결혼이주여성은 초국적 관계 비용을 낮추어주는 인터넷이나 소셜미디어 같은 미디어 테크놀로지를 통해 모국과의 연결고리를 만들고, 자녀들과 함께 친정방문을 통해 자녀들에게 자신들의 모국을 소개하는 등의 형태로 드러나고 있었다. 또한, 이중언어강사로 활동하면서 본국에서 온 아이들이 한국에서 잘 적응할 수 있도록 도움을 주는 것에서 뿌듯함을 느낀다. 거주 기간이 오래된 결혼이주여성은 국내 결혼이주여성 소규모 단체에서의 봉사활동을 통해 자국의 이미지를 높이고, 본국 문화를 한국에 알림으로써 두 국가 간 소통의 다리 역할을 감당하고 있었다.

물론 모든 연구참여자가 그런 것은 아니다. 연구참여자 10은 다양한 이주민 관련 활동을 통해 활동 반경이 넓어지면서 초기에는 국내 결혼이주여성과의 연합에서 활동했지만, 지금은 자신의 출신국 네트워크를 활용하여 국제적인 회의에도 참석한다. 그녀의 초국적 활동은 경제활동과도 밀접히 연결되어 있으며, 초국적 활동을 통해 세계적인 경제 흐름을 익히며 안목을 키우고 있다. 따라서 국제 결혼이주여성의 초국적 활동 가능성에 주목하여 그들의 역량개발에 활용하는 것도 좋은 역량강화 방안이 될 것이다.

자녀의 이중언어교육에서 중앙아시아 출신 결혼이주여성은 보편적으로 어머니 나라 언어에 대한 관심은 소극적인 것으로 드러났고, 이중언어교육에 대한 욕구는 있으나 현실적인 어려움 속에서 자신감을 잃어가는 모습과 때를 놓쳤다는 뒤늦은 후회를 하는 것으로 드러났다. 그들은 한국의 일반 가정처럼 자녀에게 한국어 그리고 영어교육을 중요시하고 있었고, 모국어에 대한 깊이 있는 교육은 현실적인 제약을 느끼고 있었다. 자녀교육에서는 우선적으로 자녀의 건강한 성장을 바라고 있었고, 고향 방문이나 어머니의 출신국을 정확히 알려주는 방식으로 교육 활동을 하고 있었다.

3.
문화적응과 정체성 협상의 관계

이 책은 중앙아시아 결혼이주여성의 삶 이야기를 생애주기를 바탕으로 한 문화적응과정과 관계 속에서의 정체성 협상 형태로 나누어 기술했다. 중앙아시아 출신 고려인 연구참여자들의 문화적응 과정과 정체성 협상 형태는 다음 〈표 5〉와 같다.

〈표 5〉 고려인 출신 연구참여자의 문화적응과 정체성 협상 과정 및 특징

서술 순서	연구참여자 특징	문화적응 과정	정체성 협상 특징
1	꿈과 기대의 배신	• 최고가 되겠다는 승부욕으로 결심한 한국행 • 소 몰고 자란 남편과 도시에서 자란 아내 • 그래도 아이 때문에 버틴 세월 • 나를 위한 투자를 못하고 있어	• 인종차별에서 살아남기 위한 치열했던 과거 • 정체성 혼란에 따른 심리적 위축 • 가정 문제로 놓쳐버린 사회활동의 기회

2	부당함에 당당히 맞선 여성 투쟁기	• 형님들의 지나친 간섭과 남편의 무관심 • 독박육아와 학업의 병행 • 갈등 속에서도 안정을 향한 미세한 변화 • 능력을 발휘할 언젠가를 대비해	• 내가 다문화인지 아닌지 • 자신의 권리는 스스로 싸워서 쟁취하는 것 • 침묵으로 사는 약자들을 위해 일하고파
3	더 좋은 세상을 위한 홀로서기	• 부모님을 실망시키고 싶지 않은 딸 • 아버지가 나를 지탱해주었듯 남편도 그럴 것이라는 기대 • 도덕적 불감증의 남편에게 느낀 실망 • 아이와 부모님을 위해 선택한 이혼, 아이는 나보다 더 자유롭게 자랐으면 • 단절된 경력을 극복할 수 있는 교육 받고 싶어	• 하나의 범주로 규정되는 오류 • 한국 온 지 오래됐지만 아직도 러시아 사람 • 정체성 혼란을 겪는 아이들 돕고 싶어
4	다문화의 굴레를 벗어나 꿈을 향한 도약	• 한국으로의 이주, 마음에 쏙 들어온 그 사람과의 만남 • 사랑하는 남편, 하지만 험난한 결혼생활 • 다시 사회로, 또 다른 꿈을 향해서	• 차별에 대한 저항, "우린 다문화 아니라고!" • 부모님의 역방문, 가까워진 모국 • 이중언어교육, 미래를 위한 언어자본
5	결혼은 비즈니스	• 결혼은 비즈니스 • 재산은 없고 제사는 많고 • 가족의 사업과 늦둥이 양육	• 개명하고, 집 사고, 이젠 한국 사람 다 됐어요 • 언어부터 배우자 • 소신 있는 이중언어강사
6	욕심 많은 한국 사람	• "결혼은 고려인과 해야 해, 한국 남자도 나쁘지 않아" • 아들을 낳아야 해 • 아이들에게 러시아말 가르치고 싶지만 • 내 공부를 하고 싶지만	• 여기서도 저기서도 외국 사람 • 언어도 음식도 적응하기 나름 • 나는 이제 욕심 많은 한국 사람

한편 기타 중앙아시아 출신 연구참여자들의 문화적응 과정과 정체성 협상 형태는 다음 〈표 6〉과 같다.

〈표 6〉 기타 중앙아시아 지역 출신 연구참여자의 문화적응과 정체성 협상 과정 및 특징

서술 순서	연구참여자 특징	문화적응 과정	정체성 협상 특징
7	세상에서 안 되는 일은 없다	• 한국은 내가 선택한 나라 • 꿈을 이루기 위한 선택적 결혼 • 전쟁 같았던 이혼 • 한국 사람으로 자녀 양육하기 • 이혼녀에서 사업가로	• 행복한 이주민의 삶으로 거듭나기 • 치열한 노력과 배움만이 나의 살길 • 초국적 활동
8	내 것을 지키면서 남의 것 받아들이기	• 떠올리기 싫을 만큼 힘들었던 어린 시절 • 딸을 위해 선택한 국제결혼 • 서로의 문화를 이해하기 위한 노력 • 미래를 위한 준비	• 억눌림으로 인한 모국의 가족 정체성 외면 • 몽골인으로서의 자부심 • 이주민을 위한 다리 역할 해주기
9	자신을 찾아온 여행	• 좋은 사람, 하지만 반대를 무릅쓴 결혼 • 한국이 내게 준 상처와 외로움 • 남편의 부재와 '시월드', 그리고 엄마로 성장 • 시댁으로부터의 자립, 지금 나를 위한 선택	• 몽골에서 온 한국인? 한국에 사는 몽골인! • 가까워진 몽골, 미래 준비를 위한 투자 • 몽골인으로 한국에 정착하는 방법
10	이주민 정치인	• 국경과 나이를 초월한 사랑: 내 눈에 빛나는 사람 • 서로 의지하는 소중한 내 사람 • 외국인 아들을 글로벌하게 키우기 • 현실과 꿈이 공존하는 학습과 취업	• 끊임없는 도전 인생과 글로벌 정체성 • 사회적 참여를 통한 자아실현 • 확장되는 초국적 영역

이렇듯 중앙아시아계 결혼이주여성의 정체성은 문화적응 과정에 따라 다양한 상황 속에서 갈등과 저항, 협상이 이루어지며, 자신이 경험하는 문화적 차이를 자원으로 전환함으로써 다양한 경계를 넘나들면서 변형시

키고 확장해나가는 형태를 드러내고 있다. 연구참여자들은 이주 전 경험, 기대 그리고 현실 속에서 다양한 문화적응 과정을 거쳐 다양한 형태의 정체성 협상을 거듭하고 있었다.

연구참여자들은 결혼, 출산, 자녀 양육, 자기계발 등 생애주기별 변화를 거치면서 새로운 어머니로서의 정체성을 형성하고, 한국인으로서 적극적인 동화 형태로 문화적응을 시작했지만, 그것의 한계를 인정하고 동화뿐 아니라 건강한 이주민으로서의 이중, 삼중의 정체성 협상을 거듭한다. 점점 다변화하고 있는 한국적 상황에서 중앙아시아계 결혼이주여성의 정체성은 단일하지 않고 계속해서 다양해지고 복잡해지고 분화되어가고 있다. 그들은 때로는 타협하고 때로는 반항하면서 한국 사회의 단일문화 관점에 대한 비판적 인식을 갖고 있었고, 이주민으로 당당하게 살 수 있는 그날을 꿈꾸고 있었다.

결혼이주여성은 거주 기간이 길어지면서 가정주부, 어머니로서의 정체성에서 점차 자기계발의 필요성을 인식하고 다양한 학습, 취업, 봉사활동 현장에서 새롭게 정체성을 형성해가고 있었다. 그들은 다변화하는 삶의 현장에서 성찰적인 자아를 통해 자율성을 증대해나가고 있었고, 직면하는 위기와 어려움에 참여적이고 주도적으로 적극 대응해나가는 양상을 보여준다. 한국에서의 행복한 결혼생활을 꿈꾸며 시작된 이주였지만, 살아가기와 살아내기의 과정을 통과하고 이상과 현실 사이의 간극 속에서 다양한 적응 전략을 구사하며 스스로에 대해 성찰하는 주체로 성장해나가고 있었다. 그녀들의 적응과 성장기를 통해 또 한 번 인간의 위대함에 감탄할 수밖에 없다. 그야말로 "사람이 온다는 건 실로 어마어마한 일"*이

* 정호승 시 「방문객」에서 발췌

다. 따라서 결혼이주여성을 천편일률적인 범주로 귀납하는 오류에서 벗어나 적극적인 행위 주체로서의 인간으로, 더불어 살아가는 주민으로 상호 이해의 폭을 확장해나가야 할 것이다.

맺음말

이 책은 국내에서 아직 이주민 연구의 사각지대에 놓여 있는 중앙아시아 출신 결혼이주여성의 삶의 이야기를 탐색하고, 문화적응 경험과 정체성 협상 경험을 전체적인 삶의 맥락을 통해 어떤 변화의 과정을 거쳤는지 심층적으로 탐구했다. 이 책에서는 생애사적 내러티브 연구 방법을 통해 그들의 경험을 전체적인 삶의 맥락에서 조망했다.

연구 속 다양한 중앙아시아 출신 결혼이주여성의 삶 이야기를 통해 그들의 삶이 단순히 구조의 강제에 놓인 수동적인 피해자라기보다는 국제결혼을 하나의 새로운 삶을 향해 나아갈 수 있는 기회로 활용하여 적극적 이주를 이루어낸 주체로 볼 수 있다. 그들은 더 나은 삶을 열망하거나 다양한 동기를 가지고, 구체적인 삶의 현장에서 자신의 자원을 활용하여 진입 · 적응 · 협상하는 역동성을 지닌 주체라는 것을 확인할 수 있었다. 본 연구는 그들의 행위성에 주목하여 어떻게 자신의 삶을 적극적으로 조정해가면서 지배에 저항하는 틈새를 만들어가고 있는지를 보여주고자 했다. 결혼이주여성의 경험은 복합적이고 중층적이기에 그들에 대한 우리의 시각도 다양해져야 한다.

이 책에서는 문화적응 이론과 정체성 협상 이론을 이용하여 중앙아시아 출신 결혼이주여성의 삶의 모습을 생애사적 내러티브로 고찰했다. 이를 통해 중앙아시아 출신 결혼이주여성의 주체적 행위와 다양한 경험의 의미를 깊이 있게 들여다보고 이해할 수 있었다.

이 책에서 소개한 연구참여자 10명은 중앙아시아의 다양한 국가의 출신이고, 결혼한 지 10년 이상 되어 풍부한 삶의 경험을 지니고 있었다. 연구참여자들은 다양한 결혼 경로를 통해 이주의 시대, 도전적인 정신을 가지고 한국으로 이주했다. 그들은 이주와 동시에 한국 사회의 문화적응, 그리고 자녀 양육 과정, 자기계발을 위한 취업활동 등 다양한 환경을 경험한다. 그들은 결혼하면서 한국의 가부장제 구조 속에 편입되며, 그 속에서 자신의 역할을 부여받는다. 그들은 강제로 부여받은 젠더 역할 속에서 육아와 가사노동에 대한 대가를 받지 못하고 불평등을 강요당한 경우가 많았다. 하지만 그들은 자신이 속한 다양한 삶의 현장에서 자신들이 가진 빈약한 자원을 활용하여 어려운 현실에 적응하고 바꾸고자 노력하는 역동적인 모습을 드러낸다. 따라서 다문화가족지원센터를 이용한 다양한 취업 노력과 구직 경험들은 가정에서 경제권을 얻음으로써 지위 상승을 추구하는 또 하나의 주체적인 행위로 해석할 수 있다.

연구참여자들은 비록 고된 결혼이주여성으로서의 현실에 직면하고 있었지만, 적극적인 적응 의지로 자신의 삶을 향상시키기 위해 노력하고 있었다. 그들은 각자 자신이 처한 다양한 상황 속에서 서로 다른 적응의 모습으로 다양한 삶의 경험 속에서 살아가고 있었다. 이 책에서는 그들의 삶에 대한 평가의 잣대를 들이대는 것이 아니라 다양한 삶에 대한 생애사적 내러티브를 통해 누군가에게는 위로를, 누군가에게는 도전을 줄 수 있는 교육적 경험을 공유하고자 했다.

모든 인간은 환경에 적응하기 위해 요구되는 잠재적이고 위협적이며 도전적인 상황에 접하게 되면서 스트레스를 경험하게 된다(Compas, 1987). 결혼이주여성도 이주를 경험하면서 새로운 도전적인 상황 속에서 다양한 양상으로 문화적응을 하고 있었고, 그들의 적응과정은 새로운 문화, 새로운 정체성 형성을 위한 학습현장이기도 했다. 그들은 다문화가족지원센터에서 제공하는 교육에 많은 의존도를 보이고 있었다. 평생교육의 목적을 인간의 삶의 질 향상과 지역사회 발전으로 보았을 때, 개인적 차원에서의 자유로운 사유와 능력 발휘를 위한 학습은 사회적 차원에서 자신의 존재 의미를 발견하고 관계성을 확대하는 학습과 별개의 것이 아니므로(곽삼근, 2005) 결혼이주여성에게도 평생학습 활동이 자기계발에서 중요한 자리를 차지한다. 그리고 이 책에서 살펴보았듯이 그들의 평생학습은 다문화가족지원센터 안에서 주로 이루어지고 있으며, 적극적으로 학습하고자 하는 의지를 가지고 있을 뿐만 아니라 모든 프로그램에 도전하여 새로운 삶을 기대한다. 하지만 그들의 학습 경로가 대부분 다문화가족지원센터에만 과도하게 의지하고 있기에 취업의 폭이 좁고, 교육에 만족하지 못 하며, 교육과 취업현장과의 연결성이 동떨어져 실질적인 취업으로 이어지지 못하는 경향도 있다. 따라서 평생학습 기관 및 대학교에서도 결혼이주여성을 위한 다양한 프로그램 제공을 통해 그들의 능력을 개발하고, 적극적인 경험을 할 수 있도록 유도해야 할 것이다.

그리고 결혼이주여성이 보편적으로 가장 힘들어하는 시기는 바로 출산과 육아 시기다. 핵가족 시대 친정의 부재와 한국형 남편들의 비가정 중심의 바쁜 사회생활은 그들을 외롭게 하고, 이중삼중의 어려움을 경험하게 한다. 특히 결혼 초기 중앙아시아 출신 결혼이주여성은 숫자가 적어 커뮤니티도 형성되지 않았고, 관련 정보도 부족했기에 연구에 참여한 대부분 참여자들은 극심한 육아 우울증을 경험했으며, 이에 따른 사회적 지지가 적시에 이루어져야 할 필요가 있다. 결혼이주여성의 우울을 완충시켜 주는 데는 부부관계의 질, 가족 기능, 사회적 지지 등의 요소들이 영향을 미친다. 따라서 다문화가족지원센터에서는 영유아기 결혼이주여성을 위한 다양한 특성화 프로그램을 통해 그들의 어려움을 해소해줄 필요가 있다. 또한, 중앙아시아 출신 결혼이주여성의 자조모임을 적극적으로 활용하여 부모 역할 지도 멘토링, 전문 통역인을 동반한 자녀 양육 상담 등의 방법을 검토할 필요가 있다. 자녀 양육에서 아버지의 역할을 중요시하는 사회문화 조성도 시급하다. 다문화가족지원센터에서도 초기 정착에 대한 지원을 넘어 다문화가족, 그리고 결혼이주여성이 자립할 수 있는 역량강화에 집중해야 할 것이다.

자녀들이 성장하면서 육아의 부담에서 조금씩 벗어나기 시작한 결혼이주여성은 자아실현을 위해 다양한 구직활동을 원한다. 그들은 일단 다문화가족지원센터에서 제공하는 다양한 취업교육에 적극적으로 참여하고 있었다. 긍정적인 면에서 중앙아시아 결혼이주여성은 학구열이 높아서 취업욕구가 높게 나타났고, 고학력자도 많았다. 이는 본국에서부터 양성평등의 영향으로 여성의 사회적 진출 욕구가 높았기에 가능하다. 따라서 결혼이주여성의 자녀 양육기 이후 취업을 위한 역량강화 방안이 많아져야 할 것이다. 취업과 창업 등 관련 교육을 강화하고, 실질적으로 직업현장과 연결할 방안을 강구해야 한다. 또한, 그들의 취업을 위해 다양한 기회를 보장해주어야 하며, 직장생활에 잘 적응하기 위해서는 인권교육을 강화하고, 전 국민을 대상으로 하는 차별방지 교육과 문화 다양성 교육을 확대해야 할 것이다.

이 책에서는 중앙아시아 출신 결혼이주여성의 삶을 통해 그들이 수동적 피해자이거나 시혜적 동정의 대상이 아니라 주체적 행위자로서 자율적으로 살아가고 있다는 것을 다시 한번 확인할 수 있었다. 그들이 원하는 것은 한국 사회에서 살아가기 위해 필요한 구성원으로서의 인정, 그리고 적극적인 행위에 대한 정서적 보상이었다. 물론 이 책에 소개한 연구참여자들은 10여 년의 한국 생활 속에서 어려운 터널을 통과하여 자기 나름의 방식대로 자녀를 양육하고, 시댁과 소통하며, 자기계발을 모색하는 단계에 있기에 상처에 대한 아픔보다는 앞날을 향한 희망의 메시지를 드러내고 있는 면도 없지 않다. 그럼에도 불구하고 아직도 어두운 그늘 속에서 시댁의 무시, 남편의 폭력, 자녀 양육이라는 우울증의 늪에서 벗어나지 못하고 힘들어하는 결혼이주여성도 많을 것이다. 다문화가족지원센터 그리고 지역사회에서는 그러한 점에 주의를 기울여 초기에 다양한 사회적 지원을 통해 그들을 지원할 방안을 강구해야 할 것이다.

'통합'은 상호평등을 전제로 하는 공존의 의미로 사용된다. 즉, 통합은 이주자에게 문화적 · 사회적 특수성이 존재한다는 것을 인정하고 상호인정과 다양성의 존중 위에서 공존을 추구하는 것을 전제로 한다(김영순 · 최유성, 2020). 이 책의 연구 결과를 통해 그들의 생활문화에 대한 이해의 지평을 확장하고, 결혼이주여성을 위한 출신 배경별 차별화된 전략을 실시할 수 있도록 방향을 제시하는 데 도움을 줄 수 있을 것이다. 또한, 그들의 사회통합을 위한 교육적 목표 설정의 단계별 · 대상별 특성을 이해할 수 있고, 다문화가정 상담의 기초자료로 활용할 수 있을 것이다. 동시에 그들의 삶 이야기는 이주민 생활세계 적응 사례로 활용되어 다양한 교육 콘텐츠 제작, 치유 모델로도 활용될 수 있을 것이다. 이 밖에도 결혼이주여성의 능동적인 삶의 태도와 행위양상에 대한 정주민의 적극적인 이해와 인정만이 함께 어우러지는 건강한 다문화 사회를 만드는 가장 중요한 요소임을 강조하는 바다. 따라서 한국의 다문화가족지원정책도 정주민의 인식 개선과 이주민의 자율성, 주체성, 다양성을 강화시키는 쌍방향적인 사회통합정책을 필요로 한다.

참고문헌

갈라노바 딜노자 · 박미숙 · 김영순(2016). 「우즈베키스탄계 고려인 결혼이주여성의 자녀 이중언어교육 방식에 대한 사례연구」. 『교육문화연구』 22(2). 317-342.

강민수 · 문용린(2007). 「생애사 연구의 교육심리학적 고찰」. 『인간발달연구』 14(29). 1-19.

강숙희(2013). 「국내 학위논문을 통해서 본 생애사 연구의 최근 동향」. 『교육연구』 28(1). 1-21.

강은신 · 김경신(2016) 「다운증후군 자녀 양육경험을 통한 어머니의 성장 과정에 관한 생애사적 연구」. 『Journal of Korean Home Management Association』, 34(4), 89-109

곽상근(2002). 「생태여성주의 이념의 평생교육학적 시사점」. 『교육학연구』 40. 1-20.

기든스 앤서니(1996). 『현대 사회의 성 · 사랑 · 에로티시즘』. 배은경, 황정미 역. 서울: 새물결.

______(1997). 『현대성과 자아정체성: 후기 현대의 자아와 사회』. 권기돈 역. 서울: 새물결.

김 게르만(2009). 『CIS 고려인의 역사성과 정체성, 원제: 소련의 붕괴와 CIS 고려인들』. 전남대학교 세계한상문화연구단. 291-292.

김가연(2018). 『내러티브 탐구를 통한 한국어 학습자의 정체성 연구』. 고려대학교 박사학위논문.

김경미(2008). 『유아교육기관에서의 부모역할지원 멘토링에 대한 내러티브 탐구』. 성신여자대학교 대학원 박사학위논문.

김경학(2016). 「우즈베키스탄 고려인 이주자의 노부모에 대한 '초국적 돌봄': 광주지역의 사례를 중심으로」. 『비교문화연구』 22(1). 169-226.

______(2017). 「국제이주의 맥락에서 노년 보내기: 광주광역시 우즈베키스탄 고려인 노년 세대를 중심으로」. 『비교문화연구』 23(1). 41-78.

김귀옥(2000). 「남북 사회문화공동체 형성을 위한 대안과 통일방안 모색」. 『한국사회과학』 22(3). 83-118.

김나래(2012). 「외국인 유학생의 한국사회 적응과정에 나타난 학습의 의미와 역할」. 숙명여자대학교 대학원 석사학위 논문.

김대군(2011).「교육연구에서 내러티브 탐구」.『현상해석학적 교육연구』 8(2). 53-72.

김대성(2001).「중앙아시아의 이슬람과 여성」.『한국이슬람학회 논총』 11. 67-84.

______(2009).『중앙아시아 사회의 이해. 서울:한국외국어대학교출판부.

김선희 · 전영평(2008).「결혼이주여성정책의 정체성 분석: 인권보호인가?, 가족유지인가?」.『行政論叢』 46(4). 305-330.

김성진(2014).「중앙아시아 여성이주: 비경제적 요인의 영향을 중심으로」.『슬라브연구』 30(1). 57-88.

김세은(2012).「해직 언론인에 대한 생애사적 접근 연구: 동아자유언론수호투쟁위원회를 중심으로」.『한국언론학보』 56(3). 292-319.

김영순 · 김선정 · 오영훈 · 이미정 · 김창아 · 김기화 · 박미숙 · 윤현희(2020).『한국 다문화 사회의 교육과 복지 실천』. 아산재단 연구총서. 집문당.

김영순 · 이미정(2011).『강화도 결혼이주여성의 문화적응에 관한 연구-언어문화 영역을 중심으로』. 2011 한국언어문화교육학회 제14차 전국학술대회 자료집.

김영순 · 임지혜 · 정경희 · 박봉수(2014).「결혼이주여성의 초국적 유대관계에 나타난 정체성 협상의 커뮤니케이션」.『커뮤니케이션 이론』 10(3). 36-96.

김영순 · 조영철 · 김정희 · 정지현 · 박봉수 · 오영훈 · 손영화 · 박종도 · 이미정 · 정경희 · 박미숙(2019a).「다문화 생활세계와 사회통합 연구」.『사회통합 총서 1』. 북코리아.

김영순 · 최승은 · 황해영 · 정경희 · 김기화(2019b).「결혼이주여성의 주체적 삶에 관한 생애담 연구」.『사회통합 총서 5』. 북코리아.

김영순 · 최영은 · 윤희진 · 강현민 · 갈라노바 딜노자 · 윤현희 · 김정복 · 이영우(2018).『카자흐스탄 고려인 생애사 스토리텔링 연구』. 북코리아.

김영순 · 최유성(2020).「사회통합정책을 위한 결혼이주여성의 상호문화 소통 탐색」. 제30차 한국언어문화교육학회 전국학술대회 자료집.

김영천 · 한광웅(2012).「질적 연구방법으로 생애사 연구의 성격과 의의」.『교육문화연구』 12(3). 5-43.

김용환(1999).『가족과 친족생활, 우즈베키스탄스탄 한인동포의 생활문화』. 서울: 국립민속박물관.

김정은(2007).「자기 돌봄으로서의 자기계발: 자기계발서 독자들을 중심으로」. 서강대학교 대학원 석사학위논문.

김진성(2017).「아버지의 우울, 자아존중감, 자녀 양육이 유아의 자기통제능력에 미치는 영향: 온정적 양육행동을 매개변수로」.『육아정책연구』 11(1). 29-49.

김필성(2014).「내러티브 탐구에 대한 비교 고찰」.『내러티브와 교육연구』 2(3). 83-96.

김현미(2003).『여성의 빈곤화와 이주여성』. 이주여성인권센터 창립. 2.

______(2008).「이주자와 다문화주의」.『현대사회와 문화』 26. 57-79.

______(2014).「'유보된 삶' : 몽골 결혼이주여성의'귀환' 이후의 삶」.『이화젠더법학』 6(2). 25-43.

김현미 · 김민정 · 김정선(2008). 「'안전한 결혼이주'?: 몽골 여성들의 한국으로의 이주 과정과 경험」. 『한국여성학』 24(1). 121-155.

김현주 · 전광희 · 이혜경(1997). 「국내 거류 외국인의 한국 사회 적응과정에 관한 연구: 문화간 커뮤니케이션과 사회적 연결망을 중심으로」. 『몽골학』 40. 105-139.

김형복 · 이행선(2017). 「몽골인 결혼이주여성을 위한 한국문화교육 방안 연구 : 〈팔 없는 여인〉과 〈손 없는 색시〉의 비교를 통해」. 『한국민족문화』 65. 3-26.

김홍진(2007). 「체제전환이후 몽골의 거시경제 성과분석과 전망」. 『몽골학』 23. 263-289.

김희선(2006). 「"구별"의 음악 : 현대 가야금 연주에 있어서의 정체성의 협상」. 『한국음악연구』 40. 49-84.

남혜경 · 이미정(2016). 「한국거주 고려인 청년의 진로활동」. 『예술인문사회융합멀티미디어논문지』 6(7). 339-347

노연희(2011). 「국제결혼이주여성의 자아 존중감. 가족지지 및 자녀 양육에 관한 연구」. 순천대학교 대학원 석사학위논문.

문석우(2010). 「다문화가정의 한국어교육 및 한국문화적응 실태조사: 광주, 전라도지역의 러시아 및 CIS 국가 출신 이주여성을 중심으로」. 『중소연구』 34(1). 233-265.

민성은 · 최성호 · 김영천(2017). 「생애사 연구의 개념적 모형에 대한 이론적 탐색」. 『교육문화연구』 23(1). 465-50.

박민철(2014). 「국내 이주 코리언 디아스포라의 정체성 변용과 가치지향: 한국(인)과의 가치충돌 양상을 중심으로」. 『디아스포라연구』 8(2). 41-75.

박성희(2004). 『질적 연구방법의 이해』. 서울: 원미사.

______(2008). 「생애사 연구와 노인교육의 의의」. 『한국교육인류학회 노년교육연구회』 1-21.

박신규(2009). 『국제결혼이주여성의 이주경로별 사회적 정체성의 형성: 구미시 결혼이주여성의 이주과정을 중심으로』. 경북대학교 박사학위논문.

박이은실(2011). 「협상적 정체성: 국민정체성과 민족정체성이 경합하는 말레이시아의 사례」. 『Homo Migrans』 4. 59-85.

박정숙 · 박옥임 · 김진희(2007). 「국제결혼이주여성의 가족갈등과 생활만족도에 관한 연구」. 『한국가정관리학회지』 25(6). 59-70.

박정하(2014). 「다문화이주민의 문화적응에 대한 심리적 접근」. 『글로벌문화연구』 5(1). 61-88.

박혜경(2009). 「한국 중산층의 자녀교육 경쟁과 '전업 어머니'정체성」. 한국여성학회(편). 『한국여성학』 25(3). 5-33.

반즈락츠 난딩쩨쩨그(2010). 「한국사회와 몽골사회의 사이존재로서 몽골여성결혼이민자」. 지역사회학』 11(2). 31-62.

______(2011). 「한국 내 몽골결혼이주여성의 다원주의적 인정투쟁」. 『몽골학』 0(30). 1-36.

배선식(2016). 「다문화이주민의 문화적응에 대한 심리적 접근」. 『글로벌 문화연구』 5(1). 61-88.

______(2016). 『외국인 이주노동자의 정주화 현상과 문화적응: 여가의 역할을 중심으로』. 인하대학교 박사학위논문.

법무부(2019). 『출입국 · 외국인정책 통계월보』(2019. 10.)

______(2020). 『출입국 · 외국인정책 통계월보』(2020. 04.)

서동진(2010). 「자기계발하는 주체의 해부학 혹은 그로부터 무엇을 배울 것인가」. 『문화과학』 61. 37-54.

서승현(2019). 「러시아 · CIS 국가, 몽골 출신 이주여성의 사회문화적 적응 및 인권 실태에 관한 질적 연구」. 『러시아어문학연구논집』 66. 181-217.

설동훈(2014). 「국제결혼이민과 국민 · 민족 정체성: 결혼이민자와 그 자녀의 자아 정체성을 중심으로」. 『경제와사회』 103. 278-312.

성지영(2018). 『탈북청소년의 삶과 정체성에 관한 예술기반연구』. 서울대학교 박사학위논문.

성지혜(2015). 「결혼이주여성의 노후생활 준비에 관한 연구: 대구지역 베트남 결혼이주여성을 중심으로」. 『여성연구』. 83-115.

신범식 · 양승조 · 손영훈 · 고가영 · 오원교 · 오은경 · 최아영 · 김상철(2019). 『중앙아시아 이슬람의 역사적 경험과 문화』. 진인진.

아지조바피루자 · 정지현 · 오영섭(2016). 「우즈백 결혼이주여성의 생애사 연구」. 『인문사회 21』 7(5). 543-564.

알기르마 · 김영순 · 박미숙(2015). 「몽골출신 결혼이주여성의 진로경험에 관한 연구」. 진로교육연구』 28(1). 101-115.

여성가족부(2014.1.15.). "국민 대통합을 위한 다문화가족정책 개선방안 발표"

______(2018a). 2018년 국민 다문화수용성 조사. 여성가족부.

______(2018b). 2018년 국민 다문화수용성 조사. 여성가족부.

______(2018c). 제3차 다문화가족정책 기본계획(2018~2022). 여성가족부.

______(2019). 2018년 전국 다문화가족실태조사. 여성가족부

오종진(2019). 『투르크-알타이: 터키 중앙아시아 몽골의 문화이야기』. 서울: 다해.

외교부(2019). 재외공관 재외동포현황 2019. 22-24.

______(2019). 재외동포 현황. 유가효 · 홍성희 · 김성숙(2008). 「결혼이민여성의 초기 적응 성공요인에 관한 연구」. 『한국가족자원경영학회지』 12(2). 95-120.

윤승주 · 원재연(2016). 「몽골 결혼이주여성의 "다문화" 경험: 가부장제, 차별주의, 낙인의 다중적 결합」. 『동서연구』 28(4). 1-30.

윤인진 · 김희상(2016). 「재외동포 귀환 이주민 공동체의 형성과 현황」. 『한국민족문화』 (60). 37-81.

윤희중(2014). 「다문화사회 적응에 대한 국내이주무슬림의 인식분석: 한국사회를 중심으로」.

『중동연구』 32(3). 155-178.

이금연(2003). 『국내 국제결혼과 그 이해: 실태와 문제점을 중심으로』. 국제결혼과 여성폭력에 관한 정책제안을 위한 원탁토론회 자료집.

이동성(2015). 『생애사 연구』. 파주: 아카데미프레스.

이애련(2016). 「대학생의 힐링자원봉사활동에 대한 봉사관련변인 및 봉사지속의지의 영향력에 관한 연구」. 『한국웰니스학회지』 11(3). 35-54.

이은아(2012). 『도시 결혼이주여성의 경계적 위치와 모성의 확정적 구성/재구성에 관한 연구』. 이화여자대학교 박사학위 논문.

이은정(2015). 「우즈베키스탄 고려인의 귀환이주: 대구지역 고려인의 사례를 중심으로」. 『지방사와 지방문화』 18(1). 219-249.

이일청(2006). 「지구촌 돋보기: 몽골 노사관계에 관한 소고: 체제 전환, 중층적 구조, 사회적 교섭」. 『노동사회』 106. 130-137.

이정윤 · 장미경(2008). 「기혼여성의 부모역할 스트레스와 우울의 관계: 부모역할 자긍심의 매개 및 중재효과」. 『상담학연구』 9(2). 339-352.

이진경(1997). 「근대적 주체와 정체성: 정체성의 미시정치학을 위하여」. 『경제와사회』 35. 8-33.

이현재(2014). 「도시문화와 개인의 자아성장 프로젝트로서의 사랑」. 『가톨릭철학』 22. 183-207.

이혜경(2005). 「혼인이주와 혼인이주 가정의 문제와 대응」. 『한국인구학』 28(1). 73-106.

임영상 · 김상철(2000). 「중앙아시아 3,4세대 고려인의 의식과 생활문화 변화」. 『국제지역연구』 4(4). 187-222.

임형백(2014). 「중앙아시아 5 개국의 형성과 분화」. 『아시아연구』 17(2). 153-178.

잉흐볼드 차츠랄(2003). 「재한 몽골 근로자의 고용실태에 관한 연구」. 인하대학교 석사학위논문.

장덕준 · 신동혁(2008). 「현대 러시아인의 국가와 시민사회에 대한 인식: 모스크바 시민들에 대한 설문조사를 중심으로」. 『국제정치논총』 48(1). 193-219.

장동훈(2013) 「고려인 결혼이주여성의 한국생활 적응에 관한 연구: 내러티브 연구방법으로」. 평택대학교 석사학위논문.

장준희(2004). 『중앙아시아』. 서울: 청아출판사.

전상진(2008). 「자기계발의 사회학: 대체 우리는 자기계발 이외에 어떤 대안을 권유할 수 있는가?」. 『문화와 사회』 5. 103-140.

정세진(2012). 『중앙아시아 민족정체성과 이슬람』. 서울: 한양대학교 출판부.

정옥년(2014). 「심리적 자기계발서의 자아 구성 특징 분석」. 『독서연구』 31. 129-163.

정진경 · 양계민(2004). 「문화적응 이론의 전개와 현황」. 『한국심리학회지: 일반』 23(1). 101-136.

정진아(2014). 「국내 거주 고려인, 사할린 한인의 생활문화와 한국인과의 문화갈등」. 『통일인문학』 58. 35-65.

정창근 · 김홍배(2013).「무슬림 이주여성의 인구통계학적 특성과 이슬람 문화몰입이 자녀교육행태에 미치는 영향」.『한국중동학회논총』33(3). 335-352.

조은경(2004).「몽골의 부패 현황 및 반부패 정책」.『한국부패학회보』9. 207-228.

조주희(2013).『경도 뇌성마비인 생애사 연구』. 전남대학교 박사학위논문.

조진경(2016).『중국계 중도입국청소년의 방과 후 영어수업 참여경험에 나타난 정체성 협상』. 인하대학교 박사학위논문.

조희금(2009).『몽골 결혼이민자여성의 원가족에 대한 이해』. 대한가정학회 · 한국몽골학회 · 한국가족자원경영학회 공동학술대회 자료집.

지벡(2017).「국내 고려인 이주자의 사회적 통합 현황: 카자흐스탄 고려인 이주자 중심으로」. 서울대학교 석사학위논문.

채옥희 · 홍달아기 · 송복희(2009).「몽골결혼이주여성의 한국가정생활 적응사례」.『한국가족자원경화회지』13(4). 171-192.

최영길(1995).「무함마드의 승천에 관한 연구」.『인문과학연구논총』(13). 177-204.

최영신(1999).「질적 자료 수집: 생애사 연구 사례를 중심으로」.『교육인류학연구』2(2). 1-22.

최정희(2012).「중앙아시아 CIS 지역의 정치 · 경제 현황과 개발협력에의 시사점: 우즈베키스탄과 아제르바이잔을 중심으로」.『Journal of International Development Cooperation』7(2). 95-119.

한 발레리(Khan Valery)(2011).「중앙아시아 고려인의 적응 및 사회적 지위, 그리고 성공」.『전남대학교 세계한상문화연구단』5(2). 153.

한인현(2008).「도덕적 정체성의 자기중요도 수준이 협상과정에서의 전술적 행위와 협상성과에 미치는 영향」. 고려대학교 석사학위논문.

홍유진(2014).「광주전남지역 대학생의 문화개방성, 고정관념 및 차별, 상호교류행동의지의 관계구조에 대한 연구」.『보건사회연구』34(3). 317-347.

Alheit, P. & Dausien, B. (2002). Lifelong learning and biographicty. In A. Bron & M. Schermman(Eds.), social science theories in adult education research, 1-241.

Althusser, L. (2006). Ideology and ideological state apparatuses (notes towards an investigation). The anthropology of the state: A reader, 9(1), 86-98.

Ball, Rochelle & Nicola Piper (2002). "Globalisation and Regulation of Citizenship: Filipino Migrant Worker sin Japan," Political Geography, 21, 1013-1034.

Bauman, Z. & Donskis, L. (2013). Moral blindness: The loss of sensitivity in liquid modernity. John Wiley & Sons.

Becker-Schmidt, R. (1987). Die dopelte Vergeselschaftung-die dopelte Unterdrueckung. Besonderheiten der.

Berry, J. W. (1988). Understanding the Process of Acculturation for Primary Prevention. Santa Fe, New Mexico, Working Group on Refuge 'l Mental Health.

_____ (1991). Understanding and managing multiculturalism. Psychology and Developing Societies 3, 17-49.

_____ (1997). Immigration, acculturation, and adaptation. Applied Psychology 46(1), 5-68.

Block, D. (2007). The rise of identity in SLA research, post Firth and Wagner (1997). Modern Language Journal, 91(5), 863-876.

Bochner, S. (1982). Coping with unfamiliar cultures: Adjustment or culture learning? Australian Journal of Psychology, 38, 347-358.

Campbel. M. S. (1999). Using a Life History Aproach to Explore the Identity of a Woman Diagnosed with Alzheimers Disease: The Life of Mary. Virginia Polytechnic institute and State University.

Carol R. Ember & Melvin Ember (2012). Human Culture: Highlights of Anthropology, 2nd ed. Boston: Pearson.

Charles Taylor (1989). Sources of the Self: The Making of the Modern Identity. Athens, Harvard University Press.

_____ (1992). Ethics of Authenticity. Athens, Harvard University Press.

Cole, A. L. & Knowles, J. G. (2001). Lives in context: The art of life history research. NY: AltaMira Press.

Compas, B. E. (1987). Coping with stress during Childhood and Adolescence. Pcychological Bulleetin, 101(3), 393-403.

Dhunpath, R. (2000). Life history methodology: Naradigm'regained. Qualitative Studies in Education, 13(5), 543-551.

Dhunpath, R. & Samuel, M. (2009). Life history research: Epistemology, methodology and representation. Rotterdam: Sense Publishers.

Diezinger, A. (1991). Frauen. Arbeit und Individualiserung. Chancen und Risken. Eine empirschce Untersuchung. Opladen: Leske und Budrich.

E. H. Erikson. (1994). Identity: Youth and crisis, WW Norton & Company.

Furnham, A. & Bochner, S. (1986). Culture shock: Psychological reactions to unfamilar enviroment. London: Methuen.

Giddens, A. (1991). Modernity and self-identity: Self and society in the late modern age. Stanford University Press.

Glatzer, W. (2013). 25. Deutscher Soziologentag 1990. Die Modernisierung moderner Gesellschaften: Sektionen, Arbeits-und Ad hoc-Gruppen, Ausschuß für Lehre.

Springer-Verlag.

Godson, I. F. & Sikes, P. (2001). Life history research in educational setings: Learning from Lives. Open University.

Haglund, K. (2004). Conducting life history research with adolescence. Qualitative Health Research, 14(9), 1-13.

Hall, S. (1996). Who needs identity. Questions of cultural identity, 16(2), 1-17.

Harnet, P. (2010). Life Story and Narative Research Revisted. A. Bathmaker & P. Harnet(eds.), Exploring learning Identiy and Power through Life History and Narative Research. Routledge, 159-170.

______ (2010). Life Story and Narrative Research Revistied. A. Bathmaker & P. Harnett(eds.), Exploring Learning Identity and Power through Life Histroy and Narrative Research. Routledge, 159-170.

Krueger, H. (1991). Normalitaetsuntersuchungen bezueglich des Wandels in der weiblichen Lebensfuehrung zwischen.

Malow, Abraham H. (1943). A Theory of Human Motivation. Psychological Review (July: 1943), 370-396.

McLean, Scott (2013). Public Pedagogy, Private Lives: Self-Help Books and Adult Learning, Adult Education Quarterly, 63(4), 373-388.

Norton, B. (2000). Identity and language learning: Gender, Ethnicity, and Educational Change. Harrow, England. Pearson Education Limited.

Nwadiora, E. & McAdoo, H. (1996). Acculturative Stress among Amerasian Refugees: Gender and Racial Differences. Adolescence, 31(122), 477-487.

Papastergiadis, N. (2000). The turbulence of migration: Globalization, deterritorialization and hybridity. Cambridge, UK: John Wiley & Sons.

Redfield, R., Linton, R. & Herskovits, M. J. (1936). Memorandum on the study of Acculturation. American Anthropologist, 38, 149-152.

Sam, D., & Berry, J. (1997). Acculturation and Adaptation. Handbook of cross-cultural psychology: Social behavior and applications, 3.

Sarup, M. (1996). Identity, Culture and The Postmodern World. Athens, the University of Georgia Press.

Searle, W. & Ward, C. (1990). The prediction of psychological and sociocultural adjustment during cross-cultural transitions. International Journal of Intercultural Relations. 14, 449-464.

Swann, W. B. (1987). Identity negotiation: Where two roads meet. Journal of Personality and Social Psychology, 53(6), 1038-1051.

Tajfel, H. (1974). Social identity and intergroup behavior. Social Science Information, 13(2), 65-93.

Thames, B. J. & Thomason, D. J. (1998). Building family strength overview. SC: The Clemson University Cooperative Extension Service.

Vithal, R. (2009). A Quest of Democratic Particpatory Validity in Mathematics Education Research. Dhunpath, R

Wang, Hong-zen & Shu-ming Chang. (2002). The Commodification of International Marriages: Cross-border Marriage Business in Taiwan and Viet Nam. International Migration, 40(6), 93-116.

찾아보기

저자소개

김영순(金永洵) kimysoon@inha.ac.kr

독일 베를린자유대학교에서 문화변동에 관한 연구로 철학박사학위를 취득하고, 현재 인하대학교 사회교육과 교수 겸 대학원 다문화교육학과 학과장으로 재직 중이며, 인하대학교 부설 다문화융합연구소 소장, 다문화멘토링사업단 단장, BK21+글로컬다문화교육연구단장 직을 수행하고 있다. 또한 학문 후속세대를 위해 전국의 대학원생을 대상으로 질적 연구방법론 캠프를 열고 있다. 주요 공동저서로는 『마을 문화기술지와 스토리텔링: 검단 사람들의 생애 이야기』, 『공유된 미래 만들기: 지속가능발전교육과 세계시민교육』, 『인문 콘텐츠와 인물 스토리텔링』 등, 단독 저서로는 『다문화교육의 이론과 이론가들』, 『다문화교육과 협동학습 경험』, 『다문화사회와 공존의 인문학』, 『이주여성의 상호문화 소통과 정체성 협상』 등이 있다.

황해영(黃海英) haying04@hanmail.net

인하대학교에서 다문화교육 전공으로 교육학박사학위를 받았다. 현재 인하대학교 다문화융합연구소 연구교수로 활동하고 있다. 박사학위 논문으로는 『중국동포 결혼이주여성의 생애경험 탐구: 인정투쟁의 내러티브를 중심으로』가 있으며, 공동 번역서로는 『중국민족지 1, 2, 3』이 있다. 또한 「재한 중국동포 단체 리더의 인정투쟁의 의미」, 「중국 결혼이주여성들의 한국에서 양성 평등 경험에 대한 사례 연구」, 「다문화가정 부모를 위한 부모교육 프로그램의 동향 연구」, 「중 · 고등학생 자녀를 양육하는 결혼이주여성의 양육스트레스와 대처방안에 대한 연구」 등의 논문을 발표했다.

권도영(權道映) irhett@naver.com

건국대학교에서 문학박사를 취득하고 강의초빙교수로 재직 중이며, 건국대학교 서사와문학치료연구소 연구원으로 활동하고 있다. 서사의 구성원리에 대한 관심을 바탕으로 하여 자기진술의 치유적 효과에 대해 탐구하고 있다. 박사학위논문으로 『복합서사 형성원리에 기반한 자기서사 변화에 대한 연구』가 있고, 『배또롱 아래 선그믓: 옛이야기 속 여성의 삶에서 페미니즘을 읽다』, 『옛이야기로 전하는 마음 치유: 있는 그대로 나를 사랑해』, 『인문 콘텐츠와 인물 스토리텔링』(공저), 『행복한 삶과 문학치료』(공저) 등의 저서가 있다.

김정은(金貞銀) pan99@hanmail.net

인하대학교에서 문화교육 전공으로 박사학위를 취득하고, 한국학중앙연구원에서 연구원을 역임했다. 한국외국어대학교 외래교수, 인하대학교 강사로 문화와 관련한 강의를 했으며, 공동저서로는 『영상 미디어 교육의 이해』, 『지역문화 콘텐츠 제작의 실제』, 『청소년을 위한 사회문화 핵심 키워드』 등이 있고, 단독 저서로는 『대중문화 읽기와 비평적 글쓰기』, 『대중문화 비평의 관점과 기술』 등이 있다.

임지혜(任智慧) nothinger1137@gmail.com

인하대학교 문화경영학과 대학원에서 마을문화콘텐츠를 연구하여 박사학위를 받았다. 인하대학교 교육연구소, 인천연구원(구, 인천도시인문학센터), 안동대 문화산업연구소(구, 창조산업연구소) 등에서 지역문화콘텐츠와 지역문화정책에 대한 연구들을 수행해왔다. 현재는 경남 지역에서 마을 공동체의 문화 활동과 기록 아카이브에 관심을 가지고 프리랜서로 활동하고 있다. 마을 기록과 생애사 연구로서 『지역문화 콘텐츠와 스토리텔링』, 『인천시민구술생애사 검바위 사람들』, 『사할린 한인 한국어교육자의 생애 이야기』 집필에 공동으로 참여했다.